方尖碑
OBELISK

探知新视界

帝国的铸就

1861—1871

改革三巨人

与他们塑造的世界

FORGE OF EMPIRES

1861—1871

Three Revolutionary Statesmen and the World They Made

【美国】迈克尔 · 贝兰 著　　叶硕 谭静 译

译林出版社

图书在版编目（CIP）数据

帝国的铸就：1861—1871：改革三巨人与他们塑造的世界 /（美）迈克尔·贝兰（Michael Beran）著；叶硕，谭静译．—南京：译林出版社，2024.1

书名原文：Forge of Empires: 1861—1871: Three Revolutionary Statesmen and the World They Made

ISBN 978-7-5447-8985-1

Ⅰ.①帝… Ⅱ.①迈… ②叶… ③谭… Ⅲ.①世界史－近代史 Ⅳ.①K14

中国国家版本馆 CIP 数据核字（2024）第 006478 号

著作权合同登记号　图字：10-2021-55 号

帝国的铸就：1861—1871：改革三巨人与他们塑造的世界
［美国］迈克尔·贝兰／著　叶　硕　谭　静／译

责任编辑　许　昆
装帧设计　曹沁雪
校　　对　王　敏
责任印制　董　虎

原文出版　Free Press, 2017
出版发行　译林出版社
地　　址　南京市湖南路 1 号 A 楼
邮　　箱　yilin@yilin.com
网　　址　www.yilin.com
市场热线　025-86633278
排　　版　南京展望文化发展有限公司
印　　刷　江苏凤凰新华印务集团有限公司
开　　本　718 毫米 × 1000 毫米　1/16
印　　张　30.25
插　　页　12
版　　次　2024 年 1 月第 1 版
印　　次　2024 年 1 月第 1 次印刷
书　　号　ISBN 978-7-5447-8985-1
定　　价　89.00 元

你一定还记得，勇敢、大度、聪敏、强记是这种天赋必备的品质。…… 具有这种天赋的人会给群体或个人带来极大的损害，或者极大的益处…… 一个天赋贫弱的人永远不会做出任何大事。

——柏拉图

目　录

致读者

埃德蒙·威尔逊所著的《爱国者之血》是一部关于美国南北战争的文献，其中有这样一段，威尔逊将亚伯拉罕·林肯与奥托·冯·俾斯麦、弗拉基米尔·列宁相提并论。

> 19世纪，统一的动力格外强劲，并自此持续保持着强劲的势头；要理解南北战争对当今时代的意义，就该将亚伯拉罕·林肯跟其他献身类似事业的领袖联系起来……林肯、俾斯麦和列宁都是才智非凡、性格极其强韧的人物，他们既有历史的想象力，又有强大的意志力。他们都是不同意义上的理想主义者，认为理想高于一切。三人都是孤家寡人，他们专注于自己的目标，一往无前。他们都不喜欢哗众取宠，无人在意声势排场：就连俾斯麦都曾经口出怨言，说自己做不了朝廷重臣，他令格兰特和其他人相信——他本人也一定真心实意地如此认为——他其实不是君主主义者，而是共和主义者。他们各自都统一了有如散沙一般的人民，建立起了一个强大的中央政府。

我试图比较三位改革政治家，相比威尔逊，我的落脚点更偏重改革特征以及改革方法的区别。毫无疑问，林肯、俾斯麦和亚历山大二世的改革所导致的（间接）个人经历，对我影响颇深。我的祖父卡尔·贝兰生于哈布斯堡皇帝弗朗茨·约瑟夫统治时期。他来自一个德国–捷克–克罗地亚复合家庭，上世纪初，一家人生活在奥匈帝国的克罗地亚。俾斯麦的普鲁士军队在萨多瓦击败了奥地利，为俾斯麦的改革铺平了道路。四十年后，卡尔·贝兰和家人移民到了美国。

我祖父的堂兄留在了欧洲，他亲身体验了这场改革带来的影响。约瑟夫·贝兰是一名罗马天主教神父，在萨多瓦以西七十英里的布拉格教授教牧神学。20 世纪 30 年代，他被任命为学院的院长。贝兰的传记作者记述了 1939 年的一天，德国坦克的隆隆轰鸣和德国军靴的踏地声“透过沉闷的窗扇，传进了教会学校”。“这是反基督的象征。”贝兰神父平静地说，说完他继续讲课。1940 年 6 月，他被盖世太保逮捕，1942 年秋天，被送到了达豪，囚犯编号是 35844。共产党领导者沃依特赫·卞凯克在他的《达豪回忆》一书中写道：“据我所知，贝兰神父是狱中最优秀、品格最高尚的人之一。”这位瘦骨嶙峋、衣衫褴褛的神父于 1945 年 5 月被释放，解救他的是美国军队——林肯改革创建的共和国所拯救的公民。感恩弥撒后，贝兰神父回到了布拉格，1946 年 12 月，他被任命为布拉格大主教，圣维特大教堂的波西米亚都主教。后来，他遭到了俄国人的迫害——他们所服务的那个政权，倘若亚历山大二世当年改革成功的话，根本就不可能存在。1978 年冬，我们全家赴苏联旅行，途中，我亲眼见证了贝兰主教晚年生活的这片土地是何等荒凉贫瘠。当时我家住在伦敦，刚读完罗伯特·马西的《尼古拉和亚历山德拉》。我觉得，父母是被我对俄国的好奇心打动，于是带我去亲眼看看这个国家的。

而我母亲的家庭经历却迥然不同。外祖母家来自伊利诺伊州的斯普林菲尔德，家住南七街413号——现在这所房子已经不再属于格雷厄姆家了。转过一个街角，就是南八街430号的林肯家。在宾夕法尼亚州的伊利市，外祖母家的房子里塞满了关于林肯的纪念品，其中包括如今挂在我家客厅里的那幅总统画像。

从这个小小的方面，就能看出不同类型的政治家产生的不同影响。我父亲的亲人被迫逃离故土，我祖父的堂兄差点在集中营里丧命。我母亲的家庭在斯普林菲尔德与伊利市蓬勃兴旺，并未受到任何权力机构的侵扰。

分析现代自由政权起起落落的书成百上千，它们也描述了独裁政权的出现；但我认为，从来没有一本书特别重视1861年至1871年间的几场改革，这个十年构成了人类自由编年史上最引人瞩目的篇章，也见证了恐怖和高压统治的新哲学的出现。

前言

三人之死

在三位改革领袖中，有两位死于非命。

第一位是被一颗 0.41 英寸口径的子弹射穿了头骨，而后便溘然长逝。子弹穿透了大脑的软组织，在靠近一侧眼眶的地方爆开。这位美国总统被人们送到附近的一栋屋子里，第二天早晨 7 点刚过，他便停止了呼吸。随即，他的心脏也停止了跳动。

第二位目睹了自己肚腹被炸开，肠子横淌过大街。大块的血肉掩映在白雪中。俄国沙皇被哥萨克骑兵放在雪橇上拖回宫中后，便撒手人寰。

在这三位改革领袖中，寿终正寝的只有德意志首相，他享年八十三岁。

根据皇室和东正教的礼制，俄国沙皇的遗体被送往祖辈们长眠的墓地。然而，在圣彼得堡几乎看不到任何悲恸的迹象。亚历山大二世在世人的厌弃中与世长辞。他那革命性的政治才能，换来的却只是忘恩负义，而他的葬礼也是纰漏百出。敛尸官对着这位沙皇的遗体——或者说遗体的残余部分——绞尽脑汁，最后他决定，将支离破碎的下肢切除。殡葬人员为如何处理遗体大伤脑筋，与此同时，大臣们则为另一个问题烦恼不已——大批外国政要乘坐专列，从华沙和柏林来到圣彼得堡吊唁，这些人该如何安置才好？德意志皇储竟然只能屈就住在一间画廊里。

一个更微妙而棘手的问题是来自沙皇情妇的。通常来说，沙皇的遗孀是最主要的送葬人，但这一次，情况有些复杂，因为亚历山大在原配玛丽皇后去世后没多久，就跟这位情妇结婚了。第二次婚姻是秘密缔结的，加之是贵族和庶人之间的通婚，所以新娘无法得到丈夫的公开承认。在这场门不当户不对的婚姻当中，这位年轻的女士，叶卡捷琳娜·米哈伊洛芙娜，成了声誉扫地的一方，毫无疑问，这对她来说是非常痛苦的一件事，因为她不是个交际花，甚至也不是一名女演员。人称“卡佳”的她，其实是俄国古代贵族的后裔。然而，尽管血统高贵，她却没有王室或皇家的血统。而在俄国，皇家成员必须与王室结婚，连沙皇的侄子亚历山大大公都说，这是“一条冷酷的法令”。相传，亚历山大曾经下定决心，打破这条陈规旧俗的桎梏：他想将他的婚姻公告于天下，让卡佳登上后座，将皇后的冠冕戴到她栗色的发间。但是，一切都还没来得及发生，他便在圣彼得堡的街头横死。

卡佳被赶到了一边，她爱人的遗体被护送着穿过人群，穿过面无表情的俄国民众，送到彼得保罗要塞，俄国沙皇的地下墓室里。卫兵和牧师，主教和神父，手持刀剑和权杖穿过整座城市。正午的阳光在圣以撒大教堂的金色穹顶上闪耀。然而，在历史的转盘上，黑暗已经降临。随着亚历山大的辞世，罗曼诺夫皇朝开始黯然衰落。

葬礼当日，卡佳蒙着厚厚的面纱，跟宫廷中的其他人一起，在冬宫宏伟的楼梯脚下等待着。她带着她的三个孩子，他们都是已故沙皇的后代。那个八岁的男孩格奥尔基，人们叫他“戈高”。旁边是他的两个妹妹，奥尔佳和卡佳。他们注视着新任沙皇——他们同父异母的哥哥——一阵风般狂奔下楼梯。亚历山大三世跟他的父亲一点都不像。已故的沙皇长相英俊，一双充满智慧的眼睛微凸。马克·吐温曾在克里米亚半岛见过他，觉得他“身材十分高挑……他是个长相坚毅，却也和蔼可亲的男子”。而亚历山大三世却恰恰相反：身形臃肿，头脑简单。他的身边站着妻子，新任皇后，丹麦的达格玛公主*，一个娇小的黑发女子。光彩照人的年轻皇后从大理石地板上翩然而过。此时她全然不知自己的命运将比卡佳更加悲惨——晚年的她啜泣着坐在一节火车车厢里，眼看着她的大儿子——最后一任沙皇尼基——被人带走，后来他被幽禁至死。

当沙皇夫妇走过来的时候，卡佳掀起了面纱。就在那一瞥之间，新任皇后看到了她满是泪水的脸庞。尽管依然年轻貌美——卡佳跟达格玛一样，时年三十四岁——这张面孔的主人现在却已经是个继母了。侍臣们都屏住了呼吸。亚历山大在世的时候，他坚持要达格玛和其他大公夫人像传统上对待皇后一样，对卡佳行礼。可现在，角色却对调过来。达格玛成了皇后。如果她硬要正式地伸出手，应该顺从谦卑地行礼的人就变成了卡佳。但此时，新皇后并没有坚持维护自己的皇后威严。她并不像一位皇后，而是像个普通女人一样拥抱了卡佳。有些旁观者便贸然得出结论，认为新任沙皇和皇后心地柔和，自此之后，卡佳将被视为皇室的一员。然而，新任皇后突如其来的同情，其实只是出于好心的一时冲动，而不是深思熟虑之后的决定——这也并不意味着她真的认同了公公的情妇的身份。皇室成员们走出冬宫，登上皇家马车。卡佳并未受邀与他们同行。

马车一路驶往彼得保罗要塞，大雪纷纷扬扬。沿途列队站岗的士兵们穿着厚厚的大衣，可还是冻得直打哆嗦。纷飞的大雪中，马儿们

---

* 皈依东正教后，达格玛改名玛丽。

拉着镀金的皇家马车挣扎前行。最后，队伍终于抵达了要塞。在一座小教堂里，皇室成员们目睹了庄严华丽的一幕。身披黑袍的修士们手持点燃的蜡烛，吟唱着《圣经》的章节。烛光在罗曼诺夫皇室的大理石陵寝上闪闪烁烁。然而，此情此景并无已逝者的意味。亚历山大自己的人生篇章都被精心隐藏了，生亦如是，死亦如是。

只有新任沙皇似乎还想细细端详已故沙皇的遗体。人们看到，亚历山大三世一再俯身，上前亲吻父亲了无生气的双手。然后，人们将棺木封敛，放进了墓穴中。哀悼的人群依照古老的习俗将沙土和树叶抛撒进墓穴。

故去沙皇的葬礼只有冷冰冰的仪式礼节。与之形成鲜明对比的是，遭遇谋杀的总统被运往坟墓的仪式却是临时草草举行。当时群情激愤，民众的狂热甚至到了病态的地步。许多美国人渴望亲近他的遗体，适当程度的接触是允许的，或者有可能是已故总统所在党派的成员所鼓励的，因为他们知道，牺牲就是一种强大的宣传。在纽约，林肯的遗体一度被放置在市政大厅，连棺盖都是打开的，有些前来哀悼的民众会试图碰触或者亲吻这位死去总统的面庞。由于太多哀悼者带来的尘垢，遗体已经呈现出一种不自然的暗沉颜色，变得有些发黑。一位入殓师数次被传唤来，擦拭掉总统面上覆盖的油脂，将严重下垂的、几乎包不住牙齿的下巴合上去。遗体已经变得不像样子了。

然而，单纯朴素的乡下人挽救了这种局面。火车载着总统的遗体，飞驰着穿过乡村，春天的花朵正在盛开，在远远的交叉路口，在孤独的小村庄里，在荒芜的农场边缘，美国民众站在铁轨边，向被害的总统致敬。许多人用手帕抹着眼泪。妇人们的怀里抱着婴儿。小学生们手里握着镶黑边的美国国旗。在煤气灯照亮的火车站站台上，成群的少女围在一起唱赞美诗；她们穿着圣洁的白色衣袍，胸前垂下黑色的肩带。有些哀悼者拿着手写的标语牌："向值得敬佩者致敬""英雄烈士""华盛顿，国父；林肯，国之救主""人虽死，言犹在"。

联邦政府专门征用了一节火车车厢来运送林肯总统的遗体。林肯生前就常常乘坐这节车厢；它装饰得相当舒适，有一间会客室和一间卧室。为了安放他的遗体，车厢已经罩上了黑纱，所有窗子都挂上了黑色的窗帘。护送总统遗体的，有总统的家人、朋友、高官，还有来自美联社、《纽约时报》、《费城问询报》、《波士顿每日广告报》和《芝加哥论坛报》的记者。深夜，列车穿过纽约州中部，车上的人都被等着一睹总统灵柩的群众的数量震惊了。在孟菲斯和沃伦斯的小镇上，哀悼者们手持火把站在路旁。凌晨3点钟，火车到达了罗切斯特，遇到了市长和大批民众。

不久，已逝的总统就来到了伊利诺伊州。一个标牌上写着"回家"，另一个写着"安息"。在芝加哥停留之后，列车穿过大草原，来到了斯普林菲尔德——这里是伊利诺伊州首府，林肯总统的故乡。人们把他的遗体带到议会大厦，在那里供公众彻夜瞻仰吊唁。第二天中午，在灿烂的阳光照耀下，灵柩被抬下台阶，放入灵车。众多哀悼者开始吟唱——

> 天主的孩子们，前行路上温柔歌唱：
> 赞颂救主的丰功伟业、万丈荣光。
> 我们正沿着父辈们走过的路途，回到主的身旁：
> 我们即将目睹，他们如今何等喜悦欢畅。

灵柩被运到橡树岭公墓，放置在石灰岩的墓室中。

在这三位改革领袖中，只有德意志首相免于死于非命。这未必是一种福气，因为奥托·冯·俾斯麦同样饱尝了死亡的痛苦。林肯和亚历山大都是在权力巅峰骤然殒命的；只有俾斯麦活到了功成身退，了解到被历史抛弃是一种什么滋味。新德意志皇帝的登基，为他的高官盛誉画上了句号。俾斯麦一手打造了这个帝国，威廉二世刚刚戴上皇冠，就急于除掉国中的这个老臣。这位年轻而独裁的皇帝神经质的兴奋、变化无常的想法、轻率不得体的演说——半是路德教会的布道，半是专横凶暴的长篇大论——给一名观察者留下了“癔症患者的印象”。沙皇尼古拉二世，被谋杀的亚历山大沙皇的孙子，也是个蠢货，人称“威廉的表弟”。“他简直是疯了！”尼古拉大叫。

俾斯麦从权力巅峰跌落，无法再认真对待这位疯狂的皇帝。这也是可以理解的，毕竟对一位君主屈膝是件危险的事，特别是像威廉这样易怒的君主。年轻的君主顽固不化，他的军事演习和计谋都一无是处，这一点俾斯麦明白得太迟了。新皇帝刚愎自用，骄傲自负。他佩戴黑鹰和骷髅徽识，自诩普鲁士军国主义的象征。他还有一个同样令人不安的习惯：他竟然喜欢抚弄卫兵的小胡子，卷起卫兵的胡子梢。但是，军旅精神只是造成威廉脾气古怪的部分原因，在这位耀武扬威的军人脑袋里的某个地方，骄傲退却了，他变成了一个小心翼翼的艺术爱好者。在波茨坦洛可可风格的宫殿里，阅兵场上的死板严苛消散无踪，来访者们惊奇地发现，他变成了一个细腻敏感、酷爱艺术的年轻人。

俾斯麦一生克服过许许多多困难，但是要搞定一个穿着长筒军靴的审美家，哪怕他再足智多谋，恐也力所不及。某天早晨，年轻的皇帝出现在位于柏林的首相府邸门口。他要求知晓俾斯麦的行动。首相从床上爬起，满心郁闷地走下来。“俾斯麦大概只得如此，”威廉说，“他得克制自己，忍着不把墨水瓶砸到我脑袋上。”俾斯麦并没有朝他扔墨水瓶；他将自己的恶意用一种喜欢的小花招表达了出来。他丢下一只公文包，然后假装不想让皇帝看到其中一份文件。这下子不知所措的变成了威廉。他的好奇心战胜了矜持，一把从首相手中抓过那份文件。从那份文件中，威廉得知，俄国沙皇长篇大论地谈他，称他为“一个不讲信义的蠢货”。

俾斯麦表达了他的观点——但他也为此付出了代价。不久之后，他就被从办公室赶了出去，他怀着苦涩的心情登上列车，离开了柏林。“荣光无限的国葬。”他注视着窗外士兵们身上的羽饰、头戴的鸵鸟羽毛说道。一开始他还确信，政府一定会气急败坏地请他回去的。但是随着时间的流逝，召令却始终未下达。这位老人一直梦想着能够重回威廉大街——柏林的权力中枢。他筹谋规划，但是他的野心失去了效力。俾斯麦的晚年是在徒劳无益的愤愤不平中度过的。他虽然被困在轮椅上，可身体的虚弱并没有影响到他的头脑。他的思路依然无比清晰，直到最后他都沉浸在仅剩的一点欢愉，就是仇恨当中。最后回光返照时，他用力挥舞一只手。“那，”他宣称，“绝无可能，基于国家理念。”这位政治领袖在他漫长的职业生涯中，曾经制定和打破过太多规则，或许他期望可以通过这种宣言来逃避死亡的命运。

若他真的这样想，那他的确未能成功。六个小时之后，他溘然长逝。

三人之死迥然不同，但三位领袖的一生被一条共同的线索联系在了一起。在短短十年之间，他们解放了千百万灵魂，重建了自己广袤的祖国，并永久地改变了国家的政体。

林肯解放了一个被奴役的人种，改造了美利坚合众国。

亚历山大斩断了禁锢农奴的锁链，给俄国带来了法制。

俾斯麦推翻了狭隘的日耳曼众王，打败了奥地利皇室，终结了拿破仑的帝国，令德意志实现了统一。

三人铸就了20世纪争夺世界霸权的三个超级大国。他们也为人类的自由做出了巨大贡献。作为三人中影响力最小的一位，俾斯麦理清了征战不休的国家的一团陈旧腐朽的乱麻——当时整个国家到处是公国和独立领地——并令这片凋敝已久的土地繁荣昌盛。林肯和亚历山大解放劳工的行为正像史册记载的一般伟大。1861年初，俄国境内有2 200万农奴。同一时期，美国有超过400万男女及儿童奴隶。十年之后，他们都被解放了。

自由的国度是如何铸就的？自由的国度又是如何瓦解的？林肯称他的改革是“自由的新生”。俾斯麦曾提及改革是通过“铁与血”来实现的。亚历山大实施了一场他称为“自上而下的”改革。他们的改革都是以自由之名进行的，不同程度上促进了人、物和思想更自由地流动。他们的改革在不同程度上都基于18世纪英国改革的基本原则——正是这些原则使得英国在当时成为有史以来最为自由、最为繁荣的国家。就连对英国的自由理论嗤之以鼻的俾斯麦，也深谙贸易自由的好处，虽然他本人绝非一个自由贸易主义者。在他当政时期，工业蓬勃发展，鲁尔区的矿山和烟囱为他治下的社会提供了煤炭和钢铁，成就了德意志的繁荣昌盛，这比“铁与血”更加重要。

自由的新机制，尽管肇始于英国，却通行于全世界。它的核心理念是，上帝赋予所有人基本的尊严，虽然这一理念在现实中尚未完全实现。对这一真理，亚伯拉罕·林肯笃信不移，他认为它“适用于任何人、任何时期”。在19世纪的头几十年，这一自由机制有望像蒸汽机——该时代另一项开创性的发明——一样出口海外。所有人都拥有生存、自由和享受工业成果的权利，这一信念在德意志的莱茵河、俄国的涅瓦河、美国的波托马克河和英国的泰晤士河两岸被迅速唤醒。*

---

* 波河两岸情况相同。1859年至1860年，加富尔、加里波第、维克托·伊曼纽尔按“自由州”原则统一了意大利。

接下来，一些事情便水到渠成地发生了。

在三位改革伟人对自由国度开疆拓土的十年间，其中的一位成了自由国度的敌人，还有一位变得心灰意冷。正是在此时，诗人马修·阿诺德声称，热爱自由国度的人们“迷失了未来”。林肯曾说，自由的“萌芽”将会“成长和扩大为全世界人类的自由”。然而，这萌芽却在世界性的灾难中几近夭折。在这场全球危机中，自由国度受到了强权政治的新思想的挑战。林肯称，这种思想的道德词汇出自“豺狼词典”。在这十年间，人们见证了自由的胜利，也见证了反革命运动的兴起，时至今日，这场运动依然影响着世界。

这就是那十年发生的故事。

第一篇

坠入深渊

第一章

绝境边缘的三个民族

圣彼得堡，1861年1月

冬宫，两名宫廷小吏穿过长长的走廊，朝着两扇青铜大门走去。他们手持顶端有双头鹰的乌木权杖，轻轻叩门三下。大门豁然洞开，身居深宫的俄国沙皇和皇后，出现在了众人面前。

沙皇穿过宫殿走廊的时候，臣下纷纷行鞠躬礼或屈膝礼，沙皇微微颔首，以示致意。国家的忠仆们一身18世纪的典型打扮，穿着长丝袜和缀满金线刺绣的外套，他们中一些人的目光与沙皇的目光交接。快活的宫廷小吏骄傲得满脸通红，他环顾左右，看周围的人是否注意到了他手中那象征帝国权威的权杖。

沙皇和皇后走进尼古拉大厅，在十二盏枝形大吊灯和上万支蜡烛的照耀下，大厅亮得耀眼。贵族们胸前的钻石和蓝宝石熠熠生辉；亚历山大·涅夫斯基崭新的制服上十字勋章和星章闪闪发亮；波纹丝绸绶带泛着柔光。骑兵卫队是从全国上下精挑细选出来的，个个一表人才，他们穿着紧身短上衣，戴着锃光发亮的护胸甲，立正站在一旁。这样壮观的场面是为了给观者留下深刻的印象；也确实令人印象深刻。卫兵、男仆，还有身着金边华服的贵族簇拥着沙皇，令外国来宾目不暇给。沙皇的领土东起太平洋，西至波兰，从白雪皑皑的西伯利亚，到葡萄园硕果累累的克里米亚，占据了地球表面陆地的六分之一。有人认为冬宫体现了巴洛克风格，也有人觉得它是《一千零一夜》里的阿拉伯宫殿在北地的重建。但所有人都有同感的是，它是专制制度的典型象征，是经过粉饰的威权，最靡丽奢华也最赤裸裸地展示着皇权的力量。在世界自由与强权之间的斗争中，俄国呈现出极其典型的强权政府的形态。

沙皇和皇后以一段波罗乃兹舞曲拉开了舞会的序幕。一曲终了，沙皇夫妇融入了宾客群中。沙皇夫妇的盛情令一些没有参加过皇家舞会的宾客受宠若惊。一位外交官认为，“某种民主的气息洋溢开来”。沙皇竭力令宾客自在放松。他的态度和蔼友善，甚至堪称温柔亲切。然而，这位独裁君主身上依然笼罩着一层看不见的纱。一位英国宾客望着跟普通人侃侃而谈的沙皇，想到了“视若蝼蚁”。

1861年初，亚历山大二世四十二岁。他作为最高统治者，已经君临俄国六年。多年的培养令他方方面面都足以胜任当下的高位。他的父亲，沙皇尼古拉一世尽管个性强硬专横，且有血腥残暴之名，但是作风刚正严肃，在某些方面是一个思想开通、宽宏大量的人。他期盼自己的继承人能超越其他君主，为了满足自己的虚荣心，他悉心栽培小亚历山大，令他成为一个合格的皇位继承人。皇子的导师是诗人瓦西里·朱可夫斯基，他为开启这孩子的心智殚精竭虑。在写给亚历山大的母亲亚历山德拉皇后的信中，朱可夫斯基将年轻的皇子称为“我们共同谱写的华美诗篇”。在一些较为严苛的人看来，亚历山大还有另一面。他的一位老师说：“有时候，他能整整一个小时甚至几个小时什么都不想。”

三十六岁那年，亚历山大继承了皇位，很多人认为他无法缔造一个繁荣盛世。“不管是头脑方面，还是性格方面，他都没有表现出过人之处。”在莫斯科参加完沙皇的加冕仪式之后不久，格兰维尔伯爵在写给维多利亚女王的信中如是说。还有更迷信的说法，当亚历山大在克里姆林宫加冕时，沉甸甸的圣安德烈勋带从垫子上滑落下来，掉到了地上——这无疑是一个不祥之兆。*

对于任务的艰巨性，没人比亚历山大本人更加了解。他从父亲手中继承了超乎想象的巨大权力和财富；他成了俄国的沙皇。但是，他的帝国却深陷泥淖。俄国横跨欧亚大陆。几百年来，这个国家不断遭受侵略者压迫。从 12 世纪到 17 世纪，一个独裁政府控制了这片土地。这个政府的形式部分基于拜占庭君主式的专制统治，部分基于蒙古可汗的独裁政体；后来，它就成了俄国。俄国对于中世纪欧洲限制王权的混合宪法体制一无所知。沙皇的臣民自认为是“农奴——贵族的奴隶”，相应的，沙皇也将国家视为自己的私有财产，代代相传。

1682 年继位的彼得大帝意识到，一个奴隶国家绝不可能成为最伟大的国家，所以他对俄国的传统宪法实施了改革。但是，在国家政体方面，他选择了效仿法国、西班牙和德意志，这些国家推翻了中世纪的君主立宪制，建立起了以强大的军事力量为后盾的专制政府。通过这一举措，彼得将一种专制政权变成了另一种专制政权。他的行为没有彻底破除陈规陋习。他倾向于高压政治手段；为了镇压抵制改革的人，他滥用古代酷刑，如砍头、车裂、火刑等。

1762 年继位的叶卡捷琳娜二世，在一定程度上放松了彼得的奴隶制度。在日渐衰落的 18 世纪，俄国不再是一个奴隶制国家。但是，它也没有成为一个自由国度。国内矛盾重重。日渐衰落的专制体制，对于人民的蠢蠢欲动尚能勉强压制，然而对于他们的希望，却已然难以遏制。人民心怀不满，不再卑躬屈膝、畏缩怯懦。显而易见，危机

---

* 圣安德烈勋带预示了君王的横死吗？在 1896 年末代沙皇尼古拉二世的加冕仪式上，圣安德烈勋带从尼古拉肩头滑落到地上。二十年后，他被处死。

的爆发已经为期不远。

登上皇位的亚历山大决意先发制人，阻止这场灾难。不过，他该何去何从呢？摆在面前的有两条路。一条路，是将高压统治继续下去；而另一条，则是追求自由的觉醒。18 和 19 世纪，英美这样的自由国度，已经解放了人民的力量，在贸易、工业和资本积累方面，飞快地将竞争对手甩在了身后。企业的创新引发了一系列的技术革命，改变了整个世界。有一段时间，自由体制似乎已经蓄势待发，即将大获全胜。然而，出现了相反的反应。在全世界，特权阶级起来维护自身的特权地位。在俄国、德意志，甚至就在美国，走投无路的贵族用维护自身权力的专制思想来对抗自由的挑战。

新的专制哲学基于两点。首先，是家长式的统治。这个理念是对抗自由国度的强力武器，表现为不同的形式、披着不同的伪装。俄国和美国南方的地主辩称，他们的境内制度体现了家长式作风；主人就像仁慈的父亲一样关怀照顾着奴隶，奴隶的生活比残酷的自由劳动力市场上的工人要好得多。在德意志，精明狡猾的普鲁士贵族企图推行一种家长式的法令来管理广大民众，令他们更加屈从于国家的统治。根据政府最新的家长理论，国家要像父亲爱孩子一样爱人民。所以伟大的自由史学者麦考利爵士写道：新的家长式政体会“管理学校，监视运动场，将劳作和娱乐的时间固定下来，规定什么歌能唱，什么曲子能弹，什么书能读，什么药能吃……”。

贵族的第二个立足点是激进的民族主义。将辩护者的粉饰之词去掉之后，这种民族主义的实际意思就是，某些（优等）民族有权将自己的意愿强加给其他（劣等）民族。美国南方的种植园主幻想着奴役中美洲和加勒比海域。德意志的民族主义者妄图将丹麦、法国和波兰纳入新德意志帝国的版图。在莫斯科和圣彼得堡，怀着泛斯拉夫同情情绪的浪漫民族主义者渴望摧毁土耳其，令俄国的意志通行拜占庭。

通过勾画出一幅迷人的沙文主义盛景，民族主义者希望能将国内受压迫人民的想象力向其他方向转移。同时，他们也在谋求开拓新的剥削空间——比如德意志提出的“生存空间”。特别是，民族主义者努力强化种族沙文主义，它成为压迫者最便捷的统治工具；他们宣称，某些种族（白人、日耳曼人、斯拉夫人）优于其他种族。激进的民族主义跟独裁的家长式作风一样，都基于一个前提，即所有人并非生来平等，某些人比其他人更为平等。

对沙皇亚历山大来说，最为平坦易行的道路莫过于继续推行高压统治。他只要安坐于大斯拉夫帝国之巅，擦亮俄国承袭自拜占庭的弥赛亚之鹰就行。这样他就能击溃土耳其，登上人称“君士坦丁堡的宝石”的圣索菲亚大教堂里的黄金宝座。通过吞并一个更大的帝国，俄国的问题自然会迎刃而解，俄国也将真正如长久以来暗暗期望的那样，成为“第三罗马”。

然而，沙皇打破了皇朝代代相传的传统，他选择了一条艰难得多的路线。世界危机不断加剧，在一个决定性的时刻，亚历山大决意选择自由的未来。他决定打破枷锁，释放国家被遗忘的潜能。但他不想放弃自己的独裁权力；那样的话就走得太远了。尽管有人会嘲笑沙皇是个伪君子，但是鉴于国家的形势，还有他稳定性堪忧的皇位，沙皇所计划的举措相当大胆。他要解放农奴。

寒风在黑夜中呼啸，暖意融融的冬宫之中，沙皇在席间穿梭。双层釉的玻璃之外，一片北国风光——白雪覆盖的广场、高耸的殿堂——莫名地增强了他的权威；似乎唯有那超乎芸芸众生的权威之力方能在这样一片孤寂荒凉的冰雪世界里建造一座都城。屋里的桌子上堆满了珍稀罕见、精美绝伦的餐盘，还有各种各样唯有独裁者才能穷奢极欲地享受的奢侈品。亚历山大会到每张桌子跟前亲切地说上几句，将香槟凑到唇边，吃一口小菜；这样一来，宾客就可以说他们跟沙皇共进晚餐了。到下一张桌子跟前，他会机械式地重复刚才的一番做作。举目四顾，他看到到处都是红扑扑的脸孔，因为跳舞、因为喝酒、因为与权势人物接近而产生沉醉的感觉。

他心知肚明，用不了多久，这些欢乐洋溢的面容就会变成愁眉苦脸。他计划中的改革将会惹恼很多近卫军和侍臣，若是处置失当，很有可能会导致他们公开叛变。毫无疑问，都城里拥有农奴的高官显贵一定会支持与改革背道而驰的空想政策。军事主义传统的复苏、新兵团的组建，以及洗雪旧耻——守旧者永远无法抗拒战争号角的召唤。但是当沙皇实行自由政策，打碎奴仆的锁链的时候，贵族会袖手旁观吗？那样的话，又该由谁来收割他们的庄稼，烹饪他们的一日三餐，擦亮他们的珠宝首饰呢？

华盛顿，1861年1月

长久以来，詹姆斯·布坎南一直渴望成为美利坚合众国的总统。在迟暮之年，这个梦想终于实现了。他是个古怪的人物；令他显得古怪的其中一点，就是作为白宫女主人的女士与他之间的关系。哈莉特·莱恩是总统先生的外甥女，也是他最亲近的陪伴者。这个精力不济的老单身汉和这位强健美貌的小姐之间的密切关系令人咋舌；他们彼此都离不开对方。莱恩小姐会为舅舅安排完美的社交活动行事历；她安排精致的白宫晚宴，还有至交好友的香槟聚会，不过总统先生温和地提出了些许意见——就像他在国家大事中表现的一样——只允许玩纸牌，明令禁止跳舞。人们对莱恩小姐的评价要高得多，与她相识的每个小伙子都对她称赞不已。到了下午，她会骑马出门。她侧坐在一匹白马上，只有一名马夫随行照料。当她骑马归来，跟舅舅打招呼的时候，谁都不会有疑问，两个人中谁才是更令人敬畏的那个。

然而很快，一切就都烟消云散了。1860 年秋天，在布坎南总统看来，整个国家似乎陷入了一种诡异的狂热之中。一场选举拉开了帷幕。在北方，“全面觉醒组织”之流的非法军事集团组织了火把游行，向他们心中的英雄——亚伯拉罕·林肯致敬。成千上万的年轻人披着大披风，戴着黑色头盔，举着火把，满怀近乎虔诚的热情，在北方城市的大街小巷游行。11 月，林肯当选总统，南方棉花和稻米种植区的居民对他当选群起反对。在南卡罗来纳州，查尔斯顿举起了饰有美洲蒲葵纹章的义旗，象征该州拥护者的反抗精神，12 月，该州宣布独立，脱离联邦。

白宫之中，布坎南总统惶惶不安，踌躇不定，瘫倒在床。他本是一介庸才，窃据高位，惶惶不可终日，就连莱恩小姐都无法令他振作起来。

他该如何是好呢？

史上从未有哪个州脱离过联邦。1812 年战争中的老英雄，国务卿刘易斯·凯斯顶着红鼻头，戴着华丽的假发，步履蹒跚地走进白宫。他恳求总统以武力镇压南卡罗来纳的叛乱。来自密西西比的内政部长雅各布·汤普森则大力劝诫总统不可采取措施，以免南卡罗来纳星星点点的叛乱燃成燎原大火。然而，布坎南总统既没有发布命令，也没有采取行动，只是要了一份备忘录。一个州有权脱离联邦吗？他问。没有，他自己做出了回答，它无权如此。政府有权阻止一个州脱离联邦吗？也没有明确的先例。整个国家濒临崩溃，总统和他的法律顾问们却一头扎进主权和宪法的神秘迷雾中，越陷越深。

这一策略徒劳无功，这点很快便显而易见。国家已处于内战边缘，几个律师岂有回天之力？布坎南总统已经濒临绝望。美国的自由体制与强权压迫制度之间的冲突必将震撼整个国家。两种格格不入的理念的本质在这里以纯粹的形式得到集中体现。在北方，奴隶制的主要反对者是清教徒，有的是根据宗教信仰，有的是从性情上看，他们的父母先辈们，不管性格多么不讨人喜欢，都曾是君主专制的坚决反对者。在南方，领头的种植园主都是保皇党，有的是祖辈传承，有的是出于刚愎自用，他们追随，或者装作追随先辈们的脚步，拥护英格兰贵族绅士的理念，在新大陆，他们将封建的从属制度转化成看似正当的人身奴役关系。两者的特质也不能过分夸大。依照贵族的方式进行统治的种植园主，尽管会买卖奴隶，却热爱自身的自由。清教徒争取到了自身的自由，就往往无心关注他人的自由。但是在保皇党的心中，自由的理念渐渐萎谢，而在清教徒身上，却渐渐产生了一种变革的力量。

哪怕在合众国的黄金时代，在华盛顿和亚当斯、汉密尔顿和杰弗逊叱咤风云的那些年月里，领袖人物也没能找到调和两种尖锐冲突的文化的方法。《独立宣言》的核心理念是人人生来平等，而奴隶制违背了这一信条，无法调和，美利坚合众国的国父们将这个他们无力背负的重担丢给了后来者。继任者却在前辈们遗留下来的问题面前退缩了。合众国的第二个纪元是亨利·克莱和丹尼尔·韦伯斯特领导的时代，被称为合众国的白银时代，这一时期的时代精神不是灵感迸发的创造，而是谨慎的妥协和解，克莱大胆交涉谈判，公开宣扬这种精神，韦伯斯特则发表八面玲珑的演说，含含糊糊地表示承认。

然而，白银时代渐渐分崩离析。在南方，弗吉尼亚等烟草产地渐渐失势，种植园主一直表现出，或者至少做出苦恼的样子，势力朝着土地更加肥沃的密西西比和亚拉巴马地区倾斜，在那里，一种利润更丰厚的经济作物——棉花——打消了一切挑剔疑虑。1861 年，主要的棉花种植园主已经摒弃了弗吉尼亚，而将南卡罗来纳视为道德和智慧的楷模。在南卡罗来纳的一些低洼海岸地区，奴隶已经占人口的

80%。这些地区的奴隶主，并不像弗吉尼亚人那样——或者他们假装的那样——对奴隶漠不关心，南卡罗来纳州奴隶主当中的有识之士为强权统治精心炮制辩护词，其基础跟俄国和德意志贵族推行的家长式统治是完全一致的。在南卡罗来纳州的大力鼓吹下，南方政治领袖们不再遮遮掩掩地为奴隶制辩护，他们自称“食火者”，将黑奴制度说成是“一种善举——绝对的善举”。

北方人民也加快了冲向悬崖的步伐。废奴主义者受到老清教徒的精神感召，要求立即解放奴隶，“自由领土”的党徒们摈弃了白银时代的媾和政策，要求禁止在西部的处女地实行奴隶制。

布坎南总统尽管已经心力交瘁，却依然在追随白银时代的精神，他试图在新生代清教徒与死灰复燃的封建制度之间寻求一条折中的道路。总统本人是白银时代最后的政治家之一。他 1821 年首次进入国会，当时杰弗逊和亚当斯还在世。但是总统先生还健在，那个时代却已经过去了。此时，猜忌和相互憎恶造成的矛盾已经积重难返，就连克莱的手段和韦伯斯特的演说技巧都未必能在针锋相对的两派人和两种思想之间达成妥协。不管是精力还是才能，无论是眼界还是勇气，论及成就伟大的政治家的任何一种素质，布坎南都远逊于克莱和韦伯斯特。他甚至丧失了公正仲裁的权力。尽管出生于宾夕法尼亚州，他内心却坚定地同情奴隶主的种族家长式统治，以及他们的加勒比帝国的幻梦；他实实在在是一个反对解放奴隶的北方政客。

不过，布坎南的缺点也正是他的长处。比起政治领袖，其实他更适合做一个外交家；在他看来，外交手段也能挽救国家。他彬彬有礼，优雅可亲，八面玲珑，有种男性少有的女性化的礼貌，温和柔顺的性格和对权势的渴望共同构成了他的精神特质。如今，当职业生涯面临危局之际，詹姆斯·布坎南安慰自己，也许他惯有的温文尔雅依然能救他于水火。

德意志、法国，1861年2—3月

关于人类的前途命运有两派对立的观点，在这十年中，两派观点的拥护者之间的紧张气氛不断加强，这种情况不仅存在于俄美两国，德意志也饱受煎熬。有些德意志人主张应该制定自由宪法，由大臣们负责推举立法者；另一些人力主增强国力，打造一个全新的、强有力的德意志。还有一些人在两种互不相让的观点之间摇摆不定，不切实际地幻想国家能在权力与自由之间左右逢源。

在这针锋相对的两派之中，1861 年初，自由派先建立起了上层组织。他们成立了委员会，起草了报告，草拟了行动纲领。相反，此时那些幻想建立新德意志帝国的人还没有任何战略。他们没有规划。但是他们拥有同样重要的东西——创作的灵感。改革的萌芽不在规划中，而是在诗歌里，在音乐里。*

理查德·瓦格纳在给朋友的一封信里写道："天知道《唐怀瑟》的上演会是什么样：我心里实在是不确定，这也情有可原。"这位作曲家，按他自己的说法，已经心力交瘁——厌倦了"深挖灵魂"。他正在为《唐怀瑟》在巴黎歌剧院的上演做准备，却诸事不顺。

男高音尤其是一大失败。年轻的阿尔伯特·尼曼天生一副好嗓子。他一心想在巴黎大获成功。他内心惶惶，害怕不能获得肯定。他听信了街头巷尾的风言风语；有人说《唐怀瑟》的演出将会一塌糊涂，而他也会因演出失败受到拖累，一败涂地。于是他就跟剧作家作对以泄愤，在彩排的时候消极沉闷，拒绝合作，他觉得就是剧作家造成了他的不幸。

瓦格纳的麻烦还不止于那位心灰意懒的男高音。这位作曲家债

---

* 古希腊人认为，音乐比无曲的词句更加深入心灵，能更加完全地塑造心灵。

台高筑，已经沦落到要纡尊降贵地做轮班工人以筹集资金。“我损失惨重，”他说，“而且无人施以援手！”瓦格纳曾经与情人之一马蒂尔德·威森东克谈及作为艺术家的悲惨宿命——他饱经的痛苦，他与无知蒙昧世界的斗争，他纯粹的心灵与世俗之人的卑劣庸俗之间不可逾越的鸿沟，而正是这些庸庸碌碌之辈，一再摧残他的艺术理想。“我自觉清白纯洁，”他对威森东克夫人说，“我深知自己从未为一己私利营营役役，我的所作所为皆为他人；无休无止的苦痛便是见证。”他说，无人能理解他，尽管他曾大胆地表示，希望“有朝一日，至少我作品中的某些内容能得遇知音”。

首演之夜日渐临近，瓦格纳却郁郁寡欢。他说，他是一个德意志人——一个彻头彻尾的德意志人。他如何能期盼为法国人创作音乐呢？

那宿命的一夜终于到来。载着第二帝国的高官显贵的马车停在了歌剧院门口。年迈的将军和古板的议员搀扶着他们的女伴下车。赛马俱乐部的年轻人刚玩完纸牌，神气活现地走进剧院，一心打算吹毛求疵。最后驾临的是皇帝拿破仑三世。他是拿破仑一世的侄子，身着华丽的丝绸，皇冠熠熠生辉，全体观众起立，目送皇帝在皇家包厢就座。

皇帝驾临引起的短暂骚动渐渐平息，歌剧的序曲响起，乐曲中带着隐约的渴望。接着一个升调，听众仿佛被带着上升，升到了阿尔卑斯山之巅，“融入了纯净的空气”。然而，上扬的并不只有旋律，瓦格纳希望听众也能得到升华。他希望他们脱离俗世，这个肮脏而庸俗的世界，和他共建一个更加美好、更加崇高的世界。在这场人类灵魂的战争中，神话故事就是他的武器，他将传说融入了音乐之中。跟其他浪漫诗人一样，他在口口相传的古老歌谣中找到了灵感；据他自己所言，他根据“经典的德意志风格”素材，创作了《唐怀瑟》。“当我开始构思和创作《唐怀瑟》的乐曲的时候，我热血澎湃，激情迸发。我天性厌弃现世，向往一个更加古老、更加高尚的世界，我愿以永恒的自我来热情拥抱这样的世界，将两者合为一首主旋律：对爱至高无上的追求。”

歌剧院中的巴黎人却呵欠连天。他们裹着厚厚的丝绸和皮草，沉溺于社会发展和帝国传承所累积的财富，他们看不到，用不了多久，他们的平静就会被瓦格纳歌剧中预言的“狂飙突进运动”打破。19 世纪 60 年代尚未过去，他们的城市就将被德意志的军队占领，他们的殿堂、房屋和医院都将被日耳曼人的炮弹粉碎。唐怀瑟精神的苏醒喻示着日耳曼民族的觉醒，这个民族重新认识到了自己的力量。然而对此，巴黎人却视而不见。

巴黎人的迟钝似乎也情有可原，因为在 1861 年初，德意志的改革还不易为人们觉察。德意志内部有着数不清的公国，所以德意志的力量究竟到达何种程度鲜为人知。自古罗马的塔西佗时代以来，观察者们就常常为日耳曼民族特殊的禀赋而震惊，这个民族有一种热衷暴力行动的精神。但在 1861 年 3 月，这种禀赋被浪费在了两个敌对党派的龙争虎斗，以及三十六个小公国的纷争之中。那些支持自由党派的人们，全心投入与暴力理论支持者的斗争和争论中。德意志的两股主要力量，普鲁士和奥地利，忙于彼此之间的无谓斗争，不得脱身。一千年前，在查理大帝的指挥下，日耳曼人曾经征服了大半个欧洲，而今，在如此众多不入流的小公国统治下，曾经的辉煌渐渐湮灭。

歌剧进行到第二幕，渐渐嘘声四起。虽然皇帝在场，但赛马俱乐部的年轻人依然大声抱怨，因为瓦格纳出于对艺术纯粹性的热情，让年轻人最喜爱的芭蕾舞女演员下了台。他们跟着指挥，举起戴着白手套的双手，吹起口哨。“简直令人难以置信，”那位不情不愿的男高音尼曼，在给柏林的朋友的信中说道，“梅特涅公主是这出戏的主要赞助人，她不得不在第二幕结束之后就离开了剧院，观众不停地朝她的包厢扯着嗓子大声嘲笑。”第二天晚上，《唐怀瑟》又一次遭到了赛马俱乐部里那群上流社会的恶棍捣乱。第三天晚上，瓦格纳撤销了演出。尼曼说，《唐怀瑟》“是实实在在地被嘘下台、轰下台、嘲笑下台的”。

尽管出师不利，瓦格纳还是保持了良好的风度；第三场，也是最后一场演出之后，他回到了巴黎奥马尔大街的住处。凌晨2点钟，这位德意志改革的预言家在家里跟一小群朋友安静地喝着茶，抽着烟斗。他开玩笑地责备在场的一位朋友，一位俄裔作家的女儿小奥尔佳·赫尔岑不该嘘他的歌剧。然而就在那时，有人注意到，他的手在无意识地颤抖。

在歌剧之争中，法兰西对德意志大获全胜。然而瓦格纳对未来的预见却丝毫没错——那头睡狮已经醒来。

第二章

叛逆者现世

华盛顿，1860年12月—1861年2月

林肯当选后几个星期之内，众议院和参议院就任命了委员会，来决定是否可以通过非暴力的方式，解决那些将会分裂美利坚合众国的问题。当时，美国最杰出的议员们组成了参议院的“十三人委员会”。反对方对己方的主张做了调整，使之变得更加温和一些，委员会里对此调整持支持态度的人中，居领袖地位的是来自肯塔基州的约翰·克里滕登。克里滕登是一位中间派政治家，和布坎南总统一样，他致力于各方的调解，不过跟那位因软弱政策饱受非议的总统不一样的是，他在梅森–狄克森线*两侧都颇有声誉。

在“十三人委员会”中，还有一位也来自肯塔基州，他就是拉扎勒斯·鲍威尔。跟克里滕登一样，他在白银时代妥协派的影响下长大。鲍威尔曾经是一位和蔼可亲的律师，如今已身居高位，权利双收。作为肯塔基州的前州长，他激情洋溢，在朋友圈中饱有声名，既能大嚼烟叶，也会提出温和的学说。对那些“野心勃勃的狂热分子”，

* 美国的南北分界线。——译注

不管南方的还是北方的，他统统嗤之以鼻。

委员会中支持和解的还有一位更强势的人物。在边疆各州的乡绅之中，坐着一位来自西部、身材矮小、形容枯槁的男人。虽然外表粗糙，来自伊利诺伊州的斯蒂芬·A. 道格拉斯却堪称白银时代最聪明机变、足智多谋的人。他参与了最近的一次总统大选以及北方民主党领导人的选举，不幸落败。酗酒、债务、政治前途崩坏和长期寻欢作乐，已经令他几乎崩溃。但他仍然拥有相当的权势，一度成为参议院中最令人忌惮的人。

凭借其年龄和资历，克里滕登参议员荣登委员会主席之位。在鲍威尔参议员的协助下，他着手制订了一个妥协计划。他们二人呼吁，恢复旧有的密苏里妥协线，并建议将这条线延至西部地区的加利福尼亚州。这一建议的结果是，在北纬 36°30′ 以北的所有西部地区，奴隶制都将失去合法性。* 为了安抚棉花种植园主，克里滕登建议，在妥协线以南，美国“现在拥有或将来获致”的所有领土上，永久保留奴隶制。这一让步将有助于“食火者”实现他们的热带奴隶帝国之梦。

这一计划仿佛前途一片光明，但委员会接受的程序规则是，除非持水火不容观点的两方代表对此达成一致，否则就不可能展开谈判。地域性蓄奴的反对者们将自己的理由告诉了在委员会中占有一席之地的五位共和党参议员。与白银时代的妥协派不同，共和党人通常会反对谈判：他们认为，奴隶制在全国各地都应当被宣布为非法。“在奴隶制扩张的问题上，没有任何商量的余地，”共和党领袖亚伯拉罕·林肯在 1860 年如是写道，“这场较量一定会到来，与其将来受患，不如现在一决雌雄。”

这种立场是南方人绝对无法接受的，在委员会中以密西西比州

---

* 1820 年签订的《密苏里妥协案》是白银时代最持久的协议。该协议规定：缅因州为独立州，加入联邦；密苏里州为蓄奴州；在北纬 36°30′以北的路易斯安那领地，奴隶制为非法制度。

的杰弗逊·戴维斯、佐治亚州的罗伯特·图姆斯和弗吉尼亚州的罗伯特·默瑟·托利弗·亨特为代表。国内的奴隶制问题切实关系到奴隶主的生存之道能否存续下去。他们深知，在共和国早期，南北方的人口数量还是相当的。然而，到了1850年，北方人口增长到1 300万以上，南方人口却还不到1 000万。北方势力的快速增长，令那些依赖强制性劳动力积累财富的人惊恐万状。北方的自由劳动力体制一旦在广袤的西部地区普及开来，国家的力量平衡就会飞快地向有利于自由州的方向倾斜。到那时，那些蓄奴州就会发现，自己只能龟缩于东南一隅——广阔大陆上的区区一个角落。政治力量的衰落必定会接踵而至。西部新兴的自由州加入联邦，南北双方在参议院的均衡状态将会终结，而南方的家长式体制更是在劫难逃。

西部的领土是内战的第一战场，国会大厅则是第二战场。在堪萨斯州，奴隶制的拥护者暗杀自由州人士，并在劳伦斯举起了象征南方权力的红色大旗。以约翰·布朗为首的自由州人士则在波塔瓦托米河畔诛杀奴隶制的拥护者。在参议院，马萨诸塞州的查尔斯·萨姆纳公开谴责护奴集团“针对堪萨斯的罪恶行径”，南卡罗来纳州的普雷斯顿·布鲁克斯伙同其南方同僚劳伦斯·基特和亨利·埃德蒙森，将萨姆纳摁倒在参议院的地上，挥舞手杖把他痛揍一顿。自由州人士最终在堪萨斯州大获全胜，但联邦最高法院的判决却令这胜利黯然失色，在德雷德·斯科特诉桑德福一案中，法院裁定：根据宪法，奴隶主有权将其奴隶带到国家领土的任何地方。

在“十三人委员会”中，五位共和党人中的三位——佛蒙特州的科拉默、威斯康星州的杜立特和艾奥瓦州的格兰姆斯按说都能坚定不移地支持林肯主张的不妥协领土政策。唯一可能出现问题的是第四位——俄亥俄州的“冒失本”本杰明·韦德，要看他在与“食火者”和边疆各州的乡绅们打交道的时候，是能够从善如流、礼貌得体，还是坚持要像普雷斯顿·布鲁克斯和劳伦斯·基特那样血溅参议院。“冒失本”是俄亥俄州人，他身强体壮，白发飘飘，一双黑眼睛锐利有神。跟众多积极参与废奴事业的西部著名人士一样，有着新英格兰血统的他，不仅厌恶压榨奴隶的寡头们，对妥协派也极度反感。不管是奴役他人的人，还是认可这种奴役的人，在他看来都是一丘之貉，血腥残忍程度如出一辙。几年前，一位南方参议员曾提出跟他决斗，韦德接受了挑战，根据“决斗法则”赋予的权利，他指定了武器和条件：“打猎松鼠的来复枪，二十步之外射击”，“双方各在胸前贴一张一美元大小的白色纸片”。那位南方参议员识趣地收回了决斗的要求。

至于克里滕登委员会的第五位共和党议员，情况就要更加复杂一些了。纽约州的威廉·H. 苏厄德在其党内极负盛名，仅次于林肯本人。在 1860 年春季芝加哥的共和党提名大会上，他曾经惜败于林肯。对于他这样一个追求无与伦比、至高无上的声望的人来说，这简直是一种耻辱。几个月过去了，苏厄德依然耿耿于怀。“失望？”他对一个不满意的求职者说道，“你跟我说失望！跟我？我完全有资格获得共和党总统候选人提名，却只能靠边站，眼睁睁看着提名给了区区一个伊利诺伊州律师。你还跟我说失望！”

在分区蓄奴问题上，苏厄德会同意妥协吗？他一向有着“决不妥协”的盛名。从很多方面来看，他都与白银时代的政治家截然不同。他曾经对丹尼尔·韦伯斯特参议员以花言巧语促成 1850 年亨利·克莱妥协案通过的行为表示谴责。但是，十年的参议员生涯消磨了苏厄德的热情。这位纽约州的参议员，个子矮小、面色蜡黄，却敏锐果断、雄心勃勃。他不修边幅，行事散漫，一眼看去就像个乡下律师，但从他紧抿的嘴唇、镇定的目光和鹰钩鼻子，细心的观察者们一定能感受到那经历了年轻时理想主义破灭之后，仍旧存留的力量。

苏厄德的成功曾经来得轻而易举，不过可能轻易得有些过头了。

他三十七岁就当选纽约州州长，十年后便当选参议员。年纪轻轻便如此官运亨通给他带来了一定的影响，在职业生涯之初，苏厄德是个脾气火暴的年轻人，后来渐渐变成了一个愤世嫉俗的老政客。内心深处，他仍然对奴隶制充满了痛恨。1858 年，他曾宣称，奴役和自由之间的冲突是“不可避免的”。然而，野心抱负自会适应不同的土壤，自我调整，生根发芽。在竞选共和党改革领袖失利后，苏厄德开始寻求通往荣耀的其他道路。虽然向来与白银时代的政治家韦伯斯特和克莱一派截然不同，在 1860 年的最后几星期，他却表现出了对和解妥协政策的某种赞赏之情。不知是出于爱国主义，还是因为竞选失意，他开始公开宣扬温和谈判的优越之处。林肯当选之后不久，《奥尔巴尼晚报》登出了一篇据说深得苏厄德认可的文章，文章建议恢复旧有的北纬 36°30′ 的密苏里线——这正是克里滕登委员会和解计划的核心原则。不久之后，这份报纸重申了这一观点。在私人谈话中，苏厄德也承诺，支持根据这一原则展开谈判。

但苏厄德的政策实施起来有一个难处——亚伯拉罕·林肯对此并不支持。在南北双方领土的问题上，这位总统当选人反对任何形式的和解。在分区蓄奴问题上，他是当时立场最为坚定的政治家，除非在全国各地彻底废除奴隶制，否则他将不遗余力地阻止基于任何原则的“自由土地”运动。

总统这一关，可能会令一般官员知难而退。但是苏厄德对自己的权势深信不疑。他认为，在联邦的政治舞台上，林肯不过是个初来乍到的新兵蛋子。当苏厄德已经在地域广大、人口众多的纽约州大权在握的时候，林肯还只不过是竭力想在伊利诺伊州谋个一官半职的小律师。整个 19 世纪 50 年代，苏厄德都在参议院任职，而在这十年中，林肯拼命想挤进参议院，却功败垂成。毫无疑问，新丁迟早得向老政客俯首称臣。苏厄德掸掸雪茄上的烟灰，知道他已经落败过一次了。

他做不成总统是肯定的了，但他能否从总统手中挽救这个国家呢？

苏厄德开始跟林肯展开谈判。林肯曾力邀他出任国务卿。1860 年 12 月，这位纽约州的大人物派了一名特使来到总统的家乡，伊利诺伊州的斯普林菲尔德，谒见总统。苏厄德将这份差使交给了他最亲密的幕僚，党魁瑟洛·威德。就在南卡罗来纳州宣布退出联邦的当天，12 月 20 日，威德抵达了斯普林菲尔德。林肯在位于第八大街的家中接待了他。两人谈了六个小时。总统言辞诚恳。他似乎是真心实意地希望苏厄德接受国务卿的职务。但是在一个原则上他绝对不会动摇。

他不会在分区蓄奴制这个问题上做出些许妥协。

为了澄清他的立场，解答所有疑问，林肯托威德带给苏厄德一封信，对他在克里滕登“十三人委员会”中的活动做出了指示。

威德离开斯普林菲尔德，在锡拉丘兹与参议员碰了面。在前往奥尔巴尼的火车上，威德将林肯的最后通牒交给了苏厄德。臆想之中大权在握、高高在上的空中楼阁瞬间崩塌。他面前的选择再清楚不过，要么俯首称臣，接受林肯的邀请，要么放弃左右民族命运的雄心壮志。对苏厄德来说，选择后者是不可能的；他无法想象自己被赶出权力的黄金圈子。他将之前让步妥协的言论抛到一边，回到了克里滕登委员会中，反对恢复密苏里线的提议。

12 月 28 日，因为没有就维护联邦的方案达成一致，克里滕登委员会不欢而散。而就在同一天，苏厄德写信给总统当选人林肯，表示愿意掌管国务院。

圣彼得堡，1857年12月—1861年3月

在冬宫的卧室兼书房中，沙皇亚历山大 8 点钟就起床了。这个房间位于冬宫西翼，是内庭的一部分，为沙皇私人专用。（皇后的房间

与丈夫毗邻，位于冬宫的西南角。）穿过前厅，就来到了沙皇的书房，再往前，是一个图书室，里面满是亚历山大的收藏，有书籍、地图和情色画。*

来到书房的访客会惊奇地发现，书房的装饰异常朴素，在富丽堂皇的皇宫中，这比奢华的装潢更引人瞩目。和冬宫的很多房间一样，书房中矗立着大理石圆柱，陈设布置虽朴实无华，却处处彰显着帝王的风范。1837 年，冬宫遭受了一场火灾，建筑师亚历山大·布里诺夫奉命对书房进行修缮。在这一过程中，他将早年的设计师贾科莫·夸伦吉 18 世纪的设计理念承继了下来。房间里有一张摆满沙皇家人照片的书桌和一张摞满了政务文件的圆桌，旁边放了一把皮革安乐椅。角落里摆放着俄国家庭中常见的釉质火炉。

沙皇喜欢像一名普通的士兵那样，睡在行军床上。起床后，一位男仆为他穿上樱桃色的长睡袍。另一位仆人端上咖啡。亚历山大习惯性地边喝边踱到窗边。透过双层玻璃望出去，整个圣彼得堡的晨色尽收眼底。正下方就是阅兵场，普列奥布拉任斯基警卫团的士兵正准备换岗。阅兵场外是黄白相间的海军部大楼，那是俄国海军司令部所在地。西南边是圣以撒大教堂，涅瓦河在西北方流过。

相传，沙皇们在夜里梦到的景象一早醒来就会成为现实。然而，当沙皇亚历山大在他的书房兼卧室中一觉醒来的时候，面对的现实却并非如此。专制独裁并没有将反抗一扫而光，只是使其转入了地下，就跟其他被迫转入地下渠道的问题一样。反抗势力已成熔岩之势，一触即发。在英格兰，吵吵闹闹的王公贵族不过是想砸碎几块玻璃。而在俄国，他们想砸烂的则是君主的脑袋。沙皇的专制帝国似乎是靠着暗杀来勉力维系的。

---

* 亚历山大收藏的情色画于 1917 年布尔什维克攻占冬宫时被发现。

亚历山大预见到了反对派的阴谋诡计，策划了一场“自上而下”的改革，这显示了他的深谋远虑——林肯和俾斯麦定会对此心存嫉妒，因为这两人在改革初期都步履维艰。沙皇明白，为他管理皇宫、训练军队的那些人的祖辈，一旦君主威胁到他们奢侈放纵的生活，他们都曾毫不手软地在君主背后捅刀子。亚历山大的曾祖母叶卡捷琳娜女皇，就说服了王公贵族，与她一起囚禁并谋杀了自己的丈夫——沙皇彼得三世，亚历山大（公认）的曾祖父——夺得了皇位。（因叶卡捷琳娜的不贞行为，罗曼诺夫一支是否得以完整延续，也受到了人们的质疑。）亚历山大的祖父沙皇保罗是另一场宫廷政变的牺牲品。保罗是女皇之子，他从小郁郁寡欢，长大之后性情孤僻，血统暧昧不明。对掌管军政的权臣们，他打心底畏惧。母亲的皇位为篡位得来，统治地位并不牢靠，朝臣们为此扼腕不已，议论纷纷，他们的窃窃私语令这个孩子养成了阴郁多疑的性子。保罗的反复无常、滥施刑罚激怒了都城里的王公贵族，1801 年的一个冬夜里，一伙将军和官员借着白兰地的酒劲冲进冬宫，闯进了沙皇的寝室。骚乱的卫兵们发现，沙皇身着睡衣，蜷缩在一个屏风或是布帘后面。后世称保罗死于突发性中风，然而实际上，他不是被人勒死，就是被棍棒活活打死的。

亚历山大的父亲尼古拉一世，差点步了彼得三世和保罗一世的后尘。尼古拉荣登宝座的当天，叛军就开进了圣彼得堡市中心。为首的是一群心怀不忿的官兵，其中一些人与朝廷还有着千丝万缕的联系，跟皇室的关系也很密切。亚历山大时年七岁，他年龄尚幼，难以理解 1825 年 12 月这场打破圣彼得堡平静的哗变，然而他已经能深深地体会到其中的恐怖。被家人亲切地喊作小“萨莎”的他，当时正在阿尼契科夫宫上课。侍从冲进教室，带着他匆忙下楼，上了停在楼下的马车。这位沙皇的长子被带到冬宫，此刻，他的父亲正在竭力平息叛乱。夜幕降临，尼古拉命令炮兵出动，镇压反叛。炮火纷飞，照亮了夜空。随后，沙皇命令儿子穿上近卫轻骑兵的小检阅服。这个惊慌失措的孩子穿着这身制服被带进了苍茫夜色。在熊熊营火的照耀下，亚历山大看着父亲四处奔走。突然，父亲揽过他，高高举起。“看啊，将士们，”尼古拉高声喊道，“这就是我的继承人，效忠于他吧！”四周欢声雷动，士兵们纷纷上前，亲吻尚战栗不止的皇子。泪水夺眶而出——小亚历山大学到了关于统治的重要一课。从此之后，他永远记得，朝臣们令人作呕的灵魂中隐藏着不知多少假仁假义。

在那场叛乱发生四十年之后，亚历山大发现，自己和历代沙皇一样，连贴身近卫的忠诚都无法信任。他最忌惮的就是引起阿列克西斯·费奥多罗维奇·奥尔洛夫亲王的不满，后者是朝中强硬派的头领。这位亲王曾经说过，他宁愿砍断双手，也决不肯屈从于解放农奴、分配土地的改革政策。这个威胁的确不容小觑：他是帝国最有权有势的人物之一。他的家族在叶卡捷琳娜女皇当政时期初掌权势。亲王的叔叔格里高利·奥尔洛夫曾是那位野心勃勃的皇后的情人，他帮她废黜了懦弱的丈夫彼得三世，登上皇位。自此，这位八面玲珑的臣子得到了丰厚的回报，不管是在仕途，还是在与女皇的个人关系方面。荣耀与财富倾泻而至，奥尔洛夫和他的家族一时风光无限；与女皇的桃色关系也让他的家族笼上了传奇的光环。

对阿列克西斯·奥尔洛夫亲王来说，高贵的出身和万贯家财仅仅是他权势之路的起点而已。在青年时期，奥尔洛夫亲王是一名战功卓著的勇士。因为在对拿破仑的战争中表现英勇不凡，他的军服上挂满了大大小小的勋章。1812 年后，他逐渐成为一名机变多谋的朝臣，在涅瓦河畔变幻莫测的政治风云中长袖善舞，八面玲珑。他举止优雅、谦恭有礼又寡廉鲜耻，颇有其 18 世纪先祖的风范，亚历山大的父亲沙皇尼古拉曾亲授他最高公民荣誉。他供职于沙皇的第三处，掌管着沙皇的秘密警察。为了嘉奖他的忠诚，沙皇擢升他为皇家国务委员会主席。

表面上，奥尔洛夫亲王准备迎合一下沙皇，承诺助其改革；然而内心深处，他极其瞧不起亚历山大自由改革的冲动。抵制改革和创新是他行为的初衷，也是最终目的；他有理由相信，他的抵制绝不会徒劳无功。奥尔洛夫已经研究透了他的这位主子。得出的结论是，沙皇懒散怠惰，而且荒淫无度。只要在这两点上巧做文章，便能令亚历山大逃不出朝臣的手掌心。

奥尔洛夫亲王深知沙皇在私生活方面有多么混乱。在登上皇位之前，亚历山大曾经游历欧洲各国，在黑森大公国的达姆施塔特，他爱上了一位德意志的公主，马克西米利安娜–威廉明娜。公主金发细腰，娇美动人。然而她的出身暧昧不明。据说，她的母亲热恋上了达姆施塔特宫廷的一名下等仆从，她的父亲正是这名仆从，而非路易大公。然而，被爱情冲昏了头脑的亚历山大毫不在乎。“她就是我的梦中情人，”他说，“我非她不娶。”他一反常态，摒弃了懒散作风，表现得异常坚定，全然不顾父母的反对。1840 年 12 月，公主在东正教堂接受了洗礼，更名为玛丽·亚历山德罗芙娜。1841 年春，她和亚历山大在冬宫举行了婚礼。一开始，他们的生活非常幸福美满。1842 年，玛丽为丈夫诞下了八个孩子中的第一个。这位小公主亚历山德拉六岁就夭折了。亚历山大终生珍藏着女儿穿过的蓝色小裙子。1843 年，小王子尼古拉降生，他聪明伶俐，父母对他寄予厚望，爱如珍宝。之后，玛丽和亚历山大又生了好几个孩子，但他们之间的浪漫感情却日渐消逝了。沙皇愈发沉迷于美色，据说还包养了情人。

尽管沉溺于强烈的欲望之中，但此时的亚历山大还没有走到穷奢极欲的地步，也还没有成为一段时间之后整个都城丑闻的主角；但他的行为令奥尔洛夫亲王和他的同党找到了攻击他的缺口。为了令朝中的传闻更可信，保守派的朝臣们利用皇后的神父替他们做这肮脏的勾当。神父答应了他们。他含沙射影地暗示皇后，应该将灵魂已沉迷于享乐和肉欲的沙皇拉回来，他还打着拯救沙皇灵魂的旗号敦促皇后让丈夫回心转意，重归正途。事情的结果正如大臣们所愿。沙皇拒绝离开情妇，全然不顾皇后的谴责。他索性搬出了寝宫，沉湎于头几个情妇的温柔乡里，乐不思蜀。他和年轻的阿德勒伯格伯爵等一班纨绔子弟寻欢作乐，将国家大事抛诸脑后，对皇后的告诫避之唯恐不及。声色犬马欢娱一时，却消磨了他的君主权威。大臣们投亚历山大之所好，希望能转移他的注意力，让他不再致力于改革俄国的宏图大业。

然而，沙皇的注意力可没有那么容易被转移。确实，他不会与对手公开决裂。他的祖父沙皇保罗就曾经犯下这样的错误。相反，亚历山大认为，表面上的游移不定恰恰是取胜的关键。人们通常认为，作为领袖应该具备大胆果决的精神，他则与之背道而驰。作为一个强烈倚仗寡头政治来树立权威的皇位继承人，他的策略是非常明智的。通过一些看起来模棱两可、动摇不定的做法，他希望隐藏自己的真实意图，同时让反对者们洋洋得意。这种做法也许并没有经过深思熟虑，更像是在生存本能驱使下做出的选择，它使得亚历山大强烈的改革抱负很好地隐藏在声色犬马、懒散怠惰的表象之下。他就像是一条变色龙，不断变换颜色来闪躲敌人，后者对不够谨慎机警的君主来说，简直就是大自然派来的天敌。

尽管沙皇时常怠惰松懈，改革的进程却并未因此受患，因为有一群改革者辅佐着他，他们的努力在某种程度上弥补了沙皇的松懈，他们的智慧和才能也抵消了奥尔洛夫亲王以及改革反对派的钻营与顽固。陆军副官雅各布·罗斯托夫采夫尤其受到沙皇的倚重，他被委以重任，担任编纂委员会主席，这个组织奠定了解放运动的基础。罗斯托夫采夫曾为保卫罗曼诺夫皇室立下大功，1825 年，他向沙皇尼古拉告发有人密图谋反。他为人坦率质朴，身材略微发福。罗斯托夫采夫跟奥尔洛夫亲王不同，他不是一个精明机敏的弄权者，这位朴实无华的军人果敢坚毅、富有远见，足可对抗那些道貌岸然却阴险狡诈的大臣。罗斯托夫采夫的这些品质，使他从一介无名小卒一跃成为国之柱石。关于解放农奴的论战，他知之甚少；自由政策和强权政策，究竟哪个能使俄国崛起？对此他也漠不关心。不过，他缺乏的这点思辨能力被他的副手尼古拉斯·米柳亭完美地弥补了。后者是一名经济学者，曾担任内务部代理副大臣。米柳亭在孩提时代就对俄国历史有着狂热的兴趣，之后，在经历了一段失恋的痛苦和对法国戏剧的迷恋后，他步入政坛，成为一名积极的改革者。他的天赋和勤勉很快得到大家的认可，他被视为帝国最有头脑的人物之一。

一开始，罗斯托夫采夫和米柳亭之间的关系根本谈不上融洽。年轻的米柳亭自视甚高，而且充满了理想主义。他根本不把他的上司放在眼里，在他看来，这位上司就是一个告密者，是强权政党的走狗。这个大腹便便、嬉皮笑脸、总爱讲下流笑话的老将军能否胜任解放农奴的工作，在他眼中还是一个未知数。由这个“榆木脑袋的无赖”，这个“臭名昭著的政坛骗子”来领导改革，简直是“荒谬至极”。然而，接手废奴工作不久，罗斯托夫采夫就像变了个人一样。他调度安排大量工作，给米柳亭留下了深刻的印象。而且，在改革工作中，这位妙语连珠、言辞犀利的老兵所表现出的雷厉风行更让了解他的人震惊不已。罗斯托夫采夫说：“我回忆历史，梦想能留下荣耀的一页。”他献身解放事业。米柳亭这样才智超群、热切地投身解放事业的年轻人，让这位老将军深受触动。这位年轻官员大胆的想法和敏锐的洞察力也让罗斯托夫采夫倾倒。他给米柳亭起了个绰号“伊戈里亚”，这是一位女神，古罗马人认为她爱着努马王，并给予这位国王治国的灵感。

“伊戈里亚”能抵挡得住奥尔洛夫亲王的反抗吗？也许可以——

前提是得到朝中强权人物的支持。废奴主义的支持者们发现了一位强有力的同盟者——玛丽皇后。玛丽的生活早已索然无味，她十七岁就从德意志的无名小公国来到了罗曼诺夫皇朝，生活的骤变令她颇难承受。新婚光彩褪去之后，她就失去了亮色。“玛莎”——丈夫如此称呼她——远离了穷奢极欲的生活，优雅娴静地过起了离群索居的日子。外国使者觉得她美丽动人，圣彼得堡的人们却毫无感觉。皇后的法语水平差强人意，这使得她在一群自诩精通这门语言的达官贵人之中抬不起头，而她那老派的礼节也使她不受那些在冬宫艺术中浸淫已久的男女欢迎。他们叫她“德意志小资产阶级”，嘲笑她红颜渐逝。玛丽生来高挑纤细，此时愈发枯瘦。都城的气候并不适合她的体质，她面色惨白，似乎有肺痨的迹象。更糟糕的是，她的皮肤冒出可怕的疹子，变得红肿，连精致的妆容都无法遮掩。

离群索居的玛丽在对精神慰藉的渴望方面，很像末代皇后亚历山德拉——后者嫁给了玛丽的孙子，末代沙皇尼古拉。两位皇后都深居简出，亚历山德拉的闺房是淡紫色的，而玛丽的则是红色的。玛丽在冬宫的静养所四壁用凸花厚缎装饰，家具购自巴黎的卡地亚。然而，在一个方面，玛丽没有亚历山德拉幸运——她的丈夫已经不再爱她了。她看书祷告，消磨每天的光阴；她精心研读俄国古典文学；她倾注大量的时间，寻找逝去的激情。然而，她经常在夜里以泪洗面。1861 年初，她的希望集中于另外一种生活。被遗弃在冷清孤寂深宫之中的她转而投身东正教会，找寻精神上的温暖慰藉。丈夫变心令她几乎失去了一切，而在教会繁复的礼拜和华丽的仪式中，她终于找到了新的寄托，尽管这种替代品不甚完美。玛丽真挚善良，心地仁厚，全无对敌人的报复之心，她积极地投身到废除农奴制度的改革中。

宫中公开宣布与强硬派为敌的人物远远不止皇后一个。她的一番好意得到了亚历山大的婶婶，大公夫人海伦娜·帕沃芙娜的支持。海伦娜是尼古拉一世的弟弟，米哈伊尔大公的未亡人。和玛丽一样，她也曾是一位德意志公主，但比她的侄媳更老于世故。她曾在巴黎接受教育，对文学和自由政治产生了兴趣。她对农奴制度的反对是道义上的，而非宗教上的。虽然反对强权派，但她仍然是一位讲排场的公主，她在波诡云谲的圣彼得堡政坛如鱼得水。每星期四晚，她在米哈伊尔宅邸举办的晚宴是都城最热闹的盛会之一，因为她在结交名流方面颇有一套。庭院里回荡着门客安东·鲁宾施泰因的曲子，不久之后，此人就创建了圣彼得堡音乐学院。政客、艺术家和知识分子出入她家的沙龙，就连沙皇本人也乐于出席。圣彼得堡社交界就是她赖以存在的基础，不过，海伦娜有着超乎流俗的狂热信念。她全身心地投入到了释放俄国压抑已久的潜能的事业中。在她家客厅里，那些刚刚在对抗废奴运动反对者的行动中撞得头破血流、垂头丧气的改革者一定能得到援助，找到共鸣——甚至还可能得到更多。圣彼得堡有传言说，那个才华横溢的米柳亭，正是海伦娜的情人。

正准备举起改革大旗的就是这样一群人。

南卡罗来纳州查尔斯顿、亚拉巴马州蒙哥马利，1861年1—4月

以皮鞭役使他人的人，其灵魂无不遭受着道德的鞭笞，玛丽·切斯纳特深以为然。她出身南方寡头集团的贵族家庭，也曾在那个浮华的环境中纵情享乐；然而多年之后，她成了其阶级的强权理论的最尖锐批判者。在亚伯拉罕·林肯改革前夕，她来到了查尔斯顿，她发现，这个“食火者”的大本营人心浮动，因为预见到即将脱离联邦。这对她来说，半是欣喜，半是忧惧。

圣彼得堡的奥尔洛夫亲王正忙于破坏沙皇亚历山大的改革。而此

时在美国南方，“食火者”正在做抵制林肯的准备。在查尔斯顿的酒店里，玛丽·切斯纳特听到了人们满怀爱国激情的演讲。她认为，这些人的言辞颇为辛辣，是典型的“热情火辣的南方餐后谈天风格”。然而，她内心的感受更为复杂，她说自己是个“天生的叛逆分子”。早些时候，她像以托马斯·杰弗逊为代表的州权派一样，对联邦政府持怀疑态度。她的父亲曾经是南卡罗来纳州州长，是个彻头彻尾的州权派。她的朋友也不乏州权派人物，比如劳伦斯·基特，这个恶棍曾经在参议院帮着普雷斯顿·布鲁克斯将查尔斯·萨姆纳打得满地找牙。她说，南卡罗来纳州“已经恣意妄为很多年了”，这个州“对她和其他所有人来说，都是痛苦折磨”。她说，“除非是个‘食火者’”，否则在这里活不下去。她就生活在这里。所以她也成了一名“食火者”。至少在一定程度上是。

“食火者”是一群异想天开的家伙——或者说，玛丽·切斯纳特如此认为。在这些人看来，奴隶制不仅是经济发展的工具，还是文明的基石。他们认为，黑人被强制劳动，这可以将白人解放出来，去实现最高形式的自由和美德。踩着奴隶制的地基，南方人将建立起一个新的斯巴达，第二个雅典。在这个穿着裙撑、点着煤气灯的时代，重建古老的奴隶制共和国的渴望是又一种对理想生存状态的浪漫向往。近代浪漫主义哲学家让-雅克·卢梭就有这样的伟大构想。“自由能在奴隶制的基石上维持吗？”他提出了这样的问题，“或许可以。两个极端相合了。”

1861 年初，玛丽·切斯纳特开始有些理解“食火者”的雄心壮志了。她希望他们能持之以恒，将其实现。“无论如何，我希望他们停止空谈，行动起来。”但是，她的理解同情中也掺杂着一丝怀疑。因为丈夫家族的传统，她对“食火者”精神中浪漫主义幻想的元素更加敏感。切斯纳特家族对美利坚合众国忠心耿耿，一如她的父亲笃信杰弗逊总统的州权信条。对他们来说，国事就是家事，几乎全家人都心系国事。在南卡罗来纳州卡姆登附近切斯纳特家族的种植园里，马尔伯里大厅中悬挂着出自吉尔伯特·斯图尔特之手的华盛顿将军肖像。切斯纳特家族的一位先辈曾在华盛顿手下任职，那时，华盛顿还供职于英国殖民政府。在华盛顿任职总统、到南方各州巡视期间，另一位先辈曾设宴款待过他。玛丽·切斯纳特的公公老詹姆斯·切斯纳特上校承袭了家族传统，他是一个不折不扣的联邦派，不过不太支持自由州政策。老上校曾是南卡罗来纳州最富有的绅士之一。他坐拥 500 多名奴隶，他位于马尔伯里的深宅大院积淀了百年的贵族气派和奢华财富。

切斯纳特上校的儿子，玛丽的丈夫，却完全是另一个模子里刻出来的。切斯纳特上校飞扬跋扈，小詹姆斯·切斯纳特却冷静自持，是一位“举止得体的谦谦绅士”。他毕业于普林斯顿大学，是一名律师，爱泡图书馆。他给人超然离群的印象，不知是出于傲慢，还是羞涩，还是二者兼而有之，对于一个公众人物来说，他不免有些过度沉溺于自己的小世界了。他天性冷静温和，但这种性格却不合时宜；他渐渐变得有些有违本性地冒失大胆。他屈服于“食火者”的愿景。一听说林肯当选总统，他便辞去了在美利坚合众国参议院的职务，加入到抵制新政权的大军中。“如今一点希望也没有了。”玛丽·切斯纳特写道。她的丈夫“头脑发热”。他已经“自绝后路”。

在林肯改革前夕，玛丽刚刚三十七岁。悲伤不幸一直笼罩着她的生活，尽管如今已年届中年，她膝下却无一儿半女。苦痛带来的是智慧。1861 年的前几个月，她还相信南方各州很快就能建立国家，挖壕备战。对南卡罗来纳州忠心不贰的她对未来忧心忡忡，她承认，“与如此强大的美利坚合众国决裂，感到惶惶不安”。

危机已经日益严峻起来。玛丽·切斯纳特随丈夫来到了亚拉巴马州的蒙哥马利，这是脱离联邦的南方共和政体的临时首府。在那里，她遇到了瓦里娜·戴维斯，她是南方共和政体的总统杰弗逊·戴维斯的妻子。杰弗逊就职时曾坚定地表示，要将人民从林肯的改革中解救出来。沿海地区的种植园主对戴维斯夫人不屑一顾，在他们的眼中，这位来自密西西比州的女士不过是个俗不可耐的“西部美女”，在盛行左轮手枪和鲍伊猎刀的边陲长大，缺乏贵族气质。玛丽·切斯纳特倒认为，瓦里娜·戴维斯厨艺高超，聊起天来也有声有色。两位女士很快就推心置腹，无话不谈了。戴维斯夫人私密而体察入微的谈话令玛丽·切斯纳特大感兴趣；就像那个时代很多可敬的女士一样，玛丽因这种会客室中安静的交谈感到愉快，因为它剥掉了华丽的伪饰，将相熟之人的秘事赤裸裸地暴露出来。

然而，就连谈论最轻松的风流韵事，也无法驱散玛丽心中的不安。厌倦了那些罗裙玷污的故事，她转而去翻阅历史书籍，探寻她身处其中的这次世界危机的根源。她阅读了克拉伦登伯爵对英国内战的记述，书中，这位历史学者描述了17世纪的清教徒和保皇党，他们为了决定英格兰要成为自由国度还是奴隶的国度而战。读着读着，她开始感到绝望。她知道，克拉伦登笔下的强硬派和中坚力量在美国南方也有，但他们的斗争有价值吗？他们有权威吗？玛丽·切斯纳特深信，只有选出“天生的领袖”，南方才有望获胜。“然而，”她说，“无论在哪里，都像在华盛顿一样，充斥着政坛的尔虞我诈。”政客们无休止地营私舞弊，他们都是些没有前途的庸才。“最令我沮丧的是，”她写道，“受命于危难的总是些陈旧迂腐、不合时宜的死脑筋。我们唯一的希望就是充分发挥上帝赐予我们的聪明才智，然而年轻有为、积极活跃的人却不得任用，老朽不堪的政客当道。这种情况屡见不鲜。每一个州，每次一到选举，他们就会果断抛弃一切，只留下无能之辈。”

玛丽在绝望中祈祷，祈求“上帝赐给我们一位凯撒或拿破仑式的人物”。这是那个时代的又一个浪漫主义幻想。美国人对这样一个人物的渴望不逊于德意志人和俄国人。一个伟大人物将掌控改革进程，带领人民走向胜利。不过有时玛丽·切斯纳特也会想，如果能不改革就好了。她听一位辞职回南方的前财政部官员说，华盛顿的政客们一派乐观。“战争是绝对不会爆发的。”他宣称。

对他这句话的正确性，玛丽·切斯纳特还是怀抱着一线希望。

第三章

针锋相对

圣彼得堡，1858年1月—1861年3月

一个俄国人曾说过，身处温暖之地的人们对于何为寒冷是无法理解的。而俄国人深知寒冷为何物。俄国发源于北部森林地带，那里，阳光明媚的夏天短暂易逝，漫长的冬季白雪纷飞。莫斯科与爱丁堡大致处于同一纬度，气候却要恶劣得多。没有墨西哥湾暖流的庇护，俄国对极地寒冬的严酷深有体会。

几百年来，俄国人依赖三剂良方来抵御恶劣的气候。火、信仰和烈酒就是他们对抗严寒的良药。在俄国传统乡村民居“伊兹巴”中，村民们会在角落里安装火炉，在斜对火炉的角落安放神像——这个角落又叫“红角”或“美丽角”。神像温暖灵魂。火炉温暖身体。要是火焰和宗教都难以驱走冬日的严寒，俄国人还有另外一招——喝酒。据传，基辅的弗拉基米尔亲王接受基督教而非伊斯兰教，就是因为“俄国人就是要喝酒才快活——没有酒，简直没法活”。起初，俄国人喜欢啤酒和蜂蜜酒，后来，他们掌握了蒸馏技术，伏特加便横空出世，成了最重要的国民饮品。为了充分感受酒温暖身心的作用，俄国人通常空腹饮酒。用餐时，人们往往会先干一杯伏特加，再吃奶酪

或鱼子酱。

冬季越长，作物的生长季节就越短。解放俄国农奴的问题跟在寒冷气候中从事农业生产的困难息息相关。俄国的农业产出在整个欧洲是最低的。19世纪40年代，普鲁士的农业专家奥古斯特·哈克斯特豪森认真研究了这一问题之后，得出结论：要是没有了农奴这种劳动力，俄国北方的农业可能连最微薄的利润都产生不了。很大一部分奴役农奴的人已经穷困潦倒，无力维持上流阶层的社会地位了。一旦这些不需要报酬的劳动力获得解放，就连那些富裕一些的，有上百甚至更多农奴可以使唤的贵族也将破产。

至于农奴们自己，一旦获得解放，他们的痛苦将不亚于他们的主人——至少奥尔洛夫亲王和其他自由的反对者是这么说的。主张强制劳动的一派认为，自由只是无政府主义的代名词。没有了主人父亲般的关照，农民将会给乡村造成严重的灾难。地主受困于债务和绝望痛苦，也对他们无力约束。

不过，奥尔洛夫亲王有一个计划，可以先发制人，阻止自由改革。如果无法阻止解放运动本身，他希望能阻止农民在获得自由的同时获得土地。没有土地，农民的自由就有名无实，他们实际上还要依附以前的主子。故作友好、笑里藏刀的亲王，着手提出大量关于立法的程序问题。他希望通过消极抵抗政策，消磨对手的斗志。他试图激起他们的怒火。沙皇的弟弟，喜怒无常的康斯坦丁大公是最具活力的改革家，也是他们最注意的目标。反对派对他嗤之以鼻。他们认为他迟早会垮掉，缅希科夫亲王说，康斯坦丁的心智已经“因纵欲过度而错乱了”。要是他崩溃……

奥尔洛夫亲王预料得基本没错。解放运动因为委员会纠纷陷入混乱。圣彼得堡的泥灰墙内气氛紧张，因为起草这些复杂的法案，人们神经紧张，筋疲力尽。沙皇也失去了耐心。当奥尔洛夫亲王提醒他当下讨论的这些问题既困难又复杂的时候，亚历山大回答："这个问题有多困难、多复杂，我清楚得很，但同时，我希望并要求你的委员会就如何处理这个问题给出一个总结论，而不是利用各种借口逃脱责任。"

最终，双方的敌意已无法压制。当权派指责改革派被"赤化"了，而改革派控诉反对派表里不一。冲突在所难免。

冲突最终爆发了。康斯坦丁大公和奥尔洛夫亲王直接交锋。帝国的官员们目瞪口呆地看着沙皇的弟弟对亲王说，他"严重怀疑"他们的忠心，这些人"不但不能化解危机，还竭尽所能地增加麻烦"。这正是奥尔洛夫亲王耐心蛰伏等待的一刻。他将自己的角色表演得淋漓尽致。他表现得义愤填膺，要诉诸"决斗法则"。他指责康斯坦丁大公，说他的话是对俄国人高贵品质的侮辱。大公可不是一个乖乖接受指责的人。但是，无论他在奥尔洛夫亲王面前表示俄国的高贵根本不值一哂，还是说据观察，俄国人压根儿没有真正的贵族品质，都会引起争议。不过，没过多久，这位大公就被沙皇安排到地中海一带，执行大范围的海军巡航了。

康斯坦丁大公突然离开去了舰队，但改革派发现，他们面临的重重困难并没有因此而消失。罗斯托夫采夫将军对完成沙皇交付给他的工作渐渐丧失了信心。他积劳成疾。亚历山大为此深感焦虑。他竭尽所能，鼓励将军振作精神。"不要失去信心，"他对罗斯托夫采夫说道，"虽然我有很多痛苦要承受，但我从未丧失勇气。让我们一同祈祷上帝赐予我们力量吧。我将全心全意地信任你。"可惜沙皇的鼓励不过是徒劳，这位老兵很快就不行了。没多久，他就卧床不起了。亚历山大要求他潜心静养，但罗斯托夫采夫还是劳心费力地笔耕不辍。他用仅存的一点精力写了一本备忘录，记录了所有有待完成的任务。其中的内容后来广为人知，因为沙皇在他去世后使用了这些资料。他认为自己的预见很快就将成为现实。

沙皇去看望这位奄奄一息的病人。罗斯托夫采夫盯着沙皇的眼说："陛下，不要畏惧他们。"

1860 年 2 月的一天，罗斯托夫采夫与世长辞，此时亚历山大就跪在他的床边祷告。悲痛的君王亲自参与抬棺椁。然而，刚将这位忠心耿耿的仆人下葬，亚历山大就决定让一位反对改革的大臣——帕宁伯爵——接替他的职位。沙皇似乎真的畏惧了。

"情况似乎变得十分不妙，"一位观察者这样写道，"解放运动是否会发生，已经成了一个未知数。"据说，"解放运动会推迟"。沙皇和他的幕僚们"害怕发生革命"。

华盛顿，1861年1—2月

答应林肯担任国务卿之后，威廉·亨利·苏厄德似乎就放弃了对南方的和解政策。但是他不会轻易放弃对至高无上的地位的热爱，而且很快找到了一条新的运作渠道。1861 年 1 月 12 日，苏厄德在参议院就职，就在十五天之前，他在参议员克里滕登的委员会中投票否决了恢复密苏里线的提案。他语气忧郁，语调温和。十年前，他曾经谴责努力和解的韦伯斯特，如今他那份激情已退。两年前，他还坚信不疑奴役与自由的冲突不可避免，此时，他将这一信念抛诸脑后。苏厄德承认，当前国家面临的问题令人困惑。他自己反对奴隶制的扩张，但也清楚，很多人持不同的意见。他生怕这些分歧会导致内战，进而给国家带来灾难。他说自己不知道如果国家只能用刀剑来维护的话，联邦还有什么价值——为了先发制人，避免他所谓的"灾难性革命"，他打开了调解地域性争端的大门。

在他的参议院演说中，苏厄德承认，自己身陷困境与怀疑。不过，虽然装出一副很迷茫的样子，但他的良心或者说虚荣心已经决定了如何处理这个问题。他明白，想让和解政策奏效，必须加以掩饰，就算要公之于众，也最好半遮半掩。他可不愿意冒与林肯决裂的风险，不过在私底下他已经摘掉了面具。苏厄德对沙皇亚历山大在华盛顿的大使施特克尔男爵说，尽管在参议员克里滕登的委员会中投了反对票，但他仍然觉得恢复密苏里线是有一定道理的，这也是克里滕登提出的妥协政策的核心。"在我看来，"苏厄德说，"要是我不在，哪怕只是区区三天，政府、国会以及各行政区就都会陷入惊慌和绝望，只有我才能带来希望、安宁、和解。"在斯蒂芬·A. 道格拉斯举办的一场晚宴上，苏厄德说了一句意味深长的祝酒词："让各方各界、各党各派、各种条条框框及一切妨碍美利坚合众国复兴的东西，统统见鬼去吧！"与会宾客无不开怀痛饮；老克里滕登参议员放杯子的时候用劲太猛，酒杯都在桌子上磕碎了。

驻华盛顿的法国外交官认为苏厄德的声明有些暧昧含糊，不过弗朗西丝·苏厄德对她丈夫的目标有着清晰的认识。她非常惊恐地发现，他正跟随着那些他曾经强烈谴责背叛原则的人的脚步。她眼睁睁地看着丈夫走上了"曾将丹尼尔·韦伯斯特引入可耻坟墓"的道路。苏厄德的一位同僚也深有同感。这位参议员说："见鬼去吧，苏厄德。你背叛了原则，出卖了自己的政党；我们再也不会听你的了。"但苏厄德愈发刚愎自用，不可一世；内心的软弱也好，强大也好，都敦促着他向前，使他成为濒临覆灭的理想国的捍卫者。

诡辩和伪饰是政客们隐藏自己大胆阴谋的常用工具，苏厄德正是如此掩藏了自己在1861年头两个月的所作所为。这是一个隐藏很深的阴谋，我们永远无法知道它的全部细节。但是毫无疑问，林肯已经有所警觉。这位候任总统反复强调，决不支持任何向奴隶制妥协的意图，然而在斯普林菲尔德令人困扰的谣言已经流传开来，他的权威已经暗地里受到了挑战。林肯非常重视这件事，2 月 1 日，他给苏厄德写了一封信。从多个方面来说，这封信都很不寻常。林肯对未来的国务卿重申了他的指示，虽然这些指示很早就已经非常清楚明了。他没直接提苏厄德背信弃义的问题，但很显然，他已经察觉到了背叛的意图。他说，关于奴隶制，那些他认为“难以解决的问题”，他感到“万分困惑”。林肯说，来自伊利诺伊州的国会议员威廉·凯洛格最近来到斯普林菲尔德，与他会面。林肯写道，凯洛格“满心焦虑，千方百计想搞清楚在分区蓄奴问题上我对我们朋友们的妥协政策能容忍到何种程度”。

总统跟苏厄德说：“然而，我现在要说的与以前说过的毫无二致，在区域问题上，即在国家支持下扩大奴隶制的问题上，我决不妥协。我不支持任何一种有助于或允许奴隶制在这个国家的领土上扩张的妥协政策。国家为了获得领土而允许地方政府推行奴隶制，这是一种卑鄙可憎的政策。我认为，出现这样的结果，并让我们再次回到通往奴隶帝国的大道上正是各种妥协伎俩的目标。我坚决抵制。”

林肯的警觉是完全有道理的。说起玩弄政治这件事，没人比苏厄德这个纽约佬更快更狠。他是政治陷阱大师，虽然迄今为止总统一直避免与他正面交锋，但总统知道自己早晚要吃这位老对手的亏。“老谋深算的苏厄德”，人们这样称呼他。苏厄德说：“我身边的大部分人都坚决支持推倒重来，但是我决心不让他们如愿。”

柏林、圣彼得堡，1861年2—3月

在德意志革命的心脏，军队已经厉兵秣马。

17 世纪中叶，欧洲的王公贵族推翻中世纪的君主制，建立起基于专制主义原则的新政体，胜利者们将自己的成功归因于掌控了大量职

业军队。普鲁士的“大选帝侯”腓特烈·威廉见机行事，招兵买马，建立了一支几千人的常备军。这支军队日后成为整个世界最强大的战争机器的核心。在普鲁士，自由完全掌握在那些持有兵权的人手中。

在普鲁士众议院，也就是议会的下议院中，自由国家的倡导者决心改变这种状况。他们希望将“选帝侯”的“军队之国”——他的军事政权——转变为法治之国，即建立基于法治的国家。为了达到这个目的，他们试图控制“选帝侯”创建的军队。1861年，机会来了，此时的普鲁士军队已大不如前。一位波美拉尼亚贵族，同时也是普鲁士军官的阿尔布雷希特·冯·罗恩，计划重振帝国军威。他建议扩充常规军队——骁勇善战的普鲁士队伍——减少地方自卫队（后备军）兵力，他觉得后者是由中级军官团领导的靠不住的“公民军队”。

然而，自由国家的支持者否决了这一改革提议。他们说，罗恩的改革方案将使国家军国主义化，军营将四处开花。国家会陷入军事集团——戴着单片眼镜、装饰着羽毛、佩戴着刀剑的容克们——的掌控之中。革新后的战争机器将充斥着这种人，他们“反对当时的自由精神，决意采用各种可能的方法与之对抗，甚至不惜在全国范围内进行军事教化”。他们与法国贵族不同——后者在两个世纪以前就被路易十四带成了穷奢极欲的奴隶，仅存的权势已经在法国大革命中丧失殆尽。19世纪中叶，容克在国内还颇有势力。容克有别于英格兰的贵族，他们并未被强大而自信的平民、爱惜自由的中产阶级拔掉爪牙；他们也不像俄国的贵族那样，被“恐怖的伊凡”和彼得大帝这样的专制君主剥夺了尊严。

正因为普鲁士的战士还保持着战斗精神，王国的自由国家倡导者才决定阻止罗恩对军队的改革。他们一口咬定，威廉国王没有控制国家军事组织的权力。他们辩称，根据普鲁士宪法，君主只有在立法部门的同意下才能改组军队，立法部门在理论上掌管着国家财库。

这个要求对威廉来说有点过分，他是一名久经沙场的老兵，1861年他在哥哥腓特烈·威廉四世去世后登上王位。根据传统，在普鲁士，国王才是军队的最高指挥官。告知立法机关他重整军队的计划不过是威廉出于礼貌意思一下。国王为此大为光火。军队改革是他心头最重视的事业，几乎是他生命意义的所在。但自由人士拒不让步。这是个关乎权力的问题。危机隐现。

就在整个柏林都为这些事情骚动不安的时候，1861年初刚满四十五岁的奥托·冯·俾斯麦正远在圣彼得堡，担任普鲁士驻俄大使。这位大使的角色可不简单：俾斯麦是个谜一般的人物，让人捉摸不透。“浮士德曾经抱怨自己身体里住了两个灵魂，”他说，“而我的身体里却住了聒噪的一大群。简直像个共和国。”不过，内心的聒噪并非一无是处，它至少带来了思想和语言的创造力。俾斯麦随时随地都像在过五朔节前夜*。他曾幻想自己是一枚炸弹，他承认，自己能整夜保持清醒，“恨恨不已”。毫无疑问，他的梦境充斥着暴力，他的想象也被黑油浸过。俾斯麦的内心深处萦绕着这样一个问题：“迄今为止，你到底在恨什么？”

无论还有其他何种作用，仇恨首先是强有力的精神刺激。除了脾气火暴之外，俾斯麦的内心十分充实，想象力也很丰富。他沉迷于权力，追求可以改朝换代、塑造历史的强大，甚至是邪恶的力量。他的现实主义在后世臭名昭著；不过有时，所谓的现实主义，往往是对幻想进行巧妙伪装的能力，一种用华丽的外衣覆盖客体的本能，一种强大的想象力。俾斯麦认为，自己最显著的性格特征就是想象力丰富，他一直保持着爱做梦的天性。这位伟大的领袖，就像伟大的艺术家一样，是极具灵感的幻想家：他不仅能看到事物的表象，还能看到事物

* 4月30日夜晚，相传魔女和恶魔在一起欢笑。

的潜质，并且能够说服其他人认可他的幻想。

俾斯麦现实主义中的浪漫元素使他对事件的宿命性有着敏锐的洞察力。他曾说，政治家“自己并不能创造什么，他必须耐心等待，用心聆听，直到听到种种事件中传出上帝的脚步声，然后一跃而起，抓住上帝的衣角”。这个自称能听到神明在历史上留下的足音的人，有着钢铁般的意志和对权力无止境的热爱，然而，他也有点神经质，还有点古怪地温柔。他知道，革命是诗歌和仇恨孕育的产物，然而，在他激发仇恨、实现自己改革目的多年之后，他摒弃了获得的所有盛名与权威，跟神赐给他的至高福祉相比，这些都不值一提。他心存感恩，他说：“上帝从未令我的任何一个孩子离我而去。”

灵魂的分裂很快就让俾斯麦发动了一场与林肯和亚历山大的改革分量相当的改革，这场改革源于他内心更深层次的矛盾。俾斯麦是一名容克。（这一术语源于中古高地德语中称呼“年轻的贵族”的词。）他对自己的日耳曼骑士血统深感自豪。在整个欧洲世袭贵族阶层中，容克属于最贫困的一群人。他们也是最傲慢自大的一群，唯有卡斯蒂利亚人可能是例外。容克没有不菲的收入，没有华丽的乡间宅邸，没有雄伟壮丽的市内洋房，而这些，他们英格兰和法国的同侪样样不缺。大部分情况下，容克的庄园比农舍强不了多少，只用两门锈迹斑斑的大炮装饰——如果有装饰的话。（在容克的眼里，哪怕是艺术问题，也跟军事有关。）多数庄园的主人得自己动手装马鞍，夫人得亲自挤牛奶。容克缺乏贵族阶层的外部气质，却坚决要求区分血统，因为血统体现了社会地位。在普鲁士，贵族与平民的界限比在英国，甚至比在俄国都更加清晰。如果说英国贵族是整个欧洲贵族阶层中最为民主的，那么普鲁士贵族就是最专横、最排外的。

倘若一位容克娶了某位中产阶级市民的女儿，旁人会一致认为他自甘堕落。尽管手下的农民不再是奴隶——普鲁士 1807 年就废除了农奴制度——但容克还是用家长制的监管方式控制佃户，享受着他们对自己的卑躬屈膝。容克在与身份相对卑微的人谈话时，可能会使用人称代词的相熟形式“尔”来称呼对方，而对方总会用更恭敬的人称代词“您”来回应。对容克来说，从事经商投资等职业无异于一种耻辱，如果他们想要工作，或者想增加收入，会加入国王的军队。常备军的军费大多进了容克的口袋，在这一点上很少有例外。在征召军官的时候，普鲁士人仍以腓特烈大帝 18 世纪提出的准则为指导，他说：“军队长官由平民晋升而来，乃是国家衰落的第一步。”

俾斯麦出身于德意志一个古老的贵族世家，但家门屡遭不幸，家资所剩无几。位于申豪森的家族庄园坐落在柏林以西 60 英里的一个酸橙树公园里。整齐的花园按法式风格布置，一片小树林里立着一座长满青苔的海格力斯像，童年时期的俾斯麦喜欢对着雕像射击。然而，花坛里长满了杂草，庄园门顶的灰石头上刻着族徽，大屋的色彩已经褪去，见证了家族的衰落。俾斯麦就是在这种衰朽的氛围中长大的——这是改革家的政治才干常见的一种发端，即在上流阶层衰败的土壤中成长起来。德意志北部的贵族阶级常年竭力耕作以求产出，结果庄园主却渐渐难以维持体面，在与干燥贫瘠的沙土地的较量中，很多历史悠久的家族渐渐债务缠身，失去了家宅，也丧失了显赫的身份。

俾斯麦家族的宿命本来也会如此。种种迹象显示，奥托的父亲斐迪南既没受过过人的教育，脑瓜也不灵光。没人指望他能振兴衰落的家族。然而他做到了。他离经叛道，抛开家族尊荣，娶了门肯家的女儿，这个家族虽然没有贵族血统，但因为服侍普鲁士历代君王而逐渐门庭显赫。俾斯麦继承了母亲威廉明妮的旺盛精力，得以恢复家族的荣耀。他崇拜父亲，将他视为古老的德意志骑士精神的化身，但俾斯麦的教育由来自中产阶级的母亲负责——她自己就在父亲一丝不苟的教导下长大。她将小奥托送到了柏林一家条件优越的文理中学学习，为他后来的智力发展打下了坚实的基础。俾斯麦却因此对她心存怨恨，他曾公开宣称“憎恶”自己的母亲。

1861年，这个古怪的家伙——身穿日耳曼骑士铠甲的改革派政治家——似乎已经走到穷途末路。他的著名身份有：强硬派的忠实信徒、“刺儿头”、普鲁士王室与自由主义者斗争时提出的种种虚词矫饰的支持者。然而，1786年，腓特烈大帝去世以后，普鲁士的统治者在与自由国家理念的斗争之中，宁可失之谨慎，亦决不失之鲁莽。在王家宫殿柏林城市宫中，大臣们说俾斯麦“浑身血腥之气”。1848年，当欧洲的大部分地区奋起反抗旧王朝的时候，这个年轻的反叛分子兜里揣着枪支弹药，脑袋里想着计策，奔走于波茨坦和柏林。他自命不凡，骄傲自满，他命军队用枪炮镇压反抗。然而老国王腓特烈·威廉四世不想让自己的双手沾上鲜血。他向自由国家的倡导者屈服了，实现了他们制定书面宪法和选举立法机关的梦想。

在1848年的任意妄为之后不久，这位“疯狂的容克”——人们是这样称呼他的——就以德意志邦联议会普鲁士代表的身份被派往法兰克福。邦联是奥地利政治家克莱门斯·冯·梅特涅的手笔，旨在召集德意志邦联各成员国为奥地利的统治家族——哈布斯堡家族——的政策背书，该家族长期以来是德意志举足轻重的统治者。（奥地利的代表依职权是邦联议会的主席，在法兰克福的奥地利公使馆就职。）在四百年来的大部分时间里，哈布斯堡家族都身着皇家的紫袍。他们由德意志王公选举出来，像神圣罗马帝国皇帝一样，他们宣称自己是图拉真和奥古斯都的继承人。1806年，神圣罗马帝国解体，但哈布斯堡家族仍认为自己是整个欧洲最出类拔萃的家族，继续瞧不起北方的普鲁士表亲们。普鲁士王室霍亨索伦家族在15世纪才得到勃兰登堡侯爵的封号；这是不是一种尊荣还两说，因为勃兰登堡土地贫瘠、沼泽遍地，被称为“神圣罗马帝国的沙箱”。之后，勃兰登堡的选帝侯被波兰国王封为普鲁士公爵，不过，直到18世纪，霍亨索伦的统治者才敢登基称王，也只获得了奥地利皇帝的承认。

俾斯麦说：“我从小就钦佩，甚至可以说崇拜奥地利的政策。”但在法兰克福，他意识到自己被哈布斯堡家族“阴险狡诈、背信弃义”的外交手腕排斥了。那时，他说：“我想到了一个办法……使德意志从奥地利的重压下脱身。”他立马开始质疑奥地利的优越地位。俾斯麦是莎士比亚戏剧的出色演员，也是用心的学生，他喜欢通过扮演丑角让对手措手不及。在德意志邦联议会上，他掏出一根雪茄，跟奥地利代表借火柴。从来没有普鲁士代表做过这种事情，在很长一段时间里，只有奥地利人才有资格在邦联议会上吸烟。俾斯麦这样做，无异于往奥地利皇帝脸上喷了一口烟。

“对我们双方来说，德意志都太小了。”1856年，俾斯麦如是说。然而，墙上的影子却只有他自己能看到。在柏林，人们仍然认为他是一个古怪人物，不可靠，可能也不安定，当然肯定也没有普鲁士贵族应有的自律。他被派往千里之外的圣彼得堡，在那里，他就无法干涉威廉大街*制定的政策了。他说，当时，他觉得自己“被束之高阁”。

在圣彼得堡这个寒冷的“流放之地”，他的健康严重受损。严寒的气候折磨着他的精神，何况，他那熊熊激情本来就很脆弱。更糟糕的是，有力无处使的感觉让他变得软弱而颓废。徒有权力却无法施展，令人无比沮丧。

---

* 柏林市中心街道，普鲁士王国的行政中心。——译注

第四章

自由宣言

华盛顿，1861年2月

身处圣彼得堡的俾斯麦还在做着权力的美梦，在西方世界的另一端，亚伯拉罕·林肯已经离开斯普林菲尔德，准备履职了。他于2月23日清晨6点左右抵达华盛顿。陪伴林肯从巴尔的摩坐火车来到华盛顿的只有两名随从，私家侦探艾伦·平克顿和来自伊利诺伊州丹维尔的律师沃德·希尔·拉蒙，后者身材魁梧，是总统的贴身保镖。

火车站冷冷清清，一群出租马车的车夫——大部分是黑人——站在门口，希望能赚点车费。来迎接这位即将到任的总统的人寥寥无几，其中之一是伊利诺伊州的国会议员伊莱休·沃什伯恩。"亚伯，"林肯一出列车车厢，他就大声喊道，"你太冒险了！"由于担心存在暗杀的风险，林肯一行出站没有搞什么排场。有传言称，林肯途经巴尔的摩的时候会遭遇偷袭暗杀。基于这一情报，有人建议总统轻装简从，悄悄来首都履职。

林肯的形貌举止印证了那些在华盛顿等他的不怀好意者的想法。几个星期以来，首都传言满天飞，说他举止粗俗。在东部光鲜体面的人们眼里，林肯的长相激起了他们的不适感，这种感觉就像一个野蛮的哥特人或古怪的叙利亚人，紫袍加身，登上帝位，在罗马元老院一干傲慢的体面人跟前闪亮登场似的。这位候任总统的一张面孔饱经大草原的风霜，亨利·亚当斯觉得，这是一张“平凡土气得有如犁耙过的脸”。不过，对那些习惯了东部审美标准的人来说，不仅是林肯的长相，他的举止也缺乏品位与教养——粗俗得“令人难以置信”。一位旁观者说：“要不是亲眼见到，简直没法相信这是真的。”

在礼节要求脱帽的场合，这位候任总统并不是每次都会脱帽。在前往华盛顿途中，他在纽约做了短暂盘桓，他戴着一副黑色羊皮手套去了剧院，而那天晚上，所有去听威尔第歌剧的绅士戴的都是白色手套。纽约的商界精英们一副装腔作势的英式做派，对林肯丝毫不留情面；纽约的贵妇人虽然纡尊降贵地接待了林肯夫人，但这种社交客套也并非全无恶意，因为纽约社交界的女元老——奥古斯特·贝尔蒙特夫人并未露面。当报纸错误地报道说奥古斯特·贝尔蒙特夫人出席了接待会时，这位“第五大道的皇后”马上予以否认，其冷落怠慢可见一斑。她的丈夫是罗斯柴尔德家族的纽约代理，也是一名道格拉斯派民主党人。

有一个人声称，他看到了众人眼中平凡外表之下的真实林肯。他就是前一年刚出版了新版诗集《草叶集》的诗人沃尔特·惠特曼，他在路过纽约的时候，曾经匆匆见过林肯一面。一长溜马车从第三十大道的车站驶向阿斯特豪斯酒店。街道上人头攒动。诗人看见一个高个子走出了一辆四轮马车。他“在人行道上悠然站定，抬头望着这座宏伟古老的大酒店的花岗岩墙体和幽暗的建筑风格——他伸了个懒腰，然后用了整整一分钟，慢慢地、亲切地环顾周遭一大群安静的人”。“许多刺客裤袋或胸袋里藏着匕首和手枪，”惠特曼说，“准备停当，就等动手。”

诗人夸大了民众的敌意。报纸报道的则是一个热情的欢迎会。作为记者，惠特曼虽然有所不足，但他绝对善于观察人物。他说，要真实地描绘林肯，得用到至少“四位天才，四只才干过人的手”，他说的是普鲁塔克、埃斯库罗斯、米开朗基罗和拉伯雷。普鲁塔克和米开朗基罗还好理解——林肯算是个大英雄。拉伯雷也可以理解，林肯很幽默。但埃斯库罗斯？也许惠特曼认为，只有这位塑造了凶事预言家卡珊德拉的艺术家才能准确地刻画出总统精神中的迷信忧惧。林肯一直以来具有这种对不祥的预感，这毫无疑问是与生俱来的，童年时代的经历也证明了这点。林肯1809年出生于肯塔基州，并在那里度过了童年时代，他的律师合伙人威廉·赫恩登说，他生活在一群“没文化且迷信的”、“至今南方仍然广泛存在的、人称‘穷白佬’的游牧民”中。尽管智力水平快速增长，但是林肯始终多多少少地相信，他能参透那些揭示命运隐秘的预兆和迹象。当选总统后不久的一天，他靠在斯普林菲尔德家中的沙发上，看见了一个异象。他“在墙上的镜子里看到了自己面孔的重影，其中一张比另一张更苍白”。他大惊失色：很显然，第二张苍白的脸预示着他离死期不远了。对这一神谕，他接受了妻子的解释，林肯夫人认为，神谕暗示她的丈夫“可以连任，但会死在第二任期上”。

也许林肯的确会玩些预言和占卜的把戏，但总的来说，林肯的头脑仍然是冷静的，他无法容忍无稽之谈。他的天赋可能还是有些用处的。没受过多少正规教育的他却成了一名成功的律师和政治家，早年形成的才智增长模式在壮年时继续对他的性格起着支配作用。每十年，他的思想观念就会经历一次革命，但没有哪个时期的转变像19世纪50年代中期那么激烈，他响应改革的呼召，开始了自己的政治生涯。赫恩登记得，在此之前，林肯时常会坐在斯普林菲尔德昏暗的律师办公室里，“茫然地盯着窗户”，出神好几个钟头。他反对军国主义政策，这种政策曾经引发墨西哥战争，他认为，他的政治希望正是因此而破灭。雄心壮志有如未经琢磨的大石，压在他的身上。他经常遭遇背叛，因此不过五十岁出头，他就变得阴郁颓废，因为他感觉雄心壮志既无法割舍，也无法建设性地施展。

在接下来的 1853 年，斯蒂芬·A. 道格拉斯向国会提交了一份筹建内布拉斯加州领地的提案。提案的最后一稿提出废止《密苏里妥协案》中关于禁止在北纬 36°30′ 以北的路易斯安那领地蓄奴的有关条款。提案获得通过，并成为法律。林肯得知后，勃然大怒。一度成为自由之地的领土如今可能遭受奴隶制的蹂躏。林肯越想越怒不可遏。赫恩登说："在办公室的讨论中，林肯的发言变得愈发大胆直接。"向强硬派妥协就是姑息迁就，掩饰罪恶。林肯坚信："妥协的时代已经一去不复返了。"他提出，奴役和自由这"两个重大理念"，

> 只有通过最巧妙的手段才能区分开来。它们就像两头野兽，相互对峙，被铁链束缚着无法靠近。迟早有一天，这两个死敌中的某一个会挣脱束缚，然后，问题便会解决。

1854 年 10 月，道格拉斯参议员回到了伊利诺伊州。伊利诺伊州正在举办博览会，斯普林菲尔德游人如织。道格拉斯试图捍卫他的堪萨斯–内布拉斯加政策。林肯在被一家报纸称为"最有深度"的演讲中，对此进行了公开谴责。他"激动地颤抖着"。他讲完时，听众爆发出欢呼，妇女挥舞起雪白的手绢。

1858 年，林肯被共和党提名为参议院的议席候选人，取代道格拉斯。接受提名后，他不仅将道格拉斯的堪萨斯–内布拉斯加政策，也将白银时代的参议员们设计的整个和解框架扔进了历史的垃圾堆：

> 从这一政策（参议员道格拉斯的政策）提出，已经到了第五

个年头，该政策曾公开宣布，并满怀信心地承诺，要结束奴隶制争端。

这一政策实施之后，奴隶制争端非但没有结束，反而不断升级。

我认为，这场争端不会结束，我们必将迎来并经历一场危机。

“一个自我分裂的家是不会持久的。”

我相信，我们的政府不能永远忍受一半奴役一半自由的状况。

我不愿联邦解散——我不愿家室倾覆——但我着实期望它停止分裂。

它或者完全变成一种东西，或者完全变成另一种东西。

这场较量堪称势均力敌，然而最后林肯还是落败了。不过，这并不是一次彻底的失败，因为“分裂之家”的演说显示出演说者是一位全新的美国政治家，他豪情万丈、矢志不渝地坚持自己的改革原则，紧握权力，不会不加抵抗地放手。

林肯认为，自由制度正深陷危机，一种新的强权哲学正在形成。他说，随着这种新哲学的传播，人类之间的奴役有可能会在美国“老的和新的、北方的和南方的各州”获得合法地位。如果权力主义者继续取得进展，美国将见证自由国家原则的“彻底倾覆”，它将成为这样一个国家，“人人生而平等，除了黑人、外邦人，还有天主教徒”。如若局面当真如此，他说他宁愿“移民到一个不曾假装自己热爱自由的国家——比如俄国，在那里，独裁统治是那么纯粹，毫无虚伪矫饰”。

但是，自由制度受到威胁的，并不只有美国。林肯认为，这种新的强权哲学在世界其他地方也势头强劲地发展着。他反复强调，自由与奴役的战争是世界范围的。他还预测，两种哲学在美国较量的结果会对这一世界危机产生极大的，甚至决定性的影响。一旦美国的共和政体在奴隶制问题上崩坏，全世界人民都将遭受苦难。反之，如果美利坚合众国成功捍卫了自由原则，“全世界将有无数自由快乐的人站起来”，林肯说，“我们将成为幸福的最新一代”。

学者们批评林肯夸大了自由面临的威胁，但是必须明白，在他所处的那个时代，对抗自由国家的力量看起来是多么强大。新的强权哲学之所以危险，正是因为它直指自由国家理想的要害。它攻击人人生而平等的原则。正如林肯所说：

> 自由社会的定义和公理被否认，被回避，而且他们取得了不小的胜利。有人时髦地称之为“漂亮的空话”，有人不客气地称之为“一派胡言”，还有人阴险地说它们只适用于“高级人种”。这些表述尽管形式不同，但在实质上和影响上是相同的——取代自由政府的原则，恢复等级制度、家族和正统性的原则。他们乐于见到贵族老爷们聚集，密谋与人民为敌。他们是复辟专制的先锋，是开路者。我们必须打倒他们，否则他们就会征服我们。

如果“复辟专制的先锋”在美利坚合众国得势，或者北美大陆上出现两个敌对的共和政体，一个奴隶制，一个自由制，那么美国能否足够强大，足够自由，在未来的几十年中，当奴隶制帝国在德意志和俄国出现，并在20世纪迫切要求主宰全世界的时候，美国能否有效地与之抗衡，就值得商榷了。

“我的政治情感无不出自《独立宣言》的理念。”在前往华盛顿就任总统的路上，林肯在费城如是说。然而，这位自由和自治的战士内心却有另一个隐秘的自我，焦躁不安、暗藏野心、沉迷于人类的伟大、热切渴望个人权势的显赫。赫恩登说道：他的野心“如同一台不知休息的小发动机”。多年前，林肯曾形容一些人属于“狮子的家族，或者雄鹰的群体”，他自己就属于这个群体。年轻时，林肯曾说：“卓越的天才不屑于走寻常人的道路……他们渴望脱颖而出；如有可能，无论代价是解放奴隶，还是奴役自由人，都在所不惜。”

一面是满足于自由州生活与文化的自由人格，一面是渴望更多变革的浪漫人格，这种内心对立简直让人难以捉摸。或许，那一时期美国浪漫主义艺术家的作品最能表达这样一个灵魂的欲求与不满。梅尔维尔的《白鲸》和爱默生的《代表人物》也许比那个时代的所有报纸都更深刻地揭示了这位总统的动机。然而可以肯定的是，盘踞在林肯灵魂中的这些矛盾迟早会使他揭示他所发起的这场改革的秘密。

圣彼得堡，1861年2—3月

当林肯奔赴华盛顿开展改革的时候，在圣彼得堡，沙皇亚历山大已经将他的改革推进到了一个新的阶段。彼得·克鲁泡特金王子目睹了一连串戏剧性的事件。那是一个星期日的早晨，大斋节之前的最后一个星期日狂欢日，王子懒洋洋地躺在青年兵团——俄国军官学校——的床上。不过，他得赶紧起床着装，因为每到星期日，他都要参加骑兵学院的警卫换岗仪式。

那时的圣彼得堡正为一个问题所困扰。在白色舞会的四对方舞和粉色舞会的华尔兹舞之间，在贵族的私家小型晚宴上，在首都金碧辉煌、帷幔低垂、灯火通明的饭店里，到处谈论的都是解放农奴。克鲁泡特金王子将这一切都看在眼里，他虽然不满二十岁，却是一个天生非常善于观察的年轻人。作为历史的见证者，他具备极好的条件，他有机会接触首都上流社会的名士要人，甚至沙皇本人，因为他很快就成了沙皇的贴身侍卫。

虽然深入圣彼得堡核心，克鲁泡特金王子却不是土生土长的首都人。他是莫斯科古老的波维尔贵族的后裔，祖先血统高贵，卓尔不群，累世居住在城中的皇室侍从区，在克里姆林宫的荫蔽之下。这些俄国古老贵族的遗人唯恐失去家族财产，多年以来一直置身世外，对17世纪以来这个国家经历的变迁漠然以对。一些古老家族家资豪富，克鲁泡特金王子的父亲曾拥有1 200名男奴。继承自俄国早期贵族的巨额财产掩盖了他们的相对没落，因为在荣誉与地位的角逐中，很多古老的家族被新的阶层迎头赶上，这些人雷厉风行、精力充沛，在彼得大帝手下执掌要职。在圣彼得堡，这个属于彼得大帝的城市，克鲁泡特金王子质朴得近乎土气，秉承着古老家族的传统。他是一个非常有魅力的男人，萧伯纳后来与他结识，认为他“待人亲切，有如圣徒”。然而，在克鲁泡特金高贵纯洁的内心，也有丝丝骚动——那是些许的矜持高傲，这种情绪最终使他转而反对沙皇的变革，对俄国来说，这种反抗比奥尔洛夫亲王及其同党所有巧妙的计谋都更具杀伤力。

仆人伊万诺夫端上早茶的时候，克鲁泡特金还慵懒地躺在床上。

“王子，自由啦！”仆人大叫道。

“你亲眼所见？”克鲁泡特金问。

“没错。人们围成一圈。一个人读，其他人听。这是自由。”

沙皇声东击西的策略——派康斯坦丁大公去地中海，安排帕宁伯爵接替罗斯托夫采夫将军的职位——奏效了。如今已万事俱备，亚历山大要采取行动了，但他将这些行动隐藏在另一层秘密之后。废奴宣言在公之于众前两星期就已签署。在小礼拜堂做完祷告，与家人共进早餐之后，沙皇回到自己的书房。随同的有从地中海归国的康斯坦丁大公，沙皇的长子尼古拉，还有其他几位心腹。奥尔洛夫亲王没有亲眼见证改革法令颁布。他病倒了，再没有旁人能挑战沙皇的意愿。

康斯坦丁看着他的兄长拿起宣言。沙皇的双手颤抖着。他大声宣读，之后画了个十字。沙皇在文件上签了字，康斯坦丁在墨迹上撒了沙子。改革的第一阶段完成了。束缚着两千多万人的枷锁不复存在。

然而接下来，沙皇并没有立刻将他发起的改革公之于众。大斋节临近，他将宣言秘而不发，以防狂欢节的狂热——无节制到节日斋戒都无法压制——为暴乱制造条件。在这谨慎的背后，是这位锐意改革的政治家的恐惧，他怕自己失去对改革的控制。史丹卡·拉辛和叶梅连·普加乔夫发起的农民起义还留在俄国人的脑海中。大斋节之后宣布解放，亚历山大希望他的臣民能头脑清醒，带着悔悟的心情听到改革的消息。

宣言签署两星期之后，抄本便在全国散发，随附的还有废除农奴制的法令的文本。俄国人三三两两地聚在一起，学习沙皇传达的信息。宣言晦涩难懂，因为它是由莫斯科大主教、高级教士菲拉列特执笔写就，采取了教会的古雅风格，用了很多出自古斯拉夫语的短语。“画以十字，尔等俄国子民。”宣言开头如是写道。这是亚历山大在重整国家的努力中犯的第一个，但绝不是最后一个错误。他怎能期望人民会支持一项连他自己都难以向他们解释的改革呢？

在臣民为搞清宣言内容而大伤脑筋的时候，沙皇像往常一样来到骑兵学院，指挥警卫换岗仪式。他经过装饰着双头鹰的宫殿大门，到达冬宫广场。钟声响起，沙皇——解放者——被人潮簇拥着。有人欢呼。有人哭泣。还有些人意识到，这一刻预示着何等美妙的前景，他们互相致以传统的复活节祝贺礼，虽然此时大斋节才刚刚开始。

“基督复活了！”

“没错，基督复活了！”

骑兵学院的仪式结束后，亚历山大并未下马。“各位士兵！”他高声喊道。接着，沙皇向骑兵卫队宣讲他的法令。克鲁泡特金王子听到了沙皇讲话的一部分：“士兵们……军中贵族的代表们……几百年的不公正已经终结……我希望贵族做出牺牲……忠诚的贵族会团结在皇帝周围。”

更触动克鲁泡特金的是一位普通农民有些拘谨的喜悦。那天早上，这位农民遇到一位和气的绅士，他眼中带着笑上前打招呼：“你好，先生？现在——都结束了吗？”

重整俄国的大业已经开始了。

柏林，1861年5月—1862年1月

在班德勒街的一座砖瓦结构的建筑里，一个神情严峻、打扮齐整的男人正聚精会神地看着地图。他身着普鲁士将军制服，但优雅的容貌，尤其是碧蓝的眼睛，让人丝毫看不出他身上藏着战士的野性。他眼神温柔，带有些微的忧伤，就像一位路德宗牧师，或者是一位离群索居、住在安静市镇中的自由学者。1861 年春季，没有几个人——甚至消息最灵通的人——知道这个人和他管理的机构的存在，而他很享受这种默默无闻，毫无怨言。赫尔穆特·冯·毛奇在他六十二岁生日前夕已经做了四年普鲁士总参谋长，总参谋部这个令人关注的机构的准则就是自我意识和抱负完全服从军队和国家的需要。

当时，德意志有很多自称革命分子的人，但没有人比班德勒街上这位不爱出风头的人更大胆无畏和富于创见。如果说瓦格纳谱写了德意志改革的乐章，毛奇则为其提供了器械装备。他所组织的权力形态将会改写整个时代，他的军事行动影响深远，远至 20 世纪。他指挥

的突击队很快就会让整个世界为之震惊。

在班德勒街的房间中，毛奇愁眉不展地研究着地图。危机无处不在。普鲁士周边强国环伺。西面是法兰西，其统治者拿破仑三世是五十年前入侵德意志，耀武扬威进入柏林的那位拿破仑的侄子。南边是奥地利，在德意志邦联各国中稳占首席，一心压制雄心勃勃的普鲁士。东边是俄国这个庞然大物。而北方濒临的海洋被英格兰海军控制。毛奇考虑了各种可能性。假如说，为了摧垮居中的德意志，西面的拉丁语系国家——法兰西、西班牙和意大利——与东面的斯拉夫人联合起来，该如何是好？* 假使拿破仑三世像他叔叔那样贪求权力和财富，为了获得莱茵河地区的领地向普鲁士宣战，该怎么办？

这样对灾难没完没了的想象着实令人郁闷，不过这是普鲁士总参谋部官员的职责所在。参谋人员的工作就是绷紧神经揣摩未来，制订计划，以应对每一个可能发生的偶然性军事事件。玩战争游戏就是参谋人员的生活。个性正常的人在这样的职业中不可能出人头地，稍有些神经质是在普鲁士总参谋部获得成功的先决条件。毛奇就具备这样的条件。就像之前杰出的参谋人员沙恩霍斯特和克劳塞维茨一样，他也罹患抑郁。拿破仑三世的妻子欧仁妮皇后曾在巴黎见过他，觉得他安静得出奇，怀疑他被“无休止的内在压力”烦扰。

善于利用这样的人是普鲁士军队的高明之处。对普鲁士军官的流行看法——迟钝冷漠、缺乏想象力、军人式的顽固——很是正确。但在普鲁士军中，也有具有人文主义头脑的人，比如毛奇，他在成为总参谋长之前，从来没指挥过军队。战士或曰“头戴花翎的人”带领军队，谋士或曰“文士”管理总参谋部的运作。这两群人——战场上耀武扬威的勇士和战情室里戴着单片眼镜的博弈高手——很快将使普鲁

* 19 世纪 90 年代，毛奇的担忧成真了，法俄同盟成立。

士军队成为全世界最令人闻风丧胆的战争机器。

与战场上的指挥官迥然不同，性格各异的总参谋部工作人员都是顾问、战略家、技术专家，他们甘于幕后。“我的生命无迹可寻。”总参谋部最机敏的智囊卡尔·冯·克劳塞维茨曾这样说。克劳塞维茨终其一生，都未敢发表其著作《战争论》——他在书里总结归纳了战争艺术的知识，该书在其去世后才得以出版。《战争论》基于浪漫主义的视角，阐述了个人对国家权威的拜服。在克劳塞维茨看来，国家体现着人民的意志，真正的自由不在于对个人幸福的追求，而在于“将君主和国家置于至高地位”的努力。战争是基于爱国精神的伟大创造性活动。

毛奇将克劳塞维茨的传统带进了一个新纪元。跟很多普鲁士军官一样，他出身于德意志北部的贵族家庭，很早就接受了祖辈们秉承的勇于奉献和乐于服从的严格信条。然而，与大多数军官同僚不同的是，毛奇意识到了波罗的海之外的广大世界，并充满了好奇。他并未将自己的聪明才智归功于父亲——一名普鲁士军官，也是一名式微的乡绅——而是归功于自己的母亲。跟俾斯麦的母亲一样，毛奇的母亲在城市里长大，她是吕贝克人，汲取了汉萨同盟文化的养分。毛奇自己迷恋文学和艺术，他年轻时似乎曾渴望成为文艺复兴伟人那样的通才。然而，他对艺术和音乐的热爱并没有妨碍他成为一名军人。在丹麦军中度过了一段不愉快的时光后，1821 年，他接受了普鲁士军队的委任状。为了贴补收入，他发表了一篇传奇散文、几篇史略，并着手将吉本的《罗马帝国衰亡史》翻译为德语。之后，毛奇去了君士坦丁堡，在那里，他成了奥斯曼帝国苏丹穆罕默德二世的军事顾问。其间，他对奥斯曼帝国的疆域做了走访探查，足迹东至幼发拉底河，深入到了自色诺芬以来欧洲人从未踏足的地区。他喜欢南部的艳阳和地中海边的新鲜空气，研究普罗旺斯和罗马的古物遗迹最令他兴奋。柏林冬天“灰蒙蒙的雾、湿淋淋的阴沟和漫漫长夜”令他抑郁沮丧。

1857 年，毛奇当上了总参谋长，他立志使普鲁士的战略适应当时的科技革命大潮。他确信，在未来的战争中，铁路和电报线路将比传统防御工事更为重要。他说："不要再建堡垒要塞了，要建铁路。"1843 年，他发表了一篇关于铁路战略的论文，他成为总参谋长之后的目标之一就是通过铁路远程拉练补充传统军事演习。1862 年，这样的演习第一次举行。

然而，毛奇的主要贡献并非在技术层面，而是在精神层面。他的柔弱苍白似乎意味着一种内在的纯洁和灵魂的宁静。在他的领导下，总参谋部上下一心、意志坚定，让人不禁想起修士的兄弟会。暴力理论迟早会影响整个军队。战争带来奴役，这是强权的终极形式，这是一种强迫他人服从自己意志的艺术。同时，战争也是对逃离生活的浪漫渴望最完整的表达。战士们不仅拒绝肉体，还要将其摧毁。戴着骷髅和黑鹰的徽识、高举死亡的图腾并无意义；真正的普鲁士战士渴望将信仰封存在鲜血的洗礼中。在打造新的"条顿骑士团"的时候，毛奇精炼了这种狂热的精神，培养塑造了一批灵魂如铁十字架一般坚韧的人。[①]

华盛顿，1861年2—3月

林肯抵达首都后的第一个目标就是镇压反革命异端。必须让苏厄德州长安分一些了。如果可能，尽量温和；如果必要，就得坚决。

苏厄德倍感屈辱。不仅因为他的建议被拒绝，还因为他对手的力量更加强大了。林肯邀请俄亥俄州的萨蒙·P. 蔡斯出任财政部长。蔡斯是清教徒的后裔，反对向强硬派妥协，他认为妥协政治是一种亵渎。这令苏厄德忍无可忍。他去见了林肯，告诉林肯他必须做出选

---

* 条顿骑士团以特殊的行为习惯、穿着饰有黑色十字架的白袍为特征。该组织具有军队和神职两项并列使命，在十字军东征时期形成。它以圣殿骑士团和圣约翰医院骑士团护卫耶路撒冷王国。

择。他说，出于对公共利益，特别是对自身利害的考量，他不得不坚持要求将蔡斯拒之门外，这是他到内阁任职的条件。

总统对这一请求无动于衷。苏厄德决定硬来。总统就职典礼两天前，他致信林肯，说道："在我看来，自去年 12 月我向您表示愿接受国务卿一职以来发生的诸般变化，已经使收回前诺、提出辞职成为我不得不为之事。"

林肯立即预见到了苏厄德辞职将带来的麻烦。本党高层采取这种行动，相当于表示对他的改革政策毫无信心，这只会在他执掌大权时削弱他的地位，减少他的机会。不过他又能如何呢？他不能失去苏厄德，但也不能对他做出让步。

林肯选择的解决之道彰显了他的睿智。就职典礼前正是紧张忙碌的当口，他假装没有收到苏厄德的信。"我不能让苏厄德的计谋得逞。"林肯一边将信搁到一旁，一边跟他的私人秘书约翰·尼柯莱说。苏厄德焦急地等待候任总统回复，但是两天过去了，音信全无。

总统权力交接前夕，炮声隆隆，响彻华盛顿的大街小巷。装束严实的炮兵们走上了第十二大道和国会山。陆军五星上将温菲尔德·斯科特谨慎布防，力求万全。

3 月 4 日终于到了。布坎南总统——据英国公使莱昂斯勋爵观察，已经虚弱得无力握紧双手了——下午很早就乘车到了威拉德酒店。新当选的总统林肯与他一同坐在四轮四座马车中。两位总统由宾夕法尼亚大道前往国会山，其后跟随着戴着蓝色领巾和白色花饰、骑着高头大马的军官。身着绿装的狙击手站在屋顶上，骑兵中队在街上巡逻。一群脸色阴郁的人目送总统的马车经过。"那只伊利诺伊大猩猩从这儿经过呢，那个该遭天谴的废奴主义者，"队伍经过的时候，一名华盛顿的女士说道，"但他永远别想活着回来。"

1 点 30 分，林肯下了马车，迈步走向国会山。

第五章

蓄势待发

俄国亚斯纳亚-博利尔纳，1861年4—5月

一个个子不高却身强体壮的年轻人，坐在跨越俄国边境的火车上。他留着胡子，也许是要掩盖自认为没有什么魅力的脸庞，不过他外貌上最值得人注意的是目光，一双灰色的眼睛，眼神炽热。“边境到了，”火车疾驰在白雪皑皑的乡野大地上，这位年轻人在自己的日记上写道，“身体不错，心情愉悦。”1861 年春，三十二岁的列夫·尼古拉耶维奇·托尔斯泰伯爵结束漫长的欧洲之行，回到了家乡。

他在 5 月初抵达位于莫斯科以南的亚斯纳亚-博利尔纳的庄园，这座庄园是祖辈留传下来的。他沿着马车道穿过玉米田，经过村庄和洋葱状圆顶的教堂，驶上了一条周围长满桦树和酸橙树的狭窄道路。最后，他看到一座白灰粉刷、外观是新古典主义风格的亭子——这就是他的家了，或者说这就是他家仅存的部分了。这块领地上曾经屹立的廊柱巍然的豪宅，如今已踪影全无，多年前，那座房子曾为他的外祖父尼古拉·谢尔盖耶维奇·沃尔孔斯基亲王所有，这位老亲王在叶卡捷琳娜大帝的宫廷忠心耿耿地服侍多年。后来，这位假发上擦着粉、对秩序和行动充满热情的 18 世纪绅士决定远离尘嚣，退隐到他

那廊柱巍然的豪宅中。1828 年，托尔斯泰就降生于老亲王沃尔孔斯基的宅邸。不过，1854 年，他卖掉了房子，用来偿还在克里米亚战争期间做军官时欠下的赌债。这座他孩提时代的家就被拆掉了。

这一损失令人痛惜。不过，面对俄国春天的美景，一座房子不见了，又算什么呢？托尔斯泰一直对这个季节十分迷恋。“春天到了！”雪融花开的时节，他总会这样大喊，“对所有善良的人，哪怕是对我这样的人，活在这个世上都是如此美好。”在他外祖父的豪宅曾经矗立的地方，如今已经长出了松树苗，还有茵茵绿草。托尔斯泰去乡间骑马，去沃隆卡湾游泳，听夜莺歌唱，在夜晚抬头仰望浩瀚的星空。他说，在春天，“大自然、空气，一切都沉醉在希望之中，沉醉在未来，美好的未来之中”。

托尔斯泰是满怀改革热情回到俄国的，他希望能对沙皇的改革有所贡献。他同意担任地方治安法官（或者叫“调和人”），这是为了推行沙皇新颁布的解放法令而设立的职位，他希望能建起他已着手建造的农奴子弟学校。他说，每个人“都感受到了行动的必要性”。

每天，雇农都会向托尔斯泰提出新的不可能满足的要求。“那么，小伙子，你们究竟想要什么？”托尔斯泰这样问他们。听完他们的诉求，他摇摇头：“非常抱歉，我无法满足你们的期望。那样做的话，会给你们的雇主造成巨大的损失。”

“但是请您想想法子，帮帮我们吧，老爷。”雇农们这样说。

“不行，我不能做这样的事。”托尔斯泰回答。

“但是，还是想想法子吧，老爷……只要您愿意帮忙，老爷，您肯定能想法子办到的。”

这时，托尔斯泰就会画个十字，说：“我以上帝的圣洁之名起誓，我无能为力。”

“可怜可怜我们，想想法子吧，老爷！”

地主们更是有一堆无理要求，他们可不像雇农一样好打发。托尔斯泰很快就跟“所有地主”吵起来了。他还收到过恐吓信。就算在省城图拉的大街上，也不怎么安全，一封免职请愿书交到了圣彼得堡负责官员的手中。不过，托尔斯泰仍旧留任原职。

就像其他负责推行解放法令的人一样，他很快就发现，无论做出什么决定，都会给一些人造成痛苦。农民世世代代耕种这片土地，他们认为自己一次次用鲜血和汗水为每一寸土地、每一条犁沟付出代价。如果不将这些他们辛勤耕作了几十年的土地彻底送给他们，对他们来讲就是不公正的。“我们的生命都属于你，”农奴对地主说道，“你可以拿走，但你无权将我们从属于我们的土地上赶走。”然而，按解放法令的规定，农奴只能得到一部分他们认为自己拥有的土地。他们的雇主不会承受贪婪和残忍的后果，他们财产的损失将由政府给予补偿。反过来，政府却指望靠农奴来弥补损失。根据解放法令的规定，在数年之内，得到自由的农奴要为他们所获得的土地补偿帝国财政部。

自然，地主看到的是问题的另一面。他们多达三分之一的不动产将会立即被剥夺，却得不到多少补偿。并且，他们的农奴也会被凭白夺去。解放法令颁布前，许多贵族家庭就已经负债累累，挣扎度日了。很多地主还没从五十年前拿破仑入侵造成的破坏中恢复过来。而那些侥幸免于战争之难的贵族也发现自己很难负担得起和平时期奢侈的花销了——巴黎的时装、巴登的疗养、去尼斯越冬、到蒙特卡洛赌博。很多显赫的家族如今都败落了，大部分家族都失去了旧日的体面和影响力。

托尔斯泰声称，自己“以一种最从容不迫、最尽职负责的方式”努力工作着。但无休无止的纷争消磨了他的斗志。他觉得这份工作虚耗生命，他憎恨所有使自己远离生命神秘本质的活动。在乡间策马奔腾，在玉米地里和农夫犁耕，和大自然亲密沟通，向美丽的农家女孩示爱，比起这些，政治算什么？对托尔斯泰来说，他对国家的不信任感并不是头一次产生。百年前，他所属的阶层被叶卡捷琳娜大帝免除了待诏的义务。废除了强制服务的义务后，贵族得到了对自己土地的所有权。无论是否为沙皇工作，他们都可以保有这些土地。地主非常珍惜这样的自由。他们时刻提防，不愿再被引诱回朝廷卖命，即使是最单纯的公民义务，他们也投以怀疑的眼光。理想的贵族责任精神是“位高则任重”，这种理念曾经促使欧洲的贵族在公共服务方面尽心竭力；而与该理念大相径庭的这种政治冷漠将对亚历山大的改革计划产生至关重要的影响。

托尔斯泰怀疑自己所做的政治工作的价值，尽管他纡尊降贵，卖力工作，却依然不能让人满意。有时候，肉体的痛苦让他无法忍耐。“我一定得找个女人。”他写道。他会去找个乡下姑娘。他会去跟吉卜赛人厮混。他会到莫斯科或图拉郊外的小酒馆里寻欢作乐。在某次这样的经历之后，他写道：“姑娘们，奏着荒唐的音乐，姑娘们，犹如机械的夜莺，姑娘们，火热、香烟缭绕，姑娘们，伏特加、奶酪、尖叫和呼喊，姑娘，姑娘，姑娘们！”

但一味地饮酒作乐并没有解决他生活中的问题。出去短暂地放浪形骸之后，随之而来的就是一蹶不振的懊恼和绝望。他会痛悔自己这种“动物一样的活法”。他说，他那“可怕的情欲”近乎“生理疾病”，非常“令人恶心”。他向往“更高层次、更完美的事物”。有时，他抬头仰望苍穹，感觉“一切渐渐隐去，化为欢乐和爱”。“我如此热切渴求的是什么呢？”他凝望着璀璨的星空问道。“我并不知晓。”他又写道，“是黑暗，是天空中的黑洞，是光明。我将死去！上帝啊！上帝啊！我是谁？我要去往何方？我身在何处？”

亚斯纳亚-博利尔纳的春天带来了新生活的希望，这是一个崭新的开始，但是它没有给出答案，在大自然的美好中，孕育着死亡的幻象。“还是同样的问题：为什么？我离转角已经不远。转向何方？不知何方……”“既然死亡的苦痛明天即将来临，充满卑鄙的丑行、谎言、自欺、虚无的完结和自我的湮没，那么一切意义何在？一场可笑的骗局！”

一个心境如此的人很有可能会归隐到修道院中。推行解放法令的使命他能担负得起吗？托尔斯泰转向了神秘主义，这是典型的俄国人做派；但在沙皇看来，这种精神的飘荡无定却十分令人不安。要想改革成功，就必须想想办法，激发起像托尔斯泰这样的人的信念。

华盛顿，1861年4—5月

至少，首都还是安全的。

林肯领导下的改革似乎一度要胎死腹中。在足够强大的防卫力量从北方调来保卫“联邦城”华盛顿之前，华盛顿似乎很有可能会沦陷，而新一届政府亦将瓦解。波托马克河对岸，敌方的军队正在集结。南方已经建立起一个新的政权。一小群浪漫主义者梦想中的美利坚联盟国如今已经成为现实。萨姆特堡已经落入新政权手里。弗吉尼亚州从精神上来说已经是其中一员，很快就会真正加入。华盛顿政府几乎已经丧失了还手之力。

当马萨诸塞志愿兵第六兵团响应林肯的号召，一路过关斩将，穿过巴尔的摩，抵达华盛顿时，林肯松了一口气。但是在一段时间内，再无其他军队赶来。总统如临深渊，处境堪忧，这是每一位改革领导者早晚都要面对的境地。破釜沉舟痛下决心是一回事，破釜沉舟之后知道这一战要怎么打是另一回事。

林肯明白改革政策的道德必要性，不过不同于沙皇亚历山大，他很少考虑政策的实际后果。马萨诸塞志愿兵第七兵团在哪儿？“我觉得，其他北方军队都不会来了，”他沮丧地断言，“第七兵团根本来不了。”林肯并不是个容易大惊小怪的人，但身边的人从他黯淡阴沉的脸上察觉出了他异常焦虑不安。他在办公室里踱来踱去。“他们为什么还不来！”他透过白宫的窗户向外眺望，有人听到他说，“他们为什么还不来！”

危机解除了，华盛顿很快就被士兵挤得水泄不通。马萨诸塞志愿兵第七兵团终于抵达了。各支军队从俄亥俄、佛蒙特、缅因、明尼苏达、威斯康星和密歇根蜂拥而来。卡梅伦上校率领的苏格兰兵团——纽约第七十九兵团——穿着苏格兰格子裝踏上了宾夕法尼亚大道。科科伦上校的爱尔兰兵团——纽约第六十九兵团——紧随其后。到夏初之时，首都的罗马教堂里里外外驻扎了三万多名官兵——这就是波托马克军团的萌芽。整座城市就像一个巨大的露营地。富兰克林广场上军营林立。白宫东厅成了守卫室。从罗得岛来的两个兵团驻扎在专利局。更多的军队在河对岸的阿灵顿扎营，军队的帐篷和旗帜从亚历山大一直蔓延到乔治城，要塞和堡垒错综复杂，守卫着这片土地。

大量士兵的拥入改变着整座城市的基调。战时社会的雏形出现了。战争爆发之前，就社会形态来说，华盛顿是一座带着些许法国色彩的南方城市。在华盛顿，就像在查尔斯顿一样，文雅有教养的男男女女因精通法国文化而洋洋自得。他们谈论的是巴尔扎克和史居里小姐的小说。在白宫草坪上，布坎南总统曾经边散步边用法语与人闲谈。但在改革期间，华盛顿旧日这种悠闲从容的亲法文化一扫而空；1861 年春天，这座城市被号角、横笛和军鼓占领了。军队的规章塑造了社会形式。主妇们听着晨号起床；少女们精心装扮，期待着军官们的拜访和阅兵典礼；吃过晚饭，人们抽着雪茄、看着报纸昏昏欲睡，听到归营号（就寝号），就随着号声上床睡觉了。有时候，夜里会响起不祥的隆隆声——长久、低沉、单调的鼓声，这意味着有地方出了状况。

华盛顿新社会公认的宠儿是凯特·蔡斯小姐，新任财政部长萨蒙·P. 蔡斯的女儿。这位年方二十的小姐很快取代了莱恩小姐，成了新任第一名媛。除了上翘的鼻头在有些人看来略有瑕疵，她的面孔英气端庄，身材“极其优美”。她总是打扮得光鲜靓丽，出行时乘坐的是奢华的皇后式马车。然而，虽然如此显赫，蔡斯小姐却巧妙地制造出朴素的效果，因为这比较符合她的身份，她的父亲是个激进的清教徒，这样的人会在教堂里挺身而出，对不敬畏神的人大打出手。蔡斯小姐的衣柜里，鲜花取代了珠宝的位置，要是发间没插满奢华绚丽、芳香四溢的花朵，她是不会走出位于第六大道和 E 街交叉口的家的。

华盛顿人急于摆脱改革的紧张气氛，所以人们很快就被蔡斯小姐闹出的八卦事件吸引。她已经习惯了予取予求，总能得偿所愿；蔡斯小姐最想要的是什么在首都早已不是秘密。那年春天，威廉·斯普拉格骑着白马，率领着罗得岛第一兵团进驻华盛顿。蔡斯小姐的命运就此注定。她如何能抗拒？自然和命运似乎对这位年轻人格外青睐。斯普拉格英俊潇洒、出身富贵、地位显赫。他是罗得岛的领导者。他年仅三十，风华正茂，很可能内心也很狂野。在他深灰色的双眸中，蔡斯小姐看到了自己的未来。

在战时华盛顿的苍穹下，这位性情率真直接，甚至有点军人气质的蔡斯小姐简直可以称得上光彩夺目。虽然如此，这座城市的生活还是以总统为中心展开的。在社交方面，林肯并不像很多人料想的那样粗鄙。专利局的鉴定员霍雷肖·N. 塔夫特一向在礼节方面吹毛求疵，但他从未见到林肯困窘为难过。他说：“总统似乎迫切希望让每个人都舒适放松，这是良好教养的真髓。”外交使团到白宫参加正式宴会时，总统的雅量让很多人大吃一惊，虽然在他的儿子托马斯（又称“塔德”）看来，在胸挂缎带的外交官和身着镶边服饰的专员身边，“穿着黑色西装的爸爸看起来格外朴素”。林肯夫人则另当别论，塔德说道：“没错，妈妈可是盛装出席。”玛丽·托德·林肯一心想压全世界的“蔡斯小姐们”一头，她5月去费城和纽约大采购，可惜效果很糟糕。

不同于林肯夫人的自我中心和卖弄炫耀，总统先生的举止保持着一种得体的朴素。1861年，塔夫特鉴定员的女儿朱莉娅经常见到林肯，她的哥哥巴德和霍利是林肯家的两个小儿子——八岁的塔德和十岁的威廉·华莱士（又称“威利”）——的玩伴。（林肯的大儿子罗伯特·托德正在哈佛念本科，二儿子爱德华·贝克安息于伊利诺伊州的墓地。）塔夫特小姐年方十六，漂亮可爱又有教养，身边自然不乏护花使者。她经常看到总统在公务不是很繁忙的时候，坐在大楼二层椭圆形起居室里的那把靠窗的大椅子上。他的膝头通常会放一本书——那是一本“部头很大、有些磨损、皮质封面的书”。那是他的《圣经》，不用的时候，就“放在伸手可及的一张小桌子上”。午餐后，他会坐在窗边阅读。“有时候，他只穿着袜子没穿鞋，”塔夫特小姐记得，“跷着二郎腿，慢慢地前后打晃，仿佛和着一支无声的曲子。”

一开始，塔夫特小姐有点害怕这位总统，不过她很快就发现，他脾气其实很好，并且平易近人。他叫她“啰唆鬼”（flibbertigibbet）。有一天，在起居室里，穿着白色连衣裙配蓝色腰带的塔夫特小姐说，自己不明白这个词是什么意思，总统假装惊奇地看着她。

“你不知道什么叫‘啰唆鬼’？”林肯问道。

塔夫特小姐不知道。

“好吧，我太吃惊了，孩子。我以为大家都知道‘啰唆鬼’是什么意思呢。”

“我就不知道，”塔夫特小姐回答，“这是个法语单词吗？”（对自己出色的法语，塔夫特小姐一向引以为傲。）

“不是，朱莉娅，”总统说道，“这不是个法语单词，这是一个非常棒的英语单词，我非常吃惊你竟然不知道它的含义。”

“我觉得你也不知道。”她对总统说。

“不知道‘啰唆鬼’是什么意思？我当然知道啦，告诉你吧，‘啰唆鬼’就是穿着白色裙子、扎着蓝色腰带、一头鬈发、又小又瘦、不会走路却会飞的小东西。”

然而，突然有一天，这种愉快的玩笑就结束了，欢声笑语也止住了，虽然总统从不说什么刻薄话，但他会在“紧张时忧伤而沉默地”坐着。塔夫特小姐发现他“在起居室那把大椅子里摊开手脚坐着”，手里拿着那本书。林肯习惯从《圣经》中寻找启示。他知道，这本英文《圣经》铸就了自由的概念，自由实际上是一个新教词汇。任何一个现代改革家——无论他推崇什么样的个人神学——都不能无视这种催生了宗教改革的改革精神。而且，美国人民的想象力还被第二次大觉醒——开始于18世纪后期的福音派的复兴——触动。英国詹姆士国王钦定版《圣经》里的诗意情怀还萦绕在国民的意识之中。

“有位朋友曾说我不太会引用《圣经》。”林肯说。然而，从1858年竞选伊利诺伊州参议员起，他便转而从《圣经》中寻求他所谓的能“深切触及人们心灵，以在危难时期令其复兴”的“人所共知的道理”。在《马可福音》3章25节中，他找到了一直以来求索的东西：“若一家自相纷争，那家就站立不住。”《圣经》中是否还有其他类似线索呢？

一天早晨，塔夫特小姐看到总统坐在椅子上，凝视着窗外，《圣经》就搁在他的膝头。“我站在他身旁，他心不在焉地跟我说话，握着我的手放到他膝上。他好像看到窗户外面有什么有趣的东西。我的手被他握着，感觉在那儿站了很长一段时间，我顺着他的目光望向窗外，但是除了树顶什么都看不到。虽然我可以把手从他的手中抽出来，不过我觉得这样不礼貌，所以我就站在那儿，胳膊都酸了。”后来她想，为什么自己没有问问总统在窗外看到了什么呢？她说：“我想他肯定会告诉我的。”

最后，总统转过身来。他一脸惊愕地说：“怎么回事，朱莉娅，我一直拉着你吗？”

暴力事件的发生是林肯始料未及的。他曾希望和平地完成改革，他不允许自己去想象一旦百姓打开战争的大门会发生什么。他不是一个经验老到的实干家。不像沙皇亚历山大，从小就在权势中长大。也不像俾斯麦，精通国家事务。他此前从未执掌过行政权力。因此，在1861年春天，他不可能知道如何管理军队。在当选总统之前，他担任的最高职位就是国会议员，即十年前，他在众议院当过一届任期的众议员。他当兵的时间就更短了。据他说，他仅有的战斗经历不过是在黑鹰战争期间跟蚊子搏斗过。在最近的选举中，他所属的党派安排了“全面觉醒组织”这种准军事力量来左右投票结果。亨利·亚当斯曾说，这伙人举着火把招摇过市，有如“群魔乱舞”，“除了没有武器，与军队无异”。然而，在选举拉票时纵容街头暴徒胡作非为是一回事，组织军队，在近乎大变革的氛围中领导一个国家则完全是另外一回事。

尤里乌斯·凯撒的一个朋友曾经说过：“纵然天赋英才，凯撒却看不到出路。”凯撒的目标是瓦解一个共和政体，而林肯意在改造一个共和政体，两个人都是改革者，也都发现自己在走出改革的第一步之后，就不确定接下来该做什么了。1861年春天，林肯就像当年的凯撒一样“看不到出路”。

国务卿敏锐地察觉了总统的胆怯犹豫。虽然与自己的宿敌萨蒙·P. 蔡斯同朝为官令苏厄德倍感屈辱，不过这位傲慢的纽约人还是答应加入林肯的内阁。国务院的工作太有价值，不能放弃它而让敌人如愿。在这个位置上他屁股还没坐热，他敏锐而戒备的眼睛就发现了为自己攫取更大权力的机会。这一次，苏厄德的判断力减弱了，既有野心的原因，也源于某种麻痹大意。1861 年春，这位国务卿瞒着总统，暗地里与南方展开了谈判。为了维护自己的妥协政策，他力劝总统采纳一种激进民族主义的政策。苏厄德辩称，通过挑起与某个欧洲强国的战争，总统可以将国人的注意力转离国内政治困境。

萨姆特堡失守前不久，苏厄德挖空心思地牟取权力。为了保住自己和南方和解的计划，他跟林肯说，政府机关“无论对外还是对内，都没有政策”。他说，如果总统不能“实施或规划”一系列连贯的政策，就该将此重任交付给“某位内阁成员”。“这不是我的专属职责所在，”苏厄德谨慎地加了一句，“不过这责任我既不会逃避也不会主动承担。”

这位国务卿是党内当权者中，第一个直接质疑总统胜任能力的。不过总统知道，他的统治地位虚有其表，危机四伏。如果他不采取行动，还会出现其他的叛变。

为了拯救自己的改革，他必须奋起斗争。

柏林、圣彼得堡，1861年6—7月

1861 年 6 月，普鲁士将军阿尔布雷希特·冯·罗恩给远在圣彼得堡的老友奥托·冯·俾斯麦写了一封信。罗恩告诉俾斯麦，柏林的事态已经难以掌控，“爆发的时机成熟了”。

这封信足以让俾斯麦消沉的精神得以重新振作。他精力充沛的特质一直处于休眠状态。既然无法在官方谋得一席之地，他便试图在社会生活中消遣娱乐。可惜，他的标准太高，他曾宣称，出了巴黎圣日

耳曼的近郊，上流社会就不复存在了。从这个意义上说，俄国的首都离他理想的首都还有些距离。俾斯麦也承认，在圣彼得堡，那些老派的人、一直活在18世纪余晖中的人、言谈中仍保留着已逝时代荣光的人依然存在。这些人在沙皇亚历山大一世统治期间长大成人，他们接受过古典教育，讲一口流利的法语和德语。俾斯麦将他们誉为“欧洲文明的精华”。但是他们已是将死的一代，后起的一代人未能达到亚历山大时期的巅峰水准。俾斯麦说：确实，奥尔洛夫老亲王在品格和礼仪方面都十分出色。彼得·舒瓦洛夫可能是帝国政坛上“最有头脑”的人物。但是可惜他们才智有限，对话总局限于“宫廷、剧院和军队”这些老生常谈。

不过圣彼得堡也尚存可以慰藉人之事。首要的要数皇室的消遣乐事。在各式各样的外交之旅中，俾斯麦从未遇到过什么可以媲美罗曼诺夫皇朝的财富与奢华。只要是外交大臣戈尔恰科夫亲王召集会议，一来到沙皇的宫殿，俾斯麦就理所当然地分到一套富丽堂皇的房间。这里惊喜不断。数道菜品搭配着“三四种上好的葡萄酒”会准时奉上——即使他在宫殿中其他地方已用过餐。美食“精致无匹”，佳酿入口难忘。他发现，壁橱中放着“高品质的美酒和其他必需品”。葡萄酒的龄级非常考究，“只有最好的”。他说，酒瓶的造价“必然也是极其高昂”。只有荒谬的禁欲主义者才会在盛装出席的晚宴上拒绝喝上一杯这样的拉图或拉菲。每当俾斯麦陪同沙皇乘坐帝国列车出游，都能享受到同样标准的奢华待遇。他会被领到一个装饰着帝国双头鹰纹章的蓝色车厢里，坐在舒适的座椅上。很快侍从就会端上放着茶和咖啡的托盘，一同奉上的还有饼干、肉、雪茄以及一瓶顶级的波尔多葡萄酒。

能够补偿他的事情还不止于此。俾斯麦还在“英国码头”租了一套房子，涅瓦河和尼古拉大桥的美景一览无余。与之前在法兰克福的那份外交工作相比，如今他有大把时间陪伴自己的三个孩子：1861 年初刚满十二岁的玛丽·伊丽莎白·约翰娜、十一岁的尼古拉斯·斐迪南·赫伯特和八岁的威廉·奥托·阿尔伯特（也叫“比尔”）。每个星期六，孩子们都会拿着练习本来到父亲面前，汇报自己的学习情况。俾斯麦还腾出时间学习俄语，后来他不但学会了，而且精通并深深喜爱上了俄语。至于锻炼，这里有打猎活动。和贵族一起远足狩猎时，他会穿上俄国猎装，尽情地追捕麋鹿、狼和熊。他百发百中的名声让他得到了上流社会的赞赏尊重，他愉快地发现，运动方面赢得的光环对他外交事业的成功也颇有助益。

不过，他很少在社交场合露面。俾斯麦并不是个夜猫子。每到圣彼得堡的热闹时节，作为城市社会的生活核心，各种晚会派对要到深夜 11 点钟或午夜才会开始。寒风刺骨的冬夜里，上流社会的男男女女，傍晚去过歌剧院或芭蕾剧院，或参加完一场索然无味的舞会，此时爬进雪橇车，穿过白雪皑皑的街道，驶向城市某座灯火辉煌的豪华宫殿，去喝酒玩乐。在巴洛克风格的天花板下，上流社会的名媛扯着闲话，兴高采烈的男人追求着美丽的芭蕾舞娘。第二轮晚会一般在凌晨 2 点开始，还有夜宵供应，不到四五点钟，人们绝不会散去。俾斯麦认为，这样的社交生活对健康有很大损害，对他的外交事业来说，也并不是什么必需品。他拒绝过无数次这样的邀请，只对海伦娜大公夫人有所例外，对她，他能够做到假意逢迎。

他从沙皇亚历山大的母亲亚历山德拉太后的社交圈子里获得了更多乐趣，这位总是身着黑衣的年老孀妇和这位中年外交官之间发展出了一种奇妙的亲密。俾斯麦视她如义母。论出身，她原本就是一位具有普鲁士王家血统的公主：威廉国王的姐姐。她对俾斯麦十分宠爱。每次拜访，他要么在床边和她共同进餐——她大部分时间都在床上用餐——要么在大阳台上陪她安坐。这位上了年纪的太后会躺在贵妃椅上，一边编织，一边开玩笑地轻责她的这位被保护人。俾斯麦说，亚历山德拉“对我来说就是宽厚仁慈的化身”。她那“迷人的天性中包含着真正的母性，我全心全意地信赖她，就像自幼就认识她一样”。罗曼诺夫皇朝对俾斯麦青眼有加，亚历山大甚至在俄国外交部门为他提供了一个职位。

但皇家的好意和酒窖也无法完全缓解俾斯麦的痛苦忧虑，他担忧历史正将他抛下。“三年前，”他写信给姐姐说，“我本该成为一名可以建功立业的大臣，但如今，这个想法令我恶心。”他已经过了行动的好时候。这也许是最好的结果，现在他能做的只有退隐到某个风景如画而又无关紧要的外交驻地了。他希望是瑞士。“环境优美而无趣的地方，”他说，“对老年人来说正合适。”

然后，罗恩的信件到了。瑞士被抛诸脑后。俾斯麦立即做出回复，对柏林的政治局势进行了分析，并请缨加入权力争夺。他对罗恩说，自己已经有了一个计划，可以粉碎自由国家主义者的对抗——这是一个“与议会一刀两断”的计划。

第六章

暴　力

弗吉尼亚，1861年7月

迎着曙光，联邦军队的主力开出了阿灵顿军营。3 万名士兵分成四列纵队，沿着弗吉尼亚的道路前行。领军的是时年四十二岁的欧文·麦克道尔，这位陆军准将毕业于西点军校，他的一生都贡献给了军队。然而，当他跨马出营时，并没有表现出战无不胜的英雄姿态。

林肯向他下达了拔营起兵的命令，总统终于做好了与敌人兵戎相见的准备，下令发起进攻。然而，领命参战的麦克道尔将军却毫无意气风发之感。三个星期之前，在总统召集的一次军事会议上，他呈上了自己的计划：在华盛顿西南 25 英里处的马纳萨斯枢纽附近攻击南方邦联军。这一目标极具战略重要性：马纳萨斯枢纽附近有两条铁路交会，一条是马纳萨斯峡谷线，连接东、西弗吉尼亚，一条是奥兰治-亚历山大线，连接弗吉尼亚西南部和波托马克。攻下马纳萨斯，不仅可以切断沿海地区和内陆的铁路交通，而且会使里士满门户大开——该城市已经取代蒙哥马利，成了南方共和政权的首府。

林肯同意了这一计划，可麦克道尔却有些心不在焉。他的军队根本没做好战斗的准备。军队里的大部分士兵在几个星期之前还在田间地头、店铺里和办公桌前忙碌呢。他们行军时不像战士。他们的言行也不像战士。他们要么随意离开队伍拿水壶装水，要么就去采摘弗吉尼亚道路两旁大量生长的黑莓。在去往马纳萨斯的行军途中，发生了更恶劣的罪行。一些妇女遭遇了士兵的暴行，还有几座民宅被洗劫一空。

在麦克道尔率领这支未经训练、毫无经验的军队出发前，林肯曾经试图对他进行安抚。“你是个新手，这没错，”他说，“不过他们也未经战阵，你们一样都缺乏经验。”然而，总统的这一番话并没有减轻这位指挥官的不安和担忧。南方军也许经验不足，但他们是在自己的地盘上战斗，而且率领他们的是一帮自诩保皇党的人——一群惯于骑马射击、威慑命令的乡绅。

麦克道尔对这支队伍的能力有所怀疑，他对手下将官的忠诚也无法全然信任。他知道，他们中的很多人对他就任指挥官一事心怀不忿。他们说，他是借着在俄亥俄和纽约的社会关系才得以上位的。从母系一方看，麦克道尔出身于哥伦布市的创始家族之一斯塔林家族，他娶了纽约州特洛伊市庞大钢铁帝国的统治者亨利·波顿的女儿为妻。他的同僚俄亥俄人萨蒙·P. 蔡斯，也极力主张提拔他。麦克道尔知道，将官们质疑他的能力。但是，这能怪他们吗？有时候，就连他自己似乎都有所怀疑。

7 月 18 日，北方联邦军队抵达了马纳萨斯枢纽所在的山谷。因为长时间的行军，士兵们早已灰头土脸、汗流浃背；他们在森特维尔小镇附近安营扎寨。麦克道尔翻身下马，开始考察周边地形。他面前是奔牛河——一条浅浅的小河。河对岸陡峭嶙峋的悬崖上，南方邦联军的大营正严阵以待。一座桥横跨河上，当地的农民和种植园主称其为石桥。桥的另一头，在一片坡地的边上有一间农舍，那是年事已高的寡妇亨利夫人的家。麦克道尔从远处依稀看到一座庄园主宅邸的模糊轮廓，那是敌方将军皮埃尔·古斯塔夫·图唐特·博雷加德的行营所在地，他是路易斯安那州克里奥尔人，负责指挥马纳萨斯的南方军。

7月20日这一天，下起了毛毛雨。空气滞重潮湿，让人难受。麦克道尔将军决定暂不开战，不过他下令，第二天清晨发动进攻。夜幕降临时分，天放晴了。几天以来，空气从未如此凉爽清新。熄灯号响过，帐篷里的士兵虽然大多已经困顿不堪，却少有人睡去。25英里外的华盛顿，总统林肯同样彻夜难眠。他在白宫从一个奇怪的梦中醒来。他说，自己梦到一艘船——一艘在未知的水域驶向黑暗岸边的船。这一梦境的含义令他困惑不已。

凌晨2点，联邦军的军营里战鼓响起。圆月当头。麦克道尔将军本人状态很不好，但是他想都没想过要推迟军队集结。很快，整个队伍就行动起来了。然而，从一开始就困难重重。几乎没几个人有暗夜行军的经验。他们想趁着月光集合，却毫无技巧可言。泰勒将军率领他的大军慢吞吞地沿着沃伦顿峰移动，直到早晨6点半，他才下令炮轰石桥附近的邦联军据点。麦克道尔本来打算命亨特上校和海因策尔曼上校的纵队从苏德利福特渡河，自北部迫近展开炮击。然而在黎明的晨光之中，根本看不到这两位指挥官的身影。

太阳已经高高升起，麦克道尔的耐心逐渐被耗尽了。他飞身上马，驰向苏德利福特探察右翼的情况。过了奔牛河，他很快就看到了慢腾腾的队伍。他意识到，向苏德利福特行军远非易事，地形比预期的更加崎岖，大量时间浪费在对付昏暗又危险的道路上了。麦克道尔亲自出马，领队前进。

此时，已经过了10点，不可能再趁黑夜突袭。烈日当空，战士们汗如雨下。一名士兵被炮弹炸死，其他士兵踏着尸体继续前进。安布罗斯·伯恩赛德的罗得岛军旅率先集结开火。很快，威廉·特库姆塞·舍曼带领第三旅涉水过河，在伯恩赛德左翼集结。

激烈的战斗打响了。北方联邦军的士兵虽然大部分都是生手，打起仗来却像经验丰富的老兵一样。在炮火的压制下，南方邦联军不断向后败退。就连巴纳德·毕将军这样坚定的南方勇士也陷入了绝望。“我们被打得节节败退！”他向同僚弗吉尼亚的托马斯·乔纳森·杰克逊喊道。“很好，将军，”杰克逊回答，“我们就跟他们拼刺刀。”毕对这位天生战士的顽强精神的赞赏之情溢于言表。“杰克逊站在那儿，”他说，“就像一堵石墙。”很快，毕将军就牺牲沙场。

此时，远在华盛顿都能听到战场上的轰鸣声，11 点钟，总统夫妇去了教堂。小塔德·林肯听着枪炮声，转向塔夫特小姐。“爸爸说弗吉尼亚正在打仗，”他说，“大炮声听起来就像砸门。”

总统做礼拜的时候，他手下的军队正在向前推进。他们袭击了亨利夫人的宅子。在密集的炮火中，大树的枝条被击断。亨利家的房子很快就成了一片废墟，亨利夫人也未能幸免。博雷加德将军的战马被弹片击中，马头齐齐从马身上削了下来。尸横遍野，逝者的面孔渐渐变得黝黑，就像阳光下的木炭。

嗅到了胜利味道的麦克道尔准备发动最后一次大规模进攻。他命令第一炮兵团的里基茨上尉将大炮拉到亨利家房子废墟所在的高地上。

波茨坦、马格德堡、柏林，1861年1—7月

波茨坦的加里森教堂毁于第二次世界大战末期，在此之前，加里森教堂一直是普鲁士骑士地图志中最神圣的地点之一。1786 年 8 月，腓特烈大帝的遗体身着第一警卫营的制服，安葬于教堂的地下墓室。1861 年，在腓特烈的坟墓前，教堂准备的是另一场庄严的庆典——为新兵团举行授衔仪式。

不过，事情进展得并不顺利。普鲁士下议院中自由国家的倡导者反对组建新兵团。组建兵团本是为了取代现有的民兵组织，但下议院并未同意军队建制如此调整。对自由主义满怀同情的大臣鲁道夫·冯·奥尔斯瓦尔德为此拜见了国王军事内阁的长官奥斯卡·冯·曼陀菲尔将军，请求他取消这次庆典。

文官奥尔斯瓦尔德在武将这里碰了一鼻子灰。“我不明白阁下想要什么，”曼陀菲尔对奥尔斯瓦尔德说，“陛下命令我筹办一场军事庆典。难道我要取消吗？就因为霍夫广场上一栋房子里坐着的几个自称联邦议员的家伙对此不快？我看不出这些人与我有何干系。作为一名将军，我从未接到命令要我听这些人的指示。”

奥尔斯瓦尔德败兴而归，授衔庆典得以如期举行。

在1861年，奥托·冯·俾斯麦绝不是唯一一个策划推翻议会、重塑国家的人，曼陀菲尔将军也在谋划革新。就算以普鲁士军官团近乎原始的标准来衡量，这位老兵也有些过时了。俾斯麦觉得他是一位“异想天开的纠察长”。曼陀菲尔曾是一个恪守纪律、细枝末节都不肯放过的人，如今又耽于幻想。他对历史充满热情，就像巴顿将军一样，他活在那些死去的伟大将领——伊巴密浓达、汉尼拔和华伦斯坦——的传奇故事中。他的空想以17世纪的先贤为范本，他在斯特拉福德伯爵托马斯·温特沃斯身上找到了自己的政治理想，这位政治家曾经殚精竭虑，想让查理一世成为英格兰的绝对统治者，可惜徒劳无功。曼陀菲尔向威廉国王进言，问题在于他能否接受“战斗还未打响，就将权力拱手让人”。他恳请国王不要忘记他仍手握“权力和军队”，他是至高的领袖，他可以轻而易举地号令整个国家。他可以废除宪法，继续凭旨意进行统治。

曼陀菲尔的美梦，在加里森教堂授衔庆典后不久就破碎了，柏林地方文职官员卡尔·特威斯腾出版了一本批判将军重整军队计划的小册子。特威斯腾说，这样的整顿会“在军队和平民社会中制造一种不信任和敌对的氛围”。曼陀菲尔大为光火，他向特威斯腾发出决斗挑战。他开枪击中了这位文官的手臂。普鲁士的容克对棒打刁民习以为常，但决斗是违反军规的。曼陀菲尔自愿领罚。他退隐至马格德堡的禁闭所中，在很长一段时间里，他以一副斯多葛学派禁欲者的姿态在其中正襟危坐，拙劣地模仿着伦敦塔中的斯拉特福德伯爵。

在马格德堡的囚室中，曼陀菲尔继续筹划他的阴谋。从凯撒和波拿巴曾经采用的颠覆公民自由的方法中，曼陀菲尔汲取到了灵感。获释之后，他便草拟了强化柏林驻防的指示。他想将卫戍军队打造成禁卫军，以震慑柏林那些王权和军权的敌对者。紧接着，首都要举行一次军事检阅——一位将军将其称为“清洗泥污之浴”。届时将有 3.4 万人参加，还将发射一阵葡萄霰弹。那些倡导自由国家的演说家对此又会做何评论呢？

南卡罗来纳州卡姆登、弗吉尼亚州里士满，1861年5—7月

在所有的政府形式中，寡头政治最容易激起对抗，一旦激起对抗，又最难以协调。经过努力尝试，玛丽·切斯纳特仍然无法抑制心中的“卡珊德拉”。她太了解南方种植园主骨子里的骄傲了，他们对自己选择的道路依旧充满了信心。种植园制度将骑士精神培养得近乎傲慢，骑士随心所欲地按自己的意思行事，如若不然，就会像阿喀琉斯一样躲进帐篷生闷气。

种植园制度不仅培育了种植园主身上不合作的独立精神，也削弱了他们的意志。玛丽·切斯纳特见证了马尔伯里的衰落，这是一个穷奢极欲之地。光是操持家务就要 60 个人——管家、仆役以及戴白色

头巾穿蓝色裙子的女佣，靓丽光鲜。还有上百人在大宅子外劳作，厨房、熏制室、牛奶厂、马厩、磨坊、伐木场、轧棉厂和田间地头都有他们的身影。玛丽·切斯纳特说，这种劳动力过剩的结果就是马尔伯里的种植园主无所事事，无事可干。他们一旦陷入冷漠，道德上便会麻木不仁。

马尔伯里展现出一副死气沉沉的病态。它将人的精神玩弄于股掌之间。玛丽·切斯纳特的公公老上校切斯纳特是一座宅邸和 1.2 万英亩土地的主人。他和蔼可亲，温文尔雅，但也“像俄国沙皇一样，是个绝对的独裁者”。他的“职业就是做一名独裁者，奴隶主中的帝王”。令人惊讶的是，他“并不是什么伟大的独裁者”。1861 年，老上校年届九十。他出生于乔治三世统治的年代，那时，南卡罗来纳还是大不列颠的殖民地。马尔伯里的土地转让证书上还盖着王室的印章。几十年封建领主的优越生活使得他的自我中心主义以各种古怪的形式表现出来。在家里，女人绝不能穿着红色裙子出现在他面前。在饭桌上，大家只准谈些不痛不痒的客套话。他的观点不容反驳。他的儿媳形容道：“一块鹅卵石挡路，他都会大发雷霆。”然而，通常他却可以为所欲为。玛丽·切斯纳特怀疑他和一个奴隶有私生子女。“仁慈的上帝！”她说，“如果我想得不对，请宽恕我。我如何能以可耻之事为荣？有了蕾切尔和她的孩子们，这个地方简直成了噩梦。”

她的公公一如塔西佗笔下的暴君，而她的婆婆则有几分哥特浪漫主义的气质。玛丽·考克斯·切斯纳特是 18 世纪末费城的大美人。她曾与乔治·华盛顿相熟，还是玛莎·华盛顿的座上宾。不过，在六十年的棉花种植园生活中，她养成了很多怪癖。每天晚上，都得有四个以上奴隶陪她就寝。两个睡在她的卧室里，两个睡在隔壁屋，以防前面两个需要帮助。任何衣物不经熨烫不上身，这位马尔伯里的女主人无法忍受冰凉黏湿的触感。在她的更衣室里，熨斗一直备在火炉边，只要她在马尔伯里，火就不允许熄灭。她的鼻子跟她的皮肤一样，敏感得近乎病态。蜡烛必须拿出房间吹灭，油灯也只能在门外熄灭，任何情况下都不允许带紫罗兰进屋，只有某个品种的玫瑰花尚可接受。

这位老太太脆弱的敏感在她的仆从身上也展现无遗。她从小习惯了被奴隶伺候，她的父亲在贵格派的费城蓄养着奴隶。但南方奴隶的数量之大让她始终无法习惯。她一直无法忘记小时候听别人讲的圣多明各奴隶暴动的故事。她生怕这些服侍她的人有一天对她兵戈相向，她对他们分外殷勤，力图得到他们的善意。她对待每一个奴隶“都好像他们是黑人阿尔伯特亲王或维多利亚女王”一样，她经常在儿媳耳边大声谈论“这些黑人侍女出类拔萃的德行”——这个家里来来去去的众多黑人妇女都能听到——令她的儿媳烦不胜烦。她会花数小时“为黑人小孩裁剪衣物”，她总会为新来的奴隶预备充足的衣物。只有用餐的时候，仁慈的面具才会摘下；她似乎从汤锅中嗅到了死亡的气息。她会对侍立一旁的黑人仆役说：“我警告你，别碰那汤。很苦。那汤肯定有问题。”

在“食火者”的理论中，种植园无异于文明的绿洲。非裔劳动力理应解放家长式的统治阶级，使其致力于灵魂的完善。玛丽·切斯纳特知道，实际情况并非如此。种植园的生活是极其乏味无聊的。她说，马尔伯里收容的那些人“渐渐习惯了沉闷的生活。他们生于斯长于斯。他们像热爱其他事物一样喜欢此地”。羊群的咩咩叫声，低垂于沼泽中、水珠滴答下落的树枝，月色皎洁的夜里北美夜鹰的“凄鸣”——这些共同营造了一种“总体上的绝望氛围”。“凄凉忧郁的困顿感纠缠着我们。”她称之为“南方沼泽大萧条”。

后来，她逃到里士满，离正在马纳萨斯与博雷加德一起驻军的丈夫更近一些了，这令她如释重负。在“动荡而刺激的现实世界”中，她终于可以自由地喘上一口气了。她下榻的斯波茨伍德酒店里满是南方的社会活动家和他们的夫人。这是一个“微型世界”，各种阴谋诡计、各种传奇大戏、各种争吵口角、各种爱恨情仇，只要是一个人心的研究者能想到的，这里应有尽有。玛丽·切斯纳特就是这样一个人，一个研究人性变幻无常的历史学者，一个查究人格隐秘深处的探索者。也许不止如此……她不也是个艺术家吗？她决定坚持写日记。她把她写的东西称为“备注”，她希望它们能成为“时代的回忆录”。在动笔开写的时候，她似乎就抱着有朝一日从这些内容中提取小说素材的期望。时间展现价值，这本玛丽·切斯纳特老年时修订、重写的日记是她这一生真正的杰作。

在里士满，她经常光顾杰弗逊·戴维斯夫人的庭院。但是她在那里见到的东西并不比种植园中令人倍感压抑的景物安慰人。南方的老爷夫人们将大家族特有的傲慢无礼带到了讨论会和议事厅中。谁都不能容忍别人高自己一等，而可以接受平起平坐的人寥寥无几。他们的会议简直就像贵族阶级的集会，一言不合就刀剑相向。

玛丽·切斯纳特很快就被各种对立性格之间的冲突吸引住了。美貌动人的路易莎·巴托一身白色棉布长裙，如此女孩子气，却又如此残酷。她的才智犀利得如同绅士的佩剑。巴托夫人像玛丽·切斯纳特一样，没有子嗣，她用来填补无子的空虚寂寥的是对丈夫的痴狂依恋。她的丈夫弗朗西斯·斯特宾斯·巴托是一位律师，新近被任命为佐治亚州第八兵团的上校。

巴托夫人认为自己丈夫是南方第一男子，而对这一点乔·约翰斯顿夫人无论如何都无法苟同，显而易见，她的丈夫才是新共和政权中伟男子最杰出的典范。美利坚合众国军队中投靠南方邦联的军衔最高的人，不就是他吗？

“要是我家约瑟夫战败了，”莉迪亚·约翰斯顿某天喝茶的时候声称，“我就去死。”

“莉迪亚，”杰弗逊·戴维斯的夫人说道，“谨防野心太大，天使可是因为此罪堕落的。”南方邦联也许足够成就其中一位丈夫的盛名，却无法同时让两人功成名就。里士满的两位男子谁更出色，瓦里娜·戴维斯非常清楚。这位南方的第一夫人乘坐着枣红马拉的四轮车在镇子上四处奔走，接见众人。玛丽·切斯纳特对尊严、等级有着自己的敏感，她抱怨戴维斯夫人在茶会上对她“不够客气”，让她“来来回回地换座位”。

一天，她坐在戴维斯夫人的会客厅里，一抬头看到了自己的丈夫，她大为震惊。她以为他还在马纳萨斯呢。詹姆斯·切斯纳特匆匆忙忙地从博雷加德的指挥部赶来，他得立刻去见总统戴维斯。黄昏时分，他从总统的房间里出来，其中发生的事情，他几乎什么都没跟妻子提及。但是从他的只言片语中，她猜到有什么事情发生了。乔·约翰斯顿所部被命令从温彻斯特赶往马纳萨斯，增援博雷加德。

“我不知道我内心藏着如此‘痛苦的哭泣’，”在丈夫返回马纳萨斯后，玛丽·切斯纳特写道，“但是今天我的丈夫离开后，我哭得心都碎了。形势一片黑暗。”戴维斯夫人来到她的房间，试图安抚她的情绪。戴维斯夫人坐在床边给她讲故事。但是从第一夫人心事重重的语气中，玛丽·切斯纳特确信有什么不好的事情要发生了。

第七章

烟尘初起

俄国别兹塔纳，1861年3—5月

据说，俄国的苦修教派——鞭身教的信徒坚信：通往天堂的道路在“与罪的邂逅”之中。要追随救世主，必须先经受身心两方面的折磨；因为只有深受羞辱，才有可能得到宽恕、救赎和天堂的福分。信奉鞭身教教义的男男女女聚集一处，“边跳着狂野的舞蹈，边脱掉所有衣裳”。“鞭笞，鞭笞，追寻耶稣基督。”他们会在狂热之中有节奏地吟唱。这群舞者就像堕入了欧里庇得斯悲剧诗中的场景。“每个角落都有人抽搐，倒在地上不省人事；灯火熄灭，披头散发的女人倒在男人身上，热情如火地拥吻着。在‘与罪的邂逅’之中，上帝的子民在地上翻滚、做爱……”

信奉鞭身教教义的最臭名昭著的人物是格里戈里·叶菲莫维奇·拉斯普京，当尼古拉二世（沙皇亚历山大的孙子）和亚历山德拉皇后为了医治儿子的血友病竭尽全力之际，他成了沙皇和皇后的精神顾问。东正教的教士谴责拉斯普京让忏悔的女人通过罪恶和肉体的自轻自贱来寻求救赎。他还迫使她们在他面前宽衣解带，强迫她们赤身裸体地站在他面前，或者裸身跳舞，以折辱她们心中“骄傲的魔鬼”。

一位官员的妻子为了让丈夫免于调动，曾经拜访过拉斯普京，她说这位神职人员“当即让我脱掉衣服。我照办了，随他到了隔壁房间。他几乎不听我的请求；倒是不停地摸我的脸和胸部，还让我亲吻他”。拉斯普京声称，这种肉欲通往高尚优雅的境界；面对批评他的一名东正教教士，他回应：“没错，神父，罪恶是魔鬼所为，救主耶稣和牧首都对其深恶痛绝。但是神父，不通过真诚的忏悔，怎么能驱除邪恶呢？而要是你都不曾犯过罪，又怎能真诚忏悔呢？”

鞭身教教义中淫乱荒唐的一面可能被宗教批评家夸大了，但它却符合“神圣俄国”的传统。“神圣俄国”的核心理念是末世天启和唯信仰论。此时此地，上帝在召唤我们；我们唯一能做的就是接受神圣的召唤。陀思妥耶夫斯基在他的小说《卡拉马佐夫兄弟》中对这一积淀千年的思想精髓进行了提炼。“妈妈，”小说中一个垂死的男孩说，“不要哭泣，生活就是天堂，我们都活在天堂里，但是我们意识不到，如果我们真的在意，真的意识到这一点，那么明天天堂就将遍布世界的每个角落……哪还需要更多的时日呢？一天就足够让人领会到所有的幸福了。亲爱的人们，我们何必彼此争吵，何必夸夸其谈，又何必耿耿于怀呢？我们就该直奔广阔天地，无忧无虑，尽情嬉戏，互相关爱、互相赞美、互相亲吻，祝福我们的生活。”“天堂，”小说中的另一个人物说，“就封存在我们每个人心中……要是人们能明白这一点，天国的大门就会为他们打开，不是幻想地，而是实实在在地。”

关于新耶路撒冷如何建成这个问题，俄国人的观点各不相同。有些人，比如鞭身教教徒，强调内心状态的重要性，沉溺于迷醉、失落或者痛苦。还有一些人则认为，异常的身体组织跟神圣、先知的力量有着紧密联系；癫痫患者、神经衰弱者、聋哑人和残疾人被视为“圣愚”，人们认为有秘密的天使暗地里支持着他们的生活。17

世纪宗教改革时期，旧礼仪派随着教会的建立而出现，他们重视仪式的纯洁性，在追寻灵感的过程中，那些崇拜贤者隐士的人们寄望于圣人，他们沉思冥想，恪守清规戒律，“自内心之中寻到了通往上帝之路”。

1861年，亚历山大自由改革的现实理想与“神圣俄国”的千年愿景之间，产生了激烈的碰撞。对一个坚信自己生活在天堂边上的农民来说，沙皇的改革理想是不可理解的。农民精神上是无政府主义者；他认为，解放不是一个世俗政府的世俗行为，而是末日来临之际摆脱尘世的羁绊。解放法令规定，解放的农奴要为获得的土地付款；但是对于农民来说，这种缴费的规定令人憎恶。农民说，沙皇不会对他的子民征收这样的苛捐杂税。他是上帝在世间的牧者。尽管可能远离田间劳作的农民，但他对每个农民了如指掌。他的法令不是用墨水，而是用金水写就的，农民说，他在法令中赋予了人民“真正的自由”。沙皇一定会做到的。

面对这种言论，地主坚称，用墨水写就的法令才是真正的法令。而农民举起镰刀，回答道：“我们再也不要地主了！”他们高喊：“打倒地主！我们已经伺候够了！该自由了！”

更多的人喊起来：“自由，自由。”农民叫嚷着：“自由，自由。”

三十五岁的农民安东·彼得罗夫住在卡赞的一个小村庄别兹塔纳。他是一个“圣愚”，也是旧礼仪派——一个抵制国教教会的守旧派；他认得几个字。他并不认为沙皇的解放法令是一纸空文；但是深入研究过这些政策之后，他断定人们误解了这项法令。他坚信他发现了这些古怪文字蕴含的真意。他说，“10%”这个数字代表了圣安娜十字，“真正的自由被秘密地封印其中”。经过深入探究，他得出结论：这项法令不仅能保证农民获得全面的、无条件的自由，还能令他们免于缴纳租金和赋税。

这种令人愉快的解读得到了当地农民的广泛接受，轻信的民众令彼得罗夫羽翼渐丰。他的断言更加夸大其词；他成了预言家；他成了上帝旨意在人间的代言，还能洞悉沙皇的隐秘意图。君主和神明授予他绝对的权威，拒绝承认他的精神领袖或现世领导地位的贵族都面临砍头的命运。连警察都遭到驱逐，成千上万的农民紧密团结在“真正的自由”的维护者身边。

最终，一支军队开向别兹塔纳，在那里有五千多人愿意誓死保卫他们的救世主。军队开火了；51 人丧生。第四轮枪击之后，“神圣俄国”屈从于世俗国家的意志。彼得罗夫告别双亲，他们祝福了自己的儿子。有人目睹这位孱弱、瘦小、面色苍白如纸的“圣愚”走出自家的小木屋。彼得罗夫高举着一份解放法令：他相信，以此为保护，军队不会向他开火。不过，他错了。

弗吉尼亚州里士满，1861年7月

戴维斯夫人悄悄走进房间，玛丽·切斯纳特起初都没有察觉她走进来。

“一场伟大的战争已经打响了，”南方第一夫人俯身亲吻玛丽·切斯纳特，说道，“你丈夫一切安好。”接着，瓦里娜·戴维斯继续说起马纳萨斯战役的情况，有些是她得知的，有些是她天真地想象出来的，她用“压抑着激动的语气”谈论起那些“激情奋发的”人们。“杰夫·戴维斯控制了中心地带。”她说——这纯属幻想或者胡编乱造；她的丈夫是邦联军开始溃败之后才到的。她来到隔壁路易莎·巴托的房间。巴托夫人正坐在床上，看到总统夫人进门，就要跳起来。但是看到戴维斯夫人的表情，她一下子就失去了生气。

“是坏消息，对吗？”路易莎·巴托问，“他死了吗？”一看到戴维斯夫人的表情，她就知道了答案——“瞬间就都明白了”。

她用披肩捂住了脸。

华盛顿、弗吉尼亚，1861年7月

“总统先生在哪儿？”国务卿一走进白宫就问。

“驾车出去了。”一位办公人员告诉他。

“我们败了。”苏厄德说。

林肯驾车归来，听说了他的军队的悲惨遭遇。他不动声色，立即去了军事指挥部。在那里，他得知了溃败的情况。

纽约第十一兵团是一支志愿兵团，制服是阿尔及利亚式的鲜艳颜色。战场上，这支兵团试图掩护里基茨上尉的先遣炮兵队。但志愿兵们没准备好马匹。弗吉尼亚第一骑兵队很快就向他们逼近——杰布·斯图亚特率领着骑黑马的骑兵，帽子上插着黑色鸵鸟毛，外套的贴边上缝着轻骑兵的黑带。斯图亚特亲自策马上阵，脚蹬长筒军靴，腰系黄色腰带，据一位在场的人回忆，他俨然就是一个雄赳赳、气昂昂的骑士。在奔赴沙场时，他那平静时淡蓝色的双眼似乎因激动呈现深色。

战局急转直下。骑士精神在扭转局势的过程中起了相当大的作用，但是铁路运输和电报通信也有着决定性意义。北方联邦的将军们不知道的是，乔·约翰斯顿将军通过漫长的急行军，成功地将大部队从温彻斯特转移到了连接弗吉尼亚山谷和东部地区的铁路旁。约翰斯顿将军亲临战场。他已经五十四岁了，前额高耸，留着范戴克式的小胡子。他肌肉发达，身材强健，生性和蔼可亲，有着典型的弗吉尼亚骑士精神。在他的指挥下，援兵扑向了联邦军的阵地。麦克道尔的军队筋疲力尽，口干舌燥，根本无力对抗精神抖擞的谢南多厄军团。恐慌情绪蔓延开来。“立定整队！”联邦军的军官高喊。麦克道尔策马夹在士兵中间，敦促他们赶紧整队。但一切徒劳无功；联邦军大势已去。

整个兵团都溃散了。一群华盛顿来的联邦显贵在远处的草地上野餐，顺便观望这场战斗，他们恰好目睹血流成河，恰逢这一历史时刻。望远镜和太阳伞七零八落地丢在草地上，优雅的女士们提起裙摆冲向马车。撤退变成了大溃败。补给马车和弹药车塞满了通往华盛顿的道路。救护车滴着鲜血，沿公路艰难挪动。士兵们嗓子冒烟，他们趴在地上舔路边沟渠里混着血的水。一名死去的士兵唇边还凑着水壶。还有一名士兵恳求塞得满满的马车能给他挪出一个位子。那些筋疲力尽、走不动路的士兵无助地抓住马尾巴，因为他们知道，对他们来说，睡着很可能就意味着死亡。

林肯总统离开军事指挥部返回白宫的时候，天色已晚。他没有上床睡觉，而是走进办公室，躺在沙发上。* 一场真正的血战开始了。太阳在首都上空升起，被云层遮掩的日光有些暗淡，林肯依然待在办公室里。大雨倾盆而下。怀着一种近乎绝望的心情，总统给乔治·布林顿·麦克莱伦发了一封电报，命令他向华盛顿汇报。

吕贝克、巴登-巴登、波美拉尼亚后陆，1861年7月

俾斯麦乘火车匆忙从俄国返回西方。他内心充满了喜悦。罗恩在信中写道，普鲁士的两个敌对党派之间的矛盾已经发展成了一场危机，这种说法言之有理。睡狮已醒。他的机会来了，俾斯麦心想。他要当面向威廉国王阐述他的计划，在议会中痛击自由派反对者。

---

* 白宫中林肯的办公室现在被称为“林肯的卧室”。

7月9日，他抵达了吕贝克；火车进站的时候，还是凌晨5点。他唯一能买到的报纸是一份瑞典日报。从这份报纸上，俾斯麦得知，国王已经离开柏林，到巴登-巴登疗养去了。于是，他调整了计划，7月10日，他风尘仆仆地走进了会客厅。看到大使先生，国王"惊而不喜"。不过，俾斯麦依然打起精神，向国王阐述他打击自由国家倡议者的计划。

这项计划并非原创；它由激进民族主义的谋划演变而来，这种谋划，圣彼得堡的贵族曾经向沙皇力荐过，华盛顿的苏厄德也曾寄望说服林肯采纳。俾斯麦说，要令整个德意志的人民团结一心，共建强国，国王必须将普鲁士放在一切努力之前。如果他能依此施为，整个德意志的人民——甚至是支持自由国家的德意志人——都会为他的胆魄叫好。然后，国王就可以随心所欲了；任何机构都不敢阻挠许诺拯救人民的人。

然而，国王开始并不太理解这项计划。俾斯麦曾经将君主比作一匹面对新事物总是却步不前的马。德意志民族主义不正是那些爱做梦的改革家的信条吗？又怎么能令他粉碎那些倡导自由国家的反对派呢？国王让俾斯麦起草一份备忘录来解释这个悖论。俾斯麦遵命而为。其实非常简单。俾斯麦观察到，普鲁士内部的气压很高。只要打开一点点民族主义的阀门，压力就会安然释放。

一旦大致了解了俾斯麦的计划，国王对这种老谋深算只有深恶痛绝。威廉是一个单纯的军人，受教于旧式普鲁士学校。他最不希望看到让这样一个"翻手为云覆手为雨"的人统揽全局。总而言之，国王认为，曼陀菲尔进军柏林的计划是更好的方案。他了解那些老顽固。

对俾斯麦来说，同样致命的是王后讨厌他。威廉头脑简单，他的妻子奥古斯塔却聪慧机敏。她的少女时代是在魏玛度过的，在那里，她曾经见过老年歌德。她热爱文化；尽管俾斯麦本人是当代最有文化的政治家之一——他精通四五门语言，熟读莎士比亚和《圣经》，但奥古斯塔却十分憎恶他的性格。对她的厌恶，俾斯麦也做出了相应的回应。奥古斯塔钟爱法兰西和英格兰文化，这惹恼了将伟大德意志视为完美典范的俾斯麦。他说，王后“从魏玛的少女时代到生命尽头，始终坚信法兰西，甚至英格兰的体制和人比自己国家的更优越”。当奥古斯塔将一个英国新娘介绍给儿子腓特烈王储的时候，俾斯麦简直要气疯了——这位新娘是维多利亚女王的长女，人称“维姬”的长公主。1857 年，婚礼举行，俾斯麦闷闷不乐，有人听到他小声抱怨对英国“贵族和绅士”的“愚蠢崇拜”。

俾斯麦觉得，在精神层面，王后已经几乎全然压倒了夫君。每天早餐的时候，她都会敲打敲打这个可怜的家伙。信件和报纸放在桌上，看似随意，实际却是王后精心设计放在那里用来提起她想谈论的话题。国王喝咖啡的时候，她会让国王注意到这些东西。俾斯麦有一次提醒国王，有人在他的早餐桌上动了手脚，威廉勃然大怒。尽管事情表面上对她不利，具有“骑士精神”的国王依然维护自己的妻子。

在巴登-巴登，经过最初的不快，调整心情之后，威廉热情招待了俾斯麦。他盛情邀约俾斯麦共同进餐，这意味着君主的垂青。但是他们并未谈及政事。第二天，这位沮丧的容克登上了北上的列车。8 月和 9 月，他在赖恩费尔德度过，这里是他妻子的故乡，毗邻波美拉尼亚后陆的施托尔普，位于德意志的东北边境。俾斯麦的聪明才智再次失去了用武之地；他说，国王“觉得我愈发疯狂了”。

然而，还没等他到达波美拉尼亚就发生了一件事，令他进献给国王的谏言迎来了一线新的曙光。7 月的一天早晨，威廉国王像往常一样在巴登-巴登的街道上散步。陪同他的只有出身于传统东普鲁士家庭的弗莱明伯爵；国王身边既没有保镖也没有暗探护卫。两人踏进利西滕塔尔巷时，忽然听到了枪声。火药的味道飘来，国王感觉脖子上灼烧一般。

俄国彼得霍夫宫、俄国亚斯纳亚-博利尔纳，1861年6—12月

6月，沙皇亚历山大搬进了彼得霍夫宫，这座彼得大帝修建的夏宫矗立在断崖边上，俯瞰芬兰湾，宫内小瀑布、喷泉遍布，仿凡尔赛风格的外墙装饰华丽。此时正是解放取得胜利的春季之末。众多俄国人大胆地暗怀希望，黑暗专制一去不返了。

但是，累积千年的陈规陋俗并不可能因为一道法令就烟消云散。实际上，解放法令面世以来，动荡不安的情势还比较温和；对此奥尔洛夫亲王颇感失望。有几百场起义爆发，胡言乱语的农民彼得罗夫还被枪毙了。但是，整个国家并未接受沙皇的改革。想当初，拿破仑入侵后，沙皇的叔父亚历山大一世曾经如此行事：罕少正面作战，而是避其锋芒，不屈不挠，撤回广袤的国土后方；而今俄国再次采取了这种战术。俄国曾经击退过蒙古人、波兰人、瑞典人和法国人，但始终未能将本国人民的原始力握在手心。罗曼诺夫皇朝跟教会串通一气，却从未能将国民千百年的渴望化为制度的堡垒。

尽管亚历山大是个机敏的实干家，但他不懂得激发人民的热情。古代的立法者为了奠定万世基业，会向神明寻求改革的神谕。俄国跟古希腊一样不乏神明偶像，但沙皇从未将其用于改革。要将追求自由的斗争渲染成千年解放运动并不困难。但亚历山大却没有这种粉饰包装的才能；从言谈也看不出他天赋异禀。他无力掌控俄国人民的思想，也无法令人民成为他改革的伙伴。

在其他方面，沙皇要长袖善舞得多。解放法令墨迹未干，他就牺牲了改革的主要领导人来安抚专制党派。海伦娜大公夫人被逼远走。曾经灯火辉煌的画室人去楼空，黯然无光，她本人也远赴异国。解放法令的主要编写者尼古拉斯·米柳亭被亚历山大从内务部的位子上赶下了台。米柳亭离开了俄国，游历法国和意大利。

从各方面看来，沙皇都达到了权力的巅峰。那年夏天，一位年轻的美国外交官在彼得霍夫宫觐见了沙皇，他对这位“解放者沙皇”充满了敬仰之情。来自肯塔基州的威廉·古德洛跟着一位“帽子上插满了羽毛，简直像只鸵鸟”的侍从官穿过一道又一道走廊，经过一个又一个房间，最后来到一扇大门前。四名高大魁梧、穿着东方风格制服的摩尔人守卫在门前。摩尔人推开大门，沙皇本人出现在他面前，沙皇身着天蓝色的制服，脚穿小牛皮靴子，在古德洛看来，正是一个完美帝王的形象：英俊的面孔，威武的身材，“美丽的淡蓝色”双眸。亚历山大说了几句亲切优雅的客气话，随即便离开了。

然而，最好的日子转瞬即逝。解放法令颁布带来的欢欣鼓舞已经渐渐消逝。每个人又变得像以往一样不满现状。很多农民依然在问真正的“自由”什么时候才会到来。“我听到一些风言风语，”亚历山大对一群年老的农民说，“据说你们在期待什么别的‘自由’。没有别的‘自由’，只有我给你们的自由。”

钱也是一部分原因。沙皇是一个吝啬的解放者。一方面，为了保证国家的财政健全，另一方面，近期的金融危机摧毁了国家基本的信用机制，他对此焦急万分，所以只好让人民，特别是农民，来为解放运动埋单。俄国人要面对新的债务负担、高利率，还有资金流动性不足的问题，整个国家弥漫着忧郁的情绪。

亚历山大本人也变得心烦气躁。他最大的不快来源是他的长子。皇子尼古拉是个风度翩翩的年轻人，然而……他有点不太对劲。人称

“尼克斯”的他一表人才——或许像克鲁泡特金王子认为的那样“甚至有些过于女性化地俊美”。但是他英俊的外表、和蔼可亲的性格只是假象，这位皇位继承人心底里“极度自我中心”。

对沙皇来说，更麻烦的是，尼克斯太没有男子气概了。对于罗曼诺夫家族的一般成员都很热衷的那些活动，他却了无兴趣。在皇宫广场上接受哥萨克骑兵的敬礼，或者在红村平原上跟近卫骑士团一起演习操练——对亚历山大来说，这些活动令人振奋愉悦，他的儿子却莫名其妙地对此无动于衷。皇子似乎宁愿在宫里的走廊上闲逛，跟侍从聊天，也不愿意跟近卫骑士一起纵马驰骋，或者跟步兵一同操练。那年夏天，亚历山大亲自出席了尼古拉的军事考试。皇子在练兵场上表现得一无是处——作为继承罗曼诺夫和霍亨索伦家族的皇子，他简直丢尽了脸。亚历山大怒不可遏。尼克斯的失误一个接一个。“你连这个都学不会！”沙皇大声训斥道。

从马可·奥勒留和康茂德时代到有着众多桀骜不驯的威尔士王子的英国乔治时代，君主与长子之间的关系无非就是不断重演的嫉妒、猜忌和隔阂嫌隙。君主越发竭尽心力地培养继承人的品行，其人就会越发不驯。尽管亚历山大努力想将尼古拉薄弱的意志培养得顽强坚定，却只使得他天生的软弱胆怯变本加厉。

正是帝国的这些日常琐事令沙皇从改革的最主要问题上分心旁骛。一位俄国改革派这样写道，农民“饱受痛苦，他们生活负担重，内心深藏怨怼，迫切希望尽快改变现状”。他们等待着“心底暗暗萌动的精神力量爆发。他们期盼的不是一纸空文，而是传道者——他们对此怀有信念、意志、信仰和力量……他与人民如此贴近，事实上，是人民将他从矫揉造作的文化氛围当中解放了出来；他做到了我们所说的团结一心——他能够与人民交谈，也必须与人民交谈”。

沙皇做不到。那托尔斯泰伯爵呢？似乎也不可能做到。在俄国，没有一个贵族比托尔斯泰更理解普通民众的渴望和力量。一天晚上，亚斯纳亚-博利尔纳的夜空乌云低压，这位贵族和三名农奴学生走在冰天雪地的黑夜里。他们踩过雪地，吱呀有声。一个名叫塞姆卡的学生开始学狼嗥叫。这个男孩子高大强壮、聪慧机敏。费季卡也加入进来；托尔斯泰很喜欢他“温和、包容、浪漫而大胆的性格”。费季卡碰了碰托尔斯泰的衣袖，抓住老师的两根手指。三个孩子中最小的普隆卡跟在他们身后，小心地躲开，免得挡了大孩子们的路。托尔斯泰说，他是一个“体弱多病、性格温顺而天资聪颖的小伙子”。他出生于村子里最贫苦的农家之一，住在一间黑暗简陋的茅屋里。尽管食不果腹，但他机敏善感、聪慧过人。

他们继续在黑暗里跋涉。“那是怎么一回事呢……你姨妈是怎么给割了喉咙的呢？”费季卡问托尔斯泰。

“跟我们说说吧！跟我们说说吧！”

托尔斯泰跟他们讲了这个故事。他姨妈家一个做饭的农奴，有一天晚上拿着一把刀潜进了女主人的卧室，意图谋杀她。（在俄国，平均每年都有六个地主遭自家农奴杀害。）望着女主人熟睡的面容，他的内心涌起了愧疚。于是他回到厨房喝了两杯伏特加，返回来割开了女主人的喉咙。但他没能割断大动脉，所以她还在呼吸。这名农奴到画室里抽了根烟，回到卧室结果了这位老人家的性命。

在很多富有的俄国人眼中，农奴就是这个样子——一群半野蛮的生物。他们生性粗野，自由国家人人生而平等的观点在他们身上纯属胡言乱语。一位俄国贵族曾说过：“农奴身上全无人性，甚至连半点迹象也无。”但是比起大部分其他贵族，托尔斯泰对农奴的认识更加深刻。他看到了农奴学生身上的希望——在他所谓“神秘的诗意之花”中，他看到了一个崭新的、更加美好的俄国的希望。

沙皇的改革能让这种希望美梦成真吗？

托尔斯泰和孩子们在一丛灌木跟前停了下来。塞姆卡拾起一根木棍，敲打着一棵酸橙树的树干。白霜从树上飘落，落到他们的大衣上、帽子上。

“这里为什么会有酸橙树呢？”塞姆卡问。

“对呀，”托尔斯泰说，“这里怎么会有酸橙树呢？”

“用来做椽木。”塞姆卡回答。

“那夏天树还没砍倒的时候有什么用呢？”托尔斯泰问。

“那时不值钱。”塞姆卡回答。

“那可不一定，”费季卡说，“为什么要种酸橙树呢？”

他们谈论着这些秀丽的酸橙树。然后，普隆卡说：“为什么喝酸橙汁的时候，就像在喝鲜血呢？”

第八章

强弩之末

华盛顿，1862年1月

当林肯征召乔治·布林顿·麦克莱伦到华盛顿负责保卫改革事业时，麦克莱伦不过三十四岁。他是西点军校的毕业生，墨西哥战争时，他在温菲尔德·斯科特将军麾下担任工程师，离开军队后，他成了俄亥俄与密西西比铁路部门的高层人员。战争爆发的时候，虽然不无痛苦，麦克莱伦还是接受了俄亥俄战略指挥部的委任，成了一名少将。“重返军队，我放弃了每年一万美元的薪水。”他声称。刚走马上任，麦克莱伦就英勇地穿越了俄亥俄州。在大部分联邦军将军因保住了营地沾沾自喜的时候，他已经在弗吉尼亚州西部的里奇山打了一场让整个北方赞叹不已的胜仗。

恭维吹捧纷至沓来，麦克莱伦开始幻想自己是应运而生的人。“听说过我的事迹、读过我的宣言的大批乡下人，”他写信给妻子说，“从四面八方拥来对我表示感谢，跟我握手，瞻仰他们的‘解放者’‘大将军’！当然，我得接见他们，跟他们交谈。没错，看着这群单纯质朴的人仰望我，把我视为从暴君手下解放他们的拯救者，我无比自豪，倍感荣耀。”

浮夸傲慢在华盛顿可谓政治生活的常态。而麦克莱伦的虚荣自负早已经到达了病态的程度。“如有神助，”他说，“我似乎成了这个国家的中流砥柱……走进参议院的时候，大家给我的祝贺和对我的敬意令我手足无措。我记得有六个老家伙对我说：‘哎呀，你外表年纪轻轻，却是个老练的战士！’这种话我已经听得多了，习以为常了。似乎所有人都为我的年纪感到震惊。他们对我处处谦让，给了我全面的配合和极大的信任。”

麦克莱伦承认：“我承担的是一项艰巨的任务。”不过，他并不认为自己力所不及。“我相信自己能完成使命。”他甚至告诉妻子：“我已洞悉我方最近失利的原因，我有带领军队再次夺取胜利的自信。”他又说：“随信附上国会嘉奖令，请妥善保管。我感到非常自豪。斯科特将军曾拒绝接受嘉奖令，因为他觉得嘉奖令应该与金质奖章一同颁发。光是接到嘉奖令已经让我倍感振奋了，希望我能在其他战斗中建立辉煌功勋，赢得奖章和佩剑。”

林肯不是一个容易被人左右的人，然而有一段时间，他也被这位年轻将军的魅力迷住了。他对这位将军极为尊重，似乎还将他愚蠢的言行看成他卓著军功的神秘要件。他活力四射、魅力超凡、信心十足。这位“年轻的拿破仑”——人们如此称呼麦克莱伦——看起来像极了那种传奇英雄，那个时代的诗篇和哲学偏爱的英雄。他年纪轻轻，通身散发着征服的气息。或许，他就是雄鹰的子孙。确实，他不像雄鹰一般机敏智慧，但很可能军事英雄在头脑方面都有所欠缺，以保持他们决断时的激情活力，林肯似乎就是这样认为的。麦克莱伦虚荣自负，不过曾经为谢顶大惊小怪的凯撒不也如此吗？

在空闲的时间里，林肯如饥似渴地阅读战略战术方面的书籍。不过，在战争艺术方面，他经验尚浅，对此他很有自知之明。他需要一位将军。从凯撒到华盛顿，在每一场动摇自由国家的剧变中，当局都会迫切地寻找一名指挥官。这次是麦克莱伦吗？显然，这位年轻的将军自以为非他莫属。他侧耳而听，那声音无疑是“命运的召唤”。“今天我在参议院的时候，”他向妻子吐露，“那群老家伙就聚在我身边；后来我去了图书馆，参观我们这个伟大国家的国会，发现人们凑作一团盯着我看，我开始意识到，我肩负的使命是多么重大。噢！我诚挚地向上帝祈祷，赋予我完成这一使命必需的智慧和勇气吧。我们结婚的时候，谁又会想到，我会这么快就被呼召，去拯救这个国家呢？”

如果上帝在慷慨赠予麦克莱伦众多天赋的同时，也赐予他些许幽默感的话，他的命运或许会好一些。现实是，他目光炯炯地骑着马巡视华盛顿，操练军队，听着人们热情的掌声。他的日程排得满满的。“今天不得不工作到将近凌晨 3 点，”他写信给妻子，“至于军队的兵力，我已经做了周详的安排。这是一个宏大的计划。我一直忙于发掘合适的将官……骑马巡查河道，检查工事，视察三四个兵团，组织队伍——我刚刚做完这些。今晚，我提交给总统一份深思熟虑的计划，准备发起一场大规模战斗……我要出重兵，一举粉碎叛军。恕我冒昧，博雷加德上次的胜利是他的最后一次了。”

然而，在麦克莱伦的信件中已经有了一些令人不安的迹象，他掩饰不住对那些他不得不与之共事的人的轻蔑之情。将军、议员、外交官——甚至总统——这些都是应该鄙视的角色。“今天我在总统宅邸参加晚宴，”麦克莱伦写道，“我猜大约有四十人出席吧——拿破仑亲王及他的随从、英法两国的大臣、内阁人员、几位参议员、斯科特将军以及我本人。晚宴十分无趣，冗长乏味，这种场合一般都是这样……昨晚前往总统宅邸的时候，老将军［斯科特］倚靠在我身上，这让我感觉到一丝不自在，我看到很多人注意到了我们两人迥然不同……今天起得很早（凌晨 3 点才睡），又要去应付参议员之流以及斯科特将军那帮人的纠缠，得到大约下午 4 点才能结束。”

不过人们很快就发现，这位年轻的将军虽然看上去忙忙碌碌，却了无建树。他不像看起来那样具有英雄姿态，而且他极度担心自己的名声会在某场战斗的冒险中毁于一旦。几个星期，甚至几个月转瞬而过，他的军队仍在华盛顿周边的军营中无所事事。

起初，麦克莱伦谎称，该对这种按兵不动的怯懦行为负责的是斯科特将军。他说，自己情愿战斗，但“老顽固”对他的名声心存嫉妒，想拖他的后腿。斯科特以前是他的举荐人和良师益友，不过如今，麦克莱伦已经将他形容为通往胜利的“极大障碍”。老将军打胜仗的次数比这位年轻将军参战的次数都多。不过在麦克莱伦看来，这位老英雄不懂军事艺术。“老将军总是碍事，”麦克莱伦告诉妻子，“他什么都不懂，什么也察觉不到。”他“察觉不到危险。只有反抗他，我才能打开出路”。这个人“简直是个噩梦……我不知道他是老糊涂了，还是一个叛徒”。不过麦克莱伦坚信，自己将被赋予独立于斯科特的“绝对控制权”。“我想这可能会让我们双方反目成仇，但我别无选择。人民呼唤我来拯救这个国家。我必须做到。不管什么东西，只要挡我的路，我都要毫不留情。”

斯科特将军退出了与前门生的竞争，他退役了，在西点军校安顿下来。然而，麦克莱伦又为自己的拖沓怠惰找到了新的借口。他对所有鞭策他开战的企图都愤愤不平。文官难道不明白打造一支队伍要花很长时间吗？他们难道存心想将他费时费力、有条不紊地设计得几近完美的作战方案浪费在一场仓促的战斗中吗？总统尤其麻烦。他的举止野蛮原始，麦克莱伦认为他就是一只“好心的狒狒”。他曾说，有一天自己在茶歇后前往白宫，发现“‘这只原始大猩猩’脑袋瓜跟从前一个样”。（查尔斯·达尔文1859年出版了《物种起源》。）“瞧瞧，领导我们事业的是个什么家伙！”麦克莱伦惊叹。并且，这个面目可憎的人坚持要来拜访自己！他可不想看到这种事发生。一天晚上，麦克莱伦回到家，仆人告诉他总统正在等他。他转身上楼，进了卧室，命人通知总统说自己已经就寝了。

按林肯的性格，他能容忍工作中那些习惯和性情与自己迥然不同的人，却不知道该如何跟一个怯懦的自我中心主义者合作。1862 年 1 月底，总统下达了一号战争令。总统的私人秘书约翰·海和约翰·尼柯莱说，战争令由总统写就，“没有征询任何人的意见，他向内阁宣读，并不是为了获得批准，只是知会大家一声而已”。战争令指示，1862 年 2 月的最后一星期要发动一场“美利坚合众国海陆武装力量对叛军的全面行动”。

圣彼得堡，1862年2—5月

刚刚从罗马和巴黎游历归来的尼古拉斯·米柳亭明显感觉到危险在逼近。“每个人，”他说，“似乎都有所期待，又有所畏惧……”

圣彼得堡处于令人焦虑的不稳定状态。然而，即使是在改革时代，年轻的候补军官也必须选择服役的兵团。克鲁泡特金王子许多在军校的兄弟选择了普列布拉任斯基警卫团，这是一支隶属沙皇皇室亲卫队的精锐兵团。其他一些人则期望在骑士卫队或女皇胸甲骑兵团中谋得一席之地。“那你呢，克鲁泡特金？”朋友们问他，“炮兵团？哥萨克？”

不——王子下定决心，他说，他不会“参加任何一个警卫队，将生命浪费在阅兵游行和宫廷舞会上”。当他在军校的那些兄弟纷纷选择了首都附近各大盛名在外的兵团服役时，克鲁泡特金却梦想着能被派驻到偏远的岗位，一个不太能感受到沙皇政府严酷手腕的岗位上。

他想去西伯利亚。

阿穆尔地区新近刚被俄国侵占，在帝国图书馆拥有特殊权限的克鲁泡特金可以阅读任意一本“关于东方密西西比河”的书籍。经他推理，“在西伯利亚广袤的土地上，适于推行各类已经开展或即将到来的伟大改革”。因此，他申请加入了阿穆尔哥萨克骑兵团。

他那些青年兵团*的伙伴对此感到十分震惊。“克鲁泡特金总是爱开玩笑！”其中一个惊呼道。“那里也实在太远了点。”另一个说。又一个人在军官手册上找到了阿穆尔哥萨克骑兵团的制服样式，觉得糟透了。克鲁泡特金大声朗读着手册上对制服的描述：“在座的各位一定惊骇不已：制服，黑色，正红色衣领，无穗带；狗皮或其他毛皮制软帽；裤子，灰色。”“看看这身制服！”克鲁泡特金的朋友说道，“让帽子见鬼去吧！——你可以戴一顶狼皮或熊皮的啊；更别提那裤子！灰色，跟乘警似的。”

克鲁泡特金的志趣与他的军校同学们大不一样。他是一位品格高尚、严肃庄重的年轻人，学识渊博。他的眼睛有些近视，很快就需要佩戴眼镜了。他被沙皇亚历山大统治初期流行的自由主义思想冲昏了头脑。他读过流亡作家亚历山大·赫尔岑创办的期刊《北极星》和《警钟》，这两份期刊虽然在伦敦刊发，但在俄国通过秘密渠道广泛传播，引起了轰动效应。“赫尔岑优美的文笔使我入迷。”克鲁泡特金说。1859年，他开始编写自己的报纸，并亲自誊写了很多份，悄悄塞进军校同学们的书桌。他声称自己是一名自由国家人士，倡导在俄国实行法治并正式通过成文宪法。

克鲁泡特金的自由主义沿袭了十二月党人的自由主义；十二月党的贵族曾在三十五年前的俄历12月，武装起义反抗沙皇尼古拉。十二月党人认为，农奴可以成为公民，俄国可以实行共和政体。一些反叛者怀有更大的抱负：他们高举法国革命传统，谈到要实行德治。

---

* Corps of Pages，俄帝国的军事学院，主要培养贵族和高级官员子弟，为他们以后参与军事服务做准备。——译注

（托尔斯泰数次想写作一部关于十二月党人的小说，最终放弃，因为他发现这些人过于法国化。）不过，大致而言，这场运动是自由性质的，以建立自由国家的理想为基石。亚当·斯密关于经济自由的作品在这一代受过教育的俄国年轻人之中格外受追捧。与十二月党人关系密切的诗人普希金在其著作《叶甫盖尼·奥涅金》中对斯密的作品大加赞扬。然而，十二月党人高尚的道德素质和智力品质，掩盖了他们在实际行动方面的薄弱。他们在首都发动的叛乱简直是草率不堪，他们在议会广场上要求制定宪法的呼声很快就被尼古拉的枪炮镇压下去。自由理想主义者不是丧命于绞刑架，就是被流放到西伯利亚。

起初，克鲁泡特金迫切希望能复兴十二月党人自由英雄主义的传统，不过他很快就开始犹豫不决，死灰真的能够复燃吗？19 世纪 60 年代初，鲍里斯·契切林等学者提出的自由国家理想散发着一股霉味：他们使得书房和讲堂霉臭扑鼻。克鲁泡特金和那些同他持相同观点的人热切渴望"宏大而鼓舞人心的灵感"。他们在自由国家里没有找到这样的灵感。对自由的幻想被一种新的情感取代，这种情感虽然发源于强权哲学，却有着自由主义的诉求。1862 年 3 月，克鲁泡特金完成了在青年兵团的学业。这时，出现了一本书，书中戏剧化地表达了这种新的情感。这本书的作者是伊万·屠格涅夫，书的名字是《父与子》。在书中，屠格涅夫描述了被灌输了新精神的年轻人巴扎罗夫遇到老一辈自由主义者时的情形。"那么，巴扎罗夫先生本人又是做什么的呢？"书中的一个人物问他的侄子。

"他是个虚无主义者！"侄子回答说。

屠格涅夫笔下的虚无主义者摒弃了自由国家的解决方案——"议会制、司法以及其他种种"。"我们的聪明人，也就是所谓的进步人士或维新派，"巴扎罗夫说道，"没有办成过一件事。"虚无主义者甚至诋毁解放改革，说"政府瞎忙一气"。屠格涅夫还赋予巴扎罗夫一个信条，暴力和恐怖的信条。巴扎罗夫认为，俄国人是时候该停止泛泛空谈，采取行动了。“我们必须，”他宣称，“镇压群众！”

为追随新信仰而受迫害的人们以各种各样的形式出现，他们吸收利用了各种不同的知识传统。归根结底，这种新的情感是浪漫主义的一种形式，是由19世纪中叶科学或多或少经过伪造的形式嫁接而来。红色浪漫主义的信条是乌托邦和高压强权，这对出身名门的俄国年轻人颇具吸引力，虽然他们会满腔愤怒地否认这样的指控——他们正与一种新的专制政治勾结，并且从未与他们从小身处其中的贵族精神决裂。

1862年春天，赤色团体展开了攻势。首先是传单。印着《青年俄国》标题的传单撒遍了圣彼得堡的大街小巷。“俄国正进入革命阶段。”传单上写道。一场“革命，流血的革命”即将展开，这是一场“从根源改变一切的革命，彻底瓦解现存社会的根基，毁灭所有支持现有社会秩序的人”。这些传单以一种混合了“神圣俄国”千年憧憬与科学社会主义浪漫宏愿的语言，声称：

> 那一天即将到来，届时我们可以高举未来的伟大旗帜，红色的旗帜。在“俄罗斯社会民主共和国万岁”的呐喊声中，行动起来，对抗冬宫，将住在其中的人扫地出门。也许我们只需摧毁皇室家族，也就是说那近百人。但也有可能……保皇党会抱成一团奋起追随沙皇，毕竟，对他们来说，这是生死攸关的问题。一旦如此……我们就高呼：“尝尝斧头的滋味吧！”我们将不遗余力，沉重打击保皇党……我们会把他们消灭在广场上……在他们家里，在城镇的巷子里，在首都宽阔的大街上……

接下来是一场大火。

五旬节，纪念圣灵降临的节日，是东正教最庄严隆重的节日之一。教堂里，香烟从神父的香炉中飘散而出，圣灵的标志——照亮圣母和使徒灵魂的火舌——被庄严的队伍抬着前进，大晚祷的时候，信徒们跪地祷告，这是复活节之后的第一次。

五旬节后的第一个星期一是特别奉献给圣灵的，圣彼得堡的店铺都歇业了。青年兵团的克鲁泡特金王子正在一位军官家中用餐。大约4点钟的时候，他望向窗外，看到阿普拉新-德沃方向浓烟滚滚。市场区位于首都的正中心，全是木屋商铺和棚屋，王子走到德沃边上那条狭窄的小巷里。"这景象，"他说道，"太可怕了。""大火就像一条巨蛇，窸窸窣窣，向各个方向蔓延，右边，左边，包裹住棚屋，突然变成冲天而上的火柱，火舌蹿出，吞噬了更多的棚屋及里面的东西。"大火很快烧光了市场，人们奋起灭火，以防它摧毁整座城市。

不仅是大火本身，其象征意义也使得阿普拉新-德沃的这场火在俄国民众的心中留下了可怕的阴影。这是一个森林国家，大部分国民的房屋都是木头的，火，"红公鸡"，是毁灭的代名词。然而，在寒冷的气候中，火又是温暖的主要来源，在人们的迷信观念中，火很早就与灵性热情、预言启示和末日剧变联系在了一起。革命家米哈伊尔·巴枯宁曾经描述"俄国人民对火有一种孩子气的，几近着魔的喜爱"。在洋葱头圆顶教堂中，俄国人复制了一个幻想中的火焰的程式化形象：教堂的顶部就是"以十字架为冠冕的火舌……"

很多看到阿普拉新-德沃滚滚浓烟的人都想知道，这场火预示着何种剧变。不过克鲁泡特金王子没有疑惑，他知道这预示着什么。这预示着自由主义在俄国的终结。

华盛顿，1862年2月

"爸爸现在都没时间陪我们玩儿了。"威利·林肯抱怨道。他是一个聪明文静的孩子，朱莉娅·塔夫特觉得，他是她认识的“最讨人喜爱的男孩子”。威利的弟弟塔德则稍显迟钝，并且有些搞笑。一天，塔德在白宫玩一个新球的时候，打破了镜子。

“啊，镜子碎了。”塔德说。在这种情况下，小孩子的本能是害怕父亲发脾气，然而塔德很快就笑了。“我觉得爸爸不会在意的。”他如此预言，不过为了预防起见，他还是在肩膀上撒了一小撮盐，嘴里反诵起了主祷文。

“这可不是爸爸的镜子，”威利严肃地说，“这是美国政府的。”

对这个为了支离破碎的国家焦头烂额的人来说，这面被打碎的镜子并不会给他增加多少烦恼。这时，林肯才了解到，美利坚合众国政府赋予他的总统权力是多么微不足道。众所周知，自由国家的领导人在紧急情况下动员国家，要比专制政体的领袖困难得多。自由国家的领导人不能通过简单的命令，甚至不能通过巧妙的操纵，只能靠说服。他手下的将军可以理直气壮地批评他。古代的共和国通过设立临时的独裁机构解决了这个问题，但美国共和政体的奠基者们对专制政治满怀戒备，绝不会使之复活。宪法规定，美国总统在遭遇危机的时候必须自己设计应对之策。每一任伟大的总统都是富有开拓精神的创造者。

不过，林肯却仍然毫无头绪。他还没有掌握改革的艺术。他所组织的庞大军事机器已经陷入停顿。林肯将北美大陆上部署的有史以来规模最大的一支军队的指挥权交给了麦克莱伦将军。然而六个月过去了，麦克莱伦依然按兵不动，正如总统所说，这支军队已经成了一台“静止的引擎”。

焦虑难耐的林肯敦促麦克莱伦攻击盘踞在马纳萨斯西南方据点的南方邦联军。然而，麦克莱伦拒绝出兵。面对林肯要求在2月最后一个星期发动大规模推进的命令，他写了一封长信，罗列了此项行动中诸多难以克服的困难。驻扎在马纳萨斯的南方军不足麦克莱伦手下兵力的三分之一，但麦克莱伦坚称南方军队比联邦军队庞大。他提出了另外的方案。他说，他想率军走海路，开赴三条流入波托马克南部切萨皮克湾的大河——詹姆斯河、约克河和拉帕汉诺克河——的岔口。从那里，波托马克军团可以迅速出兵里士满，攻下这座城市。

当总统权衡各种进攻方案的时候，林肯夫人正忙着筹备一场聚会。晚宴将由梅拉德家负责准备，红酒和香槟则从林肯家在纽约的酒商处购买。请柬发出了500份。在种种忙乱中，威利·林肯打着冷战下了楼。这孩子正在发热，很可能得了伤寒。（白宫用水来自波托马克河，当时这条河既是华盛顿的水源，也是下水道。）聚会当天，威利得了非常严重的肠道疾病。取消宴请已经来不及了，林肯一家必须扛过去。总统穿着黑色燕尾服，林肯夫人则身着长尾荷叶边的白色丝质礼服，从更衣室中翩然而出。

夫妇二人下楼招待客人。聚会氛围非常好。在这种欢乐的气氛中，几乎没人注意到那群臭着脸的共和党激进分子并未到来。“总统和夫人知道现在正在打内战吗？”俄亥俄的“冒失本”韦德在退给白宫的请柬上写道，“如果他们不知道，韦德先生和韦德夫人知道，因此我们拒绝参加晚宴和舞会。”总统的改革，即便形式上不是，精神上也是清教徒式的。作为一名新英格兰的继子，韦德警告总统当心自己的“舞步”。

华盛顿的官员们对女主人品位的精准倍感惊讶，但林肯夫人无心享受这种赞誉。对她及她的丈夫而言，这场聚会无异于一场可怕的折磨。一有机会，他们就抽身来到病床前。随后的几星期里，几个晚上林肯都陪伴在自己儿子身边，但威利的身体还是在一天天虚弱下去。20日早上，他似乎有所好转，大家都满怀康复的希望。可惜那不过是回光返照而已。威利的生命结束了，林肯夫妇举行了维多利亚式的悼念仪式：棺椁打开着，哭泣的母亲在孩子毫无生气的胸口放上月桂树枝，在冬季暴风雪天呼号的寒风中念着悼词。

威利死后，林肯夫人悲痛欲绝。然而，总统还有责任要继续履行。他是否应批准麦克莱伦将军率军开进切萨皮克湾下游？对于这种明显带有拟定者个人特征——负载了太多胆怯和自负——的计划，他心存怀疑。他不确定，采取这种耗资费时，又不太可能切断敌人交通网络关键环节的策略是否明智。在写给麦克莱伦的一封信中，林肯表示，仅夺取里士满不足以切断连接北弗吉尼亚与林奇堡及西南部的铁路线，而对盘踞在马纳萨斯西南部据点的敌军用兵（他倾向支持这一方案）则有可能达到这一目的。麦克莱伦回信说，马纳萨斯附近的敌军据点太过坚固，难以攻克，然而没过多久，邦联军就主动从战壕中撤走了，他们那“具有压倒性战力”的枪械库中遗留了很多“贵格枪”——漆成黑色的木头假枪。这令麦克莱伦的声望雪上加霜。

林肯依然对麦克莱伦心存信任，他说：“只要他能为我们赢得胜利，我愿意为他扶马镫。”但涂漆的木枪夺走了“命运之子”的好运，林肯剥夺了麦克莱伦军队大将军的职务，不过没有解除他对波托马克军团的指挥权。

圣彼得堡，1862年5—6月

时下，有一个词非常流行。

小说家屠格涅夫碰巧在阿普拉新-德沃大火那天回到了圣彼得堡，他震惊地发现大批人迷上了“虚无主义者”这个词。不久前，几乎还没人听说过这个词。海伦娜大公夫人在《父与子》中第一次读到这个词的时候，还询问她的门客这是什么意思。如今，它已经在这座城市的语言中扎下根来。屠格涅夫刚刚走上涅夫斯基大街，一位熟人就来找他麻烦了。

“看看你的虚无主义者干了什么好事！他们要放火烧了圣彼得堡！”

阿普拉新–德沃那场大火的起因尚未明确。有人认为是反动分子买通了奸细，放火烧了市场，以抹黑他们的敌人，不过怀疑大多指向赤色团体。

沙皇用高压手段予以回应。他担心改革失去控制，店铺被抢劫、妇女遭强奸、宫殿变废墟。管控秘密警察的第三处负责人多尔戈鲁科夫亲王向君主提交了一份纪要，建议对有嫌疑的颠覆分子采取严厉的措施。亚历山大读了报告，旁注道：“正合我意。”士兵开上首都的各条大街，哥萨克骑兵则在小巷中巡逻。关键时刻，沙皇听取了一些建议，同样的建议曾启发过柏林的普鲁士将军们。同曼陀菲尔将军一样，他想到的唯一措施就是加强驻防。他开始排斥一些人，而这些人对他“自上而下”的改革的成功推进不可或缺。

克鲁泡特金王子就是被疏远的人之一。王子还没有做好加入赤色团体的准备，但他已经不再是自由主义者了。最近，他被授予青年兵团的中士——一个令人羡慕的军衔。中士不仅在兵团中享有特权，同时也是沙皇的贴身侍卫。“君王的赏识无疑是获取更多殊荣的垫脚石。”1862 年春季，作为沙皇的侍卫，克鲁泡特金有机会近距离地观察亚历山大。

一开始，他将这位解放者视为英雄。不过，克鲁泡特金逐渐改变了这一看法。他发现，这位身材高大、风度不凡的帝王似乎已经疲惫不堪。他快步穿过宫殿中那些灯火辉煌的房间，好像害怕什么。他变得非常容易发怒。有时候，克鲁泡特金会看到他茫然地盯着某处，目光忧郁而恍惚。他疑虑重重。亚历山大已经厌烦了那些为解放法令费心费力的改革派自由分子，如今，倒是舒瓦洛夫伯爵一类的保守派贵族常伴他左右。克鲁泡特金认为，沙皇“身上保留着太多他父亲尼古拉一世的暴虐性格”，而这“时不时地影响他温厚和善的一面”。亚历山大不是一个“真正可靠的男人，无论是在他的政策方面，还是在他的个人情感方面”。

6月，克鲁泡特金和他的军校同学一起参加了一年一度的毕业阅兵。沙皇逐一考校了这些候选军官的骑术和战术机动能力。之后，亚历山大将他们擢升为正式军官。年轻人跨步下马，沙皇本人还骑在马上。“新晋军官，上前！”他大声命令道。克鲁泡特金和他的军官兄弟们聚拢到沙皇周围。沙皇开始训话，起先语气温和。“恭喜你们，”他说，“你们现在是军官了。”随后，他变得怒气冲冲：“但是，如果你们当中有人在任何情况下不忠于沙皇、皇权和祖国——这是上帝禁止的行为，听好了——他会受到法律的严——厉——制——裁，绝——不——留——情！”沙皇的声音低了下来，脸色更加难看。“一脸毫无理智的愤怒，”克鲁泡特金说，“我小时候在威胁农奴说‘要狠狠抽他们一顿’的地主脸上见过。”亚历山大说完策马绝尘而去。

“倒退，简直是全速倒退。”从检阅场回来，克鲁泡特金自言自语道。离开圣彼得堡之前，他又见了沙皇一面，在冬宫举行的新晋军官招待会上。沙皇看到自己以前的贴身侍卫穿着一身笔挺的制服。“你要去西伯利亚？”他问道，“你父亲最后同意了吗？”

克鲁泡特金回答说，他的确要去东部。

“去那么远的地方，难道你不怕吗？”亚历山大问。

“不怕，”克鲁泡特金回答，“我想做些事情。为了推行即将展开的改革，在西伯利亚肯定有很多工作要做。”

沙皇直直地看着王子的眼睛，最后说道：“好吧，去吧；在哪里都能有所作为。”克鲁泡特金记得，亚历山大的脸上“带着疲惫的表情，一副彻底放弃的样子，我马上意识到，‘他已经精疲力竭了，很快就会放弃一切’”。

第九章

厉兵秣马，背水一战

巴黎枫丹白露、伦敦，1862年5—7月

想象中巴黎的春天景象实在太过迷人——卢森堡公园栗子树花团锦簇，布洛涅森林公园洋槐树渐渐长成——以至于这段时间的寒冷、潮湿、多雨天气让游客们感觉简直是一种怠慢。一位深感挫败的改革者爬上从皇家马厩中开出的镀金马车，在他看来，所有事情都像是怠慢。

俾斯麦感觉，自己“就像一只谷仓里的老鼠”。

他还是没能当上大臣。威廉国王在巴登-巴登的利西滕塔尔巷的暗杀中毫发无损，虽然子弹击穿了他的衣领和领带，但只不过是擦过了他尊贵的脖子而已。自称刺客的奥斯卡·贝克尔告诉警方，他之所以开枪，是因为威廉“为德意志邦联做得还不够多”。看起来，民族情感是不能被忽视的重要情感，但国王无法说服自己接受俾斯麦为粉碎自由派而提出的民族主义计划。相反，他正式批准了曼陀菲尔进军柏林的方案。作为安慰，他给了俾斯麦在巴黎大使馆的美差。

俾斯麦这位新任驻法国大使，乘车穿过雨中的街道，驰往杜伊勒里宫。在这十年间最激烈的暴力事件发生之前，这座不幸的宫殿还矗

立在塞纳河畔，在卢浮宫和协和广场之间。在精心准备的典礼上，俾斯麦向法国皇帝拿破仑三世递交了国书。这位新任特使觉得典礼异常无聊，不过他也承认，拿破仑三世的妻子欧妮仁皇后的出席令这种折磨减轻了不少。他说，这位西班牙美女是“我所认识的最为漂亮、最为端庄的女性之一”，她比上一次见面的时候“愈发美艳动人了”。

在巴黎，俾斯麦过得很不如意。尽管那里有美丽的皇后，但拿破仑三世的宫廷并没有令他感到炫目，无论在雄伟壮丽还是高贵典雅方面，杜伊勒里宫都比不上俄国罗曼诺夫的宫殿。此外，那时的巴黎算不上宜居，俾斯麦不得不在小咖啡馆里独自用餐；居住条件也不怎么样，他说，位于奥赛码头的普鲁士大使官邸“黑暗、潮湿、阴冷”，房间散发着一股难闻的气味，霉臭扑鼻。

这些抱怨并未完全掩盖他不满的主要原因——他对权力从未停止的野心。俾斯麦对权力的渴望越来越强烈，如果可能，即使身在巴黎，他都兴奋地细化他粉碎自由派的计划。他对最近在柏林遭到的冷遇仍心存怨怼，国王对他的谏言几乎置若罔闻，但俾斯麦不是一个以牺牲利益为代价发脾气的人，在写给好友罗恩的信中，他明确表示自己首先是一位野心家。“要是你以为我心不甘情不愿，那就是冤枉我了，”他写道，“恰恰相反，我就像兴奋时在冰上跳舞的小动物，干劲十足。”

接下来的几星期是在一连串露天招待会上度过的。俾斯麦随着拿破仑三世的朝臣去了枫丹白露，历代法国皇帝的古老城堡。在那里，他陪皇帝走了很长一段路。1862 年，拿破仑三世五十四岁，他含糊其词地对俾斯麦谈起法兰西和普鲁士结盟的可能性。俾斯麦不为所动。他说，这位皇帝就像一位没带谜题的斯芬克斯。

百无聊赖的俾斯麦抽身去了英格兰。伦敦正在举办工业展览会，空气中弥漫着阴谋的味道。法国外交大臣图弗内尔从巴黎赶来，表面上是为了领取展览会奖章。不过报纸纷纷推测，他来访的真正目的，其实是与英国的大臣讨论两国联合干预美国内战、结束林肯政治生涯的可能性。俾斯麦自己也四处走动，他去拜谒了首相帕默斯顿勋爵。但在这场外交博弈中，他能起的作用有限，因为他并不是大臣。不过，他倒是跟另一位像他一样渴望担任大臣职务、在 1862 年夏天未能如愿的人进行了一次有趣的谈话。这时的本杰明·迪斯雷利是帕默斯顿政府的反对党——保守党的领导成员。在俄国使馆的一次晚宴上，两位演技精湛的政治演员与对方见招拆招。单看外表，橄榄肤色、眼珠漆黑的英国政治家与魁梧的蓝眼睛日耳曼人迥然不同，但两人又有着奇妙的相似之处。迪斯雷利和俾斯麦都有巨大的野心，都有空想和浪漫的特质；虽然方式不同，但都对抵抗自由主义的反革命事业充满热忱。“当心那个人！”迪斯雷利后来说道，“他言出必行。”很多年之后，俾斯麦回敬迪斯雷利说：“老犹太人，说的就是这家伙。”

俾斯麦“身体欠佳”地返回了巴黎。但他的政治命运仍然悬而未决——他说，情势令他“心绪不宁”。7 月 25 日，他开始了“在法国南部的长途旅行”，他打算去南运河放纵一把，其实却并不像他所假装的那样耽于玩乐。他小心地将自己的旅行路线告知了罗恩，他和这位朋友琢磨出了一套代码，以备电报沟通时使用。

弗吉尼亚，1862年4—5月

4 月初，麦克莱伦将军登上“准将号”军舰，开向门罗堡码头。这座要塞位于半岛末端，切萨皮克最南端的河汊，这片狭窄的土地北接约克河，南临詹姆斯河。被同僚们称作“麦克”的麦克莱伦终于如愿以偿，林肯勉强同意了他在半岛作战的计划。将军率波托马克军团登陆，那时他手下有10万人的兵力。他在对士兵做战前动员的时候，告诉他们之前他之所以按兵不动，是为了现在“给分裂我们幸福祖国的叛军以致命的打击”。他模仿的是拿破仑对意大利军队的训话。

很明显，大多数观察者认为，这场战斗要想取得胜利，麦克莱伦必须迅速通过军队所在地和里士满之间的这片土地，拖延一刻，己方优势就减少一分，而对方的防御力则会增强数倍。但波托马克军团的这位指挥官还是决定谨慎行进。麦克莱伦发现敌人比想象中的“强大”。在对约克镇驻军的包围中，在对错综复杂的围攻体系的精心谋划中，日子一天天过去。“昨天任命菲茨·波特为‘攻城指挥’，”麦克莱伦写信给妻子，“全新的头衔，但在现有情势下是十分必要的。我的所有指令都通过他下达，这使他同时担任攻城行动的指挥官和参谋。”

麦克莱伦抵达半岛的时候，实际上，约克镇附近的南方邦联军只有1.1万人，而他的兵力几乎是这个数字的十倍。但是，“邦联军很强大”这个念头一直萦绕在他的心里。“我现在的战斗力很可能比他们弱，”他沮丧地汇报道，“即或不然，不久的将来也会比他们弱。”处境“越看越糟糕”。总之，他觉得最好放慢进军的步伐。总之，不要“仓促行事”。

麦克莱伦在约克镇的城墙外盘桓了将近一个月之后，感觉好些了。他最乐于为复杂的工程问题找出解决方法。“现在，我‘缓慢的准备工作’已经相当壮观了。”他汇报说。他在约克镇建造的土方工程的“庞大”体系给访客们留下了深刻印象。“如果在华盛顿周边的防御工事中安设30磅的帕罗特来复炮，我会很高兴，”他的“杰作”尽善尽美之后，他写信给林肯，“我们这儿缺的就是那种好炮。”然而，就在麦克莱伦费力琢磨每门迫击炮、每门榴弹炮、每门来复炮该如何在约克镇安设的时候，这场战斗真正的打击目标——里士满的防御工事正因为罗伯特·E. 李的技术和努力，不断得到加固。

林肯因这位指挥官的怠惰懒散而感到心烦意乱。“你向华盛顿要来复炮的事情令我忧虑，”总统写信给麦克莱伦，“主要是因为这意味着无限期的拖延，你就不能做点什么吗？”不能，麦克莱伦回答道，现在什么也不能做。道路“崎岖不平”，地图“完全不可靠”，并且敌军正“从四面八方集结，特别是南方训练有素的军队也开赴而来”。他说，能保住现在的位置就是万幸了。“我会冒一回险，”他写道，“至少要将他们控制在此地……我的全部兵力毫无疑问是劣于叛军兵力的，他们仗打得很好。”

最后，邦联军放弃了约克镇防线，麦克莱伦慢腾腾地向半岛挺进。然而，从一开始，这个地方的氛围——不设防、衰颓、充满迷惑性——似乎就将年轻的将军吓破了胆。这片土地看起来坚硬结实，但实际上不是，这是一片沼泽地，水流缓滞的几条河纵横交错，洪水会毫无预警地泛滥。恶臭的空气对身体健康非常不利。并且这里阴雨连绵。这里是“水乡泽国”，麦克莱伦说道，所有人都陷在“及膝深的烂泥里”。他在这片泥泞的荒地上向前推进，越来越不安。他不喜欢林肯强派到他手下的那几个指挥官，不怎么搭理他们。他经常回他的私人帐篷中休息，毕竟这里“相当舒适”。帐篷里有炉子、“漂亮的两脚脸盆架”和“松枝铺就的地面——我想我应该说‘树枝地毯’……所以你看，我生活得颇像一个王子”。在这间“避难所”中，麦克莱伦可以写他那些又长又啰唆的信，跟好友菲茨-约翰·波特探讨军情，波特早他一年从西点军校毕业，长相英俊，也是他手下高级指挥官中唯一一位得到他亲切对待的。

雨继续下。“我喜欢听雨打帐篷的声音。”麦克莱伦写道。但在这个时候，这种蒙蒙细雨的天气似乎有些不祥的意味。“很肯定的是，”他写信给妻子，“多年没有这样的雨季了，现在的天气并非偶然。”“又是潮湿、可怕的一天！……还在阴郁地下大雨。”

在这个湿漉漉的、不真实的、简直令人提不起精神的烂泥世界里，麦克莱伦的战斗意志再次消沉。“如果没有增援，”他写道，“很可能我就得跟高垒深堑中差不多两倍于我的兵力战斗了。”他将自己在这场战役中乏善可陈的表现归咎于首都的那些对手。是他们的恶意破坏和背信弃义，而不是自己缺乏斗志与决心，使获胜的前景昏暗无望。他说，华盛顿充满了“叛徒”，他们“为了个人的恶意和目标，甘愿牺牲国家和军队”。那些奸诈不忠的“猎狗”决意要毁灭他。他说，跟林肯的作战部长埃德温·M. 斯坦顿相比，犹大简直就是天使。职业生涯中到处都是奸险小人。麦克道尔将军的军队驻扎在华盛顿附近的时候为什么会备受排挤？这是“有史以来最无耻的事”。“国家命运有赖于我，”麦克莱伦说，“然而我在政府里面没有一个朋友。”

在华盛顿，麦克莱伦的确有一些敌人。俄亥俄的“冒失本”韦德就很看不起他，不遗余力地在暗地里给他使绊子。但麦克莱伦掌握了可以克服韦德作对的一切条件。他指挥着一支庞大的军队，林肯对他也充满了信心。打一场胜仗就能迅速让这些激进分子闭嘴。林肯敦促这位指挥官出战，但是麦克莱伦仍坚称兵力不足。总统困惑不已，并感到非常痛心。“你来急件抱怨说没得到足够的供给，”林肯写道，“我没有生气，但这令我非常痛苦。”然而，他不能将麦克道尔的军队都部署到半岛上，这会危及首都的安全。“你真的认为，”他问，“我应该批准里士满一线的士兵经马纳萨斯枢纽，到这个门户大开、只有不到 2 万无组织的军队防御的城市来吗？这个问题，国家不允许我回避。”虽然如此，林肯还是同意将麦克道尔的一部分兵力派给麦克莱伦——W.B. 富兰克林将军手下的大约 1.1 万人。在信的结尾，他提醒麦克莱伦不要忘了马纳萨斯的涂漆木枪。“这个国家不会忽视——现在已经注意到了——如今对着壕沟中的敌人迟迟不动，只不过是马纳萨斯事件的重演，”总统说，“你务必发起一场攻击，对此我无能为力……请相信，我从未像现在这样，怀着如此友善之情、如此全心全意地支持你，写信给你，或对你说话，尽管此刻心急如焚，但我会始终如一。但是你必须行动起来。”

20日，波托马克军团的先头队伍在新桥附近越过了奇克哈默尼河，麦克莱伦的先锋军距离里士满只有几英里了。离南方联合政府首府越近，他越是焦虑不安。城市就在他的眼前，在他的想象中，这里有着非常可怕的力量。他的个人光辉此时已经退去。一位观察者说，“他看起来骤然苍老了”，并且似乎已经濒临神经崩溃的边缘。“他们正集中所有力量投入这最后一场死战，”他大喊，“呜呼，我的政府，没有给我一点援助。”他感到恶心——确实，他很快就病倒了。他说，这是他的“墨西哥宿敌”，痢疾。29日，他多少好了些，但是从他写给华盛顿的那封语无伦次的长信中可以看出，他并没有完全恢复心理平衡。“敌人的意图令人生疑……除非他在策划什么我看不穿的阴谋，否则他正在放弃极大的优势……”

亚斯纳亚–博利尔纳，1862年7月

那年夏天，托尔斯泰感受到了沙皇的愤怒。

沙皇的心腹们奉命对点燃阿普拉新–德沃的革命激情加以控制，四处抓捕革命人士。在这种令人生厌的气氛中，一个名叫希波夫的卑鄙小人——向警察告密的人——告发托尔斯泰是红色革命者。他声称，亚斯纳亚–博利尔纳是革命活动的前沿阵地，还声称庄园里的密门后藏着一台印刷机和一堆堆革命传单。第三处负责人多尔戈鲁科夫亲王下令对庄园进行搜查。

托尔斯泰当时正在旅行，7月的一个夜晚，三驾马车开进他家所

在的小巷。穿着天蓝色制服的宪兵很快就成群结队地进入了房子。亚斯纳亚-博利尔纳被第三处控制。当时，这一神秘机构是俄国最有权力的部门，所有活动都遮盖着看不透的纱。机构的领导者是一个比沙皇更加可怕的人。圣彼得堡总部的窗户上装着铁闩，夜深人静的时候，有拉着百叶帘的马车从大门神秘驰出。

然而，虽然引发了很多有关铁面人之类奇事的五花八门的传说，第三处却是一个理性，甚至明达的机构。它由亚历山大的父亲尼古拉一手创办，将时任沙皇的奸诈、残忍而敏锐的专制主义学说具体化了。第三处的第一任负责人本肯多夫伯爵请尼古拉明确他的责任时，沙皇递给他一方白色手帕。“这就是给你的命令，”沙皇说，“拿着这个，擦掉我的人民眼中的泪水。”第三处的目标是监视所有表现出异常情绪的人，找出那些如不加控制便有可能对政权造成威胁的秘密的或潜在的叛变行动。该组织的最终目的是通过恐吓或暴力，打击一切有可能对国家造成威胁的人的意志。为了达到目的，第三处雇用了一批密探。这些便衣警察干的事情可不仅是监视和汇报，他们狡猾又巧妙地从那些粗心大意的受害者身上找出背叛的迹象。为了诱捕那些毫无戒备的猎物，他们布下天罗地网，不仅在俄国，还遍及整个欧洲。俄国人无论逃离祖国多远，都不能保证自己已经从暴君的魔爪下逃脱。

除了这些密探之外，为了找出所有背叛的潜在萌芽，第三处还雇用了一个办公署的职员，颇具耐心地审查各类散文、小说、诗歌、绘画。这些拿着政府薪水的评论家对那些在作品中表现出“无畏”精神的思想家和艺术家尤其留意。而那些过于无畏的，可能会被逮捕、遭受酷刑、被暗地处决、被关押进精神病院或流放到西伯利亚，而这一切都不经过正规的法律程序。

在第三处官员杜尔诺沃上校的监督下，宪兵将亚斯纳亚-博利尔纳搜查了个底朝天。地板被掀开，池塘被筛了一遍，房间也被仔细搜查过。托尔斯泰的妹妹玛丽伯爵夫人听到警察大声读哥哥的日记和信件，吓得缩成一团。搜查进行了两天。宪兵翻遍了藏书室的书，检查过床单，连厕所后面都看了一眼，还开了不少粗俗下流的玩笑。

得知这次搜查事件后，托尔斯泰异常愤怒。他的财产被人侵犯了。宪兵队的“邋遢上校”“读了我所有的信件和日记”。“我厌恶、反感，”他说，“几乎仇视在我家搜查印刷机器的亲爱的政府。”“我们不能这样生活……暴政是一把达摩克利斯之剑，暴力和不公一直悬在每个人的头顶。”如果损失得不到赔偿，他将卖掉房产离开俄国，他不会继续留在这个“恐怖的伊凡”的精神仍然猖獗的国家，一个“不知道什么时候他就会被抓，与自己的姐妹、妻子和母亲一同遭受鞭打……”的国家。

“我房间里的手枪上了膛，”托尔斯泰跟他的伯祖母说，“我会等着，一直到事情以某种方式解决。”8 月的最后一星期，他写了一封信给沙皇，怒气冲冲地去了莫斯科。亚历山大刚从霍登卡草原参加军事演习归来。托尔斯泰径直去了沙皇所在的彼得宫，决定当面控诉。

弗吉尼亚州里士满附近，1862年5—6月

麦克莱伦将军担心了许久的战争终于在 5 月底打响了。南方邦联军对奇克哈默尼河边阵地发起了进攻，阵地位于费尔奥克斯附近，在里士满以东 5 英里。

虽然这场进攻异常凶狠残忍，却没有攻破联邦军的阵线。

戴维斯总统从里士满骑马过来观战。夜幕降临，笼罩着战场，戴维斯偶然遇见了同样夜不能寐的罗伯特·E. 李将军。在一片黑暗和混乱中，两人碰到担架兵抬着负伤的战地指挥官乔·约翰斯顿。约翰斯

顿还有意识，不过受了重伤。戴维斯和李掉转马头回到里士满，在他们穿过黑夜奔向城市灯火的时候，戴维斯做出了一个关于这场战争的重大决定。他命令李来接管约翰斯顿的指挥权。

李马上着手准备。三个星期后，他判断己方的防御工事已非常牢固，足可反守为攻。6 月 26 日，他下令开战。“七天战役”在里士满城下打响了。

南方军队虽作战英勇，但在一轮又一轮的残酷进攻后，他们还是被联邦军队猛烈的火力逼退了。李认为，要想击溃联邦军队，首先必须把他们从其盖恩斯磨坊附近的指挥点驱逐走——这是一个陡峭的斜坡，火力密布，令进攻此处的步兵胆寒。南方军派出了精兵强将，但无济于事。J.R. 安德森进攻了三次，败退了三次。W.D. 彭德上了阵，同样被击退。马克西·格雷格其实成功地蹚过了“船夫”沼泽——联邦军大本营前面的一片恐怖沼泽，但很快就被敌人猛烈的火力压制住了。

李跨步上马，出发去找得克萨斯第四步兵团的指挥官约翰·贝尔·胡德，这一天，该兵团正作为得克萨斯旅的一部分投身战斗。胡德向长官敬过礼后，李向他解释了自己的目标。

“这个目标一定得实现，”李跟他说，“你能攻破这条防线吗？”

“我尽力而为。”胡德答道。

第十章

迟恐生变

波尔多、比亚里茨，1862年7—8月

俾斯麦从波尔多一路南下，在酿造葡萄酒的季节里遍尝了佳酿。“我喝过拉菲、木桐、皮雄、拉洛兹、拉图、玛尔戈、圣朱利安、布朗尼、阿美拉克和其他各种葡萄酒。”葡萄园里非常炎热，“但是有美酒润口，全然无伤大雅”。他已经好几天没看德文报纸了，但他对此一点都不怀念。7月底，他抵达比亚里茨，下榻市政厅广场的欧洲酒店，每天都去比斯开湾游泳。

19世纪60年代的比亚里茨是爱神厄洛斯的游戏场，专供19世纪的维纳斯——欧仁妮皇后玩乐，她最爱在此地戏水。皇后纯正的宗教信仰和放荡的个性之间差异巨大，这反而增加了她的吸引力。欧仁妮是一个纯正的地中海天主教徒，教宗曾授予她金玫瑰，并亲手在花瓣上涂抹香膏，以表彰她的虔诚和美德。然而，她也是最风流动人的圣徒，她皮肤黝黑的西班牙式性感令一代人神魂颠倒。俾斯麦独自来到欧仁妮皇后的休闲胜地，不过他不像一些有妇之夫，来这里是为了逃避家庭的痛苦，他的婚姻非常幸福。只要不在妻子身边，这个离权力和机会咫尺之遥的男人几乎每天都会给妻子写信——有时候一天两

封。他称呼妻子“我最亲爱的心肝”“我挚爱的南”“心之所爱胡安妮塔”“珍宝珍妮滕”。他向妻子信誓旦旦，他对“上帝的仁慈和妻子的爱与忠贞心存感激。今日之爱一如婚礼当日，我从不觉得那一天逝去已久——五六千个幸福美好的日子飞逝而去”。

她曾经拯救了他，至少俾斯麦始终是如此认为的。二十年前，当约翰娜·冯·普特卡默与俾斯麦初次见面的时候，他似乎命中注定要过一种失败、痛苦、劳而无功又落落寡合的生活。他在普鲁士政务系统的司法部门任职，却毫无建树。他说，这份工作“琐碎而无聊”。普鲁士官员“就像管弦乐队的成员，而我只想演奏自己喜欢的音乐，或者干脆不要音乐”。俾斯麦辞了职，回到波美拉尼亚打理家产。然而，农耕与放牧也不比做摘要、写辩护词更适合他。他宁可骑着爱马迦勒纵情驰骋，独自幻想，“穿过或欢乐或悲伤，或愤怒或平静的漫漫长路，越过荒野和田地，湖泊、房屋和人群”。

在波美拉尼亚休整的这段时间，俾斯麦有所改变。像年轻时的林肯一样，他迷上了自由思考，而就在波美拉尼亚乡野间纵马驰骋的时候，他开始思索自己是不是就像《旧约·诗篇》中的愚人那样，“心中没有上帝”。他结识了冯·萨登一家，这家人的平静安宁吸引了他。他们何以如此快乐满足，而自己却这样焦躁不安、愤愤不平？他了解到，他们一家是福音派路德宗的一支——是虔信派的信徒。年轻的玛丽亚·冯·萨登性情平静安宁，对俾斯麦有着特别的吸引力。他向她敞开了心扉，他很快就意识到自己的生活是多么没有价值。嫖妓、酗酒、赌博——他的生活太像“香槟”，漫无目的地滋滋冒泡。他想要更好、更纯澈的美酒。玛丽亚也跟他谈起了自己精神世界的秘密源泉，作为对俾斯麦的信任的回报。她患病之后，俾斯麦抛下对祷告效力和神灵存在的疑虑，大声呼求上帝医治。“第一次没有反复思量合理与否的热切祷告，就这样自然而然自内心迸发出来。”

玛丽亚·冯·萨登最终还是离开了人世，然而临终前她似乎暗示俾斯麦应该与自己的好友——虔信派教友约翰娜·冯·普特卡默小姐结合。他牵起这位年轻女士的手，而她接受了他。两人在1847年夏天结婚。后来，俾斯麦琢磨，一个对自己的本性心存疑虑、对上帝和家庭一无所知的人如何能够活下去。在他看来，没有上帝、妻子和孩子的生活就像一件脏衬衫，最好把它丢掉。

结婚那年，俾斯麦被选为联合议会本地乡绅阶层的代表——后来他称这件事相当“偶然”，该议会是普鲁士国王威廉四世为了筹措铁路建设资金，不情不愿地召集起来的。自由主义正广泛传播。俾斯麦在议会中奋起谴责自由主义者最钟爱的信条。他笑里藏刀，扮演着保守反动的容克角色。他说，最终将有“一场剧变”。人们大为惊恐震怒，以至于他不得不中断了演说。他平静地翻看着报纸，等待大家的愤怒平息。然后，他继续完成演说。

十五年后，俾斯麦经大西洋水路离开比亚里茨，实现年轻时的梦想已是指日可待。他将在世界性的危局中发挥决定性作用，领导一场针对自由国家的反革命运动。然而，他似乎又退却了。他的想象颇具戏剧性，在承担改革重任之前，一定得有韵文、诗歌与情色穿插其中。1862年8月的第一个星期，奥尔洛夫亲王和王妃在比亚里茨的一场舞会上亮相，王妃金发碧眼、美丽迷人，时年二十二岁，她的丈夫则苍老无力。尼古拉·奥尔洛夫是那位曾经徒劳地反对沙皇亚历山大改革的亲王的儿子，俾斯麦在圣彼得堡时曾对他略有所知，但对他那漂亮的妻子似乎从未听闻。奥尔洛夫一家现今住在布鲁塞尔，亲王在比利时担任沙皇密使。

8月9日，俾斯麦开了自他离开巴黎后的第一瓶香槟。他与亲王和王妃分享了这瓶美酒。“自从奥尔洛夫一家来了之后，”俾斯麦在写给姐姐的信中说道，“我就和他们住在一起，就像这个地方只有我们几个似的。”他们很快就形成了规律的生活方式。上午，愉快地散步，洗个海澡。午休过后，俾斯麦就懒洋洋地躺在沙发上，读读书、做做梦，或者看着海浪拍打远处的灯塔，飞溅起浪花。下午，他和奥尔洛夫一家一起散步。他们在悬崖上漫步，在长满芦荟和无花果的小果园里野餐。再去洗个海澡，回到自己房间穿戴整齐。接着就在悬于大海之上的窗户旁共进晚餐，这时，太阳渐渐沉入大西洋。叶卡捷琳娜王妃会坐到钢琴旁弹奏贝多芬、肖邦和门德尔松的曲子。之后，他们就走到灯塔边，脚下惊涛拍岸，他们坐下来看月亮升上比利牛斯山山头。他称呼王妃“亲爱的侄女”或“亲爱的凯茜”，她叫他“伯父”。“我感觉，”他写道，“我有点爱上这位温柔的王妃了。”

弗尼吉亚，1862年6—8月

约翰·贝尔·胡德曾经夸下海口，说他能“带领得克萨斯第四兵团迅速突破地狱的大门，阵脚不乱”。在他前方，靠近盖恩斯磨坊的高地——那位于山顶的地狱——隐约可见。北方联邦军的 17 个炮兵团在此防守。96 门大炮随时准备发射出致命的火焰。

“稳住！稳住！”胡德敦促正往山上爬的部下。

敌人发起了第一轮火力袭击。一些士兵倒下了，但整条阵线并未被突破。“前进！前进！”胡德喊道，“全力向前冲……”战场上响起了古怪的尖叫声，这声音很快就如罗马军团的战斗呼喊一样远播。那是南方叛军的呐喊，在这种呐喊不可思议的鼓舞下，得克萨斯第四兵团对高地发起猛烈攻击。在这群似乎不知畏惧为何物的勇士面前，堡垒中的联邦军惊慌失措、丢盔弃甲，一些士兵四散逃命，一些则命丧当场。

几个小时之后，在绝望恍惚中，麦克莱伦给在华盛顿的上司写信：“我输掉这场战斗是因为兵力实在太少了。”盖恩斯磨坊被攻下之后，乔治·麦克莱伦原形毕露，声名尽毁。他可能取得过其他成功，赢得过其他战斗的胜利，但是无论如何，半岛战役失败的污点都无法抹去了，多说无益，越描越黑。“我重申，我不为这次失败负责。”他给作战部长埃德温·M. 斯坦顿发电报说。这位心慌意乱的指挥官含沙射影地暗示，国家最高层一些人员的通敌变节导致了他的失败。“如果我保得住这支军队，坦率地说，并不是你或者任何其他华盛顿人的功劳。你们这些人不遗余力地想牺牲掉这支队伍。”

麦克莱伦一直声称，在里士满城下的“七天战役”中，是林肯和斯坦顿强迫他开战的，“一场惨不忍睹的战斗，对方兵力极具优势”。然而，据最保守的估计，在第一次交战前夕，麦克莱伦拥有 9.1 万有效兵力，而李将军手下大概有 8.5 万名武装人员——如果麦克莱伦在半岛能更迅速果断地打一仗，李的这支军队可能压根儿就集结不起来。两支军队首次交火时，双方的指挥官都以为敌众我寡，但是这种想法击垮了麦克莱伦的信念，却激发了李高昂的斗志。

然而，“麦克”执意认为他不是被李，而是被林肯打败的。盖恩斯磨坊被攻下之后，他写道：“假如此刻给我补充 1 万新兵，明天我就能夺取胜利。我知道，再多几千人就能让我军转败为胜。既然如此，政府不可以，也不能够让我对本次结果负责。”

随后，双方在萨维奇车站和格伦代尔市发生了激烈的冲突，最后还在莫尔文山打了一场残酷的仗。大雾最终散去之后，幸存者看到的场景令他们目瞪口呆：一些尸体“浮肿成了原来的两倍大”，还有几具“竟然胀破了，恶臭扑鼻”。麦克莱伦的军队撤退到哈里森码头，联邦军的炮艇停在河上，保护他免受李将军猛烈的攻击。他写了几封言辞激烈的信，为他的撤退找理由。失去了所有战略方面的发言权后，他开始诉诸道德权威。“我可能快死了。”他跟总统如是说，但是他不能允许自己对奴隶制度和宪法的看法随他的死亡而泯灭，即便“严格来说，它们与这支军队的处境并不相关，严格来说，也不在我的职责范围内”。

麦克莱伦告诫林肯不要采纳他的敌人——激进的共和党人——提出的废奴政策；他用不太吉利的措辞暗示总统，如果失去众位指挥官的支持和信心，他的总统将当不下去。“发表激进的宣言，特别是针对奴隶制，”麦克莱伦写道，“将迅速瓦解我们现有的军队，政府的政策必须由军事力量来支持。”

麦克莱伦并未维护林肯的改革，反而威胁要反对它。

法国南部、柏林、巴贝斯堡，1862年8—9月

就在麦克莱伦退至詹姆斯河后不久，俾斯麦准备开始游历名山大川。从他写的日志看，他的“日子舒服得近乎荒唐”。早餐喝马德拉，与奥尔洛夫一家品香槟，几瓶酩悦下肚，聊天的话题就转向了德意志、俄国和法国。他说，他只想要“一对飞翔的翅膀”。凯瑟琳说，这是一段“愚蠢可笑、快乐愉悦又诗情画意……充满梦想”的时光。这种令人心醉神迷的日子一天又一天、一星期又一星期地过去了。哼唱着法国小调和门德尔松的曲段，这几个观光客爬上了比利牛斯山，他们登上弗纳斯屈厄峰，站在 7 000 英尺高的山巅，瞭望西班牙狭窄的门户。俾斯麦写道：“右边，埃布罗河水势滔滔，左边，加伦河浩荡而去，远望地平线，是一座座顶着雪冠的山峰，一直延伸至加泰罗尼亚和阿拉贡。”晚餐他们享用鹧鸪，然后在小棚屋里过夜，清早从小屋里钻出来看日出东山。

他们的关系究竟发展到何种程度呢？虽然俾斯麦不免浮夸之辞，

但从很多方面看，他还是一个小心谨慎的人。他与“凯蒂、凯奇、令人仰慕的凯茜”之间的风流韵事多少有些虚构，几乎可以说是上乘的文学作品，甚至他所谓的“大酒宴”也不过是个化装舞会。他小心翼翼地将凯茜送他的小礼物——一朵从巴涅尔-德吕雄摘来的黄色小花，一段从阿维尼翁带回的橄榄枝——保存在雪茄盒中。他称它们为“快乐时光”的纪念品。那是一段“绝无仅有的时光”，他的精神“自由地”遵循自然的指引到达伊甸园，“失落的乐园”。

如果说这绯闻有几分骑士色彩的话，那么同样也有些许做作的痕迹。爱上一位俄国王妃几乎是欧洲大陆外交家们生命中不可或缺的桥段。老梅特涅亲王也曾爱上一位俄国王妃——列文王妃，她的丈夫就像凯茜的丈夫一样，担任沙皇在欧洲宫廷中的使臣。1851 年，俾斯麦曾见过梅特涅，仔细研究了他的一生，事无巨细地追随自己这位老师的脚步再合适不过了。这位奥地利政治家曾是这位年轻人改革的灵感之源，也是他决心要超越的先贤前辈。

在很长一段时间里，俾斯麦都被这位智识上的教父吸引，后者竭力抵制自由国家理念侵入欧洲中部。1815 年，法兰西第一帝国覆灭之后，梅特涅领导了对抗自由的反革命运动。他是《卡尔斯巴德决议》的发起者，根据该决议，言论自由和出版自由在德意志被禁止。他也是“神圣同盟”的主要人物，这是一个由奥地利、俄国和普鲁士组成的，联手抵制自由国家理念在欧洲发展的同盟。

除了蔑视自由政权，对来自东方的王妃情难自禁之外，梅特涅和俾斯麦还有更多的共同点。两人都精通语言，他们写就的外交信件堪称典范。两人都很健谈，风度迷人、言辞巧妙，在某些情境下令人无法抗拒。他们都有些骑士风度，容易受到女性魅力的影响，但是在这点上两人又有所不同。梅特涅喜欢聪明机智的情妇，那些在传统的巴黎沙龙上热衷谈论政治和阴谋的女人。俾斯麦则青睐不强势武断的女性，他害怕，也许是担心会遇到悍妇。他曾说自己“对女性的聪明感到恐惧”，他厌恶像奥古斯塔王后和她的儿媳维姬王储妃那样插手政治的女人。*凯茜·奥尔洛夫之所以吸引他，正是因为她才智并不超群，他曾说，她拥有波美拉尼亚女孩的单纯，而恰到好处的上流社会气质又令她不让人生厌。在国宴和化装舞会的间隙，梅特涅继续实施机巧复杂的手腕，四处留情，虽然他保守反动，却能接受女性解放和上流社会的放荡文化。相比之下，俾斯麦信守维多利亚时代的社交礼仪，对旧制度中危险暧昧的男女关系不屑一顾。他的婚外爱情似乎是柏拉图式的，虽然他曾经谈到过“差点令我把持不住，犯下滔天罪行”的“致命性感”，但是他将他称为“邪恶幻想”的能力用到了权力而非爱情上。

两者之间也存在一些更深层次的差异。梅特涅是 18 世纪的产物，而俾斯麦则伴随着浪漫主义的复苏而成长。梅特涅曾承认，自己“单调乏味、无甚诗情画意”。他害怕“混乱的兴奋”。他说，男人“被激情煽动的时候切不可幻想改革”。他的一项外交成果就是欧洲同盟，其工作分配的协调程度不亚于海顿的交响乐。该同盟是外交上的一个小小舞步，意在保持秩序、通过维持权力的平衡来防止改革的发生，是一种没有任何单一国家掌握决定性权力的状态。

俾斯麦想要打破这种协调状态。他憎恶它，不是因为它阻挠自由的进步，而是因为它保护了不断衰落的奥地利，是普鲁士崛起道路上的一大障碍。他天生就适合做这种破坏工作，他的风格不做作、更自然，在某种程度上比梅特涅的更为蛮不讲理。在欧陆的舞台上，新古典主义作风的梅特涅用 18 世纪的智识和技巧带来井然秩序，而俾斯麦却基于浪漫主义情感的血液与激情，发展出一种攫取权力的新

---

* 俾斯麦后来强烈反对沙皇亚历山大的情人卡佳·多尔戈鲁卡娅。

途径。

9月16日，外交大臣伯恩斯托夫致电俾斯麦：“国王盼君归来，建议立即行动。”不过，俾斯麦未加理会。两天后，罗恩发来密电，言辞直接：“迟恐生变，速回。”为了保守机密，罗恩在电报上署名“叔叔莫里斯·亨宁”。

俾斯麦快马加鞭赶回柏林，得知大臣们恳求国王向自由政治的倡导者妥协。不过威廉很是顽固，他不允许自己的军队堕入——用罗恩的话说——“空谈理论的自由主义的粪池”。然而，在关键时刻，他又无法命令曼陀菲尔将军将大军开进柏林，解散议会，让国民浴血。除了退位，国王看不到其他出路。他将儿子王储腓特烈叫到身边，说要逊位于他。

总算轮到俾斯麦大展拳脚了。他在法国演了一场《仲夏夜之梦》，在柏林，他准备重演莎士比亚的一出历史剧。抵达次日，他到威廉位于巴贝斯堡的夏宫，这座哥特式的城堡矗立在波茨坦附近一片静谧的小树林中。俾斯麦很清楚，威廉面临的问题就是国家内涵的核心问题。是国王独掌国家武装力量的指挥大权，还是将军队权力置于宪法的监督之下？正是这一问题令现代自由国家得以产生。在两百年前的英格兰，议会和斯图亚特王朝展开了漫长而血腥的斗争，最终确立了与自由一样长久存在的基本原则。行政机关可以掌握司法权，但是最终控制军队的是立法机构，后者独立决定国家的财富如何使用。

俾斯麦对英国的情况痛心疾首。毫不犹豫地，他站到了支持王室特权的一边。

国王在巴贝斯堡面对俾斯麦做了一番慷慨陈词。“如果不能忠于上帝，忠于我的良心，忠于我的人民，我宁可不再统治，”他声称，“如果我必须屈服于议会多数派的意志，我将无法保持忠诚……因此，我决定放弃王位。”威廉指着写字桌上他亲手起草的文件，为无法找到合适的大臣将其实施而哀叹不已。

俾斯麦宣称，自己已经做好进入政府部门的准备了。国王问他是否愿意抵制议会多数派。俾斯麦点头。“那么，与你并肩战斗就是我的职责所在了，我决不会放弃。”威廉说道。两人到公园散步。“我宁愿与您赴死，”俾斯麦边走边剖白心迹，“也不会在与议会的斗争中离弃陛下您。”这些忠心耿耿的言辞令威廉大受感动。很快，俾斯麦就被任命为首相（俄国皇室首要负责官员）兼外交大臣。

弗吉尼亚，1862年8—9月

1862 年夏天，那位从麦克莱伦的大军手中拯救了里士满城的将军，年届五十五岁了。罗伯特·爱德华·李是弗吉尼亚名门望族之后。家族过人的天赋特性在他的父亲——胆识过人却命途多舛的“轻骑兵哈利”身上表现得淋漓尽致。他是美国独立战争时期的英雄，深得华盛顿宠信，却因猜忌身败名裂，死时落魄不堪。“轻骑兵哈利”的四子罗伯特·爱德华不仅是李家儿子，其母还是卡特家族的后裔，除了李家聪颖机敏的过人天赋外，他还遗传了母族清醒的判断力和沉稳冷静的性格。李家人的个性冲动而难以捉摸，卡特家族则亲切、友善而理智。在罗伯特·爱德华身上，卡特家这些可靠的美德完全盖过了李家性格中的飘忽不定和反复无常。

血统或许无法决定一个人的性格或命运，但家世有时候可以。李的性格中有不少 17 世纪骑士团——国王查理一世与国会和清教徒那场较量中的保皇党——的印记，他举手投足间颇有古风。他谦恭有礼、举止优雅，虽然有观察者注意到他跟不熟悉的人打交道时，会表现出些许胆怯和拘谨。里士满的贵妇们——私底下他跟她们各家都非常亲近——觉得与他交往是件令人愉悦的事情。他骑马外出遇到她们时，会优雅地鞠躬问好。某个夏日，他在里士满一位寡妇——斯坦纳德夫人——的敞篷四轮马车旁边骑行，这位贵妇人以开玩笑的口吻问到他的雄心壮志。李微笑以对。他并没有野心，他说只想要“一座弗吉尼亚州的农场，奶油和新鲜的黄油取之不尽，还有炸鸡，不是一只两只，而是无限量供应的炸鸡”。英国军官沃尔斯利子爵曾说，他“笑容温和悦目，遣词用语颇老派，高贵体面，令人印象深刻”。他的乐趣简单而单纯，他尤其喜欢种树。

李出身于英格兰西部的上流士绅贵族。17 世纪 50 年代，他的家族曾与奥利弗·克伦威尔党人结仇，结果就是，李自出生之日起，就陷于美国最古老的一对矛盾——弗吉尼亚保皇党与新英格兰清教徒之间的矛盾之中。他对这些原始的对立早就有所察觉。他认为，新英格兰的自由信念不过是言不由衷的。他写道：“那些清教徒前辈移民为了保持自己的意见自由而横跨大西洋，他们的后代却总被证明不能容忍他人的精神自由，这难道不荒谬吗？”他一直忧虑，新英格兰有关自由州的豪言壮语是暴政的伪饰，是一种新形式的克伦威尔式独裁统治。

李知道奴隶制是邪恶的，但是他相信，这一制度正在慢慢瓦解，并将逐渐消失。他坚持认为，对于清教徒力图通过暴力革命实现的目标，天意的“缓慢影响”会以一种更温和、更仁慈的方式使之实现。1859 年，约翰·布朗领导的一小群阴谋家夺取了位于哈普斯渡口的机车库，试图煽动一场奴隶反叛，李被作战部派来镇压这场叛乱。爱默生之流的堕落清教徒视布朗为高尚的英雄。在李看来，他“要么是个宗教狂热分子，要么是个疯子”。

虽然与弗吉尼亚这片土地有着紧密的联系，李却和南方同盟的很多高层人士迥然不同。他没有在种植园生活过，也没有跟那些以捍卫种植园为首要目标的政客周旋消磨。他曾就读于西点军校，以班级第二名的成绩毕业。作为一名军队工程师，他在全国各地奔波，萨凡纳、新奥尔良、布鲁克林和圣路易斯之类的地方，他都去过。他还曾担任西点军校的督导，但总会回到弗吉尼亚。他的妻子玛丽·卡斯蒂斯是玛莎·华盛顿的曾孙女，像李一样，是土生土长的弗吉尼亚儿女。1831 年，两人在阿灵顿多利安式的廊柱下踏入了婚姻的殿堂，这里是卡斯蒂斯家族在亚历山大港附近的地产。阿灵顿成了李的家——这是一片他珍视却最终失去的土地。虽然军旅生涯常使他背井离乡，但即便在离开的时候，他也一心牵挂着他的家、他的家人、他的根。他是一个忠于家庭的男人，一个温柔亲切的父亲，早晨，他会让孩子们爬上床，“紧紧依偎在自己身边”。

李从未像麦克莱伦一样自认为文采斐然，然而他的文化知识面却不像有时人们认为的那么狭窄。年轻的时候，他就读过法语原版的卢梭的《忏悔录》；长大后，他曾仔细研究过波拿巴的历次战役。尽管并没有表现得特别虔诚，但他在中年时曾经有过更广、更深刻的精神感悟，并在他四十六岁的那一年，由圣公会弗吉尼亚主教施了坚信礼。他军旅生涯中最重要的成长阶段是在墨西哥战争时期，那时，他在斯科特将军手下任职，多次勇敢地完成侦查任务。斯科特称赞他是“自己在战场上见过的最优秀的士兵”。

虽然李与联邦之间有着很强的情感牵绊，但他对弗吉尼亚的依恋却更为强烈。他说：“我是那种迟钝无趣的人，无法看到分离的好处。”他无法想象“对国家来说，比联邦分裂更大的灾难”。联邦分裂后，他回到故乡，与“自己的同胞同担苦难”。卸下自己在美利坚合众国军队中的军衔和职务时，他显得很平静。“玛丽，”他对李夫人说道，“问题解决了，这是我的辞职信，还有一封写给斯科特将军的信。”在华盛顿的最后一次会面中，斯科特对他说：“李，你犯下了人生中最大的一个错误，我早就担心会这样。”

辞职一年后，他取得的成就足以自傲。他倾尽全力打造了北弗吉尼亚军团，并且大胆而巧妙地用这支军队解除了南方首府的困境。“里士满的围困已经解除，”李写道，“麦克莱伦经过几个月的准备，投入了巨大的人力物力，苦心经营的作战目标被彻底破坏了。”但是他不能休息，8月，剑未入鞘血未干，他再次踏上征程，去迎战约翰·波普将军率领的联邦军队。

第十一章

王牌在手

伦敦，1862年7—8月

李必须挡住波普的大军；而林肯则需要搞定英格兰。1862 年夏天，总统先生的改革命运似乎已经注定，不是在弗吉尼亚的平原上，而是在威斯特敏斯特的宫殿里。7 月 18 日傍晚，一位小个子男士来到了众议院。约翰·罗素勋爵冷漠高傲，他几乎要求敬他如皇室成员。彼时，英格兰公爵依然拥有近乎王室的财富和影响力。然而，即使在公爵当中，约翰·罗素勋爵的家族也格外享有盛誉。罗素家族是韦茅斯商人的后代，中世纪末期赢得了财富和声望。反对都铎王朝的革命彻底摧毁了英格兰中世纪旧贵族的统治，对罗素家族来说它却意味着机会，令他们走上了飞黄腾达之路。他们跟其他此类家族（如塞西尔家族和卡文迪什家族）共同形成了新的统治阶级的基础——一个强有力的贵族阶层，即历史记载中的辉格党。

两百多年以来，辉格党一直是英格兰的自由派政党。在 17 世纪的内战中，辉格党始终英勇无畏、坚持不懈地与王权斗争，阻止了君主专制一统英格兰诸岛。辉格党崇尚自由，却也同样重视自身的特权，斯图亚特王朝的末代君主詹姆士二世被废黜后，他们自己形成了寡头政治，其势力之强，堪比西庇阿时代的罗马或者奎里尼和康塔里尼时代的威尼斯统治者。

在“乔尼”·罗素的职业生涯中，辉格党的特异品质格外突出。作为一个年轻人，他支持议会的改革，因为他希望下议院能成为一个更真实地代表英国人民意愿的机构；他在1813年，二十岁的时候就在下议院谋得了一席之地，以维护罗素家族的利益。他的父亲贝德福德公爵让塔维斯托克镇的选民们选举他的儿子为议员。该镇位于德文郡，是罗素家族的“口袋选区”之一；塔维斯托克镇的选民遵命行事，因为他们的生计全赖公爵大人的慷慨。

1862年夏天，罗素勋爵成了帕默斯顿勋爵的外交大臣，后者自1855年以来，几乎一直是维多利亚女王的首相。18世纪晚期，约翰·罗素勋爵加入了议会，议会大厅期待地骚动起来。英伦半岛上，麦克莱伦将军即将向罗伯特·E. 李屈膝投降的传言令议员们焦虑不安。约翰勋爵离开了下议院——他已在此供职多年，并担任重要角色，自1861年起，他凭借自己的实力成了上议院的一员。* 他发现，尽管关于美国前途重大转折的流言甚嚣尘上，上议院却依然很平静。大法官5点钟便坐在了议长的座位上，议员们从容地讨论着殖民地防御工事的问题。

下议院的氛围截然不同。在这里，桑德兰的代表威廉·肖·林赛提议女王陛下的政府干预美国内战。作为船业巨子，林赛密切关注南方的贸易，他预见到，林肯的政策对商业的破坏将会造成欧洲市场的崩溃，他敦促巴黎和伦敦介入战争。他多年汲汲营营于商场，口才不过尔尔。他不像成长在政治世家的罗素和帕默斯顿，既没有犀利的

* 约翰勋爵的兄长继承了贝德福德爵位。1861年7月获得爵位后，约翰勋爵其实应当称为罗素伯爵，但人们通常还是称他为约翰·罗素勋爵，这是他作为公爵次子在下议院多年，人们对他的礼貌性称呼。

词锋，也不擅雄辩之术。但是林赛财大气粗，地位举足轻重。他受到议会众人的尊敬。他说，很明显，南方是不可能被征服的。更明显的是，南方人永远不会再回到联邦之内。英国政府是时候放弃中立政策了。他说，南方邦联已经表现出了独立的决心和能力；英国也应该对交战双方进行调停，无论是出于人道主义，还是出于英格兰自身的利益，都应该争取让战争结束。

一场旷日持久的激烈争论开始了。或许有点太激情洋溢了；据说，其中一位发言人——纽卡斯尔公爵之子，文-坦皮斯特勋爵醉醺醺地来到了下议院。最终，帕默斯顿首相出来为政府的政策辩护。他承认，他后悔进行讨论；他真诚地希望，下议院能将如此微妙棘手的问题留给大臣们来处理。首相说，假如南方实现独立，也并不意味着南北方之间对立的情况会在英格兰发生；而且没人能断定，矛盾接下来会发展成什么情况。帕默斯顿勋爵坐了下去，人群高喊着："对！没错！"由于首相的表态，林赛站起身来，收回了他干预美国内战的提议。

在议会休会之后，帕默斯顿勋爵和约翰·罗素勋爵走在伦敦的夜色里。尽管两人都公开支持中立政策，帕默斯顿私底下却在计划着改变。帕默斯顿有着一双天蓝色的眼睛、精心染色的络腮胡子，他是一名跟罗素截然不同的贵族。经过几个世纪的酝酿，如同果汁酿成烈酒，坦普尔家族诞生了亨利·约翰·坦普尔，第三代帕默斯顿子爵。他雄踞英国政坛之巅几十年。1807 年，他二十二岁的时候加入了议会，同年成为议会下卿。此时七十七岁高龄的他本已经精力寥寥了，但不久之后却因与一名女子有不正当婚外关系而遭到起诉。"老帕姆"本该支持南方；他一直盼着美国能一分为二，"削弱那危险的势力"，跟很多英国人一样，他将美国视为与英国"争夺世界工商业霸权的强有力竞争者"。帕默斯顿说："很有可能，北方无法征服南方，毫无疑问，南方邦联肯定会建立起一个独立的国家，这会给英国的制造商提供一个宝贵而广大的市场。”

帕默斯顿知道，英国很多人赞成干涉美国内战，这样可以巩固南方的地位；而且时下英国的舆论也与美国北方的政见严重不符。英国人还没有忘记，几个月之前，美国海军登上了飘着英国商船旗的皇家邮轮“特伦特号”，带走了两名邦联外交官——詹姆斯·M. 梅森和约翰·斯莱德尔，这次事件令英美两国走到了战争边缘。（由于林肯需要用来自英属印度的硝石做军火原料，所以他后来释放了两名外交官。）另外，棉花紧缺开始出现。美国关闭了南方的港口，这令英国的制造业城市失去了必需的主要原材料。工厂被迫停工，工人失业。有些人开始挨饿。

即使在那些没有遭遇棉花紧缺的地区，反对联邦的情绪也日益高涨。年轻的亨利·亚当斯的父亲查尔斯·亚当斯是林肯总统派驻到伦敦的大使，亨利随父亲来到英格兰时，这里的汹涌民意简直令他震惊。亚当斯说，所有的权势人物都“认为华盛顿政府已经名存实亡”，并希望“看到林肯和他的走狗一败涂地、彻底消失”。在牛津大学的校庆日上，名誉学位的获得者们在谢尔登剧院的天顶壁画之下被庄严提名，念到林肯名字的时候一片嘘声，而杰弗逊·戴维斯的名字则迎来了雷鸣般的掌声。

大部分人都认为，“乔尼”·罗素会反对帕默斯顿的干预政策。不久之前，他还帮加富尔伯爵解放并统一了意大利，《纽约时报》认为，他“会希望美利坚合众国取得胜利”。他出身的家族祖祖辈辈热爱自由；亨利·亚当斯认为，实际上，他对自由国度的伟大事业的忠诚与生俱来。

但是，约翰勋爵能与首相抗衡吗？8 月初，帕默斯顿写信给维多利亚女王，告知她英格兰很可能将介入美国内战。帕默斯顿对美国怀有的敌意如此强烈，以至于亨利·亚当斯的父亲采取了非常措施，他拒绝与首相进一步接触，除非通过罗素勋爵。在皮卡迪利大街的剑桥公寓，帕默斯顿在伦敦的住宅里能轻易感受到对美联邦的恶意。亚当斯记得曾经目睹首相与约翰·德莱恩在休息室里密谈，后者是《泰晤士报》的反美联邦编辑，他曾经将美国北方人形容为“龇牙咧嘴、哗众取宠的猴子”，因为正是他们导致了兰开夏郡的制造业城镇陷入困局。年轻的亚当斯走上楼梯的时候，帕默斯顿聒噪、机械的大笑就萦绕在他耳边。

“哈哈！……哈哈！……哈哈！”

弗吉尼亚、华盛顿，1862年7—8月

电报线一根接一根地坏掉了。在联邦军总部里，恐慌迅速地蔓延开来。军队与华盛顿失去了联系。不久前，指挥官约翰·波普（他的父亲是伊利诺伊州的一名法官，林肯曾在他的法院实习过）还在吹嘘自己英勇不凡。如今那些狂言已经被忘到了九霄云外。波普已经惊慌失措。李在哪里？在他前方还是后方？波普毫无头绪。他面对的敌方指挥官似乎不是一名战士，而是一个巫师，他那诡谲难测的手段令人无法进行理性的推断。

波普的军队很快就兵败如山倒。几个联邦军营在敌军的猛烈攻击之下溃不成军。在一封电报中，波普说，他担心他的军队会“灰飞烟灭”。他瘫坐在椅子上，一幅世界末日的景象。在冰冷的大雨中，侥幸逃出的士兵筋疲力尽地跋涉回了华盛顿城外的营地。还有一些士兵已经走不动路了，他们被马车拉回了费尔法克斯郡，只能躺在露天的地上。夜幕降临，濒死之人的呻吟和尖叫在荒野中回响，他们有的身受重伤，有的因高热说着胡话。夜里，护士克拉拉·巴

顿提着灯笼来到他们之间；但是就连她热情的照料也无法减轻他们巨大的痛苦。

所有人都深感李的进攻之痛，以及“石墙”杰克逊的炮火之猛烈。在与波普进行最终决战之前，李下令将军队一分为二，这个命令充分显示了他的胆魄。他派给杰克逊 2.3 万人，命令他潜到波普的防线之后。采取这样一种战略，一旦被敌军发现，很可能会导致南军的覆没。经过重重努力，杰克逊和他的 2.3 万名士兵成功到达了波普军队的后方。他们占领了布里斯托车站，切断了波普与外界联系的铁路和电报线。同时，李骑着战马“行者”，率领人马穿越通衢口，来到了马纳萨斯平原，在此与杰克逊所部会合，他继续发动奇袭，经过激烈的战斗，击溃了人数更多的波普军队。

联邦军的惨败毫无疑问；不久之后，波普就接受命令调到了偏远的西北战区。但有个问题令吃了败仗的指挥官们百思不解。第二场马纳萨斯战役中，联邦军队的溃败难道只是因为南方军队的军事天才吗？

此时，麦克莱伦将军已经走出了半岛战役的惨败。他依然统领着波托马克军团。对于他在 1862 年 8 月的行为，最善意的解释是，麦克莱伦宁可躲在帐篷里生气，也不肯合作击垮共同的敌人。这位年轻的将军从来不是那种会为了别人，而非自己的荣誉热情投入的人。人们对竞争对手的推崇也令骄傲的他感到恼火。他说，波普是个“恶棍”，“任何事情只要有了他，都要搞砸”。麦克莱伦接到命令，命他派富兰克林将军率领一队人马协助波普，他却犹豫不决。命令再次下达，措辞更加严厉；麦克莱伦再次找借口推脱。麦克莱伦说，富兰克林的军队没有战马。不久之后，萨姆纳将军的军队似乎也遇到了类似的情况，无法“出击作战”，或者至少麦克莱伦是如此声称的。战争正酣之时，波普请求波托马克军团的指挥官提供粮草补给（而非人员方面的援助），面对竞争对手的遭遇，麦克莱伦选择了隔岸观火，他冷漠地拒绝施援。

一位采访过白宫的新闻记者声称，他还从未见过总统如此愤怒。林肯告诉私人秘书约翰·尼柯莱，他怀疑，在第二场马纳萨斯战役中，麦克莱伦故意按兵不动，不肯援助波普。“他对波普使坏，”总统说，“他是真心想让波普打败仗。”林肯认为，这种行为“恶劣狠毒”“令人震惊”“不可饶恕”。他立即意识到，麦克莱伦的自私自负已经导致了更严重的后果；但是他也知道，这个年轻人依然掌握着波托马克军团。不管他有多少其他毛病，麦克莱伦很擅长收揽人心。他狡猾地将半岛战役失败的耻辱全推给了政府。对于有这样一个宁愿做功成名就的白日梦，也不肯与敌人作战赢得荣誉的指挥官，他属下的不少军官其实暗自庆幸，他们跟他一起毁谤中伤合众国的领导者们。

林肯发现自己处境极度危险。英国快要承认南方邦联了。驻利物浦的美国领事警告林肯，如果军队不能很快取得战争的胜利，帕默斯顿勋爵的政府就将不得不承认南方政权，除非勋爵阁下想被赶下台。法国也将紧跟英国的脚步，接受南方邦联。这两股势力会共同武力介入美国的内战。英国的军舰会出现在密西西比河口。法国穿着红裤子的步兵则会在新奥尔良登陆。两大强国的联合力量将会突破北方的封锁，棉花会再次运到利物浦和勒阿弗尔。南方邦联将存续下去，而林肯的改革将以失败告终。

但是总统现在还没有走到山穷水尽的地步。

他手里还握着一张所谓的“王牌”。他说：“我会用这张牌，赢得这场游戏。”

柏林，1862年9月

当林肯在改革的熔炉中炙烤之时，俾斯麦第一次感受到了热度。

来到普鲁士内阁，面对预算委员会中的政敌，新任首相的心情颇为忧虑不安。俾斯麦向来不擅长公开演说。“您喜欢演讲，”有一次他跟一位国会议员说，“因为对您来说，演讲驾轻就熟，而对我来说，这就是一种折磨。”俾斯麦是个胖子，声音却尖锐刺耳。尽管私下里也可以和蔼亲切，但在较大的集会中，他的音色却令他备感挫败。

不过，虽然可能会有点紧张，但这位新任首相内心十分坚定。他已经胸有成竹。

一个星期之前，他已经入住了威廉大街74号和76号的首相府和外交部，他雄心勃勃，想要左右国家大事。他认为，过去一百年来，这个国家错失了许多大好机会。因此，尽管它拥有大规模的工业人口、尚武的悠久传统、勇猛善战的军队，普鲁士的“大国称号”却依然存在争议。但是，俾斯麦坚信，他的同胞已经做好了准备，纠正那些妨碍普鲁士伟大崛起的错误。

旅途日晒在脸上留下的黝黑未褪，他就告知预算委员会，国王决定自此以后撤销令人恼火的军队法案。接着，他试图与对手达成共识。他说，普鲁士必须领导建立德意志帝国。他解释说，如果国民互相争斗，德意志自身四分五裂，那一切都是徒劳。“德意志关注的不是普鲁士的自由主义，”他宣称，“而是其力量……当前关于各种重大问题的决定，不该通过演说和多数人的决议——那正是1848年和1849年的重大错误——而该通过铁与血做出。”

这是俾斯麦说过的最为著名的一番话，这番话差点令他的首相生涯还没开始，就直接结束。自由派议员群情激奋。新任首相真的指望他们听他说两句团结德意志，就放弃自己的原则，在他面前俯首称臣吗？俾斯麦向他们保证“政府秉承和平安抚的精神”，但完全无济于事。他的惺惺作态——为了故作友好，他从手提包里掏出凯茜·奥尔洛夫在阿维尼翁送他的橄榄枝——彻底失败。很快，大部分柏林人都开始对新任首相群起而攻之。外国媒体敌意满满。《泰晤士报》指责俾斯麦使用“极其不祥的言辞”，并谴责他“众所周知的专制倾向”。

对新任首相来说，更加麻烦的是，他的不当行为令那些支持高压统治的人也对他的能力产生了怀疑。就连忠诚的罗恩都开始怀疑他朋友的“深思熟虑”是否明智。有传言称，威廉国王本人的信心都开始动摇了，国王此时身在巴登庆祝奥古斯塔王后的生日。俾斯麦试图利用德意志民族主义引诱自由主义者放弃自由主义，在此过程中，俾斯麦表现得比误判更糟糕——他表现出天真。

他试图解决体制问题的计划似乎已经失败了；这下他必须为自己的政治生涯奋起拼搏了。

华盛顿，1862年7—9月

连帕默斯顿勋爵都会望而却步——在林肯的王牌面前。解放。解放南方的奴隶，并终结种植园主的统治制度。“我无法想象，哪个欧洲国家胆敢承认和援助南方邦联，”林肯说，“如果明摆着，南方邦联代表奴隶制，而北方联邦代表自由的话。”

这就是那张王牌。但是他能罔顾麦克莱伦的反对，打出这张牌吗？波托马克军团的指挥官警告过总统，他的战士不能去打一场反对奴隶制的战争。这绝不是一个林肯可以忽视的威胁——不管麦克莱伦个人意图为何，他的将士竟然对政府怀有敌意。他手下的高级将领都已经准备好了要“开进首都，驱散国会，就像克伦威尔驱散长期议会那样”。议员乔治·朱利安便如此声称。朱利安是一个激进分子，或许还有点夸大其词；但是麦克莱伦本人也说过：“带着我的军人兄弟们去华盛顿，去要个说法……在这种情况下，我想我能得到比迟到更有礼貌一些的待遇。”

7 月份，麦克莱伦还在半岛战场上承受李的痛击，林肯首次跟顾问们谈及解放南方奴隶的可能性。作战部长埃德温·M. 斯坦顿的爱子刚刚夭折，他心不在焉，整日悲痛麻木地躺在家里。林肯亲自驾车参加了葬礼。坐在总统马车里跟他同往的是国务卿苏厄德和他的女婿，还有海军部长吉迪恩·韦尔斯，人称“老海神”。总统谈起这个他从未提过的话题，着实吓了同行之人一跳。此时，他是否应该解放那些反抗美利坚合众国的地方的奴隶？他说，他已经有了结论，他认为，该行为不但“军事上必需”，而且“对全国的奴隶来说至关重要”。不久之后，林肯在一次内阁会议上宣读了《解放奴隶宣言》的草案。

直到此时，林肯始终不曾将他的改革定义为一场摧毁奴隶制的战争。他执掌政权旨在推翻白银时代蓄奴地区的妥协政策；但是他始终止步不前，不曾做出努力将改革推广到那些奴隶制长久以来已经合法化的州。的确，作为总统，他曾经徒劳地尝试过，试图说服那些边境的蓄奴州——特拉华州、马里兰州、肯塔基州和密苏里州——靠自身自觉结束奴隶制，联邦将对此给予补偿。但是他所做的，也只不过如此而已。他说，在宪法之下，他已经做不了更多的事情了。内战的爆发影响了宪法的平衡。战时，总统拥有军队的最高指挥权，拥有格外高的军事权威。这些战时权力具体为何，从未明确过；但是必要时，这令总统有权以军事必要性的名义解放奴隶。

不过在当时，他还并不想这样做。他深知，这个解放黑人的政策将会激起边境蓄奴州的愤怒；而这些边境的蓄奴州都是牛羊成群、粮食满仓的富庶之地。《解放奴隶宣言》还会激怒北方的重要支持者，林肯也在关注中期选举。俄亥俄河谷的巴特纳特人跟上南方地区类似，以“玉米-养猪-威士忌酒”为主要文化，也有着敌视黑人的传统。很多北方城市里的工人也有敌视情绪。布鲁克林炎热的一天，四百名爱尔兰移民拿着砖块和石头，围住一家雇用了二十名黑人的烟草厂。“干掉那些该死的黑人，”他们高喊着，“烧死黑佬。”一名黑人雇工从工厂里被拽出来，暴徒愤怒地扑了上去。这个可怜的人差点被打死，多亏警察救了他一命。解放奴隶的法令是否会带来更多的暴力行为？林肯在白宫听到的预测跟沙皇亚历山大在冬宫之中听到的如出一辙。只不过，挂在美国自由反对派嘴上的名字不是叶梅连·普加乔夫和史丹卡·拉辛，而是纳特·特纳和圣多明各。

尽管有这样的风险存在，但林肯依然坚定不移地要打出自己的王牌。他说：“我认为，我们已经到达计划的最后一步了；我们该打出最后一张牌了，要么改变策略，要么一败涂地。”然而，苏厄德还是劝他三思而后行。国务卿研究了外交形势，担心在欧洲列强看来，《解放奴隶宣言》是“一个穷途末路的政府的最后手段，是在喊救命了”。他建议，总统在取得“军事上的胜利”之后，再来宣布这部法令。

对于这条建议，林肯深感明智。如果《解放奴隶宣言》是穷途末路的政府的最后手段，帕默斯顿和拿破仑三世就更容易进行干涉——打着避免种族战争的人道主义旗号分裂美利坚合众国。林肯接受了苏厄德的建议。他说，《解放奴隶宣言》将不会是“我们败退时的最后挣扎”，不会是虚张声势。它定会以力量和信念为后盾。他会等待胜利。

不过，胜利并没有眷顾他。

紧随着半岛战役的惨败，接踵而至的是第二场马纳萨斯战役。李在弗吉尼亚大获全胜，麦克莱伦在华盛顿蠢蠢欲动。总统面前的道路波诡云谲，步步惊心。他说：“简直是每况愈下。”在私下的谈话中，他阴郁地暗示了自己的地位变得越来越不稳固。有了波托马克军团，麦克莱伦比以前更强大，情势已经脱离了官员们的掌控。而在大洋彼岸，曼陀菲尔将军已经准备好进军柏林，俾斯麦的改革计划可能会以失败告终。为什么麦克莱伦将军不会进军华盛顿，阻止林肯实现自己的改革呢？不管是从历史角度，还是从人性角度，总统都深知，对一个立宪政府来说，一支对执政者不复心存敬畏，反而轻忽蔑视的军队是再危险不过的。然而，他也同样意识到，他自身的执政权威已经有所动摇，持续的反对呼声也对群众早先的拥戴情绪产生了影响。他考虑着麦克莱伦的逾矩行为，林肯不确定，他风雨飘摇的统治地位是否还能承受一个变节将军的打击。

《解放奴隶宣言》的草案被塞进了总统书桌的抽屉里，林肯忧郁地回头来处理军队和政府的混乱。他知道，在马纳萨斯平原上，波普将军已经丧失了军心，而麦克莱伦将军不管为人如何，却依然在军中颇有威信。9 月初，林肯授权他负责华盛顿防务。同时，林肯还命他整顿管理波普军队的残部。林肯说，这是他政治生涯中“最重大的决策和最痛苦的使命”。

不久之后，内阁成员在白宫举行了一次集会。作战部长斯坦顿在总统之前走进房间，宣布麦克莱伦复任，他的声音颤抖着，掩饰不住内心的沮丧。会场里一片哗然。直到林肯本人进来，震惊的议论还没停止。麦克莱伦真的重新掌握最高指挥权了吗？官员们质问。总统回答“是的”。群情激昂，议论纷纷。人们言辞十分尖锐，不过即使遭遇挑衅，林肯依然保持了温和的态度。斯坦顿说，作战部并没有发布命令称要尊重将军的地位。“确实没有，部长先生，”林肯说，“这是我下的命令，我会对这个命令负责。”

但是总统的麻烦并没有随着麦克莱伦将军的复任而结束。不到一个星期，他就听说李将军带着 6 万人突破了波托马克，攻入了马里兰。林肯年轻时曾是一个自由思想者，此时却将目光投向了上帝。“在上帝面前，我庄严宣誓，”他说，“如果这次能够击败李将军……我以总统之名担保将宣布给奴隶自由。”

柏林，1862年9—10月

随着权力渐渐脱离掌控，俾斯麦决定，一定要赶在国王从巴登回来，屈服于柏林的险恶氛围之前，跟他见上一面。首相来到首都以南30英里的于特博格，在未完工的火车站等待国王到来。火车进站了，俾斯麦穿过车厢。他发现威廉国王坐在普通一等车厢中。国王心情不太好；火车开动，俾斯麦掩饰住内心的忧惧，试图说明自己的计划是正确的。威廉打断了他，他提起英格兰的查理一世及其首相牛津伯爵托马斯·温特沃斯。“我知道此事将如何收场，”国王说，“就在剧院广场，在我的窗下，他们会砍掉你的脑袋，之后再砍掉我的。”

太阳落山了；光线越来越昏暗。俾斯麦调动起全部演技：这可能是他一生中最重要的一次表演。在昏暗的火车车厢里，他说：“然后呢，陛下？”

“然后，然后我们就一命呜呼了。”威廉说。

“没错。”俾斯麦接着说，“然后我们就一命呜呼了。然而我们每个人都终有一天会死去，怎样才能死得更有意义？我将为了我主的权利而斗争，而陛下您，将以鲜血维护上帝赋予您的君主权利。”

伊阿古*并不了解主人的秉性。俾斯麦恳请国王不要想那些下场凄惨的，多想想那些流芳百世的帝王。“陛下，”他说，“您不要想路易十六。他终身为神经衰弱所苦，也并未名垂青史。相反，查理一世却将永垂不朽。”

这番话触动了国王的荣誉感；他变得更加有兴致了；他开始按俾斯麦说的来调整自己的角色：他是一名为普鲁士而战的斗士，他将坚定不移，至死不渝。

---

* 莎士比亚戏剧《奥赛罗》中的人物。——译注

火车飞驰着驶向柏林，一路上，俾斯麦发掘出更多霍亨索伦式的豪情壮志。他片语未提自己广受质疑的计划，国王对该计划也并不了解；相反，他还敦促威廉成为一名斗士。“陛下，您必须战斗，责无旁贷，”俾斯麦说，“您不能退却。”这些话起到了预想的效果。国王对“理想的普鲁士战士”心怀浪漫主义的崇拜，他们说一句“遵命”，就一往无前、不畏牺牲。他对俾斯麦表示支持，就像履行一名战士的单纯职责一样。

火车到达了柏林，大臣和侍从官站在月台上迎接国王。俾斯麦在于特博格见到的威廉国王阴郁沮丧，没精打采，此时走出车厢的国王却神采奕奕，甚至“欢欣愉悦”。火车上的谈话真正宣告了普鲁士自由主义的终结：国王与议会之间的对话自此不复存在。俾斯麦曾经试图说服自由主义者接受他的计划；他的努力以失败告终。如今，他找到了另一种方法，让国王摆脱议会的约束。

新任首相在上议院通过了军队预算的提案。下议院（即国民议会）的大多数人拒绝支持这项提案，于是俾斯麦就说服国王，开除了这群顽固的立法者。威廉把这些人打发回家。接下来俾斯麦宣布，鉴于下议院没能通过任何预算方案，那政府就直接不要预算方案了。国王不仅可以继续按现有税法征税，在问题解决之前还将照样花钱。这意味着普鲁士宪政体制的终结；行政管理者篡夺了立法机关对财政的控制权，自由国家的宗旨已经丧失殆尽。无论如何，尽管他的政策已经破坏了宪政，但俾斯麦依然在意宪法；他假装普鲁士的法律没有考虑过预算僵局的情况，所以他并没有违背普鲁士宪章的精神，而只是钻了国家法律结构的“空子”。

自始至终，这个诡计都没能骗过普鲁士的自由派。对他们来说，这是个极为糟糕的时刻。他们既不能默许俾斯麦的决定，置身事外，也不能像两百年前英国的长期议会一样，诉诸暴力，走上街头，设置路障。在那个风雨飘摇的秋天，曾有人听俾斯麦提过在绞刑架上牺牲。还有比砍头更残酷的死法。但这些都是虚张声势；他知道，普鲁士国王拥有斯图亚特国王没有的东西——一支善战的军队。转瞬之间，普鲁士国王就能派遣千千万万训练有素的士兵深入首都的心脏。

俾斯麦兵不血刃地打败了立法机关。10 月 13 日，国王遣散了议会，正如俾斯麦所料，立法者默许了这个结果。实际上，下议院甚至还有人为国王欢呼雀跃——也为了实际上已经不复存在的宪法。

第十二章

天意已决

莱茵河畔的比布里希，1862年7—11月

俾斯麦解散柏林议会，在德意志境内发起改革的同时，德意志人民的理想目标与生活方式也发生了一个不太明显，却举足轻重的变化。在瓦格纳的音乐中，这一变化也能够窥见。此时，他刚从《唐怀瑟》在巴黎上演的失败中恢复了元气，正准备重整旗鼓，再攀高峰。这位作曲家来到德意志境内避难，住在莱茵河畔离威斯巴登不远的小镇比布里希。他租了一套可以俯瞰莱茵河的三室公寓，家具则是从巴黎带来的。在这里，他推敲琢磨《特里斯坦与伊索尔德》，这是他在十年前完成的伟大作品，一直未在歌剧院上演。

跟俾斯麦一样，身为一个已婚男人的瓦格纳，也在1862年夏天爱上了一位有夫之妇。不过，与俾斯麦不同的是，瓦格纳全身心地投入这段感情。柯西玛·冯·比洛是最忠心追随他的弟子、音乐家汉斯·冯·比洛的妻子。她是他的密友、匈牙利钢琴家及作曲家弗朗兹·李斯特的私生女。柯西玛的母亲，阿古伯爵夫人，是那个时代最为美艳动人的佳人之一。她疯狂地爱着李斯特，他们之间的风流韵事闹得沸沸扬扬。柯西玛不愧是这段不伦之恋的产物，她不折不扣地

继承了这份浪漫。她的母亲曾评价说，她“才华横溢，像极了她的父亲……她能感受到内心的灵感，只要它一召唤，她便会毅然决然地奉献出一切”。

和丈夫一同造访住在比布里希的瓦格纳时，柯西玛·冯·比洛时年二十四岁。每到夜晚，这位作曲家就会取出《特里斯坦与伊索尔德》的谱子，汉斯则会坐到钢琴旁弹奏一番。这一作品可以说是一座爱情的丰碑。其中大部分是在他的前一位情人——他的资助人，苏黎世商人奥托·威森东克的妻子马蒂尔德·威森东克——的鼓舞下谱就的。不过，《特里斯坦与伊索尔德》也是一部理想幻灭的传奇剧，一位发出了最深沉绝望之声的艺术家的作品。柯西玛感受到了这位作曲家的悲伤，并且在某一天，就如瓦格纳所说，她用“热烈似火的柔情”，拜倒在他脚下，遍吻他的双手，泪水扑簌而下。

眼泪，甚于亲吻，正是《特里斯坦与伊索尔德》的本质内容，这部作品的音乐中蕴含着叔本华的人生哲学，他在《作为意志与表象的世界》的字里行间反复强调克制“生存意志”的必要性。瓦格纳完全为这一浪漫主义理念折服，在《特里斯坦与伊索尔德》中，他曾试图将之音乐化。“‘世界’的最后一曲已在我耳边逝去。”他跟李斯特如是说。世界已经“腐朽、败坏、罪恶到了骨子里：只有朋友的心、女人的眼泪，能为我们将其从诅咒中救赎出来”。他渴望摆脱尘世的烦恼，皈依宗教，像佛陀一样，湮没无闻、涅槃重生，达到“空”之境界。他说，自己最深切的渴望就是往生极乐世界，探索悟道，最终达致“彻底的无我，完全的虚无，梦之终结处，最后的也是唯一的救赎”。

在《特里斯坦与伊索尔德》中，瓦格纳复活了德意志民族性格中一直存在的元素——病态的理想主义，它曾在古老的日耳曼神话和传奇故事中得到充分的表达，但如今已湮没在18世纪高雅的新古典主义文化之中。这位作曲家对日耳曼人这一理想的复兴恰逢其时。我们也许可以更进一步地说，“瓦格纳最为杰出的门生之一后来公开宣称《特里斯坦与伊索尔德》本身就内化于那一时代德意志的灵魂之中，势必要在某一天、通过某种方法找到宣泄之口，其最终的完美实现只需要某位特定的艺术家出现在合适的时间……”

如此，地狱之门大开。从来没有一首曲子像这首一样，复苏人类渴望之永恒，并使之与造就德意志改革的心志呼应。瓦格纳复活了日耳曼与死亡共舞的远古传统，并且受这种浪漫主义灵感的启发，他创作了一部音乐剧。在这部剧中，死亡不仅是生命中各种问题的解决方法，也是爱的终极表达。* 这复兴着实危险至极，正如诗人海因里希·海涅所预见的，德意志浪漫主义精神的无度蔓延只可能引致野蛮粗鲁和残忍暴虐。

伦敦，哥达、布罗德兰兹，1862年9月

9 月中旬，李将军大败波普、南方军队开进马里兰的消息传到了英格兰。伦敦每天都盼着这位南方总司令将大旗插上国会山废墟的消息。《泰晤士报》9 月 13 日报道，华盛顿正处于危急状态，“几小时之后，那位优哉游哉的总统就可能被擒获，与苏厄德和斯坦顿先生一起成为阶下囚，押往里士满”。

就在《泰晤士报》报道后的第二天，帕默斯顿勋爵在剑桥公寓给罗素伯爵写了一封信。这位首相说，联邦“被彻底击垮了，看起来很可能会有更大的灾难等待着他们”。帕默斯顿接着写道：“倘若巴尔的摩或华盛顿沦陷，那么此时不正是思考这一问题的时机吗？在这样一种情势下，英法两国不应该调解双方的矛盾，而是应该建议双方采取

* 阿道夫·希特勒希望在他死去之时，能听到《特里斯坦与伊索尔德》第三幕中的《爱之死》。

［南北］分治的方案。”

罗素伯爵此时正陪同维多利亚女王在德意志中部城市萨克斯-科堡与哥达——女王刚刚故去的丈夫阿尔伯特亲王的故乡——体验伤怀之旅。在给帕默斯顿的回信中，罗素不仅对首相插手美国事务的提议表示赞同，并且选择了比自己的上司更激进的路线。他说，对美国的干涉不应该建立在华盛顿或巴尔的摩沦陷这样的偶然事件上。很“显然”，他写道，联邦军队“在压制叛乱各州一事上毫无进展”。无论李将军进攻马里兰的结果如何，英法两国都应该“以承认南方邦联的独立为目的，为美利坚合众国政府提供调停意见”。倘若北方拒绝调解，英国应该立即承认南方政权。无论如何，他说，内阁应该尽快碰头开会决定这一问题。

这位“乔尼”·罗素——曾经被迪斯雷利形容为“崇高的辉格党教义的人格化身”——如今可能要尝试阻止林肯的改革了，而这场改革见证了舆论氛围正在发生的惊人变化。自由的大潮已经过时，在这种已经改变的氛围中，连像罗素这样的自由人士都开始忽略自己的原则。诗人马修·阿诺德曾说，自由主义正迅速从权力顶端沦落至等而下之的地位。

9 月 23 日，帕默斯顿在位于特斯特河畔的布罗德兰兹庄园、他那幢帕拉第奥式宅邸中写信给罗素，热情拥护他的提议，即无论华盛顿是否被攻陷，英国都会介入。“亲爱的罗素，”首相写道，“你对北方联邦和南方邦联进行居中调停的行动计划，堪称精妙至极。”于是，在上司的鼓舞下，罗素着手为内阁拟定了一份备忘录，为讨论介入事宜定下了纲领。

弗雷德里克、夏普斯堡、华盛顿，1862年9—10月

李将军攻入马里兰州后不久的一个 9 月的清晨，联邦的一支步兵

团，印第安纳第二十七团拔营向北，开往弗雷德里克镇。那天非常暖和，大军暂时驻扎，一些士兵躺在草地上休息。一名士兵在身边发现了一个信封，便捡了起来，信封里掉出了几根雪茄和两张纸——显而易见，纸是用来卷雪茄的。

这两张纸创造了历史。

经过检查，人们在这两张包雪茄的纸上发现了字迹，内容正是传闻的李将军在三天前下达的“191 号特别命令”。这两张纸将李将军的军队在马里兰西部的行动计划暴露无遗，并且还透露出这位南方总司令又一次做出了分兵进攻的大胆决定。

很快，两张纸就呈送给了麦克莱伦将军。敌方军队某个士兵的这个无心之失，竟然让联邦军队的指挥官掌握了敌方的入侵计划。在发现“191 号特别命令”之前，麦克莱伦带着他惯常的小心谨慎和自暴自弃的心态，一路追击李将军。他告知华盛顿，叛军兵力的总数“不下 12 万”——两倍于其实际规模——“比我军兵力至少多出 25%”。然而，“191 号特别命令”一经侦查确认，麦克莱伦就一反常态，大胆地做出攻击南方战线的决定。两张纸被发现后几个小时，在马里兰西部的南山关隘防守的邦联军就看到一片人海汹涌而来，身上穿的正是联邦军的蓝色军服。

由于对手不同寻常的果断出击，李将军被打得措手不及。他赶忙命令大军后撤。晚上军队抵达夏普斯堡，这是一座位于两条河流之间的小村庄，西面是波托马克河，东面一英里左右，水量小些的安蒂特姆河蜿蜒流淌。联邦军队迅速包围了村庄，9 月 17 日拂晓时分，一场大战展开了。

这也许是美国历史上最血腥的一天。

“士兵们卸下弹药筒、填装、传送、射击，”威斯康星第六兵团的鲁夫斯·道斯少校记述道，“一些人被击倒在地，而另外一些人跑进了玉米田。”士兵们陷入了某种疯狂的状态。“带着满腔怒火不断装弹射击，歇斯底里地又叫又笑。”“精神压力如此之大，”另一位联邦士兵说道，“我看到……我想歌德就同样的场景提到过这种异样的感受——在一瞬间，整个山川大地都变成了红色。”

麦克莱伦的大军似乎预告了南方军队的末日；也许，他们为之奋斗的事业也将就此终结。不过，就在李将军手下筋疲力尽的士兵看起来准备举手投降的时候，四个旅的士兵高高挥舞着弗吉尼亚兵团和南方邦联军队的旗帜，出现在了地平线上。安布罗斯·鲍威尔·希尔将军在这紧要关头率军从哈珀斯费里驰援而来，解除了南军在夏普斯堡全军覆没的危机。

第二天，太阳从尸横遍野的战场升起。到处都是尸体，在阳光的照射下，尸体的肚腹不断胀大。南方军队的残部时刻准备着大干一场，只要对方下令开战，不过“191 号特别命令”在麦克莱伦的脑袋里所施的魔咒已经破除。那阵突发的凛然气概已烟消云散，这位指挥官又恢复了胆小懦弱、优柔寡断的状态，他并没有发起战斗。那天的晚些时候，李命令军队撤到波托马克河对岸。“决不能让他全身而退！”一听说李将军从安蒂特姆撤退，林肯就给麦克莱伦发出了这封电报。然而，总统的命令被彻底无视了：麦克莱伦竟然拒绝追击溃敌。

麦克莱伦的怠惰懒散与李将军的精力过人和能力超群形成了鲜明对比——后者带领军队撤退到波托马克河对岸，虽战斗失利，却并未全军溃败。很多年之后，那些年轻时穿过南方的灰色军装，如今已白发苍苍的老兵，仍记得他们的指挥官在那段黑暗的日子是怎样异乎寻常地冷静。在被拥有极大兵力优势的大军步步紧逼的危急时刻，李从未丧失沉着镇定，只有一次，他发了脾气。当时双方正在激战之中，李遇到了一名落伍的士兵，这个倒霉的人正在搬一头死猪。他被这种玩忽职守的行为激怒了，那时候，掉队、落伍现象正在毁掉他的军队，李命令将这名士兵就地正法。不过，这一命令并未得到执行，因为他后来恢复了冷静。

联邦军队在安蒂特姆的胜利并不像林肯本来期望的那么有决定性意义。虽然如此，这仍然是一场胜利——一场不可思议的胜利。要不是那两张包雪茄的纸，李将军可能已经摧毁了连接东海岸和西部的桥梁，在他认为合适的时机，随时可以出兵威胁巴尔的摩、费城或华盛顿。然而，事与愿违，安蒂特姆的浴血之战让林肯实现了他在李首次越过波托马克河时立下的誓言。

安蒂特姆战役结束之后五天，总统召集内阁会议，对新的改革阶段进行部署，十四天以前，这一改革看起来还注定要以失败告终。“先生们，”他如此开场，“正如你们所知，我对这场战争与奴隶制的关系问题做了很多思考；大家都记得，几个星期以前，我曾向你们宣读过我就这一议题所拟定的条令。”从一开始，他说，他就认为执行该条令的时机“很有可能到来”。“我认为如今时机已经成熟，虽然我希望能有更好的机会和条件。镇压叛军的军事行动还没有达到我的最高期望，但是叛军已经被驱逐出了马里兰州，费城被袭的危险已经解除。”

总统宣布了他的改革目标。他说，自己只不过是“上帝手中之器”。他告诉内阁，在李跨过波托马克河的时候，他就曾立誓，一旦邦联军队被逐出马里兰，他便颁布“据我看来最有可能发挥作用的《解放奴隶宣言》，我没跟任何人透露过；但是我对自己，”他停顿了一下，说“和我的创造者上帝做过承诺”。

李将军被击退，神的旨意昭然可见。“上帝，”总统说道，“已经做出了有利于奴隶的决定。”

“我很清楚，”他接着说道，“很多人，无论对这个问题，还是对其他问题，都可能比我处理得好，如果我确知他们中的任何一个比我更具公信力，知道任何一种符合宪法规定的手段可以让其坐上总统之位，那么他就应该成为总统。我愿意俯首称臣。尽管我知道如今人民对我的信任已不如往日，但是通盘考虑，我并不认为有人比我更得民心，并且，无论事态如何，我绝没有让另外一个人坐上我的位置的想法。我在位，就要竭尽所能做出我认为正确的选择。”

接下来，林肯宣读了他的法案。在该法案中，他宣布，自1863年1月1日起，凡在当地人民尚在对抗合众国的任何一州之内，为他人占有、身为奴隶的人都“应在那时及以后永远获得自由……”在苏厄德的建议下，法案做了两处小的修改，这份文件，也就是《解放奴隶宣言》的草案（如果叛乱各州在一百天之内重新效忠联邦，该法案将不会生效）在会议当天下午颁布。

就其作用范围及效力而言，这一法案可以与最伟大的立法者们颁布的法案媲美。不过它的起草人那改革家的性格让最了解他的人都摸不着头脑。与林肯共事多年的律师合伙人威廉·赫恩登得出结论说，《解放奴隶宣言》的缔造者不仅孤僻，并且冷酷，他能碰触到陌生人的生命深处，却用不可逾越的障碍将自己与和自己关系最密切的人分隔开来。“林肯从不向任何凡人倾吐心迹，”赫恩登说道，“他是有史以来最深藏不露、沉默寡言、三缄其口的人。”

确实，历史上对自由进程最具影响的改革之一，其伟大策划者是一个性格古怪的人。“林肯先生，”他的一位挚友，乔舒亚·F. 斯皮德曾说，“跟我以前认识的、见过的或见过之后认识的人都那么不同，我无法找到可与他相比较的人。他饮食、起居、阅读、交谈以及学习的诸般习惯——如果我可以这样表述的话——无一例外地不同寻常。”像俾斯麦一样，林肯身高六英尺有余，饭量却小得惊人，体重只有

180 磅。对俾斯麦来说，宴饮之乐是人生的基本组成部分，这一点林肯与他不同，林肯对吃什么毫不在乎，正餐经常只吃薄饼干、芝士，喝一杯牛奶。在战争期间，他更是毫无胃口。“我无法规律饮食，”他说，“差不多就随便吃点。”他也不嗜美酒。他说，酒会使他感到“无精打采、烦躁不安”，成年之后，他便滴酒不沾了。

对他来说，大自然和美味佳肴一样，是毫无意义的。“我从来不在意什么花花草草。”他曾坦言。在斯普林菲尔德的时候，他曾尝试栽培过几丛玫瑰，不过很快就弃之脑后了。金钱也令他感到厌烦：他缺少赫恩登所谓的“金钱观念”，并且毫无贪念。在伊利诺伊州的时候，他曾是律师界的领袖人物，但是他做得心不甘情不愿。他会满腔热情地投身个别讼案，但是法律本身，无论作为实践追求还是学术研究对象，都几乎激不起他的兴趣。他也不是一个好读者。他喜欢（俾斯麦也是）读莎士比亚的著作和《圣经》，但经常魂游天外，陷入沉思。赫恩登曾说，在美国找不出一个人，比他读得少，又比他思考得多。

他的律师合伙人赫恩登认为，林肯拥有“强大的爱的潜力”。但是长期以来，他的满腔激情几乎全部用在了更崇高的公共事务上面。当被问题困扰的时候，他似乎会对周边环境视而不见。一位目击者说，他“一脸茫然、心不在焉地”走来走去，就好像“意识不到自己和其他人的存在一样”。* 林肯在公共问题上持续不断地倾注其惊人的心智力量，如果说正是这一点令他超乎常人、不同凡响的话，那么也正是这一点使他拥有了颁布《解放奴隶宣言》的政治才能，在《解放奴隶宣言》中，他年轻时代就已勾画的两个高远抱负得以圆满实现。这位立志发起一场改革的天才二十五岁那年曾说：“我渴望脱颖

---

* 朱莉娅·塔夫特证实了林肯思索时确实处于这种出神状态。

而出；如有可能，无论代价是解放奴隶，还是奴役自由人，都在所不惜。”

如今，林肯已声名赫赫。他并没有虚情假意地故作谦虚。“我很清楚，”他说道，“与该法案联系在一起的名字永远不会被人忘记。”

然而，那些只关注他外在品质的人，在很长一段时间里，都无法对他的改革天才给予信任。小奥利弗·温德尔·霍姆斯是一名步兵队长，刚在安蒂特姆战役中负伤，被敌军击中颈部，他说：“人们总是以貌取人，很少有穿布袋裤、戴破帽子的人不被人小看。”在时间和历史的全景中，比在当时当地更能精确衡量天才的贡献，并且即使林肯在《解放奴隶宣言》上签下了自己的名字，他的很多同僚仍然觉得他缺乏领袖品质。

他们的疑问是，为什么总统只打击南方邦联所控领土上的强权理念？他为什么不解除那些目前在联邦治下的土地上存在的各种枷锁？国务卿苏厄德曾说，《解放奴隶宣言》“解放的是它所不能达至之地区的奴隶，而在它能给予自由的地方，反而任凭他们身受奴役”。不过林肯认为，军事必要性只能用来弥补宪法的缺陷。无论是国民宪章精神，还是边境诸州的情感，他都不愿进一步冒犯挑战，他也不需要那样做，他坚信奴隶制度已“被摧毁”。

对林肯政治才能更犀利的批评，是那些质疑正当性——这指的不是解放行动本身，而是实现解放的方式——的人发出的。数百万人得解放，不是通过自由的一般程序，而是通过一纸政令，其专制武断程度几乎跟沙皇解放农奴的手段一般无二。《解放奴隶宣言》不是行政机关在宪法的直接约束下执行立法机关颁布的法律而取得的成果，而是一位只认可军事必要性之权威的革命战争领袖的大作。据说，在奥利弗·克伦威尔之后，从未有一个英国血统的人对民众行使过这等不加限制的权力。

林肯的批评者对他的行动方式给美国自由造成的威胁有过分夸大之嫌。在他任职总统期间，北方仍进行自由选举，反对媒体也很活跃。不过，比起他的拥护者，总统的批评者更清醒地看到了改革的矛盾之处。改革带来了自由解放，但它就像在剑尖上一样摇摇欲坠。他暂停了人身保护令，而人身保护令也许是整个国家有史以来对专制统治最有效的约束措施。他不遵从联邦法院的规程，将一名疑似反叛者带上了美利坚合众国的法庭。他不经国会授权就批准政府财政支出，独揽财政大权。尽管宪法只赋予了立法机关招兵、养兵的权力，他却创建了新的步兵团、装甲兵团和炮兵团，而这些除了他自己的特权——这几乎跟威廉国王在普鲁士所拥有的权力差不多大了——之外，没有得到任何其他授权。之后，他便迫使国会充当橡皮图章，批准他那些未经宪法授权的行动——在德意志，俾斯麦也将很快掌握这一手法。

在林肯的首肯下，国务卿苏厄德组建了一支秘密警察队伍，跟沙皇亚历山大手下的第三处没什么区别。这一秘密组织负责审查逮捕那些被认为敌视政府的反动人士。*“按一下我右手边的铃，”苏厄德跟当时身在华盛顿的英国大臣莱昂斯勋爵说，“就可以下令监禁一名俄亥俄州公民，再按一下，下令监禁一名纽约州公民，除了总统，地球上没有任何人有权力释放他们。英国女王能做到这种程度吗？”

说句公道话，苏厄德更愿意行使一种不那么可憎的权力，不过他的热情的对象变动无常，野心更是颇具可塑性，他毫不犹豫地接管了林肯虽然纵容，但不愿亲自插手的事务。在关于一名与政府作对的嫌犯的信里，国务卿说，他最终在林肯的改革中找到了自己的位置，就是排污除垢的“下水道”：

---

* 后来，作战部长埃德温·M. 斯坦顿负责国内安全。

国务院

华盛顿

纽约，约翰·A. 肯尼迪警司：

逮捕正在你市的密西西比州卡罗尔县人士查尔斯·科佩尔，将其押送至拉斐特堡。

威廉·H. 苏厄德

监狱里很快就关满了令国家统治者忧惧不已、据称会对政府造成威胁的人。战争期间，成千上万的男女遭到“离奇”或“任意”的拘捕。据说一些被捕者曾为南方邦联提供帮助和支持，然而他们从未被带到法官面前，也不允许与指控者对簿公堂。还有一些人被关押，只不过是因为他们批评过政府。

对正在伦敦研究《解放奴隶宣言》的罗伯特·塞西尔勋爵来说，林肯改革的教训再简单不过：“要得到民主，必须以专制帝政一样的东西来控制它。”

第十三章

自由气息

南卡罗来纳，1862年4月—1863年1月

林肯宣布解放奴隶之后，迪克的想法变得不同了。

“他是第一个我感觉到发生变化的黑人。”玛丽·切斯纳特说。迪克是个骄傲的男人。他是玛丽·切斯纳特的父亲，前任州长家的男管家。他一生谦卑恭顺。“是，主人……如您所说”是他嘴边上常挂的话。不过，迪克觉得自己的身份很体面，他喜欢自己的黑色长礼服。当妻子海蒂说他穿男仆的彩色制服会更帅气的时候，迪克一脸鄙夷。“胡说八道，老太婆，”他说，“管家从来不会自降身份穿男仆制服。管家只会穿素色的衣服。”

玛丽·切斯纳特还是个孩子的时候，她就认得迪克了。从前，乳母们会带着她和她的姐妹们到屋外喝下午茶，松木餐桌擦拭得像牛奶一样白。

“迪克——过来伺候我们吧。”她们会说。

“不行，小姐们，我从不在松木餐桌旁边伺候。等你们再长大一些，能坐到你们父亲的红木餐桌跟前的时候再说吧。”

年少的玛丽·切斯纳特学写字的时候，也教迪克念书。她曾经坐

在雕花木凳上，带他领略文字的奥秘，但是世道变了。“现在，他甚至都不看我了，”玛丽·切斯纳特说，“他嗅到了空气中弥漫着的自由气息。”

甚至在林肯宣布奴隶解放之前，玛丽·切斯纳特就有所察觉。她看到他们眼中有了新的光芒。她的女佣莫莉“摆起了架子”。这是一个打击，因为莫莉是马尔伯里的“十大”之一——“十大”指的是高级奴隶，主人对他们的投入要比对绝大多数奴隶更多。莫莉的背叛行为让詹姆斯·切斯纳特怒火中烧。“让她去死吧，”他说，“不管是她，还是庄园里的任何人，谁要是不满意，就让他滚蛋。给他们饭吃，给他们衣穿，我已经受够了。”

莫莉的冒失举动令她遭到了辞退；但是通常来说，奴隶不会表现出叛逆。经验告诉他们，要善于掩藏自己的情绪。玛丽·切斯纳特一生之中都有奴隶服侍，然而对她来说，他们依然是十分神秘的。“他们四处走动，浑身黑色皮肤，不动声色，看不出内心的情绪……”

他们在想什么？他们会像纳特·特纳那样挺身造反吗？他们会不会把她杀掉呢？她的表姐贝齐·威瑟斯庞就在去年夏天被害了——“被她自己的仆人。她的黑奴……太可怕了，难以言表。”他们在夜里潜进她的房间，用床单闷死了她。行凶过程中，这位老夫人的睡衣弄脏了，她的女佣罗蒂打开旅行箱，找出一件新睡衣。老夫人突然清醒过来。她“祈求他们饶她一命”。她问，她做了什么，让他们想杀掉她？女佣用毯子堵住了老夫人的嘴。

惨案发生之前，玛丽·切斯纳特“从未想到黑人竟然如此可怕。我从来没伤害过他们任何一人。他们怎么会有伤害我的想法呢？”但是现在，她害怕了。“凭什么，”她想，“他们凭什么要给我比贝齐·威瑟斯庞更好的待遇呢？”

表面上，对于“食火者”的父权理论，玛丽·切斯纳特是赞成的。该理论认为，奴隶就像被惯坏的小孩子，他们是一群“有史以来最悠闲、最懒散、最肥硕、最快活舒适的农人”。但私底下，她明白，这种说法只不过是虚言伪善。她远离最丑陋的现实，烙铁火印，鞭打，恶犬，各种伤残迫害。但是她知之甚深。

古代斯巴达人用佩剑的年轻人来震慑奴隶，而美国南方的奴隶主则养着巡逻队。玛丽·切斯纳特听说过一些毛骨悚然的传闻，关于西部地区众多私刑的故事，在那些地区，试图反叛的“黑奴都被吊死……如同林间之鸟一样”。她也曾在报纸的广告上看到过，为了给主人赚取更多的利润，奴隶家庭会被生生拆散。“**出售黑奴**，”有一个公告这样写道，“二十四岁女黑奴一名，孩子两名，八岁及三岁。可以按照顾客需求单独出售，也可以一同出售。”对她来说，更令人痛苦的是，女性奴隶常常会遭到主人凌辱。从某方面来说，玛丽·切斯纳特认为，那些控诉奴隶制的著作——詹姆斯·雷德帕斯的《约翰·布朗的一生》和斯托夫人的《汤姆叔叔的小屋》——描写得还不够深刻。维多利亚时代的拘谨保守掩盖了这种最龌龊的罪恶。“要知道，斯托夫人并没有直击最痛处。她把勒格雷设定成了一个单身汉。”“愿上帝宽恕我们，”玛丽·切斯纳特写道，“但我们这个畸形的社会是错误的、不公的……在旧式家庭里，男人跟他的妻妾住在同一屋檐下，那些家庭里的黑白混血儿长得跟白人孩子很像——每个女人都说得上来，每个家庭里的混血儿的父亲是哪一位，但是对自己家的混血孩子，她们仿佛觉得都是天上掉下来的，或者假装这样觉得。”

“食火者”把黑人视为孩童；相反，玛丽·切斯纳特则认为他们身上充满了无穷的神秘。她的观点与“食火者”的不同，是古希腊的种族主义观点，他们把黑人看作巫师术士。在玛丽·切斯纳特描写奴隶的文字中，她使用的隐喻是含蓄的，或者说是埃及式的。奴隶“静如黑豹”。她丈夫的乳母工作的时候，安静得“就像一只白猫”。老迪克就像“埃及的斯芬克斯”。她认为，奴隶有着不可思议的精神力量。她有时会去马尔伯里的黑人教堂。黑人奴隶“大个子”吉姆·尼尔森带领大家祈祷。她说，他是一个好心的帅小伙，一个“血统纯正的黑人……他的祖先在非洲一定有高贵的血统”。吉姆跪倒在地，闭上双眼。他“像中风一样浑身颤抖”。他的声音“变得高亢刺耳”。然而仍“异常清晰，并富有韵律感，偶尔几个低沉忧郁的音节直入人心。有时又像喇叭一样嘹亮”。集会者的热情随着吉姆的颂歌高涨。“噢，上帝！耶稣基督！”人们高喊着。“救世主！上帝保佑……”她自己也想要高喊。

从这时起，玛丽·切斯纳特曾经对“食火者”观点的认同已经开始丧失。在她看来，奴隶制在南方已经完蛋了。奴隶制“毫无疑问要归于终结”。她觉得“还有人依然认为，黑奴是私有财产”，这种观点简直荒谬。唯一能令她甘心接受南方失败的，“就是林肯的《解放奴隶宣言》”。她觉得，种植园就是“地狱”，在毒热中，“一个巨大的黑魔鬼主宰着这个地狱，一群小小的黑魔鬼簇拥在你身边”。她忘了提到那个白魔鬼。

强制性的寡头政治正在瓦解；不过，种植园主对此断然不肯接受。玛丽·切斯纳特的丈夫就不承认——不会公开承认。在南卡罗来纳州，棉花大亨选择将一切苦难归咎于州长。在这些巨头看来，弗朗西斯·威尔金森·皮肯斯就是一个蠢货。为了防止他兴风作浪，立法机关任命了一位辅政者，授予他权力，限制不称职的州长。詹姆斯·切斯纳特被任命为州长委员会委员，玛丽·切斯纳特跟随他来到了南卡罗来纳州的首府哥伦比亚。

她发现这座城市弥漫着些许浪漫的氛围，南方的玫瑰和木兰花处处盛开，滑稽的歌剧都带着同样古老悠远的南方风情。她结识了一家人。这一家极其优雅，令她赞叹不已。然而优雅还只是普雷斯顿一家魅力的一小部分。正如斯威夫特定义的贵族，“普雷斯顿家拥有三大基本品质——智慧、血统和财富”。普雷斯顿上校是一位“谦谦君子”，人称“高贵的约翰”。在玛丽·切斯纳特看来，这有点言过其实，“那么仪表不凡的一名男子——身高六英尺四——就该如此智慧机敏，讨人喜欢”。他曾在弗吉尼亚大学和哈佛大学就读，之后就靠路易斯安那的蔗糖发了一大笔财。玛丽觉得他“和蔼可亲，善良仁厚，通情达理”。尽管表现出这么多优点，但约翰·普雷斯顿其实是一个“痛苦失意的男子”，他仕途不顺。若不能为领袖，宁可不逐猎。（老骑士故事。）他带着全家一起到国外生活，最近刚从巴黎长住归来。

普雷斯顿上校的痛苦源头曾经是他引以为豪的东西——他的婚姻。卡罗琳·普雷斯顿娘家姓汉普顿，她是老韦德·汉普顿将军的女儿。这个家族是南卡罗来纳州最显赫的名门望族之一。但是问题随之而来。他们结婚的时候，他穷困潦倒——他的蔗糖帝国是之后才发展起来的——而她则是富家千金；那个时候，在南方，千金小姐通常是不会嫁给穷小子的。有人说“高贵的约翰”娶卡罗琳·汉普顿是为了金钱，为了地位，为了她姓氏的魔力；为了这些，他抛弃了男子气概融入妻族。有人不客气地向玛丽·切斯纳特吐露：“我始终觉得，他就像汉普顿家的一条哈巴狗——全家人的哈巴狗。每次见到他，他要么是用后腿走路博他们一笑，要么就是赶紧滚下地毯，免得被他们踩到。”

约翰·普雷斯顿高贵的表象可能还遭到某些南卡罗来纳人质疑，但他妻子的高贵却是公认的。卡罗琳·普雷斯顿的优雅举止是不做作、与生俱来的。她的美貌毋庸置疑。玛丽·切斯纳特说：“她身姿曼妙，庄重优雅，五官分明。”参加舞会的时候，她佩戴着华丽的钻石首饰，衣服上镶着精细的针绣花边，天鹅绒的长裙拖曳到地上，有如女王般高贵端庄。然而，她却不是那种高高在上、令人望而生畏的女子。她“极其安静，拘谨害羞。实际上，她温柔得近乎怯懦”。

如此显赫的身份或许会妨碍友谊的发展；但卡罗琳·普雷斯顿和玛丽·切斯纳特却很快成了知心好友。她们每天都会乘着普雷斯顿夫人的马车出游。马车驶过哥伦比亚的大街小巷，仆人穿着普雷斯顿家的制服，站在踏板上。玛丽·切斯纳特或许已经抛弃了专制理念，但她并没放弃贵族理想。在普雷斯顿家，她发现了她珍爱的庄园主生活的新形式。“是不是最美好的人都聚集在这家？”她说，“我爱上了这一家人。无一例外。”

普雷斯顿一家创造了一个珍贵美好的小天地。在艰难的岁月里，这个小天地令玛丽·切斯纳特重拾对南方的高贵的信心；而在这个家里所有令人喜爱的人物之中，有一个人因其格外迷人的魅力显得卓尔不凡。这就是普雷斯顿的女儿，萨莉·布坎南·普雷斯顿，人称“芭可”。1862 年，芭可·普雷斯顿二十岁，她不但美貌动人，而且性格可人，脾气温顺。妈妈说，她是“最甜美、最出色、最漂亮的孩子”。她还受过良好的教育，说得一口流利的法语，歌声优美；尽管有如此众多的优秀品质，她却保持着单纯自然的天性，没有丝毫傲慢自矜。

打一开始，玛丽·切斯纳特就被这个优雅美丽的女孩子深深打动了。她说：“芭可是我见过的最甜美的女孩。”观察起事物来，就连小天鹅也不如她细致入微，她用自己的判断指导行动。芭可对自己前方的女性之路还茫然无知。玛丽·切斯纳特不认为在形势危急的时刻，芭可会始终天真无知，对艰难一无所觉。这个姑娘敏感灵透，她一定能感受到每一段坎坷。

芭可的成长之路在任何时代都不会是一条坦途大道，因为社会总爱病态地摧残少女的美丽。但在这个贵族衰朽、寡头政治跌落神坛的时代，这种低俗的趣味会变本加厉。成年礼将会异常残暴野蛮。似乎那注定毁灭的秩序仅有的微薄希望只在花季少女的献祭中。

圣彼得堡、克里米亚，1862年8月—1863年11月

在圣彼得堡的夏宫里，一个英国人正和他的妻子漫步。一位俄国军官向他们走了过来。俄国军官身材高大，一副惯于发号施令的样子；他面色虽然温和，却带了一丝沉重和疲惫。接着是一场意志的较量。俄国人并没有给英国人让路。而英国人也不想给俄国人让路。一开始，这种针锋相对的架势似乎让他的对手有点吃惊。但是很快，俄国人的脸上浮起迁就的微笑。他耸了耸肩，“往一边靠了靠，把路中间让给英国人”。

英国人和妻子散步归来，发现一群人挤在夏宫门口。英国人想去看个究竟，他挤到人群前面，看到一辆镶着罗曼诺夫皇朝双头鹰标志的马车。红衣侍从和警察为沙皇开道，人群攒动。人们纷纷脱帽、鞠躬、行屈膝礼，那个英国人忽然震惊地发现，此时站在他面前的正是先前在公园小径上与他狭路相逢的那名军官。亚历山大也认出了他，他愉快地笑了笑，驾车扬长而去。

沙皇不像克鲁泡特金王子以为的那样“一无是处”。在他的允准之下，他的手下已经将煽动叛乱的嫌疑分子都投进了彼得保罗要塞，冲进自由派贵族的家里搜查，将作家和知识分子流放到西伯利亚，即便如此，亚历山大仍然有敏感的小萨沙的一面，他的心底仍然有一部分是那个长着一双温顺的羔羊眼睛的小男孩。尽管如此，专制统治的弊端已经开始暴露出来了。亚历山大对弟弟康斯坦丁大公谈起困扰他的精神折磨。他说：“当受到某些刺激时，我的心就会颤抖。但是我

必须控制自己，我发现最好的办法就是祈祷。”流言甚嚣尘上，传说沙皇得了结核病。实际上他只是患有哮喘，因为他爱抽烟，所以病情加重了。

当漫步于夏宫已经不再带给亚历山大乐趣时，他就跑到郊区行宫里逍遥度日。他最常去的是离圣彼得堡15英里的沙皇村。矮小的冷杉和叶色深绿的桦树掩映着贫瘠的乡村，皇家专列飞驰而过。然而，一到沙皇村的村口，景致就截然不同了。俄国的统治者从来不愿承认自己的力量有任何限制，甚至试图对抗大自然。此地原本逼仄狭小，他们却挥动魔棒，将不毛之地变成了美丽花园。两座宫殿均出自拉斯特列利之手，矗立在800英亩的园林中。方尖碑、河道、假山、中式凉亭、幽静的岩洞。一个由土耳其囚犯挖掘的人工湖可以像浴盆一样排水灌水。每天有六百名工人星散在花园中打理园林。一位大臣说，沙皇村就是“人间天堂”，是一处“令人着迷的梦幻仙境”。一位法国大使告诉叶卡捷琳娜大帝她的乐园只差一样东西。

“什么？”女皇问。

“一个玻璃罩子，陛下，来保护这独一无二的珍宝。”

在沙皇村，沙皇可以跟朋友一起放松身心，跟爱犬米罗德一同散步。有时还可以看到他跟宾客一同坐在草地上，谈笑风生。但是尽管沙皇村风景宜人，但离沙皇的那些国事太近了，无法给他向往的清静。于是，沙皇习惯了每年秋天去更远的地方旅行，到帝国的南部边境。皇家专列带给亚历山大先代帝王们无法拥有的奢侈，只要几个小时，他就能够从寒冷的波罗的海来到四季如春、鲜花盛开的克里米亚。

到达克里米亚半岛的辛菲罗波尔，他走出火车，一辆马车已经在等待他。他驶离辛菲罗波尔，马车在一条蜿蜒曲折的小路上前行，穿过房屋粉刷得雪白的鞑靼村庄，去往里瓦迪亚，这是俯瞰雅尔塔港的沙皇行宫之一。房屋是相对简单的木质结构；今天该地矗立的白色石灰岩宫殿是亚历山大的孙子，末代沙皇尼古拉二世后来建造的。半岛气候温和，黑海海水不断冲刷，因而藤蔓滋生，生机盎然，空气中弥漫着丁香和玫瑰的香气。里瓦迪亚之于罗曼诺夫皇朝，就像卡普里岛之于意大利；在这里，他们可以卸下俄国冬天的沉重，暂时感受典型春日的轻盈。此地离圣彼得堡一千英里，亚历山大一袭白衣，他忘记了身在皇位的烦扰，沐浴着海水和阳光，又恢复了活力。

马克·吐温曾经于1867年在克里米亚拜访过沙皇。他觉得仿佛看到了“塞拉斯山的壮丽风景”。山坡上“处处是皇家园林，绿树掩映，处处是颜色鲜艳的殿宇，有如鲜花盛开。这真是一个美丽的地方”。沙皇走出别墅，迎接马克·吐温和其他到访的美国人。“皇室成员走上前来鞠躬微笑，站在我们中间，”马克·吐温写道，“一群帝国权贵未着制服，一同走上前来。每鞠一躬，沙皇就说一句欢迎的话。”“早上好，”亚历山大用英语说，“很高兴见到你——我很荣幸——我很愉快——见到你很高兴！”马克·吐温说，亚历山大的礼貌是发自“真性情”的，“俄国人的性情——本身就是彬彬有礼、真心实意的”。这位美国作家被俄国沙皇脸上的“和善表情”深深打动了，他觉得，这是一个真诚的人。玛丽皇后也现身了。她穿着蓝色丝绸连衣裙，腰系蓝色丝带，头戴镶着蓝丝绒边的草帽，手持一把阳伞。她对来客们说，俄国欢迎美国人，希望俄国人在美国也同样受欢迎。接着，她和沙皇带客人参观别墅，给他们展示那些“舒适的房间和华丽而温馨如家的设施”。

当亚历山大在克里米亚的葡萄园里悠游度日的时候，改革依然在首都有条不紊地进行着。赤色团体的行动减慢了，但是未能阻挡自由的改革。自由主义官僚被称为“康斯坦丁鹰派”，到了1862年秋天，这群康斯坦丁大公的追随者已经控制了教育、司法、财政和国防等部门。与此同时，亚历山大采取了更深入的改革举措，重组了俄国的法律体系。沙皇任命的委员会在近一年内对法律进行了改革。委员们提出，司法应独立于行政；司法过程必须公开；刑事案件必须经过陪审团审判。他们还建议，简化烦琐的法律程序；根据现行法律制度，债权人很难索回债款，这种情况阻碍了商业的发展。

亚历山大批准了这些提案，全国人民欢欣鼓舞。俄国的新法律体系会"采取公开、对抗式，适行于全国所有地区"。俄国向自由的理想国更近了一步，男男女女能够自由选择自己的命运，只需遵从公平的法律；这种信念比伪善的专制统治者殚精竭虑的命令更能引导国家走向伟大。

对许多人来说，俄国似乎已经站在了"新生的起点上"。喀山修道院的院长说过，俄国"正在努力重获新生"。这场他们所谓的"大改革"意在推翻旧政权，"创建公民社会，取代贵族政治和贵族阶级利益占统治地位的阶级社会"。改革起到了打击专制统治的作用：把"一群被动挨打的臣民变成了积极能动的公民"。如此一来，改革在"国民权利和个人权利"方面起到了决定性作用，"为农民加入改革过程中涌现出来的其他组织（包括评审团）开了方便之门"。

沙皇对这一时期解放事业的贡献并不仅限于国内改革方面。在各大国的统治者中，亚历山大开诚布公地在美国内战中支持林肯。1862年秋，林肯给亚历山大写了一封私信。在信中，林肯问沙皇对外国干预美国内战持何立场。亚历山大通过外交大臣戈尔恰科夫亲王回答了林肯的问题。亲王告诉驻圣彼得堡的美国大使贝亚德·泰勒："俄国从一开始就跟你们站在一条战线上，以后还将继续支持你们……我们极其希望维护美利坚合众国为一个团结一致、不可分割的国家。"亲王用秘密的口吻说："有人建议俄国参与某些干预计划。俄国拒绝任何形式的干预行为。俄国会坚持最初的立场，绝不动摇。你们可以放心，俄国绝对不会动摇。"会谈结束时，戈尔恰科夫拉起泰勒的手，紧紧握住，说：“上帝保佑你！”

美国人民被深深地感动了。

林肯表示，这样的表态是他从欧洲各政府听到的最忠实诚恳的回答。英国和法国绞尽脑汁支持南方，亚历山大遵守了承诺：他坚定不移地支持联邦。他的政策并不是出于纯粹的人道主义。从某种意义上来说，亚历山大想要胜过英国，因为英国一方面想抵制俄国在亚洲势力的扩张，另一方面试图阻挠美国的崛起，美国是英国在商业和海军方面的潜在威胁。沙皇认为，敌人的敌人就是朋友。但是亚历山大对林肯表示支持并非只是传统的大国手腕，在一场皇家舞会上，他还专门赞美了林肯总统的《解放奴隶宣言》。

然而……似乎还缺了点什么。从理论上来说，亚历山大的改革是正确的；采取了最新的方法；每个具体的决定也都是正确无误的。但是，这场改革就像一朵蜡制玫瑰花，技术上毫无瑕疵，但是缺乏生命力。亚历山大的导师，浪漫主义诗人朱可夫斯基教学生做一个自由主义者，但是他没能令他的学生成为一名诗人。因为缺乏灵感，沙皇的改革已经胎死腹中。亚历山大还未被权力腐蚀，但已经开始沾沾自喜。他还没有绞尽权力的琼浆，吸吮其中的滋味。

改革一旦成功，就会产生一种新的语言。而改革领袖的任务就是找出这种新语言。雅典政治家梭伦用诗歌取代了权术，通过诗句在雅典掀起了一场变革。林肯和俾斯麦在学习，通过不断尝试，不断犯错，在自己的国家进行类似的变革；他们成功地将青年时代受到的浪漫主义影响通过成熟的政治手段付诸实践。亚历山大却并未做到。

当然，只有具有非凡的创造力，几乎是艺术感的人，才能成功地与一个像俄国这样被如此鲜明，甚至不可跨越的阶级鸿沟割裂开来的民族对话。当农民还相信闪电的轰鸣是先知以利亚乘坐战车穿越苍穹时，要如何才能让他们明白司法独立的重要性呢？亚历山大没能触碰到俄国的灵魂，其实情有可原；这确非易事。不可原谅的是，他似乎根本就未加尝试。

伦敦、纽卡斯尔，1862年10月

随着安蒂特姆战役的胜利，以及《解放奴隶宣言》的发表，林肯似乎已经挽救了改革。一时间，自由似乎占据了上风。经过一段时间的休战之后，亨利·亚当斯松了一口气。美国人民终于安全了，政府已经打败了李将军，并承诺要解放奴隶，就连帕默斯顿勋爵也不敢站出来反对林肯政府了。

尽管亚当斯堪称聪明睿智，但他并没有预料到，帕默斯顿政府中的财政大臣威廉·尤尔特·格拉德斯通会有如此大的影响力。1862 年夏天，关于是否介入美国内战的争论白热化，格拉德斯通先生一直忙于处理国家预算。然而，到了 8 月份，议会休会，立法者都休假打猎去了，大臣先生也从财政部的繁忙公务中松了一口气，他开始考虑那个因为忙于制订预算而没来得及关注的热点问题。

经过一番研究之后，10 月初，格拉德斯通开始了一趟英格兰北部之旅，他想跟全世界分享他深思熟虑的成果。他时年五十二岁。他天赋过人，卓尔不凡。就读于牛津大学基督教会学院期间，才智过人的他是学校里的风云人物。他日记里记录的大学假期活动让学者们汗颜：

> ［1830 年］7 月 6 日……6 点起床。开始学习希腊文《圣经》、微分学等。看了好长一段时间数学，不过比较零散。开始读《奥德赛》。看论文。跟安斯蒂斯和汉密尔顿一起散步。把李维的一点文字翻译成希腊文。晚上讨论了伦理学和玄学。
>
> 7 月 8 日，希腊文《新约》。与安斯蒂斯共读《圣经》。学数

学，时间长，但效率不高。翻译《斐多篇》。巴特勒。晚上读修昔底德。同S.汉密尔顿和安斯蒂斯晒干草。很开心。雪莱。

这样一位年轻人是不可能长期被世人忽视的；不到二十岁，格拉德斯通就已经很有名气了。在伊顿的文学圈（有时也叫“流行圈”）的讨论中，他证明自己是一个能言善道的对手。在牛津大学辩论社里，他的表现也令听众赞叹不已。听了他的一场演讲，深受打动的纽卡斯尔公爵送了他一小块领地。

格拉德斯通先生在下议院里升得很快，一早就被当作未来首相的不二人选。毫无疑问，格拉德斯通是个奇才，但他尽管才华过人，却总是难免被激情左右。刚进下议院、年轻气盛时，他为同为立法者的同事们的无原则感到气愤，他们无视自己的神圣职责，进行肮脏世俗的政治交易。他们的行为岂非表现出了“反基督的某种特质”吗？下议院和《圣经》中描述的社会几乎全无相似之处，然而，就连那些一丝不苟的牧师都对此无动于衷；但是年轻的格拉德斯通无法接受这种情况，在议会工作的空闲，他抽时间写了一本大部头——《国家与教会之关系》，在书中，他阐述了世俗政府有职责将自身转变成一个神圣的机构，对宗教和精神真理去伪存真，铲除政府部门中的异端。

《国家与教会之关系》出版二十年后，下议院依然一成未变，但是在格拉德斯通先生心中，当初虔诚的想法已经被一种新的热情取代。他摒弃了托利党和牛津那些高级教士的教条；他如今已经到了追寻自由主义的阶段。但是他的自由主义跟之前他信奉的托利主义一样，都带有一种扭曲的狂热。1858年，格拉德斯通先生得知，英国政府治下的爱奥尼亚群岛上的居民受到了自由的蛊惑，欲重回希腊的怀抱。他想象着荷马的孩子们为争取自由而努力，他主动请缨，要求担任高级特派员前往爱奥尼亚群岛。威斯特敏斯特的专家们大跌眼镜，他们觉得他这是在跟下议院决裂。能把这样强大的对手打发到地中海的角落，迪斯雷利简直乐坏了，他主动说服了委员会。

格拉德斯通先生乘船南下，然而在科孚岛和伊萨卡岛上逛了一圈，他脑中那个荷马战士在太阳底下投掷长矛的白日梦就开始破灭了。当他发现当地居民竟然不敬仰，甚至不理解自己祖先的美德时，他就开始泄气了。格拉德斯通沮丧地认识到，尽管这里是尤利西斯的故乡，但像《奥德赛》这样的史诗却不复再有。“这里的情况简直令人心灰意冷，”他在日记里写道，“到处都充斥着懒惰、腐朽和萧条，这里似乎看不出上帝的存在。”在凯法利尼亚，人们将他视为英雄、自由的捍卫者；但是，当爱奥尼亚人发现这个他们称为“热爱希腊的格拉德斯通”既无权让他们加入希腊，也不能给他们真正独立的时候，他们的支持立刻变成了厌恶。岛民对格拉德斯通提出的宪法不屑一顾，对他高高在上的腔调愤愤不平，或许还对他那卖弄学问的做派心存抵触。在一次集会上，当谈到单词“thelesis”（意愿或希望）的含义时，格拉德斯通先生坚称，他对古希腊文学深有研究，他认为爱奥尼亚人根本就不理解他们自己的语言。

这趟地中海之旅没有动摇格拉德斯通的信念，他回到英格兰，开始搜寻新的目标来实践他异想天开的教条独断。林肯的改革让他找到了演说的话题，他钟情此类义正词严的演说，这个话题对他来说简直难以抗拒。他启程前往北方，用迪斯雷利的话说，这次旅程很快就又成了一次他的“激情朝圣”。他来到纽卡斯尔，大获成功；《泰晤士报》将他沿着泰恩河的这次航程比作罗马式的凯旋。他造访了圣尼古拉教堂；有位摄影师为他拍照留念。接下来，他前往市政厅，人们专门为他举办了一场晚宴。晚宴后，残席撤下，人们共同举杯，祝格拉德斯通先生身体健康，并一饮而尽。然后，格拉德斯通本人起身发言。

格拉德斯通先生讲话的内容震惊了大西洋两岸的所有人。

第十四章

雪上加霜

俄国莫斯科、俄国亚斯纳亚–博利尔纳，1862年8—10月

无论沙皇亚历山大在圣彼得堡颁布了多少规条法令，只有像托尔斯泰这样的人——生活贴近民众，并且能用他们熟悉的语言与之交流的人——已经准备好提供助力，自由的新观念才能在俄国蓬勃发展。

托尔斯泰曾投身解放事业，负责废奴法令的执行，他也曾试图唤醒费季卡、塞姆卡和小普隆卡三个学生，使他们认识到自己的存在。他费心尽力工作，然而回报他的除了秘密警察登门，又有什么呢？也许曾经，他高估了改革的成效，而如今，则又过于草率地屈从了截然相反的谬见，否定了所有改革努力的价值。

他前往莫斯科，在亚历山德罗夫斯基公园见到了沙皇，当面提出了对第三处的控告。不过他很快就将这事忘到九霄云外。他爱上了沙皇医生的女儿，很快就跟她结了婚。

那年秋天，当托尔斯泰驾车载着自己的新娘驶在亚斯纳亚–博利尔纳的小路上时，他生命中自由主义改革的时段便宣告结束了。他不再担任教师和治安法官。“已经跟学生和百姓说过再见了。”他回到庄

园几天后写道。很快，他就遣散了费季卡、塞姆卡和小普隆卡。“他们离开了，”他写道，“我为他们感到难过。”

然而，悲伤是短暂的，因为此时他与索菲娅·安德烈耶芙娜新婚宴尔，正沉浸在幸福之中。“活了三十四年，”他说，“我以前从不知道还能这样去爱，并如此幸福……如今的平静安宁是我人生中从未有过的。”然而，婚姻生活并不像单身时想象的那般美满。“两人生活在一起是一种惊人的负担……我觉得现在的生活极其可怕：一个热情似火，另一个却每时每刻都一本正经，与以前大不相同。”

事实是，托尔斯泰被家庭生活的鸡毛蒜皮和小吵小闹搅得不胜其烦，他似乎曾想象自己会跟大部分做丈夫的有所不同，可以免受这等麻烦和苦恼。他只能模糊地理解妻子对家庭管理的重视。一个月前，索菲娅·安德烈耶芙娜还居住在克里姆林宫的一个小房间里，因为她的父亲是宫中的医生。而现在，她是一位伯爵夫人，是掌管辽阔土地、丰富家产的女主人。不过她很快就发现，她的这个家庭帝国虽然辽阔，但是非常低效懒散。亚斯纳亚-博利尔纳深陷消极怠惰和伏特加的泥潭。这里供养着一群仆人：一名专门整理寝室的女仆、一名洗衣女工、一名马车夫、一名女裁缝和一名女杂役，然而他们都格外拖沓。房子里总是杂乱不堪，厨子喝得烂醉，家务管理杂乱无章。托尔斯泰自己没有常用的床单被罩，更愿意跟农夫一样裹块毯子就睡。女管家阿加莎·米哈伊洛芙娜似乎更愿意侍弄狗，而不是整理床铺。她又高又瘦，皮肤因为上了年纪而显得松松垮垮，托尔斯泰对她尊重有加。她负责照料托尔斯泰的几条狗。她将狗养在一个脏兮兮的房间里，到处堆满了她自己的衣服，权当狗窝。小狗生病的时候，她就在圣尼古拉圣像前点上一根蜡烛，祈求保佑。

对托尔斯泰来说，他不仅对妻子将家务琐事列为头等大事感到震惊，也对她表现出的解决这些问题的强大决心大为诧异。索菲娅·安德烈耶芙娜全身心地投入到了女主人的角色中。她怒气冲冲地拉铃绳，盛气凌人地下命令，重新整理了房间，铺好了床单。她的意志力像男人一样强大。“我只能说，”托尔斯泰在给一位朋友的信中说道，“她最突出的特点就是‘完完全全的男子气概’——我说真的，‘完全’和‘男子’都是认真的。”不过，如果说索菲娅·安德烈耶芙娜秉性中的男性特征很强大的话，那么其女性本能则更为强大。托尔斯泰对此感到困惑不已。他的妻子渴望他的体贴关心、爱慕尊敬、拥抱亲吻。当这位与她灵魂相交的爱人不能表现出足够的温柔爱意，她就会生闷气。“我的丈夫生病了，心情不佳，他不爱我了。”刚结婚两星期，她就这样抱怨。“跟他生活在一起，感觉糟透了。”“他对我日益冷淡，我却越来越爱他，我很快就承受不住他的这种冷漠了。”他们的关系“出了问题”。“迟早，我俩会同床异梦各不知。”在亚斯纳亚-博利尔纳，她就像生活在糊里糊涂、茫然惶惑又伤感的梦里，要是能醒来就好了。“如果能醒来，我会跟现在不同……到那时，他就能知道我是多么爱他，我也知道怎样对他表达爱意，能够洞察他所思所想，知道怎样做能令他快乐，一如往昔。我必须清醒过来。”

但是，她做不到。她在洒扫整理方面尽心竭力，在两人的私密生活中却倦怠冷淡，两者形成了鲜明的对比。在最初的日子里，令这对新婚夫妇惶恐困惑的不仅仅是心灵交融方面的问题。张灯结彩的旅馆新婚之夜，在索菲娅·安德烈耶芙娜看来，十分令人不快。“简直是一场噩梦，”托尔斯泰后来在日记中写道，“她什么都一清二楚。”她对此的恐惧近乎“病态”，虽然最终习惯了床笫之事，但并没有更喜欢。“所有这些男欢女爱之事，”她说道，“都令人厌恶。”她无法从自己赤身裸体被“压”在丈夫身下这种事中找到乐趣。“肉体之欢对他来说非常重要，对我则毫无意义。”得知自己的丈夫还有别的女人时，她对他多情纵欲的本性更加鄙视了。“他亲吻我的时候，我心里会想

‘反正，我也不是他的第一个女人’。”

她对丈夫的日记耿耿于怀。不知是想要试探她的感情，还是希望两人的心灵能更完美地结合，结婚前不久，托尔斯泰曾让索菲娅·安德烈耶芙娜读他的日记。一个小心谨慎的爱人可能会想方设法为年轻时办的蠢事找些体面的托词，但托尔斯泰不想要这种虚伪欺瞒的手段。索菲娅·安德烈耶芙娜应当了解他灵魂的全部。她拿到日记，并打开阅读了。日记中那些污秽不堪的自白、狂野淫荡的肉欲，以及无数次的纵情酒色，令她震惊不已。

她的震惊表明了她的天真幼稚。在那时的俄国，年轻姑娘生活在一个受保护的环境中。曾经，为了保护女性的纯洁端庄不受陌生人猥亵目光的玷污，家人会让她们深居闺中，这种东方习俗已经被彼得大帝废除了。这种幽闭的传统逐渐消失，但出身良好的俄国女孩仍然是在围屏和面纱之后成长起来的，结果就是，她们长大之后对两性关系中不甚高雅的方面几乎一无所知。十八岁的索菲娅·安德烈耶芙娜被自己爱人突然展示的情色本性打了个措手不及。她一夜未眠，以泪洗面。托尔斯泰的过去，她写道，“是那么丑陋恶心，我想我永远也无法接受”。第二天早上，她泪眼模糊，脸色苍白，却装作很开心的样子对他笑脸相迎，她已经原谅，或者假装原谅了他的那些露水情缘。但她心里已经种下了不信任的种子。

如今，种子结出了苦果。爱情可能需要耐心等待，嫉妒却来得汹涌澎湃。她说：“我对他的爱，我初次也是最后一次的爱，竟无法令他满足，这让我受伤。”“我也思慕男人，”她承认，“但只在我的幻想里。”在亚斯纳亚-博利尔纳，身边的很多人都能激起她对托尔斯泰那些风流韵事的厌恶。比如阿什金尼娅，一个曾经与托尔斯泰有过亲密关系的乡下女孩。很多年以后，已经进入迟暮之年的托尔斯泰说，“一想到阿什金尼娅还健在”，就感到欢喜快乐。再比如阿什金尼娅的儿子季莫费，他跟庄园的主人托尔斯泰就像一个模子里刻出来的。一天晚上，索菲娅·安德烈耶芙娜梦见亚斯纳亚–博利尔纳的所有女人都聚集在一个巨大的花园里，阿什金尼娅也在其中，她穿着黑丝裙，那个小男孩站在她身边。索菲娅梦到自己抓住了丈夫的私生子，将他撕得粉碎。不过，在冬雪到来之前，一件事情的发生给这段婚姻带来了改观，索菲娅发现自己怀上了孩子。

托尔斯泰的家庭正在壮大，这位曾经的公众人物准备做一个彻头彻尾的居家男人。他并不是唯一一个出身名门，但为了照顾家庭而放弃公共义务的俄国人。沙皇的改革一度在一个全新的意义上唤醒了许多受过良好教育的俄国人的公民美德。但他们的热情已经消退，回到漠然的状态。亚历山大并未使那些最优秀、最明智的臣民认可改革的重要性。

南卡罗来纳州哥伦比亚、南卡罗来纳州卡姆登，1862年3—9月

俾斯麦对抗自由国家的反革命运动或许还可以成功，虽然它把黑暗时代的污垢带进了议会政治和进步的历程中。然而在美国，“食火者”的浪漫主义空想彻底破灭了。在新大陆上，封建制度破产了，而南方的贵族花了很长时间才意识到，他们的那套秩序注定要失败。一开始，战争对他们来说不过是一场室内游戏，是进行爱国主义诋毁谩骂的借口。但是，随着1862年慢慢过去，战争离他们愈来愈近，已经不再是夸夸其谈的资料。

“战争已经打到我们家门口了，”玛丽·切斯纳特说，“我们所熟知、所了解的人中，有一半正处在敌人的枪口下。”男人们前仆后继地穿上军装，奔赴前线。她的朋友劳伦斯·基特率领着自己手

下的兵团——南卡罗来纳第二十兵团上了前线，另外一个朋友，约翰·休·米恩斯紧随其后。玛丽·切斯纳特在去普雷斯顿家的路上遇到了米恩斯州长，他正驱车前往军事补给站。玛丽很喜欢这位州长，他与那些“冷酷、拘谨、严肃、过分注重礼节的人”——在她哥伦比亚的生活圈里有很多这样的人物——很不一样。他热爱生活，并且毫不掩饰。他在马车上亲吻了玛丽的双手。“这是一个发自内心的真诚问候，我也用全部的真心回应他，‘再见’，他大声跟我说——我也照样回答了他。”看着他渐驰渐远，玛丽落下了眼泪。两个月之后，州长去世了。

年长的人会死去，而年轻人死得更多。玛丽·切斯纳特已经记不清有多少年仅十八岁，或刚到二十岁的年轻人“毫不夸张地说，被血流冲走了”。“他们没有留下任何可以证明自己曾在世上存在的东西。”但是南方人的意志困而弥坚。在他们以一种英雄主义的态度看待生活中的罪恶的时候，这一意志强大到了极点。玛丽·切斯纳特对那些经历丧子之痛的母亲表现出来的自我克制感到震惊。这绝对是斯巴达式的英勇。家里的独子、年轻的爱德华·切夫斯阵亡之后，他的姐姐伤心欲绝，几近歇斯底里。“哦，母亲，”她哭着说，“我们该怎么办——爱德华死了。”但是切夫斯夫人“静静地坐着，面如白纸，没说一句话，也没掉一滴眼泪”。

随着前线伤亡人数激增，一种新的悲观主义情绪弥漫在种植园贵族阶级心中。联邦军队，玛丽·切斯纳特说道，“三倍于我方兵力”，并且北方各州“并没有倾尽全力”。南方人现在没话说了，之前的虚张声势被打压殆尽。一名军官对玛丽说：“男人还能光荣死去——我们不知道妇女和儿童会遭遇什么。”另一名军官说：“我希望我的妻子和孩子能逃离这杀戮之所。”玛丽·切斯纳特的丈夫有一次几乎失态。他“不得不承认自己崩溃了，或者说近乎崩溃了”。玛丽写道。他收到了一位母亲的来信，恳求给她一张通行证，这样她就可以去弗吉尼亚照顾自己受伤的儿子。詹姆斯·切斯纳特一开始打算在州长委员会上大声读出这封信，但是最终没有读。“他对自己的软弱感到羞愧难当。”玛丽·切斯纳特说。

要说詹姆斯·切斯纳特有什么与众不同之处的话，那就是他教养太好了。年轻的时候，他就认真研读过沃尔特·司各特爵士的作品，人到中年，他的心冷硬起来，跟小说《威弗利》中那些刻板僵硬的人物如出一辙。他的一举一动很明显被家族传统所累——那些在马尔伯里墙上的油画中盯着他的列祖列宗令他身负重担。每当詹姆斯·切斯纳特沉浸在他那封建庄园主的心境中，思想他的奋斗目标——“所作所为确实符合骑士精神”——的时候，他的妻子都无法轻易碰触他的内心。在这样的时刻，对妻子来说，他似乎遥不可及，独自在某座晦暗不明的精神圣殿——切斯纳特家的珍贵历史中缅怀过往。

两人的婚姻是有一些不尽如人意的地方，但这不是令玛丽·切斯纳特不满意的主要原因。她至今膝下犹虚。普雷斯顿上校曾经冒昧地提起过她无法怀孕这一痛楚。当时他正为一个生病的孩子担忧不已。“现在看来，夫人，”他劝告玛丽·切斯纳特，“回家好好感谢上帝吧，没有孩子便不会心碎，我和太太结婚的头十年里因为孩子们生病和死亡，一直处在极度的痛苦之中。”

“我才不会那样做，”玛丽·切斯纳特回答道，“看看你身边那些可爱的姑娘吧，她们带给你幸福。她们才能够让人感谢上帝——远超过一切，我却没有。”

无论她悲伤的内在根源是什么，外在表现形式就是久病不起，虽然一开始可能有些矫揉造作的成分，但积久便成了常态。即使是做一些纯粹的机械劳动，她也会病得更重。打扫、洗濯、缝缝补补，以及下厨做饭，都是别人来干。她不用自己穿衣服，自有奴隶莫莉代劳。

家奴“自觉自动、无声无息，做得无可挑剔”，以至于她很少有提要求的机会，被精心训练过的家仆可以预先想到并满足她的心愿。“仆人能想你之所想，”她写道，“他们知道你的习惯和需要……要是我逼不得已提什么要求的话，马尔伯里的管家埃班就会万分苦恼，觉得自己是个可笑的失败者。”

体弱多病是逃避各种费时费力的活动的借口，不过它最主要的吸引力还不在于引诱人偷懒旷工，而在于它带来的社会交际和撒娇做戏的机会。玛丽·切斯纳特一直在生病——这让她有了待在普雷斯顿家的借口。在普雷斯顿家，大家对她关怀备至、体贴有加，除此之外，她还是病房闹剧的中心人物。在19世纪，病房是一块圣地，里面充满了各种夸张离奇。芭可的姐姐玛丽·普雷斯顿被派在病床前守夜。有一次，玛丽·切斯纳特犯了“神经性晕厥”，可怜的姑娘飞奔下楼去找她的母亲。

“快来，快来，”在花园里一看到自己的母亲，她就尖声喊起来，“切斯纳特夫人快要死了！”

“谁跟她在一起呢？”卡罗琳·普雷斯顿问道。

“没人。”

“你撇下她一个人？”普雷斯顿夫人惊叫，快步跑向病房。

“是的，妈妈，”女孩回答道，“您不会让我待在那里看着她死掉吧？我可不要，她看起来可怕极了。”

玛丽·切斯纳特的病恹恹或许有表演和装腔作势的成分，但其中也模模糊糊有些宗教意味：维多利亚时代献身的一种形式，相当于新教徒将自己隔离在修道院中的做法。玛丽的身体日趋衰弱，头脑中的活跃因素也渐渐委顿。然而，在病房中幽闭不出却令她的默想和反思能力有所增强。在退隐养病的这段时间里，她读了狄更斯、特罗洛普、迪斯雷利和巴尔扎克的作品，这些书籍给予她的帮助一点也不少于传统药物。不过，病弱很快击垮了她的道德意志，心灰意懒、意志消沉的玛丽·切斯纳特转而求助于比文学作品刺激性更强的东西。她染上了吸食鸦片的恶习，以舒缓她“极度兴奋的神经”，在某段消沉低落的日子里，她甚至觉得自己能活下来都是鸦片的功劳。

不过，她完全明了自己的困境。“食火者”的信念——奴隶制可以使高贵的心灵得到自由，去完善他们的灵魂——无异于一个童话故事。玛丽·切斯纳特反驳道：“正相反，以蓄奴为代价的自由摧毁了意志。17 世纪那些在沿海低地定居的人，最早都具有美德和了不起的建设能力，不然他们也不会住在这里。但是，做了两三代高贵闲散的种植园主之后——他们的性情发生了多大的变化！近来，所有头脑活跃、在政府身居要职的都是苏格兰人的直属后裔，或苏格兰-爱尔兰混血。”住在沿海低地的富豪大亨已经不像以往那样对南方拥有绝对的统治了，并且，将公共生活的高层治权拱手让于那些更具民主观念的领导者之后，他们在文学和艺术方面的成就也乏善可陈。玛丽知道，她自己的经历就是这一历史变化的女性样本。在她所属的社会阶层中，最有前途的男人要么吊儿郎当、不务正业，要么对什么都浅尝辄止、半吊子水平，鲜有例外。最聪颖智慧的女性都体弱多病，无所作为。

战争加速了瓦解的进程。马尔伯里——切斯纳特家族所有家产的根底，日渐崩溃了。家族财产一天天萎缩。老上校已经在铁路债券、银行股票和期票方面亏损了超过 50 万。他那“老年人蛙鸣一般的声音”在房间里回荡着。“我们无法与整个世界对抗——二加二只能得四——得不出一千——数字明摆着啊……”“时运不济，前途黯淡啊。”

华盛顿、圣彼得堡、柏林，1862年10—11月

林肯读着格拉德斯通先生在纽卡斯尔演讲的报道，满心沮丧。

《解放奴隶宣言》已经颁布，李也在安蒂特姆一役中被击败，然而维多利亚女王的财政大臣坚持认为总统的改革失败了。格拉德斯通在纽卡斯尔市政厅的演讲中声称，北方诸州的人民“还没有喝这杯*——他们仍试图将其举离他们的嘴唇——不过，世界其他地方的人都知道，他们必然会喝下”。在格拉德斯通看来，毫无疑问，“杰弗逊·戴维斯和其他南方领导者已经组建了陆军，他们似乎还在筹建海军，而且他们建立起了比这两者都重要的东西，他们建立起了一个国家……”

格拉德斯通的这番话引起了一阵惊叹，随后，热烈的掌声响起来。

看来，总统手中的王牌并没有迫使英国内阁对美国事务袖手旁观。无疑，《解放奴隶宣言》并没有打消格拉德斯通先生的念头，人们普遍认为，这位财政大臣对杰弗逊·戴维斯政治才能的溢美之词是英国承认南方政权的前奏。《解放奴隶宣言》也没能解决麦克莱伦将军的问题，这位波托马克军团的指挥官仍固守安蒂特姆，不愿意，至少看起来不愿意，为一个志在解放奴隶的政府而战。

林肯敦促麦克莱伦更积极地追击李将军的疲惫之师，不过这位将军炮制出了新的拖延借口。他说：“战马已经劳累不堪，需要休整。”“我能否冒昧问一句，”林肯回道，“安蒂特姆一战之后，战马做过什么能累着它们的事情？”

仍有谣言称波托马克军团有背叛和不满之嫌。私底下有人说，反动士兵们并没有打消进军华盛顿的念头。麦克莱伦本人对林肯批评他的智略才干一事深恶痛绝。他确实偶尔提起过服从当局权威的必要性，无论当局是多么愚蠢荒谬。“国家利益要求我服从那些不如我的

* 基督教中耶稣用“喝这杯”隐喻其受苦受难，最后被钉死在十字架上。——译注

人所下的命令！”他跟妻子说道，“没有一个绰号可以像‘大猩猩’一样贴切地形容某个人了。”但有时，麦克莱伦又忍受不了官员加之于他的束缚。“为了国家和我的安全，”他说，“唯有将他们一并铲除。”

林肯亲自出马，去查验军队是否忠诚。他从华盛顿搭乘一趟全副武装的列车，于10月的一个热天抵达了麦克莱伦位于安蒂特姆河畔的军营。他视察了战场，之后骑上一匹毛色乌黑的战马，据说这匹马是由麦克莱伦的手下特别挑选的，性子很烈，他们想考验一下这位总指挥官驾驭烈马的能力。林肯抓住缰绳，毫不费力地策马而去，令将军的随从懊恼不已。

战鼓雷鸣、炮声隆隆，降旗礼后，在《向统帅致敬》的音乐声中，总统骑马检阅军队，接受军队的敬礼。晚上，林肯住在帐篷里，第二天天未破晓，林肯就找到随他一同前来安蒂特姆的好朋友，伊利诺伊州官员奥扎厄斯·哈奇。“来，哈奇，”总统说道，“陪我走走。”他们离开还在沉睡的营地，登上了附近的一座山丘，他们看到太阳从帐篷和军旗林立的战场冉冉升起。总统向着前方的景象挥了挥帽子，转过身对他的朋友说：“哈奇，哈奇，这是什么？”

“林肯先生，您为什么这么问？”哈奇回答道，“这是波托马克军团啊。”

“不，哈奇，不是，”林肯说道，“这是麦克莱伦将军的贴身卫队。”

总统心满意足地回到了华盛顿，军队虽然怠惰不动，但对他的总统权威还是十分顺服的。改革已经进入了新的阶段，尽管有很多事情不尽如人意，但林肯展现出了对人对事全新的驾驭能力。他比以往任何时候都清楚他所投身的这场斗争的全局性，并发挥他能言善辩的天赋，想方设法让自己的同胞明白正在进行的这场改革的历史意义。帕默斯顿勋爵、罗素勋爵和格拉德斯通在外交政策上遍寻门路，来维护英国在全世界的利益，但是林肯认为，他们的利益观过于狭隘。总统说，这十年中关键的问题是自由制度会在世界范围内存续和发展，还是会因“内在的致命缺陷”而胎死腹中。这对英国和对美国一样，是利益攸关的问题。在向国会提交的年度报告中，林肯提到了这一世界性危机：

> 我们要么勇敢地拯救，要么卑贱地失去，地球这最后的希望。

如果自由在美国失败，那它还能在何处繁荣呢？确实，它仍然可能在英国蓬勃发展，但是即使在英国，它也是脆弱不堪的，这个岛国会发现自己在装备着蒸汽、煤炭和钢铁等新力量，充满侵略性的专制国家的包围中，孤军奋战。

林肯在读报纸。1862 年秋季，在三个伟大的国家中，自由的命运都悬而未决。在俄国，一位独裁者试图推动自由改革，却无法战胜专制政治的惯性。在德意志，普鲁士王室的一位大臣将他阴暗的才华用于摧毁法治国家最后的脆弱支柱。在美国，林肯本人拼尽全力在国内叛乱和旧世界的罪恶权势之下，在某种诱惑——诱惑他以一种会对他努力证明的自由观念造成致命伤害的方式来克服困难——之下，保护国家的自由制度。

林肯、俾斯麦和亚历山大三人都理解这一历史关头的重要性。俾斯麦，这位骑士的后裔，试图通过瓦解普鲁士议会来阻遏自由的进展。“一个人对世界的了解是如此之少，”这位新任首相写信给自己的妻子，“以至于他就像孩童一样，永远都在黑暗之中。”然而，即使是俾斯麦，也不能预见他在 1862 年秋天所做的决定让自己的国家陷入了何种程度的黑暗。亚历山大，这位皇室的子嗣，意识到了自由才是伟大的唯一稳固基础，然而知易行难；并且他完全不懂如何向自己的臣民传达这种领悟。三位政治家中唯一的平民之子——林肯，洞悉了自由国家的美好希望，并且在治国方针中将他的认识具体实践了出来，但改革的代价是惨痛的。

然而，在那个落叶飘飞的秋季，林肯却看到了一线光明。他确信，自己已经强大到足以免除麦克莱伦将军的职务了。一封密信经由专列送达了将军的指挥部。麦克莱伦打开信封，看到了一条命令——他被解除指挥权，并被要求回到位于新泽西州特伦顿的家中待命。

第二篇

改革的高潮

第十五章

不论权属

柏林、加施泰因、巴登，
1862年12月—1863年11月

俾斯麦计划的思想动力是如此原始——铁与血，以及君权神授。按照传统观念来看，在一个进步、科学、民主的时代，这样的计划理应遭遇彻底的失败，消亡殆尽。但是，跟更落后的保守派相比，跟曼陀菲尔和梅特涅相比，俾斯麦时刻准备着用最先进的方式来捍卫自己的理念。浪漫民族主义、男性的公民选举权、沙文主义的报纸杂志——进步、科学、民主能提供的所有方式——他都随时准备拿来为自己的改革服务。

俾斯麦依然认为，他的计划是完美无缺的。只不过，他现在也发觉纸上谈兵毫无用处；他必须行动起来才行。1862 年 12 月，上任两个月后，他在威廉大街召见了奥地利大使卡罗伊伯爵。俾斯麦表现得毫不客气，他告诉卡罗伊，奥地利要么放弃在德意志的特权，要么兵戎相见。哈布斯堡王室必须将重心东移至匈牙利。如果他们不这样做，定将大祸临头。

不幸的是，俾斯麦选的替罪羊可不吃这一套。尽管哈布斯堡王室

驽钝无能，但感受到威胁时，便会变得狡猾多端。维也纳回复了俾斯麦的最后通牒，他们没有枕戈备战，而是提议在法兰克福召开亲王大会，以求改革德意志邦联议会（梅特涅亲王的同盟会）。

这种虚张声势是明智的。俾斯麦毫不怀疑，奥地利试图改革德意志邦联议会的行动对普鲁士来说是很不利的，然而他也立刻发现，通过摆出提议召开亲王大会这样一副姿态，维也纳戳到了他本人的软肋。他的君主威廉国王是个坚定的正统主义者。老国王与德意志每个公国的王室都有着千丝万缕的联系，他充分尊重传统和特权，尊重血统和领地，尊重庄严伟大的王朝。亲王大会的与会者将会被他的“王室团结”观点深深打动。

威廉得知奥地利的提议之时，正身处奥地利阿尔卑斯山的加施泰因。俾斯麦在此地陪他。对维也纳的阴谋诡计，俾斯麦忐忑不安。在给妻子的信里，他写道：“我只愿整天爬山、在湖边晒太阳、抽烟或者远眺雪峰，除此之外无所事事。”但这样悠闲的田园生活不可能持久。战旗已经挂起；奥地利皇帝弗朗兹·约瑟夫要亲自出马了。

这一次，俾斯麦的多疑敏感失去了用武之地。这场意义深远的会谈进行的时候，他只能袖手旁观。弗朗兹·约瑟夫赢了威廉国王。威廉动了去法兰克福的念头。他对俾斯麦说，他希望“能改变奥地利和普鲁士之间的敌对关系，共同对抗改革和宪政”。

俾斯麦当即想让国王改变主意。他说，威廉必须不惜一切代价，“远离法兰克福”。从加施泰因到维尔德巴德，从维尔德巴德到巴登，俾斯麦始终与国王如影随形。“法兰克福的集会愚不可及，”他对妻子说，“我万万不能离开国王。”两人乘着一辆敞篷马车穿过黑森林。为了不让车夫听懂他们的对话，他们没有讲德语，而是使用了法语。抵达巴登的时候，俾斯麦认为，自己已经成功说服了国王。但是抵达公爵府之后，他发现了新的危机。萨克森国王带着在法兰克福集会的亲王们的便条，悄悄等在走廊上。他们邀请他们的兄弟威廉国王一同参加。

一时间，俾斯麦一路上在马车里做的工作全部白忙一场。威廉国王惊呼："三十位大权在握的亲王和一位国王！"他怎么能拒绝这样的邀请呢？

两人激辩到深夜，最终按俾斯麦的说法，国王"为紧张的局势心力交瘁"，做出了让步。这位老战士泪流满面，他同意听从首相的建议。俾斯麦心怀激荡，回到房间里，激动得打碎了一只花瓶。

普鲁士国王缺席，亲王大会一无所成。然而，俾斯麦仍然心有不足。自由派继续反对他的统治，他对权力的掌控虚弱无力，在他眼中，就连巴登的美景都变得黯然失色。"午夜，我沐浴着月光外出散步，"他写信给妻子，"却心绪烦乱，不得清净。"他回到柏林的当天，内阁召开了两次会议讨论宪法问题。"对此，我不以为然。"他说。他也无法解决这个难题。

他该何去何从？自由派人士对他的统治越来越失去耐心。他开始对媒体实行审查制度；不过他知道，这不过是老一套把戏，只会令反对势力愈发变本加厉。他必须另觅良策。老奸巨猾的欧洲政治家们曾经利用（或者建议利用）下层人民的力量对抗自由派中产阶级——资产阶级与职业阶层，对此他很感兴趣。在法国，拿破仑三世组织全民投票，证明自己的威权。在英国，本杰明·迪斯雷利期望建立一个普通民众和贵族阶层的联盟，温斯顿·丘吉尔的父亲伦道夫·丘吉尔勋爵后来称之为"托利民主"。还有人称之为"新封建家长制"或"英国托利社会主义"。

这是一个高明的策略：用民主家长制度来颠覆自由体系。在今天看来，民主和自由几乎是同义词，这样一种政策似乎是一个悖论。但是在 19 世纪，却似乎并非如此。在英国和美国，法治、权利法案、司法独立及对财政和军事的法律监督是在普选制度产生之前出现的。19 世纪，在英国和美国，民主逐渐成长起来，自由机制相对稳定；公民权的扩大并未破坏自由宪法，反而使其更加稳固。但是在那些没有如此稳定的宪法的国家，不择手段的领导人利用民主的工具——公民投票权和选举权——来颠覆羽翼未丰的自由机制。

俾斯麦采取了这一策略。他采用了一套蛮不讲理的说辞，希图说服德意志的普通民众。他认为，“底层民众”容易被权力吸引。受过教育的阶层会对宪法的细节感兴趣，底层民众却少有人关心。他认为，自由宪法理念的“实际价值罕为大众所知”。他认为，不管君主本人如何专横，“到抉择之时，民众终会支持君主”。俾斯麦以敏锐的洞察力发现，自由机制对大部分人思想的影响何等微小。在大洋彼岸，林肯也得出了类似的结论；但是，他将这一结论用在了别处。

“如果不能达成和解，而是产出了冲突，”俾斯麦对普鲁士的宪法危机如是评论，“那么冲突就会变成权力问题。无论权力归属何人，形势都会以他的意志为转移。”强权即公理。铁血，而不是法律，是最终的动力。

然而言语不管多么犀利，终究不够有力。铁腕的俾斯麦必须行动起来。他应该像拿破仑三世一样，利用公民选举权来击败支持自由的反对派吗？俾斯麦与费迪南德·拉萨尔探讨了这种可能性，拉萨尔于 1863 年春天建立了德意志工人总工会。他是个奇人，是布雷斯劳一个丝绸商人的儿子，一个在上流社会如鱼得水的劳工领袖，一个向贵妇们献殷勤的社会主义演说家，一个自命不凡的江湖骗子，在梅毒的刺激下偶尔显露几分近乎天才之处。拉萨尔不到四十岁，鹰钩鼻子，眉骨高耸，他自认为是革命界的红衣主教黎塞留。他的语调带着几分神经质，热切地显露自己的聪明才智。

拉萨尔抽了一口昂贵的雪茄，跟俾斯麦解释：“要是让我进行普选，我能帮你得到百万选票。”

俾斯麦动心了。他并不赞同拉萨尔的社会主义，他觉得这纯属妄想；但是他认为，这位劳工领袖给大众选举权，并在强权制度下管控民众的提议，不失为压制自由中产阶级的手段——而且还能为政府的强权统治提供更多的保障。

然而，还有一个问题。他知道，威廉国王绝不会同意如此冒险的迂回压制自由人士的方式。专制主义尚需等待。然而，他还有什么方法能维护他的权力呢？1863 年 11 月，正当俾斯麦处于这种进退两难的境地，命运终于眷顾了他。当月，在石勒苏益格-荷尔斯泰因州的一座城堡里，丹麦的老国王腓特烈七世去世了。新任国王克里斯蒂安九世即位。德意志厉兵秣马，准备开战。

弗吉尼亚、宾夕法尼亚，1863年4—6月

睡在战地司令部的罗伯特·E. 李将军被一阵枪声惊醒。然而，他并没有起身去一探究竟。他需要休息，他患了严重的咽喉炎，最近才刚刚康复。但是这一夜，他根本无法休息。没过多久，他又被惊醒了。有人在喊他的名字。他睁开眼睛，看到了詹姆斯·史密斯上尉，“石墙”杰克逊麾下的一名年轻军官。

李说：“我好像听到了枪声，年轻人，你是不是来告诉我发生了什么事？”

史密斯告诉李将军，联邦军队的大队人马正在渡过拉帕汉诺克河。波托马克军团的新任指挥官、人称“斗士乔”的约瑟夫·胡克将军似乎想实现他履职时夸下的海口。胡克说，拿下里士满根本不是问

题，问题只在于何时拿下。*

李从床上爬起来，准备迎战这支人数近乎两倍于己的军队。两天后，日落蓝岭时，他还在思索对策。在钱瑟勒斯维尔南部松林中的营地，他跟“石墙”杰克逊坐在一段树干上商议。李问：“我们怎样才能接近那些人呢？”突然，杰布·斯图尔特从夜色中出现。这位骑兵队长汇报说，胡克的右翼暴露无遗。

李很快就有了对策。面对敌方的优势兵力，他再次决定兵分两路。他命令杰克逊和他的第二军奇袭联邦军的右翼。

杰克逊起立敬礼。他说：“我部将于 4 点整行动。”说完，他脸上露出了微笑。

第二军的将士以一贯的高昂斗志全力地执行李将军的命令。他们一举击溃了胡克的侧翼，之后，杰克逊本人纵马向前，冲进夜色中，他决意巩固己方的优势。然而，他的哨兵们误以为他是北方骑兵，开了火。他的左臂和左手中了三枪。他被带进了“荒野”酒馆附近的帐篷里。

硝烟散尽，很明显，南军在钱瑟勒斯维尔大获全胜。胡克将军被敌人的突袭打了个措手不及，完全不知所措。他没能抓住机会建立起防线，他像只缩头乌龟一样退却了。白宫之中，林肯震惊错愕。记者诺亚·布鲁克斯看到总统拿着电报走进房间，“一脸绝望”。他脸色“铁青”，声音激动得颤抖。“天哪！天哪！”他说，“国民会怎么说？”

李将军大获全胜；但是在最辉煌的时刻，他也并未忘乎所以。当他从杰克逊手下的传令官威尔伯恩上尉那里得知副手遭遇的不幸时，他的脸色沉了下来。

“啊，上尉，”李说，“胜利的代价过于高昂，竟然令杰克逊将军

---

* 对于胡克的这番吹嘘，林肯讲了母鸡的故事。他说：“母鸡是所有动物里头最聪明的，它从不在下蛋之前嚷嚷。”

无法再为国家服务，即使只是一小段时间！”

按照李的命令，杰克逊被带到吉尼车站附近的一个小村庄，那里受敌方骑兵的侵扰较少。他中弹的胳膊截肢了。虽然起初还有望康复，但是接下来杰克逊的伤情恶化了，他很快就变得神志不清。“大家一起渡河，”他说，“到树荫下休息吧。”不久，他便去世了，年仅三十九岁。

李说：“他是一位无与伦比的指挥官，但阳光却未照耀在他身上。只要告诉他我的计划，但凡有一分可能，他便会将之实现。我完全不必委派他、监督他。他会精准完美地执行我的指令。”其他指挥官可能拥有杰克逊不屈不挠和勤勉努力的精神，但他们缺乏尝试更多可能性的进取心，也缺乏做出更多努力的雄心壮志。李现有的兵团将领都不具备杰克逊那种军事天分。安布罗斯·鲍威尔·希尔缺乏历练。詹姆斯·“皮特”·朗斯特里特缺乏对李的判断的信任。罗伯特·斯托德特·尤厄尔则缺乏自信。

北弗吉尼亚的军队“若能妥善组织，正确指挥，将是不可战胜的”。李告诉约翰·贝尔·胡德，这位年轻军官在盖恩斯磨坊负责指挥得克萨斯第四兵团。“这些士兵极为出色。如果领导有方，这支军队将所向披靡。但是问题是，指挥有方的领导者到哪里去找呢？”眼下，既没有时间，也没有条件来征募一位新的军队指挥官。北方人口众多，工业发达，日渐强大。而南方制造业水平低下，封闭自守，日趋衰退。李必须利用好手中的资源，而且必须速战速决。

6月底，他挥师北上，直指宾夕法尼亚，意在通过殊死拼搏重现南方的荣光。通过与北军交战，李意图粉碎北方联邦的战斗意志。同样，他还想填饱自家士兵的肚子，他们在饱受战争蹂躏的弗吉尼亚已经越来越枯瘦憔悴。跨过边境之后，南方军队抢掠牲畜吃穿，连鞋子都不放过。离梅森-狄克森线不远，有一座安静的交通枢纽小镇，传说那座小镇里有大量鞋袜，詹姆斯·约翰逊·佩蒂格鲁将军便率部出动搜寻。这座小镇名叫葛底斯堡。

巴黎、墨西哥，1863年3—6月

脱去衣服的这名女子与其说是美丽，不如说是俊朗。她当模特的这幅油画描绘的是公园里的野餐，但实际上，这名女子是在室内，在一个画室里赤身裸体。她面前的这位画家，是在19世纪60年代末首次进行外光主义尝试的。此时，维多琳·默朗全裸着，很明显，她身材曼妙，腿型格外优美。她坐下来，右臂撑在膝上，若有所思地托着下巴。

据小说家左拉说，根据传统，默朗小姐起初并不愿意为爱德华·马奈做模特。这位画家正在创作一幅名叫《草地上的午餐》的作品，这幅画以戈雅和委拉斯开兹的风格，描绘了两男两女在野外共进午餐。男子衣冠楚楚，身着巴黎波西米亚样式的时装。背景中，一位黑发女子松散地披着内衣，俯身采摘花朵。另一名女子一丝不挂地坐在两名男子身旁，各种衣物散落一边。

肯做裸体模特的只有一个人，而她还犹豫不决，不愿在画室里脱衣服，将自己暴露在画家的审视之下。然而有一天，她终于被画家眼中的祈求打动了。左拉在小说中描写了这样一个片段："她像平常一样不慌不忙地摘下帽子，脱掉外套。然后，她平静地继续：解开上衣，脱掉裙撑，脱下束身衣，解开内衣，任其滑落到臀部以下。她一言未发；她似乎神游天外，就像迷失在了夜晚的梦境里，她只是无意识地脱掉衣服，全未在意自己的所为……此时，她已一丝不挂，静静地坐在沙发上，摆好姿势，手托下巴，闭上眼睛。"

左拉的描述纯属想象。1863年，十九岁的维多琳·默朗是一名专职绘画模特，她已经习惯了画室里无遮无掩的状态。尽管维多利亚时期风气保守，但裸体画依然作为一种艺术形式盛行。无论如何，马奈的裸体画作《草地上的午餐》在1863年春天引起了一场轰动。这幅画很快就被认为是低俗下流之作。在巴黎一年一度的当代艺术展上，官方沙龙的评审们不允许该作品展出。

《草地上的午餐》引起轰动不只是因为其展示裸体。就在同一年，画家亚历山大·卡巴内尔提交给评审们的裸体画更具挑逗性。卡巴内尔的画作描绘了一位体态丰腴的金发美女，做出撩人的放荡姿势。不过，卡巴内尔谨慎地将画作命名为《维纳斯的诞生》。他为情色覆上了古典的面纱。相反，马奈的裸体画描绘的却不是神话中的女神，而是一位现世的法国女子。“她是那种随便哪天都可能在街头碰见、匆匆赶往布兰奇地铁站的姑娘，”评论家克莱夫·贝尔说，“显而易见，带她出去野餐的两位年轻绅士，也是你随时都可能在巴蒂尼奥勒街头遇见的小伙子。”

这样的争议最终传到了第二帝国君主的耳中。1863年一个春天的早晨，法国皇帝拿破仑三世亲临巴黎工业宫现场观赏这部作品。皇帝拥有良好的审美情趣，至少懂得欣赏女性的形体。他尽心竭力，像做好政治家一样努力做好一个爱人。但是路易-拿破仑此时正深受性的困扰，他无法承受后宫的严酷。肉欲对他来说是一种负累，他近乎惊恐地对表妹马蒂尔德公主抱怨，杜伊勒里宫里的侍女们对自己纠缠不休。

他走过石子路，走上巴黎工业宫的铸铁夹楼观赏艺术作品。他来到马奈的画作跟前，细细研究。他说，这幅画有违他“羞怯保守”、端庄自持的品格。这种评价只不过是传统审美的一种表述，有些讽刺的是——这也是一个老浪荡子冷淡的判断。很可能是由于疲劳；皇帝太累了，懒得想什么更深刻的妙语。然而，他又想表现得公正。他下令，允许像马奈这种被沙龙拒绝展出作品的画家在巴黎工业宫的其他地方进行展示。

“落选者沙龙”就此诞生。然而，皇帝情不自禁的一个举动表现出了他的个人爱好所在。他花 1.5 万法郎买下了卡巴内尔先生的那幅《维纳斯的诞生》。

拿破仑三世的举动体现出其政治体制模棱两可的特征。波拿巴王朝的第二帝国自身便建立在矛盾之上。这是拿破仑意志的体现，是帝国皇权的体现。然而，这也为公民普选权和国家的解放奠定了基础。皇帝本人既是独裁者，又是解放者。从他的头衔，就能明显看出这种混乱。他称自己为“承蒙天恩及国民意志”的皇帝。尽管他的统治形式专制独裁，却以自由为最高理想。自即位以来，他就致力于维护国民决定自身命运的权利。1859 年，他翻越阿尔卑斯山，在马真塔和索尔费里诺击败了奥地利军队，将哈布斯堡王朝黑黄两色的旗帜从伦巴第区域连根拔起。不久之后，意大利就解放了。议会在都灵成立，一位立宪君主维克托·伊曼纽尔成了这个新国度的君主。1863 年，波兰的爱国志士奋起反抗沙俄的统治，拿破仑三世对他们鼎力支持。但他自己治下的国民却怨声载道。意大利已经解放了，如果皇帝心意坚决，波兰也将解放。然而，法国却不愿意。

拿破仑三世试图平息民众的鼓噪，他授予国民基本民权。但是浅尝辄止的自由更刺激了民众的欲望，反抗之声渐又甚嚣尘上。封建帝制已经变得不得人心了，更令人头疼的是，还变得不合潮流了。英国人和美国人认为，他们的政府就应该是落后过时的。但法国人可不这么想，法国的传统观念认为，对政府来说，优雅的管理才是上佳的管理。法国政府存在的意义就是要展示法兰西文明的正统和高雅。路易十四的宫廷展现了黄金时代的灵感;“太阳王”* 的凡尔赛宫采用了普桑

---

* 路易十四自号“太阳王”。——译注

和拉辛式的古典风格。一百二十年后，拿破仑大帝的皇宫展现了从古典主义到浪漫主义时期的所有辉煌文明。但拿破仑的侄子的成就却跟时代精神相去甚远。在马奈《草地上的午餐》的画布上，默朗小姐裸身而坐，仿佛在嘲笑波拿巴王朝的图腾——皇帝的金鹰。

为了称霸欧洲，拿破仑三世将视线转向了美洲。在墨西哥总统贝托尼·胡亚雷斯暂缓支付外债后，法国皇帝大发雷霆，随后打着保护债权人的旗号派遣法国军队进军韦拉克鲁斯。法国军队深入墨西哥内陆，企图攻下墨西哥城，但在 1862 年 5 月 5 日，在普埃布拉城下被墨西哥军队击退。拿破仑三世派遣新的军队和新任指挥官参战。1862 年 7 月，弗朗索瓦–阿希尔·巴赞将军被任命为步兵第一师的指挥官，次月，他从法国土伦海军基地起航。巴赞并不像一位即将就任的法国元帅，倒更像一家生意兴隆的商店的店主；只有从那双狡猾的小眼睛能看出自鸣得意背后藏着的智慧，也能看出一种高深莫测的性格，当十年积累的危机到来时，他将会起到虽不令人钦羡，但令人难忘的重要作用。

得知巴赞率领法国大军一雪前耻，拿下了普埃布拉，拿破仑三世心情豁然开朗。此后不久，皇帝欣闻，巴赞已经兵不血刃地进驻了墨西哥城。六十年前，他的叔叔将路易斯安那州卖给了杰弗逊总统，六十年后，拿破仑三世在美洲建立起了一个新的法兰西帝国。但是这个帝国风雨飘摇，与林肯改革的命运休戚相关。林肯就任总统之前四十年，门罗总统听从了国务卿约翰·昆西·亚当斯的建议，遵照了亚历山大·汉密尔顿的一则古训：他警告欧洲列强，不得干涉新大陆"任何区域"的事务。一旦南方失败，华盛顿将立即采取行动，将法国人赶出墨西哥。拿破仑三世一边对林肯政府表达善意，一边却暗地行动，支持南方邦联。

6 月 18 日，皇帝在杜伊勒里宫接见了南方邦联的特使约翰·斯莱德尔。拿破仑三世对路易斯安那州赞赏有加。他评述了南方军队的英勇善战、南方将领的足智多谋，以及南方人民的无私奉献。他表达了“对‘石墙’杰克逊不幸去世的深切遗憾”，认为“他是当代最伟大的人物之一”。他说，他“前所未有地深信不疑，南方邦联理应得到欧洲强国的普遍承认”。但他很遗憾地说，如若跟林肯总统关系破裂，那他远征墨西哥所取得的胜利将会遭到破坏。当然，拿破仑三世说，如果英国也能一同承认南方政权，事情就不一样了，因为这样一来，就算跟美利坚合众国走到兵戎相见的地步，至少他还有皇家海军支持他。英国会被说服干预美国内战吗？他说，他准备去见帕默斯顿勋爵，“直截了当地建议英格兰一同承认”南方政权。皇帝言而有信；他通过电报把指导意见发给了法国驻伦敦大使格罗斯男爵，请他“转告帕默斯顿勋爵，如果大不列颠愿意承认南方政权，皇帝乐意紧随其后”。

斯莱德尔兴高采烈地离开了杜伊勒里宫。一个小时之前，南方的前途似乎还一片绝望。但如果拿破仑三世能说服帕默斯顿承认南方政权，那前景就一片光明了。承认之后紧接着就是干预，而干预会将林肯的改革拦腰斩断。南方就能得救了。

第十六章

恐怖的大屠杀

西伯利亚，1863年1月—1864年8月

克鲁泡特金王子满怀希望地去了西伯利亚。他被派遣到伊尔库茨克，担任库克将军的副官，后者是一位对改革充满激情的年轻将官。克鲁泡特金全力投身于改造西伯利亚的事业中，一天，库克对他说道："亲爱的朋友，我们生活、奋斗在一个伟大的时代啊。"听罢，克鲁泡特金干得更加起劲了。

不过这位王子很快就发现，改革面临的障碍是多么巨大。在西伯利亚的严寒冬日，甚至连最坚定的意念都可能失去色彩。赌博、淫乱和伏特加毁掉了这里的文明。克鲁泡特金听说，一位警官在担任西伯利亚地方行政长官期间，不仅贪污受贿的水平大有精进，并且还异常残忍：他违反法律鞭打女人。克鲁泡特金义愤填膺，却无能为力，因为证明这个人有罪并不容易。被他折磨的穷人因怕遭到可怕的报复而三缄其口，不太愿意提供对他不利的证据。经过坚持不懈的努力，克鲁泡特金终于成功赢得了穷人的信任，并在之后拿到了受害者的证词。这位官员被正式革职——可没想到，他很快又得到了补偿，在堪察加被安排了一个更肥的职位。据透露，他在圣彼得堡有一些很有

影响力的人脉关系。“就这样，改革向四面八方推进，”克鲁泡特金写道，“始于圣彼得堡的冬宫，终于乌苏里和堪察加。”

王子一心想做些有意义的事情。于是，他便乘船顺着阿穆尔河*而下。阿穆尔河流域是两大文明交会的地方。北岸是西伯利亚寒冷的苔原，而南岸则是中国的黑土平原。不久前，穆拉维约夫伯爵声称阿穆尔河为俄国所有，他沿着河岸安设了一排定居点，将从沙皇劳工营中释放的男男女女迁移至此。克鲁泡特金在沿河考察的途中保持着清醒的头脑，成功地使该地区躲过了一场饥荒。后来，他对这个问题做了全面彻底的研究，写了一篇详尽的报告。当局毫不犹豫地接受了他所提的建议。对自己能为西伯利亚条件的改善做出一份贡献，他感到欣慰不已。不过，他很快就高兴不起来了。他所提议的改革措施被交付给一个臭名昭著的酒鬼，结果什么也没有做成。

在西伯利亚待了几个月之后，克鲁泡特金前所未有地确信，沙皇的改革计划徒劳无益。亚历山大称这是一次“自上而下”的改革，但克鲁泡特金认为，自由主义革命根本就无法以专制独裁的方式来控制。“很快，我就意识到了，”他写道，“行政机构绝不可能为民众做任何真正有意义的事情。”他深信，远在中央的政府通过法令法规推行那些经过精心设计的改革计划，注定是要失败的。圣彼得堡各大部门的行政官员不可能比生活在帝国偏远省份的居民更了解当地的情况，这些居民对自己面临的问题了如指掌。同时，克鲁泡特金看到，民众得到充分的行动自由后，能取得怎样的成就；他惊诧于普通民众自行演进而成的“社会组织的复杂形式”，这些形式“没有受到任何文明的影响”。

这样的发现可能会使王子倾向于提倡一种比沙皇亚历山大准备推

---

* 我国称黑龙江。——译注

行的改革更为彻底的自由革命——但实际上并没有。相反，他离自由国家的理想越来越远了。权力的陷阱隐伏难辨，克鲁泡特金就像他所属阶层的其他人一样，自小被培养成当权者。他对统治权的热爱呈现出一种表面上的利他主义形式，而这往往被证明是最残酷无情和专横暴虐的。他热切期盼提高民众地位，渴望新形式的“贵族责任”。他似乎从未想到，他的灵魂有可能为自身设下一个陷阱：这位最满怀热情想要解放人民的人——难道不正是最彻底地奴役他们的人吗？

宾夕法尼亚，1863年6—7月

如果这个世上不曾存在过李和杰克逊，南方也会造就出这样的人物。在那十年中，没有一个人比李这位优雅的骑士，能更充分地展现贵族家长式统治的浪漫，也没有一个人比杰克逊这位杰出而狂热的战士，能更完全地展现激进民族主义的狂暴精神。

6 月 29 日，宾夕法尼亚，李在一个大雨倾盆的早晨醒来，而此时，杰克逊已经与世长辞。李的心情跟这鬼天气一样糟糕，一反常态地焦虑不安。不久之前，探子带回消息，如今由乔治·戈登·米德将军——胡克的替任者——负责指挥的波托马克军团已经越过了波托马克河，直奔宾夕法尼亚而来。李知道，大战一触即发。“如果上帝让我们此战得胜，”他说道，“那么整场战争就会结束，我们的独立将获得承认。”

第二天，李将军得知，佩蒂格鲁将军在葛底斯堡遭遇了一大股联邦军骑兵。到 7 月 1 日中午，李本人抵达该镇外围地带时，成千上万的士兵正在激战。李拿起望远镜，看到一条长长的山脊横亘在前，其北部尽头是一处险要的高地。不过高地的名字不怎么吉利——墓园山脊，其所在的山叫作墓园岭。

不久之前，如果遇到这样的关头，李会向“石墙”杰克逊求助。但如今 R.S. 尤厄尔正指挥着杰克逊的第二军。李命令尤厄尔“发动攻势，将那些人推下（墓园岭）”。不过，尤厄尔没能完成任务。夜幕降临在被血染红的战场上，第二天，战斗在邦联军猛烈的炮击中拉开序幕。在炮弹的呼啸嘶吼声中，北卡罗来纳第二十六兵团的军乐队演奏着波尔卡和华尔兹舞曲。朗斯特里特麾下的第一军负责主要的攻击任务，不过他对李的计划毫无信心，拖拖拉拉并不尽力。

如今，激烈的战斗在墓园山脊附近、在魔窟和桃园打响，朗斯特里特所部大军准备拿下小圆顶山——墓园山脊的南端。一位机敏的联邦军官意识到了此山的重要性并采取了行动。斯特朗·文森特上校，一位来自宾夕法尼亚州伊利市的二十六岁律师，率领着波托马克军团第五军一个旅的士兵，率先在小圆顶山插上了大旗。当约翰·贝尔·胡德率领的邦联军队冲上来的时候，他大声喊道：“寸步不让！”不久，文森特被子弹击中，伤势致命，即便如此，他的第三旅仍为美利坚合众国守住了小圆顶山。

第三天，超过 1.2 万名邦联军士兵向联邦军队，以及联邦本身，发起了最后的总攻。三十八岁的乔治·皮克特将军身先士卒，骑着黑色战马冲锋在前。他出身于弗吉尼亚一个古老家族，毕业于西点军校，在军校，他是班里的“山羊”——排名最末的学员。（他的同学乔治·麦克莱伦排第二。）皮克特一头卷发，几乎及肩，就像 17 世纪画家范·戴克笔下的骑士。“冲啊，兄弟们，”他高喊道，“向着胜利的终点！不要忘记，你们是老弗吉尼亚的男子汉！”

可惜的是，皮克特的冲锋失败了。战马上的李将军看到皮克特在战场上苦苦厮杀。

“皮克特将军，”他命令道，“率领军队去后山，准备击退敌人的进攻，别让他们扩大优势。”

“李将军，”皮克特答道，“我已经没有军队可以率领了。”

之后的数月乃至数年间，李将军鲜少提及他入侵北方的事情。不过有一次，他思索过杰克逊的死对战争结果的影响。“如果有‘石墙’杰克逊与我联手，”他说道，“人们会看到，葛底斯堡之战本该是我取胜的。”

华盛顿，1863年7月

沃尔特·惠特曼背着装有黑莓和樱桃糖浆瓶子的背包，走在宾夕法尼亚大道上。他正赶往兵工医院，为康复中的战士们送去茶点饮料。他看见一家报社外面已经张贴出了捷报：

联邦军队取得辉煌胜利！

刚看到这一消息的时候，惠特曼是满心欢喜的；但是，当他后来得知葛底斯堡战场上尸横遍野、血流成河时，他又感到万分沉痛。7 000 人在这场内战的关键一役中失去了性命，数万人受伤。

“停止战争吧，停止这场可怕的大屠杀！”他呐喊道。

惠特曼在上一年的 12 月份来过华盛顿，寻找他在纽约第五十一志愿兵团服役的弟弟乔治。乔治在弗雷德里克斯堡血战中负伤，在那场战役中，联邦军的指挥官安布罗斯·伯恩赛德调集数千兵力，试图攻下邦联军位于该镇以西迈耶高地沟深垒高、防守严密的据点，但无功而返。（林肯得知这场溃败之后，曾经感慨道：“如果说有任何地方比地狱更加水深火热，它就是我现在的处境。”）惠特曼在法尔茅斯找到了自己的弟弟，他只受了点轻伤，并无性命之虞。之后，惠特曼回到了华盛顿，租了一间房子住下来，希望能在政府部门谋得一官半职。不过，虽然他有拉尔夫·瓦尔多·爱默生写的推荐信，却什么工作也没有找到。

惠特曼留在了首都，靠抄写文件谋生，闲暇时间就去照顾受伤的士兵。到目前为止，他遇到的最糟糕的情况都发生在兵工医院。“我对医院非常熟悉，”惠特曼说道，“我在那里度过了日日夜夜——经常留宿——看到很多士兵在那儿离开人世。”他在医院里照料这些“小伙子”——他这样称呼他们。他们勇敢无畏，“结着血痂”的头发有一种“刺目的美”，这让他痛入心扉。“可怜的小伙子……是那么年轻，他们躺在床上，那苍白的脸色、无声的眼神，哦，是多么令人疼惜……”

除了士兵们，林肯总统也令惠特曼着迷。夏日午后，当林肯骑马或乘坐敞篷马车外出的时候，这位诗人喜欢端详林肯的面孔。“我差不多每天都能见到总统，”他说，“我们互相鞠躬致礼，非常诚挚友好。”他说，总统的脸是一张“胡希尔人*的脸，丑到了极致之后，反而顺眼起来，他嘴型奇特，两颊深陷、皱纹纵横，肤色黝黑”。惠特曼告诉自己的母亲路易莎·冯·威尔瑟·惠特曼，他觉得林肯“是一位相当杰出的总统——在华盛顿，我意识到，是他使美国免于分裂、灭亡，这是多么伟大的一件事情”。

而骑马出行的总统本人却叫不上这个面色红润、穿着布袋裤、在大街上盯着他看的人的名字。不过，他倒是知道有这么个人。总统的律师合伙人威廉·赫恩登几年前曾买过一本《草叶集》，一天，林肯在斯普林菲尔德的律师办公室随手拿起了这本书。一开始，他只是默读，之后便放声朗读起来。一位办公室职员回忆道：“林肯经常在走进来或要离开的时候，拿起这本书，好像只是要随意翻阅一下，结果

---

* 美国印第安纳州居民的绰号。——译注

往往坐下来，大声朗读起他喜爱的诗句。”

惠特曼是那个时代解读美国自由政治的意义的预言家中最奇特的一位。他声称自己是先知、救世主和造物主、神秘主义的启示者、性欲的医治者、举足轻重的神祇。他是一位祭司，通过他“先知的呼喊”，为美国提供实现其诗意的“纯净土壤”。

> 我说出远古的密码……我发出民主的信号……

惠特曼的灵感并不是古典主义的，他没有追求言简意赅的希腊式天性，也不倾向于追求形式的纯正，但他的成就却是前无古人的。

在美国的自由政治中，惠特曼发现了诗歌。

众所周知，美国的自由政治是最缺乏诗意的。马修·阿诺德曾说：“那是一片文明之中巨大的真空地带。”纳撒尼尔·霍桑写道：“在美国，没有厄运不幸，没有古迹遗风，没有奥秘奇事，没有与众不同和令人绝望的错误，只有明亮而纯粹的日光下，普通平淡的繁荣。”拉尔夫·瓦尔多·爱默生说，美国“形体不定”，没有“丑陋和美丽的聚合”。亚历西斯·德·托克维尔认为，民主国家必然不如贵族统治的国家那么“辉煌卓越、壮丽恢宏”，贵族统治“更有利于诗歌的发展”。

相反，惠特曼辩称，美国同样具有诗意，那诗意就蕴藏在它的国民之中。没有必要在封建社会中的行吟诗人，或者瓦格纳、沃尔特·司各特这些人身上找寻灵感。高压统治并不能垄断美。“大自然的鬼斧神工，”惠特曼说道，“正是人类的筋骨、形态和面容。”他被美国流行的各样表演艺术吸引，其中女人被称为展现生动场面的“模特艺术家”。骑马的戈黛娃夫人和贝壳中的维纳斯都是他们常采用的“造型姿势”。惠特曼将其中可借鉴的东西移植到了他的诗歌中。马奈在油画中所做的尝试他也用到了诗歌里。在《草叶集》中，他描绘了很多“不凡之人”——公共汽车司机、布鲁克林的男孩、捞蛤人、印第安女孩、孩子的母亲、掏粪工、情妇、奴隶、捕兽人、船工等。《草叶集》展示了一场民主的舞会……小屠夫磨快刀刃……木匠刨磨木板……北方姑娘将缝纫机踩得飞转。

我听见美国在歌唱……

惠特曼说，美国人民的躯体和灵魂是一首“无韵诗”，构成了“本质上最伟大的诗歌”——美利坚合众国。因为他“透过绒面呢和格子布”看出了一切究竟，见到了原始的美国，“如饥似渴，粗野，神秘，赤身裸体”。

如果惠特曼是正确的，那么阿诺德和托克维尔就错了。美国，自由国度的典范，确实拥有诗歌、文化和独特的精神。林肯也许会发现《草叶集》富含启发性，因为他自己也在追寻美国之诗。葛底斯堡战役之后，总统比以往任何时候都更需要寻找一条能指引他走出改革迷宫的线索。

第十七章

尘归尘，土归土

石勒苏益格、伦敦、柏林、哥本哈根，1864年2—4月

白雪覆盖大地，普鲁士军队越过石勒苏益格边界。自从一百多年前腓特烈大帝征服西里西亚之后，普鲁士军队又一次怀着掠夺和征服的意图越过了和平的边界。在波罗的海熹微的晨光中，守卫艾德桥的丹麦骑兵惊恐地望见逼近的鹰旗。他们朝着俾斯麦的军队胡乱开了几枪之后，就匆匆撤退了。

对石勒苏益格的入侵开始了。太阳在冰冷的日德兰半岛上升起的时候，远远地可以望见大队的普鲁士步兵从基尔向北进发。道路上挤挤挨挨的，全是那些炮兵的弹药箱、行李车和军需马车。尽管天寒地冻，普鲁士士兵却斗志昂扬。他们高喊着："石勒苏益格-荷尔斯泰因万岁！"他们唱着普鲁士的赞歌："我是普鲁士人！看我焕发的容光……"

普鲁士人进军的借口是：将石勒苏益格和荷尔斯泰因的日耳曼同胞从丹麦人的枷锁下解救出来——丹麦人已经在这片土地上施行了新的体制。俾斯麦终于找到了可以抛洒热血、挥舞铁枪的疆场。他全然

不在乎此事是否公正；在荷尔斯泰因，当喝醉的日耳曼人被丹麦地方官粗暴地拉扯的时候，他也曾嘲笑过那些哭诉暴政的日耳曼人。无论怎样，石勒苏益格-荷尔斯泰因的问题已经激起了数百万日耳曼人的爱国义愤。俾斯麦有时觉得，浪漫民族主义将是击垮德意志自由政权的工具。

行进在普鲁士军队旁的是奥地利军队。弗朗茨·约瑟夫从帝国的偏远省份召集来了这支军队，寄望它在多瑙河以北重建声威。俾斯麦未能令奥地利俯首称臣，于是决定利用它。来自匈牙利、克罗地亚和蒂罗尔州的新兵用各种各样的方言和口音聊天唱歌，对此就连最博学多才的语言学家也会迷茫失措。但在霍亨索伦的黑白旗帜指引下的战士们怀揣着如火的激情，哈布斯堡的战士们却缺乏这样的热情。奥地利人对日耳曼民族主义麻木不仁。少有人能引用歌德的文字。信奉路德宗的更是少之又少。没人在意统治石勒苏益格-荷尔斯泰因的德意志人的是日耳曼人还是斯堪的纳维亚人。

入侵石勒苏益格两个星期之前，驻哥本哈根的奥地利和普鲁士外交官都给丹麦外交大臣张伯伦·范·夸德下了最后通牒，要求丹麦撤销在领土范围内强制推行的新体制，该体制试图将该区域与哥本哈根更紧密地联系起来。范·夸德将最后通牒转呈给国王克里斯蒂安九世。先王腓特烈七世于11月去世，其后克里斯蒂安九世继位，他不想刚一掌权就表现得软弱可欺。他命外交官做出回复，尽管措辞委婉，却明确表示不可能遵从德意志的要求。新体制将继续强制推行。

克里斯蒂安国王身材瘦削，一张脸棱角分明。他心里怀着的一线希望是，英国能帮他抵抗一下德意志人。前一年冬天，他的第二个孩子亚历山德拉公主嫁给了英格兰的王位假定继承人、威尔士王子爱德华·阿尔伯特。（克里斯蒂安的小女儿，十六岁的达格玛公主此时未婚；不久之后，她将与沙皇亚历山大的长子、王储尼古拉订婚。）克里斯蒂安并未将女儿的姻亲关系视为唯一的指望：他之所以认为英国可能会帮他对抗德意志，还有一个更有分量的理由。十二年前，各大强国曾正式签署一份条约，根据这份条约，欧洲协同体承诺尊重丹麦的统一和完整。

彭布罗克旅馆的房间里，约翰·罗素勋爵俯瞰着泰晤士河，忧心忡忡。他派沃德豪斯勋爵到哥本哈根，试图说服丹麦人裁军，并撤销争议性的体制。他还发出了一份外交照会提醒德意志，倘若参与对抗丹麦，它将面临的危险。

然而，尽管做出了如许努力，德意志人还是出兵了，罗素催促内阁中的同僚向丹麦提供海陆军援助。但他发现，帕默斯顿勋爵对干预之事十分漠然。首相年近八十，开始显露出老态。他深受痛风和失眠之苦，视力也在变差。然而，他的头脑依然异常清醒。帕默斯顿在心里斟酌介入丹麦的这场战争将会面临的困难，作为一位明智谨慎的大臣，他觉得这些问题是不可忽视的。他在剑桥公寓给罗素写信："我怀疑，不管是内阁，还是这个国家，都还没能做好主动参战的准备。"他刚刚拒绝了格拉德斯通和拿破仑三世干预林肯改革的提议，主要是因为沙皇亚历山大反对这个主意。此时，又有一场新的危机出现了，但是，尽管看起来像个海盗，首相却是个小心谨慎的人，波罗的海的峡湾并不比切萨皮克的波涛更有吸引力。"我认为帕默斯顿根本无意参战。"维多利亚女王对罗素说。

然而很快，这位老先生的好战精神就开始复苏。德意志军队进军日德兰半岛的消息激怒了他；盎格鲁-爱尔兰的血性涌上心头。但是，帕默斯顿无法控制内阁。他感叹同僚们"胆小软弱"，因为他们拒绝派遣海峡舰队。他主动召奥地利大使阿波尼伯爵到唐宁街，警告他德意志人正在玩一场危险的游戏。

对帕默斯顿的斡旋，俾斯麦这边无动于衷。他有自己的算计，他认为，英国不会出于1852年的条约之故出兵参战。“英格兰聒噪得要命，”他认为，“但它是不会真正动手的。”这种自信不是凭空而来的。不仅英国内阁的大多数成员反对为丹麦宣战，英国女王也是如此。维多利亚女王在给女儿、普鲁士王妃维姬的信中说：“关于这个令人难过的问题，我全心全意地支持德意志。”她的儿媳亚历山德拉公主是丹麦人；但她的亡夫阿尔伯特亲王却是日耳曼人。

就在女王和首相犹豫不决的时候，俾斯麦的军队步步进逼。他们在米松德和桑克马克特大获全胜，乌克堡尘土遍布的路上到处是丹麦军人的尸体。许多丹麦家庭的希望破灭在迪波尔的战场上，哥本哈根的许多贵族豪门就此没落。来访者被礼貌地告知（即使在最艰难的情况下，丹麦人也不忘保持彬彬有礼），主人家正在丧期。细心之人可以发现，一双双灰蓝色的眼睛里噙着泪水。军乐团的挽歌响彻街头，先前出于爱国热情挂出的丹麦红白国旗覆上了黑纱。亚麻色头发的孩子跟在父亲的棺木后，去往荒凉的小教堂墓地。棺木被放进墓穴之时，穿着柔软的长袍、戴着浆得笔挺的皱领的牧师宣布：“尘归尘，土归土。”

宾夕法尼亚、弗吉尼亚，1863年7月—1864年1月

葛底斯堡的崇山峻岭之中，在神学院岭和墓园岭之间，南方的大业已落幕。然而这已亡的大业却又死灰复燃了。玛丽·切斯纳特见证了它的灭亡，也亲历了它神奇的重生。她在里士满听闻，李将军在入侵北方的战役中战败了，她的丈夫正在里士满担任戴维斯总统的侍从武官。首府中愁云密布，面对这个分崩离析的国家，吵闹不休的内阁成员和顽固不化的参议员所做的只有夸夸其谈、花言巧语，这种情

形令她开始相信南方的所作所为将是一场徒劳。宏图大业已经不再现实，却依然神圣。玛丽·切斯纳特已经不再相信“食火者”的强制理念，却依然心怀其所推崇的贵族梦想。在1863年那段最惨淡的日子里，她依然崇敬牧师、殉道者，还有那些不辞辛劳地维护缥缈愿景的前仆后继的英雄。

年轻的军医约翰·达尔比是她的朋友，正是他介绍她认识了得克萨斯第四步兵团的指挥官约翰·贝尔·胡德。胡德此时正声名鼎盛，如日中天。西点军校的校友们依然称呼他在学校时的昵称萨姆·胡德。他时年三十二岁，是南方的主要将领之一。他曾经由“石墙”杰克逊将军亲自任命，此时已经是整支军队的将军了。“他在‘石墙’将军的关注之下赢得了三枚星章，”玛丽·切斯纳特写道，“并且由‘石墙’将军下令擢升。”他身材高挑瘦削，性格腼腆，有一双蓝眼睛和浅色的头发，一副初生牛犊的样子。玛丽·切斯纳特看到他“忧郁的堂吉诃德式面孔”，认为他是一个身佩刀剑的神秘主义者，仿佛有一种不可思议的返祖力量，令他重振圣殿骑士的尚武精神。胡德的脸就像“一名十字军老战士的脸，写满了对他的事业、他的十字架、他的君王的忠诚”。玛丽·切斯纳特的朋友，维纳布尔上校曾经在战场上见过胡德，当时“战斗正酣”。“他就像变了一个人……他眼中那炽热的光芒——令我永生难忘。”

在这样一双眼睛的光芒中，那注定失败的事业的神话开始展露雏形。

玛丽·切斯纳特对胡德的了解越发深入。她邀请普雷斯顿家的姐妹——芭可和她的姐姐玛丽——到她在里士满的住所做客。胡德将军被年轻姑娘们的美貌吸引，他邀请她们到距离里士满6英里的德鲁里山崖野餐。（1862年，该处山崖的南军炮台阻止了北军炮艇沿詹姆斯河长驱直入，攻击南方首府。）得克萨斯旅已经在此处安营扎寨。野餐有火鸡、鸡肉、水牛舌，还可以跳舞。但是第二天早晨，正当女士们准备登上马车出发的时候，达尔比医生大步走过来，他身上的马刺铿锵作响，带着一种绝望。“都停下！”他喊道，“全完了。有命令让我们回拉帕汉诺克。大部队正穿过里士满。”不过，他表示，他们或许能看到军队经过公路。大家立即出发。他们来到公路边，注视着一支大军经过。

他们见惯了士兵们穿着簇新的制服闪亮登场。然而此时，他们看到的却只有褴褛的衣衫。“这些破衣烂衫——毫无式样可言——大部分衣服和武器都是从敌军身上扒下来的——还有那些破鞋子！”这支行进的杂牌军身上挂着各种瓶瓶罐罐、锅碗瓢盆，刺刀尖上串着面包和熏肉。

“哦，勇敢的小伙子们！”芭可·普雷斯顿喃喃道。

就在此时，胡德将军飞驰而来。得克萨斯旅的战士们踏着最爱的歌曲《得克萨斯黄玫瑰》行进，而胡德本人的目光却注视着一朵南卡罗来纳鲜花。芭可的姐姐玛丽站在路边，送给他一个花环。胡德从口袋里掏出一本《圣经》，将一片花瓣夹进了书页里。年轻的姑娘眼中带着欢喜，她说这本书就像从来没翻过一样。

胡德的面容不再像格列柯画作中的人物一般阴沉。“没有因日常翻阅受损吧？”他脱帽致意，离开了姑娘们。然而在策马离去之前，他转头看了一眼有点冷淡地站在一边的芭可。他弯下身子，对约翰·达尔比小声说了一句话。

“他对你说了什么？”胡德离开后，芭可问达尔比，“是关于我的吗？”

“只是一句拿马打比方的赞美，”达尔比说，“你知道的，他是肯塔基人。他说，你站在那儿就像一匹训练有素的纯种马。”

玛丽·切斯纳特说，芭可天生能“让人一见钟情，并且永志难忘”。萨姆·胡德很快就拜倒在她的石榴裙下。1863 年秋，他从战场凯旋，是一位前所未有、无人能比的大英雄。在奇克莫加，布拉克斯顿·布拉格领导的南军击退了威廉·S. 罗斯克兰斯率领的北军，做好了攻占查塔努加的准备，胡德领导了决定性的一战。但是在其他方面，他的情况却如这个季节一般惨淡。他的身体饱受摧残。在葛底斯堡，一枚炮弹的弹片（在他指挥小圆顶山那次决定性的突袭时，这枚炮弹爆炸了）废掉了他的一条胳膊。在查塔努加，他失去了一条腿。萨姆·胡德再也不能跳舞了。

正当玛丽·切斯纳特在起居室里吩咐丈夫的男仆劳伦斯的时候，玛丽·普雷斯顿喊她：“切斯纳特太太，来一下。他们正把胡德抬出马车呢，就在那儿，在你家门口。”重伤的胡德被抬进客厅里，放到了沙发上。他的脸因为发热而潮红。“这还是我第一次被搬进屋子里。”胡德说。午餐和水果放在他面前。“多么好心的人们啊。自从我受伤之后，人们每次都会给我水果，明明现在水果这么难得。”玛丽·切斯纳特看到他望眼欲穿地盯着房门。她猜测到他目光的含义；但芭可·普雷斯顿没有出现。

萨姆·胡德说，他决心要“像个傻瓜一样开心，尽管只有一条腿了，但是要尽可能开心”。他发现跟芭可在一起是最幸福的事，没过多久，他就几乎每天都跟芭可开车出门兜风了。有一天，他们去了里士满的集市。玛丽·切斯纳特随他们同行，还有亨利·珀西·布鲁斯特，他是一名律师，在得克萨斯成为独立共和国的那段时期，他曾经担任作战部长。现在，他成了胡德的属下。这一天天气寒冷，他们紧紧地裹着毯子和皮草。芭可一身黑色的天鹅绒衣裙，显得高贵而疏远。

胡德让布鲁斯特列举男人坠入爱河时的种种症状。他说，他不知道身陷爱情时会有哪些表现。他承认自己十七岁时也曾坠入爱河。但是，那已经是“很久以前”的事了。

布鲁斯特说身陷爱情之中的人首先会感到热情难抑，见到自己热情的对象，他会喘不过气来。“如果到了轻微窒息的程度，那么你已经得了相思病。你会愚蠢地嫉妒，满怀醋意地怒视，你会忧郁地确信你所见到的每个傻瓜都比你更能讨得她的欢心，甚至是那些她全然瞧不起的人……”

“好吧，”胡德说，他松了一口气，“到目前为止，我还没有这些感觉，然而据说我已经跟四位年轻小姐订婚了——应该承认，对我这样一个无人搀扶就无法走路的人，这真是太慷慨了。”

“他们说你跟谁订婚了？”芭可问。她的目光注视着起伏的马头。

“维格福尔小姐是其中一位。”

“还有呢？”

“萨莉·普雷斯顿小姐。”——就是芭可本人。

玛丽·切斯纳特观察着芭可的反应。这个女孩依然冷若冰霜。她连眼皮都没动一下。“这种荒谬的传言没有令你困扰吧？”

“没有。”胡德回答。

“上帝保佑，”布鲁斯特压低嗓音对玛丽·切斯纳特说，“他要当着我们的面说出一切了。”

然而，芭可并不想要什么求婚。她冷冰冰地说：“如你所言，里士满人十分慷慨。我从未将他们的传言放在心上。他们也说我跟谢利·卡特还有菲尔·罗布订婚了。”

胡德望着芭可。“我想，我要在你家门口设一个陷阱，让那些小伙子的腿也摔断。”他像驱赶小鸟一样赶走了她的其他追求者。

芭可·普雷斯顿和萨姆·胡德成了引人注目的一对。两人都是南方精神的化身。但是在葛底斯堡战役之后，南方邦联穿上了恐怖的外衣。他们的双人舞即将变成死亡之舞。

华盛顿，1863年7—9月

葛底斯堡战役后，一个问题令人不解。

为什么博比·李会逃掉？

“我军掌控了这场战争，”林肯说，“却无法将它结束。”

总统愤怒地写信给米德将军。“李的逃脱带来巨大的损失，我相信你对此也无法安心。你本可轻而易举地抓住他，如果能抓住他……战争就结束了。而如今，战争将会无限期地延长……你千载难逢的机会已经错过了，为此我感觉到无比痛心。”

他没有发出这封信。他看得出，米德已经尽力了。但是他依然为他的将领目光短浅感到痛心。一批指挥官——包括麦克莱伦、伯恩赛德和胡克——都认为占领里士满是战争的关键。米德和他的属下似乎都赞同这一观点。林肯的想法却不同。“为了避免误会，”1863 年 9 月，他写道，“我想说，试图将敌人慢慢击退，打回里士满的战壕里，在那里将敌人一举擒住，这种观点我近一年来一直致力于批判。”他说：“战争的关键不是里士满，而是李的军队。”

然而他知道，这不是一个单纯的军事问题。战争不仅是敌对两军的竞争，还是意志的较量。1863 年，林肯不仅要在战略战术方面指挥他的将军们，还要激发北方军队的战斗意志。对战争的激情急剧衰退，急需征兵。但 1863 年的兵役法本身却造成了很大的困难。北方多个州出现了骚乱，纽约的暴动造成过百人丧生。

即使林肯本人痛苦不堪，但作为总统，他有义务鼓舞国民士气。血腥的气氛开始蔓延。总统老态毕露，梦中充满了血腥。事态的发展令他深感挫败，然而他却无人倾诉。玛丽·林肯待在自己的世界里。由于爱子威利之死，她自己的人生也变成了坟墓，就像沙皇亚历山大的玛丽皇后一样，她每天花大量时间试图跟逝者对话。7 月，她从一辆马车上摔下来，从那之后，她的脑袋就一直不太正常。林肯跟长子罗伯特关系紧张。他给了罗伯特“最好的教育”，给了他自己所知的最好的生活起点；但是两人并不亲近。林肯带着几分狭隘的轻蔑，“揣测鲍勃不会有什么进步了”。他疼爱小儿子泰德；这孩子常常睡在父亲的床上。但是，总统先生没有太多时间陪伴这个不知为何发育不良的孩子；他已经九岁了，还不会自己穿衣服，也不会读书。

在白宫之中，林肯是一个孤独的人；但只是孤独还不能解释他在1863年情绪为何如此消沉阴郁。毕竟，他已经习惯了一个人。他甚至还曾编出一个理论，来解释那些将他与周围的芸芸众生区分开来的特质。他认为，他的母亲是一位品格高尚的弗吉尼亚种植园主的女儿，他非凡的意志力和不屈不挠的品性正是由此而来。“上帝保佑我的母亲，”他有一次说，“我的一切，以及我所希望的一切，都归功于她。”林肯将他的天才归功于他职业生涯中致力于摧毁的贵族文化，这似乎有点奇怪；但是他本身就是个矛盾的人。

然而，权力无情地暴露了他的矛盾。平等民主的维护者和那生来便注定“春风得意纵马都城”的高贵人之间的紧张，曾经只存在于他的臆想之中。而今，改革不可避免，矛盾也赤裸裸地显现出来；林肯被迫扮演一个浪漫的铁腕人物、鹰隼的后裔——这种人物曾令他着迷，也曾令他厌恶。

林肯的反对者很快就抓住了他宣称的准则和他的实际行动之间的矛盾。他们说，他对奴隶权利的关怀只是做做样子，他们还指出他对黑人的暧昧态度，他曾经说过，黑人永远无法与白人“在社会和政治方面平等”。直到1862年8月，林肯还谈及让黑人离开的必要性——让黑人离开美国，到别处建立新的殖民地。他强调在美国深入人心的“机会均等”理念，然而他也支持给社会关系优越的商人提供保护性关税和其他优惠政策。总统的反对者说，消除南方的高关税才是林肯改革的真正目的。而今，已经有成千上万的人为了他血腥的理想献出了生命。

这样的指控令林肯痛苦，在某种程度上是因为其中有真实的元素。他是一个野心勃勃的政治家，就像所有有野心的政治家一样，他有时要根据风向调整航向，尽管这么做可能会偏离完全正确的轨道。然而这些指控并非全然真实，林肯努力地保持正确的航向。他允许军队招募黑人，通过这条法令，他将宝贵的政治资本投入了黑人平等的事业。他辩称，自己在公民自由方面的“强硬政策”是维护国家安全所必需的，这种紧急措施只是暂时的，不足以构成国家永久的统治基石。他说，在和平年代，美利坚将不再依赖这样的措施，就好像人“在重病时会使用催吐剂，但是在他健康的余生就不再需要”。

总统取得了非凡的成功，在北方，他消灭了反对派，也成功地令国民相信他不是一只披着羊皮的狼。他为自己的“强硬政策”辩护的信被印成了小册子，印数超过50万册。他克服了早期的矛盾心理，推动北军占领区内的南方黑人获得公民身份。他写信给政治盟友迈克尔·哈恩，祝贺他以“路易斯安那州的第一任自由州长之名彪炳史册”，林肯在信中问“是否可以允许一些有色人种加入”，并在本州重组政府中登记赋予他们公民权，比如，那些格外机智的，特别是那些曾经英勇地与我们并肩作战的战士。

然而，一位只会跟批评者针锋相对的战时领袖是注定要失败的。他必须令他的支持者活跃起来。1863年，林肯依然在努力寻找道德手段，寻找一种方法，来激励那些依然拥护改革的人们的精神。

他在这方面的努力初见成效，但是也有不足。7月，他谈及北方人为之奋斗的“1776年精神”。“已经过去多少年了？”他在白宫的一场演说中问道。

> ——八十多年了——八十多年前的7月4日，世界历史上第一次有一个国家，它的代表聚在一起，宣告了一个不言而喻的真理："人人生而平等。"

南方邦联的副总统亚历山大·H.斯蒂芬斯说，在林肯的想象中，联邦上升到了"宗教神秘主义的崇高地位"。但是总统还没能找到方法，将这种激昂的内心愿景展现给他的人民。

第十八章
未来斗士

慕尼黑，1863年8月—1864年10月

十八岁的巴伐利亚王位继承人路德维希王储在慕尼黑附近的宁芬堡宫出席正式晚宴，他是一个喜欢幻想、性情孤傲的人。他将杯中的香槟一饮而尽，压根儿无视母亲玛丽皇后以及坐在他身边的那些达官显贵。然而，斟酒的侍从并没有立马将王子的酒杯满上，路德维希大为光火，将杯子举过肩头。侍从窘迫地看向皇后。得到皇后的首肯之后，他才又给王子杯中斟满了美酒。

群臣环绕时，路德维希沉默寡言、闷闷不乐；而独自一人沉浸在幻想之中时，他的内心却燃烧着晦暗不明的激情。后来，这些渴望会越来越清晰明朗，但是十八岁时他只能感到挣扎与挫败，同时还有一种模糊却强烈的追求伟大卓越的渴望。在巴伐利亚阿尔卑斯山的旧天鹅堡中——路德维希童年的大部分时光是在此地度过的——他慢慢地成了一个德意志浪漫主义的拙劣模仿者。这座城堡是他的父亲，马克西米利安二世在一座更古老的建筑的废墟之上建立起来的，它本来会成为拜伦笔下的人物曼弗雷德在阿尔卑斯山上的居所。这里，在高耸的尖塔和森然的城堡的阴影中，路德维希发展出了对浪漫主义狂热

的喜好，这将对他的一生产生重要的影响。王子的眼睛对光线特别敏感，小时候，他最喜欢做的事情就是藏身城堡的黑暗角落，尽情地构思自己的愿景。一天，他的家庭教师，学识渊博的冯·多林格，发现他躲在一组巨大的沙发之中，几乎看不见身影。

“王子殿下，我来给您读本书，”家庭教师诚惶诚恐地建议，“打发一下这沉闷无聊的时光吧。”

“哦，我并不觉得无聊，”小路德维希回答道，“我在思考问题呢，非常开心。”

王子对天鹅和优雅骑士的热爱，本身可能并没有什么不健康的，但是有其他迹象表明路德维希的心智和想象不太健全。他看不惯普通人，宁愿面壁出神，也不愿见到笨手笨脚的男仆，并且非常厌恶那些无法避开的身份低微之人。不过，路德维希并非生性冷漠。他双眸含情，嘴角带笑，满口甜言蜜语。他渴望能与自己中意的人发展出亲密的关系，但这里有一个障碍，那就是他对自己的尊严体面有着病态的敏感，即使他最喜欢的人对已经成为他人格樊篱的那些刻板礼仪有丝毫冒犯，他也绝不原谅。维特尔斯巴赫王朝的骄傲淋漓尽致地体现在他的步态中：昂首挺胸，下巴高抬，看起来蛮横无比。这种傲慢自大的行事为人方式使他结交风雅人士的心愿屡屡受挫。

一点阅历虽不足以改变路德维希的本性，但也许可以稍稍减轻他的年轻气盛和傲慢自大。然而，他没有得到这种现实教育。1864 年 3 月，他的父亲马克西米利安国王在位于慕尼黑的王室宅邸中过世。旦夕之间，路德维希便脱离少年期，登上王座。这位需要经过母亲同意才能喝上一杯香槟的年轻人，如今成了近 500 万人民的统治者。

路德维希登基伊始就决心开展一场艺术革命。他渴望成为艺术的推动者、天赋的鼓励者，就像他的偶像，法王路易十四那样。不过路德维希模仿得过了头。他请画匠作画，服装和姿势让人想到亚森特·里戈为路易大帝所画的某幅肖像。他还在海伦基姆建造了一座以凡尔赛宫为范本的宫殿。然而，虽然自负固执如是，路德维希还是能感觉到“太阳王”的行事方法无论多么令人着迷，也已经与当下的时代精神格格不入了。在他看来，只有一种全新的、强大的艺术，才能让臣民的精神重获新生。放眼望去，只有一个人可以凭借自己特别的天赋为他所用。

“把理查德·瓦格纳给我找来！”据说，国王刚登上王位，就下达了这样的命令。

很长时间以来，瓦格纳一直令路德维希心驰神往，深深着迷。《唐怀瑟》的演出让他狂喜忘形。瓦格纳的随笔《未来的艺术作品》也同样令他心醉神迷。他渴望聆听这位作曲家尚未上演的革命性音乐剧《特里斯坦与伊索尔德》。路德维希深信，瓦格纳可以涤荡净化那种损害德意志形象的“没有灵魂的功利主义”，进而拯救这个国家。艺术可以将一个“功利主义的人”升华为一个具有高贵精神的人，亦即未来的“艺术人”。“正是‘未来’这个字眼，”历史学家列奥波德·冯·兰克说道，“让路德维希迷上了瓦格纳的音乐。”

那个时候，这位被国王寄予厚望的男人正在逃亡，躲避债主和法警。瓦格纳曾经离开比布里希，去了维也纳。后来又从维也纳逃到曼斯菲尔德。路德维希派秘书弗朗茨·冯·普菲斯特迈斯特前去寻人。这位特使在斯图加特找到了瓦格纳。他留下了自己的名片，不过瓦格纳怀疑这是气恼的债主想出的诡计，犹犹豫豫不想见他。最后，他们终于见面了，普菲斯特迈斯特告诉瓦格纳，国王对他万分仰慕，希望他即刻动身前往慕尼黑。瓦格纳听罢潸然泪下，这正是他期待已久的时刻。

5月初，国王与作曲家见了面，两人都唏嘘不已，感触良深。瓦格纳握着国王的手，深深鞠躬，路德维希的美貌令他着迷。“啊！”这位作曲家写道，“他是如此英俊潇洒、聪颖智慧，如此光彩夺目，他的灵魂如此饱满。我战栗不已，唯恐他的生命像神明飞逝而去的梦境，从这个粗鄙庸俗的世界消逝。”路德维希则向瓦格纳做出承诺，会令他从那些长时间阻碍其艺术发展的掣肘事务中脱身。“放心，”国王说道，“我会竭尽全力对你过去所遭受的苦难做出补偿。你的日常所忧所虑，我都会帮你解决。我将为你创造你梦寐以求的平静安宁，以便你可以在艺术纯净无瑕的天地间，自由地舒展天才有力的双翼。”

国王还清了瓦格纳的债务，并让他住进了柏格王宫附近的一座别墅。每天，王室马车都会到佩勒特别墅接瓦格纳去见国王。国王喜欢他，瓦格纳说，对他“痴心迷恋”。他自鸣得意，认为在路德维希的想象中，他就是“至爱”的化身，“欲望的终极目的”，用柏拉图的话说，“是人类友谊的源泉”。不过就瓦格纳自己来说，他对国王也是一见倾心，程度更甚。他如“情妇一般”投怀送抱。如果路德维希死了，他也会“马上”死去。国王令他心旌荡漾，甚至可能将他从女色的奴役中解放出来。“我能与女人彻底断绝关系吗？”他自问，“我必须承认，我真希望我能！看一眼他亲爱的画像，这种信念就更坚定！哦，这可爱的年轻人！如今，他对我意味着一切，是整个世界，是娇妻也是爱子。”

不过与女性断绝关系这等事，瓦格纳发现说易行难，当路德维希在其他王室成员的陪同下前往基辛根进行温泉疗养的时候，这位作曲家孤寂难耐，不再宣扬什么远离女人的君子美德了。“我太孤独，”他说，“糟糕透了。”幸好，柯西玛·冯·比洛在6月底来到了巴伐利亚。自从六个月前两人泪水涟涟、凄然哽咽着互相剖白心迹，倾吐爱慕之心后——柯西玛称之为“爱中的死亡”——瓦格纳再也没有见过她。柯西玛的丈夫，对她忠心不渝的汉斯，并没有随她一道前来，他正在柏林焦头烂额地处理其他事情，一个星期之内脱不开身。对佩勒特别墅这对恩爱鸳鸯而言，这段短暂的时间无异于永恒的幸福快乐。“我在这里住了三天，”柯西玛给一个朋友写信，“但就好像已经过去了整整一个世纪……”可怜的汉斯最终从柏林赶到此地，却发现自己的妻子已经心有所属，成了朋友的情人。如今，特里斯坦独占了伊索尔德的爱情。

与此同时，瓦格纳在巴伐利亚势力越来越大。国王的软弱心智与这位娴于交际的情场高手的手腕，根本无法等量齐观。在一段时间里，瓦格纳几乎彻底控制了路德维希。作曲家遭遇了百般苦难，并潜心习作，本已达到了退隐出世的境界，但无论是困境、不幸还是求索悟道，都没有涤清其与生俱来的对权力的热爱。瓦格纳很快就不再是巴伐利亚国王的门客了，国王反倒看起来像是瓦格纳的皈依者。这位作曲家的愿景成了国家政策。王国的财富被用于发展音乐和艺术。不仅上演《特里斯坦与伊索尔德》已是万事俱备，只欠东风，而且在慕尼黑成立新的音乐学校、建立节日剧院也已准备就绪。

瓦格纳放弃了在佩勒特别墅与世隔绝的生活，前往慕尼黑。有国王的恩荣加身，他的到来得到异常尊崇，配得上他的高贵地位。他住到了布里那大街。国王赠予他一笔数量可观的财富，他的家奢华富贵，到处装饰着天鹅绒、丝绸和锦缎。几多挣扎困苦之后，这位德意志改革的先知终于有了一个家。

华盛顿、宾夕法尼亚，1863年11月

在 11 月的一个晚上，8 点半，凯特·蔡斯与威廉·斯普拉格在她父亲位于 6 号大街和 E 街拐角处的房子里举行了婚礼。新郎是罗得岛州的“青年州长”，出任美国参议院罗得岛州代表不久就与凯特·蔡斯订了婚。这一婚约中充斥着两人深陷其中不能自拔的革命精神：清

教理想主义之女就要与清教勤勉精神之子结合了。

在蔡斯家的客厅里，华盛顿的头头脑脑聚集一堂，他们因为总统要前来而有些焦虑。8 点 25 分，林肯仍未露面。聚在客厅里的一干达官显贵都知道，总统与凯特的父亲财政部长萨蒙·P. 蔡斯的关系实在不怎么样。欲望和嫉妒不着痕迹地与我们的本性交织，即使拥有最纯粹无瑕之精神的人，也要倾尽全力才能克服它们，何况萨蒙·P. 蔡斯的精神并不纯粹。

对权力的渴望令其寝食难安。他对那些权力超过自己的人几乎可以说心存嫉恨。他满心嫉妒和贪婪，极度痛苦地回顾自己一生中的惆怅失意。当亚伯拉罕·林肯还是伊利诺伊州一位名不见经传的律师时，他就已经当选俄亥俄州的国会参议员，后来又成为该州州长。他费尽心思，将北方的反奴隶制运动从一个堂吉诃德式的道德运动发展成为国家政治的革命性力量。他深信，这些早期的成功正是他身负天命的表现，他将成为领导共和党走向胜利和荣耀的救世主。然而在 1860 年，那位伊利诺伊州的无名律师夺走了他的光环。芝加哥共和党大会三年之后，蔡斯对林肯占据优势地位仍心存不甘。甚至在此刻，蔡斯正等待着总统踏进他的家门，却也做好了在 1864 年的党内提名大会上跟他叫板的准备。

街道上的欢呼声就像传令官，宣告总统抵达。人群伸长脖子，看着总统的马车驶到了蔡斯的家门口。总统是一个人来的，尚未从威利的死造成的悲伤中走出来的林肯夫人对新娘向来反感，便告病未到。总统拾阶而上，财政部长迎候在前。两名权贵人物热情地寒暄起来，实际上他们之间谈不上任何信任和友谊。去年秋天，蔡斯曾试图结交几个将来能助其实现野心计划的人物，便在缅因州参议员威廉·皮特·费森登面前不怀好意地说了不少本届政府的闲话。他终生的志向就混杂在这些恶毒的闲言碎语之中。蔡斯告诉费森登，国务卿苏厄德一手遮天，操纵着总统的意志，实际上是其“幕后影响力”在控制行政当局。有关苏厄德的谣言是国会山动荡的信号。“冒失本”韦德之流的激进共和党人始终不信任国务卿，将之视为阻挠改革大业的敌人。他们大声呼吁从总统的各委员会中将改革的“犹大”铲除。一个共和党参议员的代表团专程前往白宫，规劝林肯。他们说，战争被“交到了一个对其本身及整个事业都持不赞同态度的人手中”，并敦促林肯在内阁做出改革，使之能够给政府带来“团结与活力”。

对这一挑战，林肯抖擞精神，巧妙应对。他组织参议员和内阁面对面地进行了一场他所谓的“自由而友好的会谈”。事实上，他设了一个圈套。在参议员发言之前，林肯先要求每一位内阁成员（除了苏厄德，他没有到场）陈明是否认为内阁不够团结。蔡斯立刻就意识到自己的处境不妙，他要么当面跟林肯杠上，要么就得否认他对费森登参议员说过的话。他试图从搬弄是非造成的后果中脱身，却是枉费心机。他说：“要是知道自己将被参议院的一个委员会责难，就根本不该来。”但他心知肚明，林肯此次是以智取胜，最终，他不得不承认“内阁并非不团结”。

动荡平息一年之后，林肯来蔡斯女儿的大婚现场观礼。新娘的装束朴素典雅。白色天鹅绒礼服出自一位优秀的巴黎裁缝之手，虽是最新的流行样式，却未加装饰、朴实无华。她的为人秉性毁誉参半，有人说她亲切友善，“谦逊端庄，进退有度”，也有人认为她汲汲营营、野心勃勃。当然她确实精于社交，善于奉承。她的谈话异乎寻常地动听迷人，却陷阱重重，暗藏机锋，别说轻率大意的，甚至一些思虑周到、警觉谨慎的人，也难免为其所惑。参议院外交关系委员会主席，马萨诸塞州的查尔斯·萨姆纳曾被她迷得神魂颠倒。大不列颠驻华盛顿公使莱昂斯勋爵也坠入了爱河。在结婚之前，经常有人看到她与俄亥俄州的詹姆斯·A. 加菲尔德骑马出行。

那些觉得凯特·蔡斯寡廉鲜耻、无所顾忌的人，完全相信她与斯普拉格缔结婚约是为了攫取利益，改善父亲的政治际遇。威廉·斯普拉格的祖辈在波卡塞特河上建立的小工坊已经发展为一座工业帝国。每个星期，斯普拉格家的纺织厂都会生产出大量棉布和印花布。家族拥有为数众多的房产、游艇、比赛用马以及银行。罗得岛州政府本身也差不多是斯普拉格家的产业了。凯特·蔡斯在首都政坛已是举足轻重的头面人物。斯普拉格家财大气粗，使得她可以放手做很多大事，而这些是具有共和党朴素传统的华盛顿从未见识过的。她将成为英格兰德文郡公爵夫人和贝德福德公爵夫人在美国的翻版，不，还要更甚。她将助力自己的父亲坐上总统之位，成功统御白宫。

在蔡斯家的客厅里，罗得岛大主教主持了结婚仪式。达官政要见证了斯普拉格给凯特戴上戒指。他个头不高，身量单薄。有人觉得他英俊不凡，不过他的眼睛让他的面部看起来有些下垂，这也是生活并不像看起来那般如意的真实写照。在斯普拉格还是个孩子的时候，他的父亲就死于谋杀。十五岁，他被迫退学，开始学习棉线和棉布贸易。他为了生意牺牲了教育，有观察者认为，他的“心智能力十分有限”。不过他的判断力已足以让他意识到自己的不足之处，在参议院，他鲜少开口表达意见。而且，与人们对那些从小养尊处优、知道自己将继承大笔财产的人的成见不同，他的性情心地要好得多。在一封信中，他提到希望自己和凯特对彼此的爱情可以补偿双方曾经的缺失。“二十年，我没有享受过父亲的关爱，”斯普拉格写道，“而凯特自幼失恃。”（凯特的母亲在她五岁那年去世。）斯普拉格在婚礼之前三个星期做出忠诚的许诺，发誓戒烟戒酒。他说道，烟酒不分家，抽烟的人免不了要喝几杯，而酒精会导致“胃肠脆弱和家庭不和”。他为自己曾经狂饮寻乐的黑暗时光感到难过，不过他提醒自己的未婚妻，戒掉这种习惯性的刺激物，“有几天他会脾气很坏”。

婚礼仪式之后，宾客们享用香槟和舞会。后来，参议员和斯普拉格夫人便回到婚房休息了。而与此同时，林肯总统穿过首都黑暗的街道，回到了白宫。一个星期之后，他将赴葛底斯堡发表演说，在这个曾经的战场上将建造一座国家军人公墓。邀请函在活动前一个星期才收到，时间紧迫，没有充裕的时间准备演讲词。总统准备借着这一典礼提供的机会，谈一谈为什么他的这场拯救、改造美利坚合众国的改革值得发起，即使要付出流血牺牲的代价。

这个问题一直压在他心头。长期以来，国家自由的脆弱性一直是林肯担心和忧虑的问题。二十五年前，他在斯普林菲尔德的青年礼堂发表演讲时宣称，尽管美国人不惧怕任何外敌，但如果美国公民不再从其制度中寻找能够激发他们忠诚与依恋的东西，这些制度就会因人们的冷漠与无动于衷而最终走向衰亡。“最优秀的公民多少对共和政体有了疏离感”，这已是不争的事实，年轻的林肯说。在大洋彼岸的德意志，俾斯麦认为，被迫在自由制度和专制统治之间做出选择的普鲁士会坚定地选择专制。而身在美国的林肯则想弄清楚，他的同胞是否可能不允许自由制度堕落为某种形式的专制主义。为了消除这种公民冷漠造成的“耗损”，“强固”国家，他提出发展公共神话及仪式——一种“国家的政治宗教……”。

这是一个不切实际的解决方案，它并不足以引起人们的注意。一个方案必须能触动人心才行。那些浪漫主义政治家如朱塞佩·马志尼（年轻时在意大利）和本杰明·迪斯雷利（年轻时在英国）就是如此主张的。在他充满浪漫主义气息的青年时代，亚伯拉罕·林肯也是这样认为的。在他早期的一篇文章中，他宣称，即使一个人“所追求的事业是纯粹的真理本身”，也绝无可能只靠讲道理来劝服别人，必须利用“令人垂涎的利益之蜜滴”。

二十五年后，林肯早年在异象中所见的噩梦般的情景成为现实。美国人与自己政府的关系变得疏离。在南方，“食火者”已经完全背弃了政府；在北方，那些为求和平不惜一切代价的人，或者说“铜头蛇”*不愿意为政府而战。此时，林肯已经没有了年轻时那种肤浅幼稚的浪漫主义冲动，那个时候，就像俾斯麦一样，他阅读拜伦的著作，深受“忧郁症”——一种夸示的痛苦消沉——之苦。作为一个成熟的政治家，林肯并没有真的探求某种“国家的政治宗教”，这种浪漫主义的追求将不可逆转地导致高压政治，对国家来说无异邪教。他绝不会像迪斯雷利那样相信“政府的神授权利”是“人类进步的基石”。但是他一如既往地深信，自由国家若想继续存在，必须有一个更高层次的激励——一种能够巩固人心的诗意。

浪漫主义为19世纪的改革政治家提供了一套崭新的工具。他们可以在电报和日报流行的年代对人们的思想加以塑造。在1861年到1871年间，一批年轻时受到浪漫主义熏陶的人已经在世界范围内获得了权力和影响力。迪斯雷利（生于1804年）和马克思（生于1818年），俾斯麦（生于1815年）和林肯（生于1809年）——虽然方式各异，但他们无一例外地受到了浪漫主义革命的启发，在他们年轻的时候，这场革命刚为普罗大众所知。他们都对崇高理想满怀浪漫主义热情，都对过往、对“记忆的神秘之弦”充满敬畏，这也是伯克、柯勒律治、费希特和神父雅恩向门徒谆谆教导、反复灌输的。（马克思，浪漫派最不感情用事的一位，亦尊崇古希腊。）他们都深切认同英国牧师约翰·亨利·纽曼的教诲，后者曾提到需要寻求“更深刻、更有吸引力”的东西，而不是18世纪“枯燥无味、肤浅的哲学”。但是，俾斯麦将浪漫主义迷思用于服务高压统治，而林肯将其用于服务自由

* 南北战争时，北方人称同情南方的北方人为“铜头蛇”。——译注

亚伯拉罕·林肯在改革前，1860 年春。美国国会图书馆

奥托·冯·俾斯麦在改革前，1862 年夏。普鲁士文化图像档案馆

沙皇亚历山大二世在改革时期。考比斯图片社

阿列克西斯·费奥多罗维奇·奥尔洛夫亲王，前排右三，1856年，巴黎。考比斯图片社

普鲁士总参谋长赫尔穆特·冯·毛奇。考比斯图片社

美国国务卿威廉·亨利·苏厄德。美国国会图书馆

詹姆斯·切斯纳特与玛丽·切斯纳特。
格兰杰图片库

列夫·托尔斯泰。作者收藏

理查德·瓦格纳弹奏《帕西法尔》的片段。文森特·德·帕雷德斯绘

俄国的玛丽皇后。温特哈尔特绘。作者收藏

玛丽·托德·林肯。美国国会图书馆

约翰娜·冯·俾斯麦。普鲁士文化图像档案馆

乔治·麦克莱伦与妻子埃伦·麦克莱伦。美国国会图书馆

罗伯特·E.李。美国国会图书馆

圣彼得堡冬宫西翼。沙皇亚历山大的私人寓所位于西翼中部，俯瞰被称为“萨尔特科夫入口”的行车道。美国国会图书馆

彼得·克鲁泡特金王子，1864年。作者收藏

林肯总统与麦克莱伦将军在安蒂特姆河岸会谈，1862 年 10 月。美国国会图书馆

爱德华·马奈的《草地上的午餐》，作于 1863 年。巴黎奥赛博物馆

沃尔特·惠特曼。美国国会图书馆

弗雷德里希·尼采，1864 年。当时他在一个普鲁士骑兵团做义工

法兰西第二帝国皇帝拿破仑三世。
美国国会图书馆

欧仁妮皇后。美国国会图书馆

叶卡捷琳娜·多尔戈鲁卡娅（“卡佳”）。作者收藏

约翰·贝尔·胡德。考比斯图片社

凯特·蔡斯。美国国会图书馆

一名联邦士兵被炮弹炸裂肚腹，1863 年 7 月，葛底斯堡。
美国国会图书馆

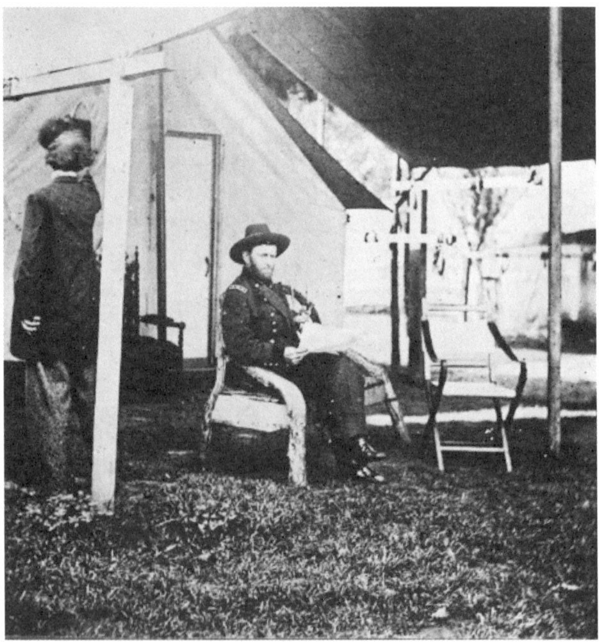

尤利西斯·S. 格兰特，1864 年，弗吉尼亚。
美国国会图书馆

林肯做连任总统就职演讲，1865 年 3 月。美国国会图书馆

改革的代价：里士满废墟，1865 年 4 月。美国国会图书馆

改革的重负：林肯，1865 年 4 月。美国国会图书馆

改革的代价：遭普鲁士轰炸后，巴黎里尔街被毁的建筑。考比斯图片社

改革的重负：德意志军队在巴黎香榭丽舍大街阅兵，1871 年 3 月。
考比斯图片社

俾斯麦下野后离开柏林。
普鲁士文化图像档案馆

沙皇遇刺。当时的杂志

政治。浪漫主义的巫师打开樊笼释放出的妖魔鬼怪，本来许诺要摧毁自由国家，反而事与愿违地被迫成为其拯救者。

11 月 18 日中午，总统登上专列，黄昏时抵达了葛底斯堡。第二天早饭后，他独自待在自己的房间里，忙着准备在华盛顿就开始构思的演讲。10 点，他拿着手稿走出房间。林肯在热心群众的簇拥下跨步上马，前往公墓。经历了各种延误之后，队伍终于开拔，打头的是一个骑兵中队、一个步兵团和两门大炮——这是最高级别在役军官的葬礼护送规格。

林肯抵达的时候，公墓尚未竣工。坟墓还在挖掘之中，邦联士兵们仍曝尸“魔窟”外。军队行礼迎接总统，当他登上讲台的时候，所有人脱帽致敬。浓雾弥漫，曾经的战场变得晦暗朦胧，但有人提到，在斯托克顿牧师祷告的时候，太阳破雾而出。学者政治家爱德华·埃弗里特首先发表了重要致辞，之后，颂歌奏响，林肯起身，做了典礼“献词”。

亚斯纳亚-博利尔纳，1863年6月—1867年1月

“亲爱的，”托尔斯泰鼓励妻子，“坚持到午夜吧。”

索菲娅·安德烈耶芙娜临盆在即，再过几个小时就是 28 日了，托尔斯泰对“28”迷信得很。结果正如其所愿，第二天一早，一个男婴呱呱坠地，孩子在一张皮沙发上降生，三十五年前，托尔斯泰也降生在同一张沙发上。当上父亲的托尔斯泰骄傲不已，想以自己父亲和大哥的名字给儿子取名尼古拉斯。但是索菲娅·安德烈耶芙娜坚决反对，这个名字不吉利，因为两个人都英年早逝。于是他们给孩子取名谢尔盖。

托尔斯泰说，自己已经不再是一个“自由人”了。他“足够幸

运，可以被孩子黄绿色的液体排泄物形成的枷锁束缚”。不过，“幸福”的家庭也不尽相似：有一些表面平静祥和，内里却充满矛盾不满。索菲娅·安德烈耶芙娜情绪一直很低落。她说，丈夫“总是给我自然流露出来的爱意泼冷水”。她指责丈夫的冷漠和忽视：他的热情都倾注在了小说上，待她并不比对他的两条狼狗卢布卡和凯拉莱特强多少，也只比对那条英国纯种犬玛莎卡好一点点。“我既要取悦他，又要照顾孩子，”索菲娅说，“跟一件家具没什么两样，而我是一个女人。”

当妻子大发雷霆的时候，托尔斯泰说：“什么都崩溃了，我就像被烫到了一样站在那里。一切都是那么可怕。我发现，除非独自一人，否则就不会感到快乐和诗意。”他得出结论，问题并不是出在索菲娅·安德烈耶芙娜身上，而是出在他自己身上。“我对她很满意，”托尔斯泰说道，“但是对我自己不满意。”“它去了哪里——那旧我，我所喜爱和熟知的、偶尔露面令我欢喜又令我惶恐的自我？如今我变得渺小不堪、一无是处。”

他需要有所行动。但是该做些什么呢？他想要参军、报效祖国，但妻子认为这是“一个三十五岁老男人”荒诞的头脑发热。托尔斯泰已经过了追求浪漫民族主义的年纪，但是他并没有快乐起来。他无法忍受继续打理家产了。“我不是干这个的料。”他曾经以为教书是他的使命。但是“我曾经具有的教师特质，”他说，“已经消失不见了。”执教需要付出辛勤努力，其中就包括尽力掩盖他不会教书的事实。他也很少将自己想象成沙皇亚历山大自由改革事业中的一名改革家或行动者，或其他渺小角色。

回顾历史、看着自己的家庭不断发展壮大，托尔斯泰突然产生了一个想法：认为世界是由改革政治家的行为塑造的，这种信念简直大错特错。就好像要证明他以前做出的决定正确无误，他极力证明：家庭在塑造历史方面比政治和军事领袖的作用更大。1812 年，拿破仑大帝入侵俄国，军队开进了莫斯科，却被迫做出对他来说堪称灾难的撤退。历史学家在讲述这一事件的时候，就好像那个时代的领导人——拿破仑和他的元帅们，沙皇亚历山大一世和他的将军们——塑造了历史的轮廓。托尔斯泰认为，这种历史因果观是存在缺陷的。他决心以一种不同的方式重新讲述那些年发生的事，他将证明那个时代的杰出人物是如何微不足道和盲目浅见，他将用历史学家忽视的故事揭示那个时代的真实。拿破仑和亚历山大也将出现在他的作品中，但不再是主角。

一直到 1863 年秋天，托尔斯泰发奋笔耕。“我以前从未感觉到我的智识力量，甚至我所有的道德力量，”他在 10 月份的时候写道，“能如此自在，如此挥洒自如。我有事可做，我要写一部关于 19 世纪头二十年的小说，自入秋，我就一心扑在这事上。”很快，他就不再将这本书称为“小说”。托尔斯泰坚持认为，这“不是一部小说，不是一个故事”。但是，它也并不是历史著述。他认为自己创造了一种新的艺术形式，融合历史和虚构，但又摒除了这两种体裁的缺陷。他说：“书中有很多了不起的角色，我非常喜爱他们。”他想给这本书起名为《皆大欢喜》，对书的反响并没抱太大希望。“很有可能，这本书将无人问津。”

有一天，他骑马外出，不慎从马背上摔落。他苏醒之后，一个想法在脑海中闪现。“我跟自己说：‘我是一个作家。’”他一遍又一遍地大声说：“我重生了。”（“他是什么意思？”索菲娅·安德烈耶芙娜困惑不已。）每天早上，和家人一起喝过咖啡后，他就会端着一大壶茶去自己的书房。如果文思泉涌，写作顺利，他离开书桌的时候就会特别高兴，说自己将“一点生命”留在了字里行间。

艺术和家庭如今成了他生命的一部分，是比政治更崇高的呼召，他距离沙皇的自由改革又远了一步。虽然在这部尚未完成的作品中，托尔斯泰毫无顾虑地谈到了大量有关政治和历史的题外话，但是他仍然坚持认为“艺术的目的与社会问题是不可公度的（用数学家的说法）”。他想写成的书不是社会和政治争论的解决方案，而是要教导人们“热爱多姿多彩的生活”。俄国改革问题无足轻重。“所有这些问题不过是小水坑里溅起的脏水，只有对那些命运已经陷于水坑之中的人来说，才像一片海洋。”“谁打压了波兰人，谁占领了石勒苏益格-荷尔斯泰因”对他来说“完全无关紧要”：“屠夫杀牛宰羊，我并没有必要对他们表示谴责或赞同。”

一开始，索菲娅·安德烈耶芙娜对丈夫在文学方面的热情是抱怀疑态度的。每当他端着一大壶茶溜进书房，忙着写《1812年的历史》时，她都会不屑地挑挑眉毛。“他写的是某某女伯爵与某某公主谈天说地呢，不足为道，”无论如何，她还是感到如释重负，“他的精神状态有所好转，之前我为此十分担心。”

随着《战争与和平》初具雏形，她的看法也发生了改变。这本书“那么美妙”。她要确保丈夫写作的时候没有人打扰他。她不再让托尔斯泰操劳家计，她腰上挂着一大串仓库钥匙，亲自上阵巡视亚斯纳亚-博利尔纳。她照管着小谢尔盖和另外两个孩子——1864年出生的塔季扬娜和1866年出生的伊利娅，劳心费力。她取来丈夫的草稿，拿着放大镜挨字辨认他那几乎无法识别的潦草字迹，誊抄出一份清晰的复本。

“在我誊写的时候，我感受到了一个情感、思想和印象的全新世界，”索菲娅·安德烈耶芙娜说，“没有什么比他的想法和天赋更深刻地触动我心。”如今，她的丈夫发狠地写作，“暴躁易怒，激动不已”，并且经常热泪盈眶。她说：“他读给我听的那些段落也几乎让我感动得流泪，我不确定是因为作为他的妻子，我对他的情绪感同身受，还是因为这部作品真的优秀出众——我更希望是后者。”

第十九章

国魂不死

宾夕法尼亚，1863年11月

八十七年前……

《独立宣言》昭示的真理已经变得岌岌可危。它正经受着历史的考验，总统告诉聚集在战场上的民众。国内，一场大规模的内战令这个自由孕育的国度面临毁灭的危局。国外，世界危机正在威胁《独立宣言》中“人人生而平等”的理念。自由将逝，新的压迫将取而代之。

在葛底斯堡，林肯试图力挽狂澜，拯救自由。

每一场革命都不免流血牺牲。成功的革命尊崇精神。在挽救改革的战场上，林肯建起了圣坛。他得到了神启。在演说中，他将美国的自由制度与仍然活在国家原初精神中的理念结合起来。

《圣经》给了他启示。他说，在葛底斯堡“鞠躬尽瘁”的人们，不但使这片战场成为圣地，也令共和国的真理变得神圣。他们用自己的鲜血洗净了《独立宣言》的原则。如此，他们以《希伯来书》9 章

22 节[*]中的方式洁净、“圣化”了这些原则。

这种喻示虽有些奇怪，却浅显易懂。共和国将重生。自由亦将由此重生——林肯称之为“新生”。

在葛底斯堡，林肯认为他的改革令“自由的新生”成为可能，正如《约翰福音》3 章 3 节[†]中所说的重生理论一般。荒谬的自负本该令虚夸的多情善感失败破灭。然而，事实相反。在世界危机的压力之下，浪漫主义复兴的产儿用一首古老的诗歌——一滴蜜——来巩固他的改革，守卫自由的国度。

总统发表完演讲，挽歌响起。不久，总统登上火车返回了华盛顿。自那时起，他患上了感冒，回到白宫便卧床不起。

丹麦、柏林、比亚里茨，1864年6—10月

6 月的一个深夜，普鲁士的船从停泊处悄悄驶出。在夜幕的掩护下，他们驶向敌军在丹麦南部的最后一个据点，阿尔森岛。26 日破晓之际，普鲁士士兵离船登岸。炮台和防线之后毫无防备的丹麦士兵遭到了普鲁士军队的猛攻。普鲁士人很快就控制了阿尔森岛。

丹麦战争已经到了紧要关头。德军的推进迅速如同闪电。他们的行动表现出迅捷有序的新特点。驻守于此的老指挥官陆军元帅弗兰格尔被召了回去。他久经沙场，参加过拿破仑战争，他对自己的能力盲目自负，无视总参谋部的意见。赫尔穆特·冯·毛奇的战争计划被他不屑一顾地丢到一旁。这位老陆军元帅的战略战术笨拙呆板，以至于丹麦人没有伤筋动骨就撤退到了防线之后。一位外交官说，当观察到普鲁士“没有足够迅速地碾压［丹麦］”之时，德意志的很多人变得

* “按着律法，凡物差不多都是用血洁净的，若不流血，罪就不得赦免了。”

† “人若不重生，就不能见神的国。”

愤慨不平。弗兰格尔被召回柏林，毛奇成了战争的总导演；他被任命为该战场新任总司令的参谋长，这位新任总司令名叫腓特烈·卡尔，是威廉国王的侄子，人称“血亲王”，因为他钟爱轻骑兵团的血红色外套。

此时，丹麦人已经痛苦不堪。首都哥本哈根岌岌可危。丹麦的军事力量分崩离析。曾经屹立数百年的防御要塞，如丹尼维克，被普鲁士野战炮的炮火夷为平地。装备着后膛枪的普鲁士步兵军团用枪炮肆意蹂躏丹麦的残山剩水。* 在激烈的交战中，呼啸的子弹发出砰砰声，听上去就像一大群昆虫。许多子弹都找到了目标，丹麦人黑色的棺椁堆积成山。

很快，克里斯蒂安国王就不得不试图讲和。丹麦的国旗再也不能在石勒苏益格-荷尔斯泰因上空飘扬。作为和平的条件，丹麦人的公国被迫割让，成为德意志的一件具有重大战略价值的战利品。这片领土毗邻两大海域——波罗的海和北海，在一个人口众多的大国手中，它很可能会成为一个强大的海军基地。罗伯特·塞西尔勋爵写道，光是基尔港本身就是一件“连最强大的国家都会乐于竞逐的辉煌战利品”。

而在普鲁士，战胜丹麦的功臣们得到了慷慨的回报。荣誉和勋章向毛奇蜂拥而来。从战场一路走来，他懊恼地发现，他出名了。不管走到哪里，他都会被人认出来，并引来欢呼致敬。他认为，丹麦战争就是他职业生涯的荣耀巅峰，他立即找到威廉国王，提出退役。但是老国王还没打算放走这位价值颇高的将军；毛奇被告知，他对军队十分重要，他眼下还不能退役。

俾斯麦也品尝到了胜利的硕果。他得到了黑鹰组织的擢升令。他

---

* 在大洋彼岸，后膛枪革命还没发生；在美国，北方军队和南方军队用的还是前膛枪，比如斯普林菲尔德枪和恩菲尔德枪。

发现，权力的稳定带来了更多的实质性利益。当时有人说，他是“普鲁士局势的完全掌控者”。整个欧洲惊讶不已，命运，这个反复多变的荡妇，竟然如此垂青这个厚颜无耻的家伙。1864 年 10 月，他觉得自己该度个假了——成为首相之后的第一个假期。他花了两个星期游逛比亚里茨。他见到了叶卡捷琳娜·奥尔洛夫，在大海中遨游，在巴斯克乡间徜徉。在旅途中，他做了一个梦，梦见他在攀登一座高山。峡谷变得越来越陡峭。他发现自己面前是一堆巨石，身边是万丈深渊。他犹豫不前，不知是否该掉头返回。然而，他决心继续坚持下去，他拿起棍子，敲打岩石，岩石消失了；于是俾斯麦继续攀登。

改革的障碍纷纷被清除。普鲁士自由党派面临的严峻困境绝不逊于丹麦人。来自德意志各地的信件潮水般向普鲁士众议院中的自由派议员涌来，恳求他们支持俾斯麦。“我们知道，”其中一封信写道，“你们有着重大的国内分歧，有着亟待解决的国内问题，但相比公国中的极大利害，这点分歧微不足道，何必放在心上呢。”自由派发现自己境况不妙。如果他们坚持自己的根本原则，就会成为整个德意志民族的叛徒。而如果他们敦促王室在公国的问题上采取激进的行动，就无法坚持拒绝为军队提供给养。于是，他们选择了中立的做法。他们继续扣发国王的款项。俾斯麦提交的预算再次被他们驳回。紧急提供 1 200 万泰勒的请求遭到了拒绝。而筹集公债的提议也遭到了否决。不过，总的来说，自由派对俾斯麦政府的阻挠变得不那么激烈了。立法者对首相试图解放公国兄弟的努力表示支持，他们让自己相信，他的政策最终会对自由国家的事业有所助益。他们推断，国内动荡可能带来战争，可能会在德意志“令自由的因素从某些压制它的封建王朝的影响中解放出来”。

对兴起的俾斯麦的势力造成阻碍的，还有欧洲协同体，而该组织也像丹麦军队一样徒劳无用。欧洲大国执行 1852 年条约的能力衰退了，他们对集体安全原则疏忽大意。事实上，俾斯麦假装并未违背条约，普鲁士全然依照其规定行事。但他的诡辩只能说服那些情愿被蒙蔽的人。很显然，丹麦也违背了条约；丹麦强行通过宪法，令石勒苏益格与哥本哈根更紧密地联系起来，违背了条约的规定。但是，丹麦人违反了规定不代表普鲁士人就情有可原。据一位外交官观察，显而易见，“在积极执行条约的热情假象之下”，普鲁士人隐藏着一个“雄心勃勃的计划”。人人有目共睹，“领土扩张”是“俾斯麦先生的梦想”。

英格兰也未如俾斯麦预想的一般，成为普鲁士勃勃雄心的绊脚石。三百年来，英国一直作为维持欧洲势力平衡的仲裁者，反对欧洲大陆上出现任何可能威胁其自身自由的军事力量。即便今日，英格兰依然谋求仲裁者的角色。罗伯特·塞西尔勋爵在《季度评论》中写道：“外交部投掷了大批文件弹药。”俾斯麦一概视而不见。

这个结果对英国来说是奇耻大辱。一位外交官说：“丹麦灭亡的原因就是英格兰的友谊。”英国外交“就是个笑话，让整个欧洲笑掉大牙”。欧洲大陆的漫画家描绘各式各样丢人现眼的英国佬，德意志的作家讥笑大不如前的迦太基沉沦于“怯懦和肉欲”。罗伯特·塞西尔勋爵写道，英国政府的誓约和威胁一样，都是一纸空文，丹麦人真诚地信赖英格兰，结果却遭遇了“有史以来最肆意、最无耻的掠夺破坏”。俾斯麦自有结论：“多年以来，我一直以为英格兰是一个伟大的国家，我简直是浪费生命。”

灯火渐次熄灭，俾斯麦的改革也渐次推进。他反对国内法律，侥幸存活。他反对国际法，大获全胜。新政权首战告捷标志着野蛮粗暴的外交方式在欧洲再次出现。虽然通常来说，俾斯麦会花更多的时间编造谎言，而非公布真理，但对自己发起的改革的道德品质，他倒是直言不讳。一位到威廉大街探访的法国外交官，试图在不违背传统礼貌的前提下，委婉地向首相表达自己对丹麦政策的不赞同。俾斯麦打断了他。“不用麻烦了，”他说，“除了国王，没人认为我的行为可敬体面。”

不过，他对自己还是相当满意的。德意志进军日德兰半岛，唤醒了国王“征服的欲望”。就像驯化多年的野兽紧紧咬住尸体一样，老国王嗜血的欲望重燃。俾斯麦也有这种血腥的天性。“权势之路上但有敌人，”他说，“我必杀之。”“我行我路；拥护我者为我友，违逆我者为我之仇雠——皆可灭之。”

弗吉尼亚、亚拉巴马，1864年5—6月

“上帝啊，请救救我们的国家吧！”玛丽·切斯纳特喊道。

南方邦联的祭文通篇愁云惨雾，“仿佛阴影无处不在”。弗兰克·汉普顿牺牲了。他在布兰迪车站战役中殒命，英勇就义掩盖了他可笑的自负。玛丽·切斯纳特随着他的灵柩来到了里士满的国会大厦。在新古典主义风格的杰弗逊教堂里，她和她的友人约翰·科尔斯·辛格尔顿夫人一同打开了棺椁。

“我真希望我没有打开看！我清清楚楚地记得他是一个多么风度翩翩、仪表不凡的男子汉。他的脸和头被一刀砍过，整个人面目全非。”看到这样的景象，辛格尔顿夫人崩溃了。“我们在国会大厦前面的台阶上坐了许久。所有人都走了。最后只剩下我们两个。”她们回忆起在辛格尔顿夫人家共度的幸福的一个星期。喜气洋洋的弗兰克·汉普顿带去了他的新娘。“而今……才过了几年……那时快活的伙伴几乎都不在了——我们的世界，这个我们唯一关心的世界，实实在在地崩溃了。”

玛丽·切斯纳特发现，南方的大人物多多少少都有些灰心丧气。

杰弗逊·戴维斯夫人没有了乐观的理由。她“万分沮丧”。这两位女士跟戴维斯家的孩子们一起乘车绕里士满逛街。他们“固执的意愿”给玛丽·切斯纳特留下了深刻的印象。只有五岁的约瑟夫·戴维斯是个例外，大家都叫他乔。他是全家的“乖孩子”。

戴维斯总统也跟妻子一样情绪低落。他领导的国家已经无法作为一个政治机构正常运转。最纯粹的寡头的典型特征往往是对执政力量的猜忌。在古代斯巴达，战士靠被奴役的希洛人的劳动养活，国王实际上毫无权力。在威尼斯共和国，总督有时只是徒有虚名。在里士满，戴维斯总统要对付的是被骄奢的种植园奴隶主把持的立法院，他们不愿意承担战争的重负。1862 年，南方邦联国会将参军年龄的上限提高到四十五岁，这意味着“在各地的种植园里，拥有二十名以上奴隶的白人”可以免服兵役。结果，许多健壮的男人都留在了家里。

然而，即使种植园奴隶主更有牺牲精神一些，戴维斯发现，维护南方的独立依然是一件很难的事情——难处是资金不够。正如沙皇亚历山大的俄国一样，南方邦联流动资金紧缺；种植园奴隶主的绝大部分财产都投资于土地和奴隶。资本和信用机制还处于非常原始的阶段。为了完成任务，戴维斯开动了印钞机。然而，邦联的纸币并没有唤起多大的信心，物价飙升。

戴维斯也不可能指望通过外交活动中的重大突破来缓解国内的困境。1863 年秋，林肯的盟友沙皇亚历山大派遣舰队来到了美国沿海水域。该年冬，俄国海军进驻美国港口——大西洋舰队抵达纽约，太平洋舰队抵达旧金山湾区。旗舰“亚历山大·涅夫斯基号”停在了波托马克的亚历山大港。戴维斯曾经期望英国和法国能干预美国内战，而此时他明白，俄国展示武力支持林肯的改革，已经令他的希望破灭。

在里士满的晚会上，玛丽·切斯纳特见到了戴维斯。他喜欢散步。他“与我一同在长长的房间里慢慢来回踱步”。我们的“谈话令人无比伤感”。“没人比他更清楚困扰着邦联的问题了。他的嗓音非常悦耳。我想他自己都没有意识到，谈起当下情况的时候，他的言语中透着忧郁。”

罗伯特·李夫人同样垂头丧气。她失去了她的家阿灵顿庄园；阿灵顿被美国联邦政府没收了，很快会成为公墓。她的女儿安妮——李将军叫她“我亲爱的安妮”——不在了。她的儿子威廉·亨利·菲茨休·李——人称“鲁尼”——被逮捕入狱。在他被囚禁期间，他年轻的妻子夏洛特患病去世。李夫人是一位颇有魅力的女性，她教养良好，信仰虔诚。她为丈夫养育了七个孩子，丈夫驰骋沙场的时候，她将家事打理得井井有条。然而就像该阶层的众多女性一样，玛丽·李变得体弱多病。风湿病令她只能坐轮椅，她无时无刻不受到病痛的折磨。“可怜的残废妈妈，”她这样说自己，“我对孩子们一点用都没有了。”喝茶的时候，她跟玛丽·切斯纳特一起缅怀过去以求安慰。她们谈起在“过去的改革时光”，玛丽·切斯纳特的婆婆曾经接待过李夫人的亲戚——华盛顿将军，当时他正赶往纽约就任美国的首任总统。

尽管李将军也感到绝望，他却依然富有男子汉的英雄气概。玛丽·切斯纳特认为他是“世上第一流的男子汉”。他按照旧时的礼节向她弯腰行礼，看到他露出的迷人微笑，她的脸红得就像个女学生。她有点害怕李将军，但他对她温文有礼。他跟她谈起自己的儿子鲁尼。“可怜的孩子，”李说，“他那可爱的小妻子的去世让他的心都碎了。”玛丽·切斯纳特仿佛看到将军的眼中噙着泪水。女士在场的时候，李将军总是会用彬彬有礼的外表掩饰内里的刚硬。而在跟多事的军官们相处的时候，他会更加直截了当。当韦德·汉普顿三世质疑李对某些部属的调动，威胁要辞职返回自己的种植园的时候，李不屑一顾地开除了这位种植园主。“就算你要带着所有你的人一起回南卡罗来纳，我也不在乎。”李对他说。汉普顿称，这种非难真是“奇耻大辱”。

有时看来，似乎令整个邦联团结一致的正是李将军优雅而灵活的骑士精神。整个国家正在沦陷。此时的戴维斯总统已经成了南方最不受欢迎的人之一。人们传言，与其说他害怕北方佬的报复，还不如说他担忧己方愤怒的民众。遇到士兵们的时候，他还能得到欢呼；但是，大部分普通民众都不再把他放在眼里。在里士满，这种情况尤为严重。市民四处营生的时候，伤兵的尖叫折磨着他们的神经。星期天，当人们坐在里士满的教堂里做礼拜的时候，截掉腿的伤员放下拐杖，发出不祥的声响。最令人不安的是面包稀缺。饥荒的暗影隐现。

同样若隐若现的，还有骚乱的可能性。奴隶们躁动不安。戴维斯总统的男仆吉姆，跟戴维斯夫人的侍女贝齐一起逃走了。一天早晨，玛丽·切斯纳特下楼吃早餐，她震惊地发现丈夫的男仆，一丝不苟的劳伦斯喝得酩酊大醉。玛丽让他搬椅子，他竟把椅子高举过头，砸碎了吊灯。看到这一幕，詹姆斯·切斯纳特气愤难平。“玛丽，”他说，“跟劳伦斯说，让他走人。我太气愤了，我不想跟他说话。”劳伦斯被赶回了家乡马尔伯里，没过多久，玛丽·切斯纳特的女佣莫莉也步其后尘。玛丽·切斯纳特说：“生平第一次，我被我雇用的仆人们随意离弃。”

里士满式的骚动深入全国各地。得知母亲生病的消息，玛丽·切斯纳特来到了邦联中心地带。她乘坐火车到了蒙哥马利，在此转乘轮船到波特兰。旅程中，她了解到了很多对政府的怨愤。“可怕啊，这个可怕的邦联！”在蒙哥马利，一个妇女叫道，“简直受不了了。上帝啊！这个贼窝。我失去了一切，只剩下一片好心。我所有的衣服都没了。这条裙子——是用旧桌布改的。”

“难道你不希望林肯快点死掉，结束战争吗？”

“不，”妇女回答，“在这片大陆上，还有比林肯更差劲的人——更差劲的总统呢。”

在前往波特兰的轮船上，玛丽·切斯纳特的表弟詹姆斯·威廉·博伊金告诉她，他的棉包在密西西比丢了。他“愤怒地将这一切归咎于杰夫·戴维斯”。下船后，她的表弟骑马离开了，玛丽·切斯纳特在一间昏暗的小酒馆里等马车。老板是一个古怪的穷白人；他喝得醉醺醺的，带着让人不舒服的奇怪表情盯着她看。“这位女士，”他含含糊糊地说，“我能为你做点什么？”她来到了邦联的中心地带，人称“南部丛林”，这里仿佛弥漫着有毒的气息，人们道德沦丧、颓废不堪。小酒馆里既没有灯，也没有蜡烛，尽管这是个炎热的夜晚，玛丽·切斯纳特却紧挨着火堆。她的太阳穴一跳一跳地疼。

马车终于来了，将她带到了姐姐家。她立即去见了母亲。“我就知道你会来的。”老妇人握住女儿的手说道。

姐姐萨莉的样子吓了她一跳。“当她把蜡烛举过头顶让我看墙上的东西的时候，我看到她美丽的褐色头发已经变白了。”姐姐的双眸毫无生气，“好像石头，像冰一样苍白、寒冷”，她告诉了玛丽·切斯纳特自己孩子们的死讯。凯特是一个有着美丽的灰色眼睛的女孩，她是全家的小宝贝。“多奇怪啊，”萨莉说，“她是我的孩子……她来过这个世上，又离开了，你都没见过她。她是第一个走的，我没去参加葬礼。看到她入土，我会比死了还难受。”然后，十三岁的玛丽病倒了。“在那场漫长的生与死的斗争中，我寸步不离她左右。”“妈妈，”那孩子说，“帮我捂捂膝盖吧。膝盖好冷。”“我把手放到她的膝盖上。冷得钻心。我知道，那就是死亡的冰冷。”“我为她做了所有能做的，”萨莉告诉妹妹，“就连她的后事都是我准备的。”

母亲身体一好转，玛丽·切斯纳特就离开了黑人聚居区，回到了里士满。在回首府的路上，她遇到了军用列车，在铁路上绵延数里。

士兵们躺在平板车厢里，盖着灰色的毯子。经过他们的时候，一种“可怕的沮丧”攫住了她。“这些大好青年都要去杀人，或者被杀，”她思索着，“这是为什么啊？”

抵达里士满之后，她发现自己的朋友都陷入了歇斯底里的兴奋。他们就像“水手发现船要沉时，会精神失控”。她第一次感到要“果断享受当下，不问来日”。她丈夫一直排斥酒和“过分好客”，此时一反常态。“你在里士满隐居的计划似乎已经泡汤了。”她一边精心准备宴席，一边取笑丈夫。晚宴的第一道菜通常是汤，然后是羊肉、火腿、野鸭和鹧鸪。美酒和佳肴一样丰富——第一轮是苏特恩白葡萄酒，第二轮是勃艮第红葡萄酒，最后是雪莉酒和马德拉白葡萄酒。

里士满的参议员和贵族也拥到玛丽·切斯纳特的宴会上，希图借酒浇愁，一醉方休。出席宴会的还有外国官员，其中一位是杰布·斯图尔特的下属，普鲁士骑兵军官埃罗斯·冯·博尔克，这名年轻人注定要在该时代的三场伟大改革的两场中，扮演重要角色。然而，不管玛丽·切斯纳特的宴会开始得多么激情洋溢、热情高涨，最后都以悲叹和惋惜收场。

“里士满周围的战役结束后［麦克莱伦在城外的时候］，”一位宾客说，“我满怀希望。而这些希望不知不觉都已消失无踪了。”

“我跟戴维一样，”另一个人说，“自从孩子去世后。起床，洗脸，理发……”

“我现在渴望，祈祷，哀悼，还有……噢，我真的看不到希望，”又一个人说，“你这里还有老切斯纳特先生的白兰地吗？”

詹姆斯·切斯纳特从口袋里掏出地下室的钥匙。不一会儿，酒就拿来了。男人们手里拿着白兰地，谈话严肃。

“要是‘石墙’将军能再撑一年，我们就得救了。”一个人说。

“李将军能做的，也就是把米德挡住吧。”另一个人说。

在这种消沉的气氛中，在马尔伯里，玛丽·切斯纳特差点就要靠吗啡来缓解压力。在里士满，可以跟芭可亲近，这令她感到些许慰藉。在家里，她也观察这个可爱的女孩。“亲爱的姑娘！”她大声说，“她个性独特。谁能形容得出来呢？我了解她。如果可以的话，在思想上、道德上、身体上，我不会对她做任何修正。有多少人能得到这样的评价呢？”在艾夫斯夫人家里，她看到她最喜爱的姑娘跟胡德将军在一起。芭可保护着这位跛足的战士不被崇拜者们挤到。邦联副总统、布坎南之下的约翰·卡贝尔·布雷肯里奇（他此时穿着南方邦联的将军制服）走到玛丽·切斯纳特身边，打断了她的遐想。“这真是美好的一幕，”他望着她注视的方向说道，“她会嫁给他吗？”

玛丽·切斯纳特摇了摇头。

布雷肯里奇感叹道：“他爱她，简直爱得发疯。毫无疑问。她如此甜美可爱。这个残废的老英雄……”

此时，胡德已经能拄着拐杖走路，也能再次跨上马背了。他和芭可经常一起外出骑马。然而她还是躲避他。

她是因为他的残疾而躲避他吗？她说，并不是。“这些伤是荣耀的勋章。”她说。或许她只是不喜欢这张阴郁的面孔——他的长相令人联想到一幅风格主义的绘画，被奇怪地嫁接在了肯塔基人的脸上。当然，胡德脾气火暴，也令她望而却步。后来有一次，他瞥到一眼她的腿，他勃发的欲望吓坏了她。然而她一再坚称，她不是那种害怕被野兽抓住的美女，她告诉胡德，要不是父母反对他们结合，她会“照顾他”的。

然而，这却是个谎言。普雷斯顿上校和普雷斯顿夫人并未明确拒绝过萨姆·胡德。芭可向玛丽·切斯纳特承认了自己的虚伪。“你这个傻孩子！”玛丽训斥她。然后她用和缓一些的语气警告芭可，挑起胡德这种男人的热情，却不能给他回报，是很危险的。“为什么？”玛丽·切斯纳特问她，“你为什么要那样玩弄他呢？”

第二十章

那位勇者

华盛顿、弗吉尼亚，1864年3—6月

德意志改革起用了常胜将军赫尔穆特・冯・毛奇；而与此同时，林肯也为自己的改革找到了指挥官。

1864 年 3 月的一个下午，走进威拉德酒店大厅的这名男子，看起来并不像一位曾经征战四方的英雄。他身高只有五英尺八英寸，没精打采、蔫头蔫脑的样子让他更显矮小。他身形单薄，体重大约 135 磅，身上的少将军装破旧不堪，嘴里叼着雪茄。五天前，他从西部田纳西军团的所在地应召来到华盛顿。国会法案重新启用了陆军中将的崇高军衔，乔治・华盛顿便被授过此衔。这个军衔如今授给了这个男人。

正在威拉德酒店登记入住（他在登记簿上写的是：美国格兰特和儿子，伊利诺伊州加莱纳）的这位先生，自视为上帝最奇异的造物。有时候，尤利西斯・S. 格兰特细想这些天意难测、不可索解之事，不禁感慨："在世的命运际遇似乎就如身后一般神秘难测。"三年前的1861 年春，三十九岁的格兰特在与生活的较量中还郁郁不得志。尽管毕业于西点军校，并在墨西哥战争中功勋卓著，但他并不认为他的使命就是戎马一生。待在和平时期的军队中更是令他郁郁寡欢。他被派

到太平洋沿岸一支遥远的前哨军队，并且因为收入微薄，无法带上家人一同前往。消沉的他整日泡在酒桶里，把自己“喝离了军队”。退役之后，他回到家乡，前途渺茫。他的岳父给了他80英亩圣路易斯附近的土地。于是，格兰特做起了农民。他伐木劈柴，然后穿上那身蓝色旧军装外套，把柴禾带到镇上卖掉。农场经营惨淡，他又做房地产经纪人，不过同样做得一塌糊涂。他还曾经试图得到县工程师的职位，可惜，这份工作最后落到了别人手上。格兰特穿着旧军装，在镇上四处奔波，只为谋求一份工作。“他真算是圣路易斯最不起眼的一个人了，”他从前的房地产合伙人的妻子这样评价他，“没人会注意到他。”1860年5月，他带着家人来到了伊利诺伊州的加莱纳，父亲在家族皮具生意中给他安排了一份销售员的工作。他一如既往地没什么建树。1861年春天，他的前方似乎只有失败一途。“我不是个销售员，”他说道，“也压根儿没有做销售的潜质。”

格兰特放弃了职员工作，重回军队之后，步步高升，青云直上。如今已是北方声名赫赫的大英雄。两年多来，他成了联邦官兵中最耀眼的一颗明星。1862年初，当其他联邦指挥官因为害怕和虚荣畏缩不前的时候，格兰特在田纳西州攻下了亨利堡和多纳尔森要塞，此等战功令亚伯拉罕·林肯欢喜不已。夏洛一战，敌人攻其不备取得阵地，他付出了惨重的代价才重新夺回，林肯也不愿加以责难。“我不能说他什么，”总统对不满格兰特的人说，“他一直坚持战斗。”1863年7月，格兰特拿下了其时邦联军在密西西比仅剩的一处至关重要的堡垒，维克斯堡。（密西西比河的门户新奥尔良已于1862年4月被戴维·格拉斯哥·法拉格特上将攻下。）林肯喜出望外，他说：“‘百川之父’*终又重归大海。”1863年秋，格兰特在查特努加一役中大获

* 密西西比河的美称。——译注

全胜——他手下的军队攻下了传教士山，打破了布拉格对该城的围困——更确证了他的超群才能，并为他赢得了“最令人闻风丧胆的联邦指挥官”之名。“格兰特，正是我要找的人。”林肯断言。

格兰特十三岁的儿子弗雷德与他一同来到了华盛顿，两人在威拉德酒店共进晚餐之后，格兰特动身前往白宫。他从来没有亲眼见过总统。他之前只来过华盛顿一次。正在蓝厅接待客人的林肯一眼就认出了格兰特，因为报纸上登载过他的照片。“格兰特将军！”林肯握着他的手说道，“见到您真是莫大的荣幸！”林肯认为，与惯常所见的那些自吹自擂、满嘴大话的将领不同，格兰特是一个“前所未见的、安静的小个子”。第二天，林肯为格兰特授衔，他说：“整个国家对你所做的一切深表感谢，并对你寄予厚望，希望你再接再厉……”一向不喜欢当众发言的格兰特对总统表示了感谢。他声音发抖，细若蚊蚋，一开始大家都没有听清他说的是什么。他说，如果说他成功地完成了自己的使命，那是因为手下的军队英勇善战，并且“最重要的是，因为引领国家和人民的上帝眷顾”。

格兰特即刻出发，前往波托马克军团总部。凭着天才敏锐的眼光，他发现了很多其他指挥官忽视的东西。取胜的条件齐备，却杂乱无章。人员和物资的部署亟须系统化和规范化。为军队供给粮草弹药的后勤部门独立于战地指挥官，后勤人员只听命于华盛顿的官僚机构，不受其他任何人指挥。格兰特解决了这些问题，令林肯大为震惊，他说：“他能让各种事物运行起来：只要有他在，事情就有进展。”

最重要的变化是在战略和指挥两个方面。他所用的方法与大洋彼岸的赫尔穆特·冯·毛奇在普鲁士军队中所用的策略颇有异曲同工之妙。不过毛奇的计划是经年累月钻研苦思的产物，而格兰特的谋略则是在夏洛和维克斯堡大战的血腥熔炉中迅速形成。二人所苦心考虑的都是战争中永恒的问题。普鲁士战略家克劳塞维茨曾说，战场上的混乱无法避免。不可计数的报告，有些是真的，更多的是假的，最多的是经过篡改歪曲的，都呈报给指挥官。他会对自己的部署产生怀疑，不是出于坚定的信念下达命令，而是基于绝望。在现代战争的条件下，这个由来已久的问题更尖锐地凸显了出来。铁路和电报的发明极大地扩展了指挥官做出部署时需考虑的行动范围，对他来说，处理好涉及军队调度的众多技术工作，同时保持全局性的战略观，几乎是不可能完成的任务。

毛奇和格兰特各自独立解决了这一问题，他们采用的方法就是分工。在新的指挥体系中，战略军师和战地指挥官的办公室相互独立，分别设置，然而，独立发挥作用的双方有义务与对方紧密合作。在战场上，战略军师必须紧紧跟随指挥官，即或不然，也要与其保持不间断的交流。因此，格兰特并未亲自出任波托马克军团指挥官一职，而是让米德将军坐上了这一位置。不过，他在米德的军营旁建起了自己的总部，而他在其中担任的角色，跟毛奇于丹麦战争中在“血亲王”大帐里担任的角色非常类似。过去，战地指挥官全凭直觉来辨识战争重重迷雾中的有用信息，而在新的体系中，他的身边有了一位运筹帷幄的“守护天使”（也可能是“附身魔鬼”）。

毛奇在普鲁士最高指挥部奉为信条的另外两种品质，格兰特也深深感受到了其重要性。首先就是速度。与麦克莱伦不同，格兰特没有在战争机器的部署上花费太多时间，而是充分利用现有条件展开进攻。坐镇六个星期之后，他便大举杀入战场。5 月 4 日，格兰特率领着 11.6 万名联邦士兵跨过拉皮丹河，直奔北弗吉尼亚军团，其时，该军团在将领罗伯特·E. 李的带领下，据守拉皮丹河和拉帕汉诺克河一线。

其次是协同作战。波托马克军团不是孤军深入，而是协同作战的全军的一支分队，全军意在遏制南方命脉。5 月 5 日，格兰特深深爱戴和尊敬的舍曼将军——就如李对“石墙”杰克逊的感情一般——离开查特努加市，向着亚特兰大的方向奔袭。与此同时，本杰明·F.巴特勒将军率詹姆斯军团在门罗堡登上战船，沿詹姆斯河向彼得斯堡和里士满进发。弗朗茨·西格尔将军则动身前往谢南多厄河谷夺取粮草。这一“全线”部署拉开了史称“粉碎行动”的一系列战役的序幕。曾经迫切希望开展协同作战的林肯，低调地为格兰特的战略成型提供了帮助。他说：“就算干不来剥皮的活儿，也可以来帮忙把牛按住嘛。”

当波托马克军团渡过拉皮丹河的时候，阳光分外明媚。沾染了血迹的军旗在风中猎猎飘扬。格兰特不同寻常地换了一身行头，他腰挂佩剑，肩披饰带，骑着枣红色的战马辛辛那提，奔向葛玛那堡。他戴着一副黄丝线手套，据说那是格兰特夫人送给他的礼物。过河之后，格兰特率部进入了荒无人烟的怀尔德尼斯。这一地区灌木丛生，很多地方几乎无法通行，纵横分布的几条小路也并不好走。联邦突击队很快就遭遇了敌人。

1864 年春天，李手下仅有 6 万到 8 万人，不过，虽然与联邦军队众寡悬殊，南方士兵却斗志昂扬，充满干劲，并且对战场地形了如指掌。杰布·斯图尔特率领骑兵一马当先，李和安布罗斯·鲍威尔·希尔带领第三军紧随其后。敌对双方很快就激烈地交起火来，打得难分难解，惨烈非常。南方邦联阵线告急，眼见就要被攻破，幸而夜幕降临，危机才得以解除。第二天，邦联军队两次差点被打到撤退，后来又扭转了战局。纷飞的炮火点燃了灌木丛，空气中弥漫着尸体烧焦的气味。

枪林弹雨中，格兰特一根接一根地抽着雪茄。他从未见识比此时更让人绝望的战斗。不过，他仍然能够保持头脑清醒，一副镇定自若的样子。其他联邦指挥官第一次与李交手时，都会感到茫然惶惑、不知所措，之后便再也没法恢复沉着冷静。而就算感到了同样的压力，格兰特也不会表现出来。他发现，其他指挥官给李披上了“近乎超人”的外衣。然而格兰特在墨西哥战争之时曾与这位伟大的指挥官有过同袍之谊。他说：“我本人就认识他，知道他也是一介凡人。”

格兰特拒绝承认李的传奇色彩，而他从手下的眼神中看到了自己心中的某种不祥感受。一位士兵曾说，波托马克军团已经准备好，“只要格兰特一犯错误，就会爆发”。不过战士们对新任指挥官的敌意渐渐止息，格兰特很快就将东部军队牢牢掌握在手中，就如当年对西部军队一样。士兵们在格兰特的脸上看到了一种表情，一种“不撞南墙不回头”的表情。林肯曾说，他如“斗牛犬一般坚忍，一旦咬住，绝不会松口”。

怀尔德尼斯一役，战况胶着，难分上下。在格兰特挥兵南下，奔向詹姆斯河的途中，春天就在大大小小的一系列战役中过去了。李的军队率先抵达史波特斯凡尼亚法院，占据了优势地形。联邦军队连番攻击，都未能将其逐出阵地。在战壕急转弯处，战死的士兵数不胜数，尸山血海，以至于在历史上，此处被称为“血腥角”。战争凶残惨烈。双方近身肉搏，枪托砸下，头骨碎裂。

在战事开始时格兰特戴的那副丝线手套如今已经不知所终，后来再也没有见过。在一封发给华盛顿的急件中，他称自己“打算战斗到底，突破这道战线，即使要花整整一夏”。旷日持久的消耗战打响了。

虽然代价惨重，但战争局面发生了改变。弗吉尼亚战场上，主动权易手了。尽管李守住了阵线，但他的军队处境一天比一天绝望。菲利普·谢里登所率联邦骑兵杀向里士满，切断了邦联军队的补给线。杰布·斯图尔特英勇地发起突击，与谢里登的骑兵团展开激战，却出师未捷，在“老黄”酒馆受了致命的重伤。他离世时，埃罗斯·冯·博尔克陪在他身边。“亲爱的冯，”斯图尔特说，“我的生命正迅速流逝，但在死前，我想告诉你，你是我最为钦慕的男人。祝愿你长寿、幸福。我死后，请代为照看我的家人，和我的妻子、孩子成为朋友，就像和我一样。”

李说：“我们必须在格兰特的军队抵达詹姆斯河之前击溃他们，他们一旦抵达，就会发起围攻，之后我们的失败便是时间问题了。”李击溃联邦军队的最佳时机出现在6月初，波托马克军团进军距离里士满8英里的冷港的时候，李瞅准机会，下令攻击。玛丽·切斯纳特的朋友劳伦斯·基特率领先锋队南卡罗来纳第二十兵团发起了进攻。他很快就战死沙场。兵团溃败，整个邦联阵线后撤，大军退至防御工事之后。格兰特多次下令进攻，付出了惨重代价，却未能突破防线。相对而言，李的损失不大，但战机已过，他未能击败波托马克军团，以后也不会有机会了。

到了6月中旬，格兰特的军队抵达了詹姆斯河南岸。

柏林、华盛顿，1864年9月

此时的大洋彼岸，俾斯麦沮丧地看着林肯的政治手腕越发娴熟。他对这位总统无比憎恶，对南方贵族地主满怀同情。不过，林肯的改革不断发展壮大，他并没有费心阻挠。他一直否决欧洲干预美国内战的提案——不是出于对林肯的爱护，而是为了削弱家门口的敌人，法国的拿破仑三世——一旦美利坚合众国取得胜利，他的墨西哥帝国便难逃灭亡。

历史上的俾斯麦是一位典型的“实力政治”的践行者，对自由国家的仇恨令他在政治上大展拳脚，这种仇恨不是源于他自己所谓的性格中“循规蹈矩”的部分——这种诡谲的现实主义在外交圈中令他的对手们感到挫败不堪——而是源于其头脑中更不容易被碰触到的、带有微妙的柔弱和诗意的部分。他提到，自己曾被某种忧郁触动，在一个秋天的早晨，他看到枯叶纷飞，油然生出对不朽的渴望——对大海、森林、落日以及贝多芬的音乐的向往。俾斯麦的政治生涯，虽然极具现实主义特征，但也有几分哀婉忧伤的色彩。他敏感地察觉到，自己生于其中的文明是何等脆弱，他看到这个文明的财富——由纷繁复杂的精神思想和崇高的肉欲本能共同锻造而成的公序良俗——很可能会被林肯之辈所表现出来的颇具破坏力的粗鄙庸俗之洪流席卷一空。他曾经说："如果改革不可避免，我们宁愿作为发起者而不是承受者。"

然而，在历史的进程中，他能坚定果决地采取行动，拯救自己所热爱的文明免于毁灭吗？就个人而言，俾斯麦对人勘破天意玄机、掌握事物发展规律的能力持怀疑态度：

> 我渐渐意识到，上帝拒绝给予人知晓的可能。声称自己明白世界之主的意志和计划，这是多么狂妄。世人必须谦卑静候造物主的旨意彰显在他的身上，除了依凭良心，没有任何其他办法可以让我们知晓上帝的旨意，而正是良心，给了我们在黑暗世界中寻找出路的触角。

总而言之，"依从上帝的旨意"。不过，俾斯麦对个人私底下和担任公众人物两种情况下的命运区分得明明白白。他深信，公众生活中的道德界限不像在私人领域一般狭窄，它允许在更大的范围内采取恰当的行动。天意也是如此，戴着两面神雅努斯的面具。就个人而言，只能凭着良心，而不是别的什么，努力寻找"走出世界之黑暗"的道路，但是天意会给杰出的领袖以启示，他们可以加以利用。俾斯麦曾说，政治家或许无法偷看到“上帝手中的牌”，但可以“领会造物主的旨意”，然后“跌跌撞撞，紧随其后”。

在4 000英里以外的华盛顿，林肯同样意识到了时间和历史的神秘莫测。他也曾思索那位主宰人类命运的神：

> 上帝的旨意高过一切。斗争的双方都声称自己遵行了上帝的旨意。可能双方都不对，无论如何肯定有一方是错的。上帝不可能在同一时间对同一件事情既支持，又反对。就当下的内战而言，很可能上帝的目的与双方的目的都不一致——即便如此，人类随己意而行，也是上帝完成其旨意的最好工具。极有可能，是上帝促使了这场战争发生，并且不让它就此结束。即便没有战争，他也能凭其无声的大能，通过左右如今正陷入战争之中的双方的意志，来拯救或摧毁联邦。然而，战争打响了。战争开始之后，他本可以在任何时候将胜利赐予任意一方。然而，战争仍在继续。

林肯说：“也许我命中注定，要在一片晦暗不明之中踽踽独行；在生活中感受并论证我选择的道路，就像没有确证就拒绝相信的多马*一样。”他和俾斯麦对天命有着相似的看法：两者都以过时的新教主义眼光来看待时间和命运的神秘。不过，俾斯麦将这种神学感悟藏在心中，而林肯则在公开讲话中大肆宣扬。上帝的旨意或许高深莫测，但林肯还是以一种谨慎的乐观态度，提到人类可以在某种天意的安排下，达成自己的目的。1864年，林肯曾经说：“上帝左右一切。”回首过去的三年，他深信美国人民已经探究到了上帝的旨意，并且因

* 耶稣的十二个门徒之一，曾因没有确证而怀疑耶稣死而复活。——译注

此而对“未来更有希望和信心”。

一度，事情的发展好像证实了林肯的乐观判断。在国内，格兰特将军虽未能把李将军彻底击垮，却也已令他元气大伤。在国外，越来越多的欧洲人将美国内战看作“既定权利与普遍自由之间的平原”（身在伦敦的亚当斯大使如是汇报）。与此同时，俄国似乎也正在向自由迈进，这件事令林肯欣喜不已。美国驻圣彼得堡公使馆代办贝亚德·泰勒回国做了一场关于俄国的演说。林肯亲自听了这场演说，并在事后写信给泰勒，说：“我想，做一两场关于‘农奴、农奴制度和废奴改革’的演说，大家肯定感兴趣，并且非常有价值，你可否安排一下？”

然而，大部分事情仍未确定。林肯对即将到来的大选有着不祥的预感。1832 年安德鲁·杰克逊获得连任之后，再没有一位美国总统连任两届。1864 年 6 月，在巴尔的摩召开的共和党 * 大会上，代表们提名林肯为总统候选人。不过，尽管战胜了党内诸如萨蒙·P. 蔡斯之辈对其领导能力的质疑，他要再次当选依然困难重重。他在北方是否是民心所向尚未可知。格兰特打的仗虽然最终一定会取得胜利，但代价过于惨重。自 1864 年波托马克军团打响战役以来，联邦将士的伤亡人数超过了 6 万。很多北方人渴望和解，立即恢复和平，即便停战协议中规定南方继续保留奴隶制也可以。林肯坚决反对这种符合道义要求，但最终会造成分裂的和平——这将迫使他放弃《解放奴隶宣言》，让那些在“人人生而平等”信念下英勇奋战的黑人重新陷入被奴役的状态。他说：“如果我这样做，那就该受到永远的诅咒。”

然而，林肯知道，对奴隶制的反对态度将会使他在总统竞选中付出极大代价。同情南方的北方人“铜头蛇”将《解放奴隶宣言》蔑称

---

* 该党在 1864 年自称“国家统一党”。

为《异族通婚宣言》。1864 年夏天，这些为求和平不惜一切代价的人们似乎马上就要赢得民意争夺之战了。乔治·麦克莱伦，这个国家最为杰出的民主党人，看起来已经做好了准备，想趁主和思潮涌入白宫之时有所作为。8 月，林肯写下了这样的话："极有可能，本届政府将输掉大选，除非有什么大的变化发生。"他说，在这个秋天，自己将"惨败"于麦克莱伦手下。

柏林、巴黎、尼斯，1865年4月

皇家专列正以前所未有的速度飞驰过俄国边境，载着沙皇向法国而去。亚历山大的儿子尼古拉此时正躺在里维埃拉的别墅里。他的身体渐渐衰弱，脊椎病恶化了。在俄国，皇室成员的健康问题是一个严防死守的秘密，但尼古拉病重的消息还是悄悄地传开了。

亚历山大先是去了柏林。在那里，他受到了叔叔威廉国王的热烈欢迎。接着，他又来到巴黎，法国东部铁路与通往里昂和南部的铁路在此交会。拿破仑三世正在站台上等待他的到来。沙皇从火车包厢中走了出来，两个帝国之间的仇恨在那一刻烟消云散了。一位新闻通讯记者从亚历山大的脸上看到了深深的忧愁。拿破仑三世跨步上前，以一种特有的优雅——即便是他的批评者，对此也无可挑剔——向沙皇表示了同情慰问。一番寒暄之后，亚历山大回到了火车上。

很久之前，父亲的直觉就告诉他，自己的大儿子生病了。尼古拉一直非常羸弱，仅仅是完成日常工作就会让他痛苦不堪。有一次，他们在彼得霍夫猎狐，尼古拉刚一跃上马鞍，便露出了痛苦的神色。亚历山大上前询问，尼古拉却因为性格太过要强而没有回答。他若无其事地策马走开。后来，亚历山大看到这个瘦骨嶙峋的年轻人拖拉着脚步在宫中行走，斥责他像个老头子。作为未来的沙皇，他的举止体态得像一名战士才行。

如今，亚历山大深受良心责备。他本来以为自己的儿子柔弱娇气，却不料是因为疾病的缘故，很可能是脊椎结核。引发肺结核的是同样一种病菌，它们攻击脊椎，使脊椎缓慢地坏死。

皇家专列驶入了尼斯的老火车站，沙皇即刻动身奔向儿子的病榻。据说当时尼古拉尚能认出父亲，但是沙皇已经清楚儿子的病情到了何等危殆的地步——皇长子已经命不久矣。

第二十一章

权势与魅力

里士满、南卡罗来纳，1864年5—8月

深夜，戴维斯总统家的窗户敞开着，窗帘被风吹得猎猎舞动。小乔·戴维斯，家里的“乖孩子”，从栏杆上摔下来了。听说了这个消息，玛丽·切斯纳特匆匆赶过去。孩子死了，他的面色苍白而美丽。戴维斯夫人没有露面，但是坐在会客厅中的玛丽听到总统在楼上的房间里踱来踱去，脚步沉重。

乔的死是场意外，但它带来了厄运。孩子浑身是血，人行道上也溅得到处是血。在玛丽·切斯纳特看来，这是不祥之兆。孩子的葬礼一结束，她就离开了里士满，她已经准备好亲眼见证种植园主阶级的毁灭了。不久前，她的丈夫新任陆军准将，奉命回到南卡罗来纳。她乘火车到了金斯维尔，想在一家破旧的旅馆找间房凑合住下。

“客满了。”旅馆老板告诉她，“你是谁？”

玛丽·切斯纳特报上了自己的名字。

“到别处看看吧，”女老板一边打量着她满是灰尘的破旧衣裙，一边说道，“切斯纳特夫人可不会自己一个人跑出来，既不带仆从，也不带行李。”最终，玛丽·切斯纳特向她证实了自己的身份，女老板

大吃一惊，“哎呀老天！”她叫道，“真的是您啊！现在我知道了——哎呀！哎呀天哪！但是您现在身无分文啊！”

最终，玛丽抵达了马尔伯里。她发现此地已物是人非。她的婆婆老切斯纳特夫人已经故去，只剩下她的老上校公公，独自一人在黑暗中。对这位她一直视为暴君的公公，玛丽·切斯纳特深感同情。妻子在世时，每天早晨，他都会穿上睡袍来到她的房间，在梳妆镜前帮她梳头发。现在，他每天早晨仍然会去她的房间，而她却已经在坟墓中长睡。一天，玛丽·切斯纳特看到他跪在空荡荡的床边，痛苦地呜咽。

玛丽·切斯纳特逃离这个环境，去了哥伦比亚。哥伦比亚全城都沉浸在兴奋激动之中，舍曼将军正率领十万大军向亚特兰大推进，很快就会将南方政权的中心地区收入囊中。哥伦比亚已经不再安全了。在普雷斯顿家，玛丽·切斯纳特遇到了芭可。这个女孩子如今已是萨姆·胡德的未婚妻了。她站在楼梯口，裙裾飘飘，明亮的蓝色大眼睛闪动着兴奋的光芒。

不知道玛丽是否听说了这个消息——戴维斯总统已经解除了乔·约翰斯顿的军队指挥权，后者曾经受命从舍曼手中挽救南方政权。总统任命萨姆·胡德接替他。芭可说：“我恳求上帝，以前所未有的诚心。”如今，世人的目光全部投向了她的未婚夫，而芭可·普雷斯顿这位南方美人，则双膝跪地，祈祷上帝的庇佑。

华盛顿，1865年3月

按照惯例，总统在自家宅邸的二楼接待当天的请愿者时，会下令关上房间大门。林肯年轻时的好友乔舒亚·F. 斯皮德正在华盛顿，林肯想借机跟他谈些私事。总统招呼斯皮德坐到火炉旁，这时，他发现屋里还有其他人。其他请愿者都离开了，两个女人却设法留了下来，朴素的衣着显示她们身份卑微。她们的在场似乎惹恼了总统。

“女士们，有什么可效劳的呢？”林肯问。

那位年长的女士恳求总统释放自己的儿子——他因为逃兵役，被关押在宾夕法尼亚西部的监狱中。而年轻的女人则是来恳求总统释放自己被关在同一所监狱中的丈夫。

“你们的请愿书呢？”总统问道。

“林肯先生，”年长的女人说，“我没有请愿书。我想找个律师写一份，但要是付了律师费，我就没钱来这儿了。所以我想，干脆直接过来求您放了我的儿子。”

“而您，想让我释放您的丈夫。”总统对年轻女人说。

“是的。”

林肯按铃让人送文件过来。不一会儿，达纳先生就将档案送到了房间里。档案记录了所有因逃兵役而被联邦政府关押在宾夕法尼亚西部监狱的人。

“那么，”总统望着窗外说道，“我想，这些可怜的人已经吃够了苦头，他们被关了十五个月。我有这个想法已经有一段时间了，也跟斯坦顿说过，他总是威胁说如果放了他们，他就辞职。不过他做出这种威胁也不是一次两次了，也没见他辞职。所以现在，既然这份档案在我手里，我打算把他们全都释放。”他拿起钢笔，亲笔写下：“释放该份档案上的所有犯人。”然后附上签名，拿给那两位女士看。“现在，女士们，”他说，“你们可以回家了。您的儿子，夫人，还有您的丈夫，夫人，他们都自由了。”

年轻女人跪了下来。

“起来，”林肯边扶她起来，边说道，“不要这样。”

年长的女人走到总统身边，擦着脸上的泪水，望着总统的眼睛说道："再见了，林肯先生。我们以后都不会见面了，希望天堂再见。"

林肯握着老妇人的手，脸色有了一丝变化。"我在这里所做的一切，"他说，"恐怕以后进不了天堂了。但是，您希望与我在那里再见，这句话就报偿了我为您所做的事情。"

她们离开之后，房间的大门再次关上。林肯脱掉靴子，把脚伸到火炉旁。"那位年轻的女士，"他对斯皮德说，"是假装的，但那位老妇人确实是位母亲。"

战争结束指日可待。套在南方人脖子上的绞索勒紧了。舍曼将军攻下了亚特兰大。格兰特将军的大军也开到了彼得斯堡和里士满城下。在田纳西，萨姆·胡德的军队被打得落花流水、溃不成军。林肯本人虽然预感自己会在大选中一败涂地，却意外地获得了连任。主和派的观点并没有像他所担心的那样被北方人民普遍接受，而主和派的宠儿麦克莱伦将军只得到了21张选举人票，林肯则赢得了212张，自由的人民支持他的改革。

这位获胜的总统已经心力交瘁，他的身体也不太好。他说，自己总是手脚冰凉。通常来说，只要好好睡一觉，就能治愈生活中的小毛病，但这办法却缓解不了他的劳累。林肯说，似乎怎样都无法碰触到那个"疲惫点"。他跟好友坦陈了自己的忧虑，他说："斯皮德，我有点担心自己，摸摸我的手。"

斯皮德摸摸总统的手。双手冰凉。.

3月4日，林肯第一届总统任期的最后一天，他很早就去了国会大厦。前一天夜里狂风大作、暴雨倾盆，雨点敲打着国会大厦的玻璃屋顶。早晨，天光晦暗，阴云密布，空气湿漉漉的，街道上泥水横流。当局担心会有人闹事，总统前往国会的时候，一队卫兵紧随其后。他策马而奔。棕色的脸上皱纹愈发深重，不过，一位旁观者说，仍然可以看得出皱纹之下的宽厚仁慈。

新近完工的国会山圆顶笼罩在雨水和大雾中，若隐若现。一进国会大厦，总统直奔副总统办公室。他在那儿坐了一阵子，处理了一些公务，签署了几份新制定的法律。第三十八届国会即将解散，疲惫不堪的国会议员——他们中的许多人昨晚在点着煤气灯的房间里彻夜工作——正全神贯注地讨论所得税条款和过去四年中筹建的庞大军队的军需供应问题。

总统并不担心自己下午将要进行的演说。他在就职典礼之前几天就已经将它写好，并用打字机打在了半张大页纸上，现在就带在身上。记者们被告知，演说将非常简短。美联社报道，演说词的篇幅很可能不会超过报纸的一栏。

参议院的议事厅里，华盛顿的头面人物济济一堂。外交官、将军、政治家纷纷持票进入。走廊里人头攒动，挤满了女士和报社记者。行政部门的头头脑脑在内阁职位最高的国务卿苏厄德的带领下也到场了。相比四年前的今日，苏厄德变化很大，如今，他对总统可谓唯命是从，因为他意识到总统在政治力量，或许还在智慧和判断力方面，都比自己优秀出众。苏厄德一度深信，林肯是“所有人中最出色的”。他曾坦言，林肯的再次当选让他“超越了人类的嫉妒”。

林肯的新任副总统到场时，房间里顿时安静下来。安德鲁·约翰逊是一位坚忍忠诚的联邦军人，他曾担任田纳西州的军事长官，鞠躬尽瘁地为美利坚合众国的改革事业奋斗。但今天，跟他关系亲近的人都有些担忧，他们不安地看着他走上演讲台，与即将离任的副总统——缅因州的汉尼巴尔·哈姆林携手站在一处。刚刚，约翰逊为了缓解紧张情绪喝了几杯威士忌，朋友们不知道他是不是喝多了。

他面对众人演讲。他说，自己“出身行伍”，如今却成了美国副总统。他只是一介平民百姓……感谢上帝成就了他。之后，他转向刚被林肯任命为美利坚合众国首席大法官的萨蒙·P. 蔡斯，说道：“而您能晋升此职，长居此位，仰赖的是人民。”（实际上，根据宪法第三条，首席大法官跟所有法官一样，只要尽忠职守，就是终身制的。）约翰逊又看向内阁，说：“我想对您说，苏厄德国务卿，还有您，斯坦顿部长，以及——”他犹豫了，酒精让他有些迷糊，他想不起海军部长的名字了。于是他向坐在身边的人求助：“海军部长叫什么名字来着？”有人提醒他：“韦尔斯先生。”“以及您，韦尔斯部长，我想说，你们的权力也是人民赋予的……”

“明显有些不对劲。”斯坦顿小声嘀咕。

“约翰逊要么喝多了，要么就是疯了。”韦尔斯说。

“这个人肯定是精神错乱了。”司法部长斯皮德说道。

一束阳光照进议事厅，大家决定让总统到外面宣誓就职，并亲吻《圣经》。（如果糟糕的天气一直继续下去的话，那么总统的就职仪式将会在参议院议事厅举行。）林肯从阴影中走到了阳光下。“别让约翰逊在外面讲话。”他指示典礼司仪，大律师沃德·希尔·拉蒙。国会大厦东面已经搭起了演讲台，总统走出来的时候，军乐队奏响了《向统帅致敬》。林肯开始发表他的就职演说。

> 四年前我就任总统之时，所有人都在为即将到来的内战惴惴不安。所有人都害怕内战——竭力避免内战发生……双方都声称反对战争；然而他们中的一方宁愿发动战争，也不愿让这个国家继续存在下去；另一方则宁可接受战争，也不能眼看着国家灭亡。于是战争便打响了……

查恩伍德勋爵评价说：“或许，再没有一场现代政治家的演讲会毫无保留地使用这种带有强烈宗教情感的语言。”林肯的遣词用语跟詹姆斯·麦迪逊和亚历山大·汉密尔顿有所不同，而与约翰·温思罗普和约翰·科顿更加相近，他援用了《圣经》中“永生的神”* 这一概念。他说，国家的历史是上帝定的，这历史关乎原罪、苦难和救赎。原罪（或过错）便是奴隶制，苦难（或不幸）便是内战，而救赎（或恩典）则是和平的希望和紧随改革而来的对战争伤痛的治愈。

> 对任何人都不怀恶意，对所有人都宽大为怀……

查恩伍德勋爵说，与历史上大多数杰出的演讲者不同，林肯的演讲“可能更像戏剧中某段精彩的台词”。这种戏剧化的激情是有代价的。就职典礼结束后，林肯便因为疲劳过度而倒下了。他已经公开讲出了他那悲剧性的告别词，而悲剧本身尚未结束。

圣彼得堡，1865年6月—1866年3月

在圣彼得堡，冬天已经过去。永昼节期间，黎明紧随黄昏而至，黑夜不再有。天气炎热，运河散发着阵阵恶臭，这是独属圣彼得堡的臭味。酒馆里，人们坐在黏糊糊的桌子旁喝着啤酒和伏特加。酒馆外，烂醉如泥的人在阳光里跌跌撞撞地走着，街头歌手的歌声飘荡在空气中。

> 哦，英俊帅气的战士
> 不要无缘无故地打我

报纸上说，犯罪事件急剧增加，令人担忧。永昼节期间，人们不容易

---

* “落在永生神的手里，真是可怕的。”（《希伯来书》10 章 31 节）这句经文也给 19 世纪另一位心理学家陀思妥耶夫斯基留下了深刻印象，他在《卡拉马佐夫兄弟》第六卷中引用了它。

入眠，其他季节里掩藏在黑夜中的很多事如今在大白天发生了。

为了表示俄国对亚伯拉罕·林肯的支持而前往弗吉尼亚的亚历山大港暂驻的护卫舰“亚历山大·涅夫斯基号”，如今正驶向喀琅施塔得。狂风猎猎，皇家旗帜在后桅上翻飞舞动。18名战士排成战斗队列，迎接战舰到港，100门大炮隆隆齐鸣。沙皇乘坐私人快艇“斯塔拉号”前往“伦敦浮标”所在地亲自迎接。他登上战舰，接受官兵和水手的行礼致敬后，径直走向战舰主舱。舱中传来阵阵哀伤的诵经声，神父们正在为尼古拉祈祷：他的遗体刚从尼斯被运回，安放在灵柩台上。为了让这位皇长子的灵魂安息，来自圣塞尔吉乌斯三位一体修道院的帕其米神父正在诵读经文。“涅夫斯基号”被拖入“商人”港，沙皇在儿子的棺椁旁跪了下来。

两天后，尼古拉入土为安。那天一早，皇室成员就从沙皇村赶到了首都。沙皇和其他几位护柩人——丹麦王储、普鲁士的阿尔伯特王子和尼古拉的兄弟们——前往亚历山大的“商人”港接回棺椁。（“涅夫斯基号”无法开进涅瓦河。）几小时后，他们带着尼古拉的遗体返回首都，乘坐的小船停靠在“英国”码头。丧钟和志哀礼炮响起，几位护柩人抬着棺椁走上大街，灵车则在街上等候。在哥萨克军团的天鹅绒大帐里，尼古拉的爱马打着响鼻，四蹄刨地。送葬的队伍在挽歌中前进。哥萨克士兵穿着宝石蓝色制服，举着旗帜和权杖。沙皇跟在灵车后，穿过拥挤的人群，走向墓地。尼古拉的车夫驾着一辆八驾马车，载着棺椁前行，车身上覆盖着黑色的天鹅绒。（按传统，此人以后再也不能驾车了，为了补偿他放弃自己职业的损失，罗曼诺夫家族将支付给他一笔抚恤金。）8点，观礼的人群唱起了哀歌。两个小时后，悲痛欲绝的皇后抵达现场，在丈夫的搀扶下，玛丽皇后走到儿子的棺椁前，哭着祷告。

皇长子的离世令整个俄国沉浸在一片悲痛之中。当时的农民对皇室仍然忠心耿耿，工人也不遑多让。一名激进分子说：“那时，在工厂里说沙皇的坏话是一件非常危险的事。”到工人中间发放革命书籍的学生也会遭到耻笑。“一般来说，工人不喜欢学生，因为他们将学生看作沙皇的敌人。”有人如是说，“对工人来说，沙皇就是真理和正义的化身。”得知沙皇的长子去世，俄国的平民百姓悲伤不已。

学生们还是来了。他们中有虚无主义者，也有社会主义者。其中大多数人意图在工人阶级身上实践从巴枯宁、马克思和欧仁·苏而来的充满浪漫主义的贵族责任，普世怜悯的外衣掩盖了对权势的热衷。其中有个人，眼神疯狂、脸色苍白、长发披肩，他就是德米特里·卡拉科佐夫。卡拉科佐夫来自萨拉托夫的一个没落的贵族家庭。废奴改革前，家族拥有五十多个农奴。他被莫斯科的大学开除，在当地的一所私立学校找到了一份教职。卡拉科佐夫有种扭曲的狂热，这在革命圈子里并不少见。他发起了一个名为“地狱”的基层组织，该组织的信条是圣保罗、马基雅维利和罗伯斯庇尔三者的思想断章取义、篡改歪曲后的混合物。该组织的信徒否认沙皇的自由改革，卡拉科佐夫的堂兄、“地狱”组织位高权重的领导者之一曾放言，如果自由人士胜利了，他们将会“创制出某种章程体制，推动俄国采取西方的生活方式。这种体制将得到中上阶层的支持，因为它能保证个人自由，并刺激工商业发展”。

那些年轻的革命者一直将俄国“社会组织的畸形”归罪于中上阶层的自私自利。不过他们之中跟劳苦大众有过交流的那些人更清楚，农民和工人就像富人一样，对利他主义并没什么好感。劳苦大众明确无误地表现出一种“最卑劣的资本家的贪婪精神以及道德犬儒主义和政治反动态度”。如果革命者想在不引发自由资本主义灾难的情况下推翻沙皇统治，那么他们根本指望不上人民的善意。相反，他们必须残酷。只有革命成功，“所有人一瞬间都成了义人”之后，他们才能承担起仁慈的代价。

卡拉科佐夫一直担心，自己可能还没有为人民做出什么善举，就死于非命，而他渴望对革命有所贡献。不过，他又能做些什么呢？在绝望中，他想自杀，甚至搞到了毒药。寒冬来临，他龟缩在圣塞尔吉乌斯三位一体修道院。（虽然追随了革命，但卡拉科佐夫从未脱离古老信仰的控制。）1866 年 3 月，他来到了圣彼得堡。

此时，他手中早已经有了一把左轮手枪。

第二十二章

鼓声沉闷

里士满、切萨皮克湾，1865年4月

总统沿着詹姆斯河逆流而上前往里士满，此时阳光显得分外明媚。南方政权的首府已经沦陷，杰弗逊·戴维斯也已经仓皇出逃。在这场争取自由的全面斗争中，与林肯总统同一阵营的人们即将取得伟大的胜利。

林肯想亲自去看看“另一个家伙”（他有时这么称呼杰弗逊·戴维斯）遗弃的营地。有人听到他说：“感谢上帝，让我活着见证这一刻。就好像做了四年噩梦，如今终于醒了。我想去里士满看看。”

他从锡蒂波因特——陷落的首府里士满以南的一处悬崖，从那里可以看到詹姆斯和阿波马托克斯两条大河交汇——乘船而上。自 3 月 24 日出发以来，他一直待在“大河女王号”汽轮的“水上白宫”中。后来，他又将办公地点换到了“马尔文号”上。这艘汽船的舱室不像“大河女王号”那样宽敞，不过虽然空间狭窄，总统仍然拒绝了海军少将波特让他换到主舱中的请求，心满意足地睡在了仅 6 英尺长的铺位上。他装出一副舒适的样子，却也不得不承认“短鞘容不下长刃”。

“马尔文号”及其护卫船队沿河缓缓而上，途中经过了数处没落

贵族的领地。死亡、腐朽与春日清晨的希望活力此刻不可思议地交织在了一起。船队经过了雪莉，卡特家族和希尔家族富丽堂皇的宅邸就在此处，罗伯特·E. 李的母亲，安妮·希尔·卡特就出生在这里。船队经过了火鸡岛——伦道夫家族大农场的所在地，这个家族走出了美国历史上最伟大的总统之一托马斯·杰弗逊，以及伟大的法学家约翰·马歇尔。船队经过了瓦里纳，约翰·罗尔夫曾在此处种植烟草，并从这里娶走了自己的新娘波卡洪塔斯*，两人于 1614 年喜结连理。五年后，罗尔夫记述了那重大的一天，一艘荷兰军舰开进河湾，“卖给我们二十个黑奴”——这个由林肯画上句号的故事，从这里开头。

终于，里士满的房屋尖顶和烟囱映入眼帘。随着船队慢慢驶近，总统一行发现残渣碎片淤塞了河道，船队根本无法通行。未引爆的鱼雷在死马和船只残骸之间漂浮，十分危险。林肯下到一艘游艇上，一支海军陆战队的分遣队拖着游艇驶向南方首府。他们技穷之后，水手们接手，划着桨将林肯送上陆地。总统登上码头，径直走向杰弗逊的国会大厦。“我想去看一看他的国会。”他说。

他放眼望去，面前是一片断壁残垣。不久前——不到 48 小时前——杰弗逊·戴维斯和南方政权的其他高官显要弃城逃跑，之后，里士满便有如坠入了地狱深处。城中群魔横行。先是大火，然后是屠杀抢夺。火是南方邦联的逃兵为了毁掉仓库故意放的，火借风势迅速蔓延，引爆了军火库。成千上万次爆炸将整座城市夷为平地。恐怖的一夜过后，市长请求联邦军队进城“维持秩序，保护妇女儿童和财产的安全”。

林肯在一小队士兵的护卫下，走在碎玻璃和冒着烟的瓦砾中，满地都是坍塌的墙壁和倒落的烟囱。此时烈日当空，酷热难耐，林肯脱

* 印第安酋长的女儿。——译注

掉了外套，几次摘下帽子擦拭额头的汗水。

一开始，他模模糊糊听到有人喊：

“荣耀归于上帝！”

接着，更多人喊了起来：

“荣耀！荣耀！荣耀！”

一名黑人认出了林肯，接着又有一个。他很快就被自己所解放的人们簇拥起来。曾经的奴隶有些跪倒在他脚下，还有一些唱起了赞歌。一位老人扔掉手中的铁铲，说道：“称颂我主，伟大的弥赛亚来了！我一见到他，便认得他。我的心思慕他多年，他最终降临，将他的子民从枷锁中解救出来！荣耀啊，哈利路亚。”

几百年前，西缅*见到弥赛亚，也是这样赞美称颂的。

林肯请求大家不要下跪。“不要跪我，这样是不对的，只当跪上帝，为你们今后将拥有的自由向他献上感谢。我只是上帝卑微的器皿。”

林肯凝视着杰弗逊的国会大厦，如今，星条旗又一次在这里飘扬起来。接着，他去了杰弗逊·戴维斯的官邸。他小心翼翼地压抑着胜利的喜悦。林肯走进敌方总统的书房，坐在一张椅子上，轻声说道：“这，应该就是戴维斯总统的座位吧。”他询问自己可不可以喝杯水，戴维斯家的管家为他端上茶水，还有一瓶威士忌，不过林肯没动。他心中毫不沾沾自喜，也没有打击报复的念头。“我不希望任何人受到惩罚，”他说，“宽待他们所有人吧。”

4月8日，总统乘坐“大河女王号”返回华盛顿。起航前，他让乐队奏起《马赛曲》，然后是《迪克西》。†“这首曲子，如今属于联邦了，”他说，“让反叛者知道，我们掌权时，他们依然可以随时听到这

* 西缅，《新约》中的人物，素常盼望弥赛亚降临，他死前见到了幼年的耶稣。——译注

† 美国南方诸州从南北战争流行至今的战歌。——译注

首曲子，这非常好。”在返航途中，总统陷入了忧愁哀思。他拿起一本莎士比亚的著作，开始大声朗读。他读的是《麦克白》，这是他最喜欢的剧作，讲的是命运的造物，野心家的悲剧。他背诵着书中的独白：

> 邓肯睡在坟墓里；
>
> 经过一场人生的热病，他得以安息……

林肯细细品味，试图弄清麦克白的心理状态：“恶行得逞，扭曲的作恶者却嫉妒受害者能安然长眠……”

天命论是改革的万灵药。没什么比“应运而起”更能令人民为之一振，也没有什么比声称“掌握国家的未来”更能证明统治者或政权合法。然而，没有一位改革领导者可以令人信服地给出这种未来的意象，除非他确信自己被命运选中，确信自己能够——用俾斯麦的话说——在事件中听到上帝的脚步声。

林肯理解这种感受。这位到对手沦陷的首府亲自勘查一番的男人，感受到了命运对他的呼召。但是，在《西卜林书》* 上偷窥到自己国家命运的人将为此付出代价。麦克白就是因为跟女巫们对话，才落得那般悲惨的下场。

华盛顿，1865年4月

4 月 14 日，复活节前的星期五，10 点钟刚过，约翰 · 威尔克斯 · 布斯走进了福特剧院的大厅。他带着一支 0.44 英寸口径的铅弹德林杰手枪。

---

* 古罗马记载神谕的预言书。——译注

布鲁克林，1865年4月

正在探望母亲的沃尔特·惠特曼，被一阵低沉的钟声惊醒了。肯定出了什么事。他走出家门，去买报纸。那是一个星期六，天色晦暗，下着小雨，只有紫丁香的花朵稍添了一抹亮色。那年春天，它们早早盛开了。花香在惠特曼的记忆中萦绕不去，令他不时记起那“最最黑暗”的一天。

达姆施塔特、圣彼得堡，1865年4—5月

回顾和他一样发起自由改革的同道——林肯的一生，沙皇亚历山大认为，此人“高尚的事业”颇值得称道。“我自己也饱受痛苦磨难”（尼古拉的去世），亚历山大写道，对美国人民的丧亲之痛感同身受。他向林肯夫人表达了慰问，并下令在圣彼得堡的喀山大教堂为林肯举行追思弥撒。有人提出反对意见，因为林肯不是东正教徒，沙皇听了非常生气。“他是我们这个时代最高尚、最伟大的基督徒，”亚历山大说，“他是这个世界的指路明灯——他勇敢无畏、坚定不移、渴望良善。”

柏林，1865年4月

从亚当斯公使发来的电报，美国驻柏林公使诺曼·比埃尔·贾德得知了林肯去世的消息。就在几天前，这位来自伊利诺伊州的五十岁的昔日律师，还曾经拉起横幅庆祝林肯胜利。现在，他在公使馆挂上了黑带，以悼念自己的朋友。他说，整个柏林都在谈论这件事，很多人为林肯哀哭。

然而，至少在某些房间里，某些人并没有落泪。威廉大街上的俾斯麦就是其中之一。林肯的改革大业跟他的事业可谓南辕北辙，他向美国人民表达哀悼之情也纯属敷衍。不过，俾斯麦还是出席了在圣多罗西亚教堂为林肯举行的追思会。

在普鲁士下议院，人们对林肯之死的反应跟俾斯麦截然不同。议员威廉·洛伊博士曾经为逃离专制迫害前往纽约避难，他为林肯的"谦逊伟大"深深折服，并请求下议院与他一同向死者致敬。

这些普鲁士的立法者在悼词中说，不久之前，他们曾为"正义和法律"在美国取得胜利而欢呼喜悦，也表达了他们得知这场胜利的缔造者离世的悲伤哀痛。两百多位议员在悼词上签名，并由最德高望重的议员将之呈递美国公使馆。

第二十三章

奇耻大辱

巴黎、比亚里茨，1865年9—10月

欧洲的天气暖和得反常，已经好几个星期滴雨未下了。发端于恒河流域的亚细亚霍乱，经由通往大马士革和阿卡的商路，传播到了西方。瘟疫先在贝鲁特和雅法肆虐，又被黎凡特的商船带到了地中海西岸诸港口：的黎波里、马耳他和直布罗陀。教宗庇护九世正式宣布封锁罗马城。土伦的疫病开始得毫无征兆，人们在一个肮脏不堪的阁楼上发现了四具已经发黑的意大利水手尸体，自此，瘟疫便大肆传播开来。

由霍乱弧菌引起的亚细亚霍乱堪称世界上脚步最快的死亡信使。最幸运的患者在症状出现两三个小时之内，就会一命归西。而其他人则没有这么好运：他们会被痛苦折磨上好多天。上吐下泻，渐渐衰弱，就像丑陋的换生儿*，眼窝凹陷，面色惨白。他们身体冰凉，散发着恶臭，自己却感觉烈焰焚身。10月初，有报道说，瘟疫已经蔓延到了巴黎。

* 西方传说中被暗中偷换而留下的丑怪小孩。——译注

这并未妨碍俾斯麦搭上火车，前往法国首都。他已经太久没有过幸福快乐的感觉了，他必须去一趟比亚里茨，再见凯茜·奥尔洛夫一面。他最近刚被威廉国王加封为伯爵，目前权势和地位都安全无虞。而他的健康状况却非常糟糕。时刻关注着“奥托的艰巨事业”的挚友罗恩说道，他的朋友“如今不得不解决最虔诚、最顺从的子民——他自己的胃——的叛乱”。“紊乱的消化系统”和“剧痛的神经”发出警报，俾斯麦需要一个假期。阳光、香槟啤酒（他喜欢将两种酒调和在一起，称为“黑色天鹅绒”）和凯茜·奥尔洛夫正是他所需要的灵丹妙药。

俾斯麦发现，此时的巴黎干燥炎热。塞纳河的水位已经降到了记忆中的最低点，在裸露的河滩上，聚集着忙着翻翻找找的拾荒者。城市排水沟和下水道都已经滞积发臭，喷泉干涸，痢疾肆虐。人们建议游客喝苏打水，慈善医院和主恩医院的病房已经人满为患。不过，浮夸之风仍旧盛行，晚上 9 点，红磨坊的餐厅花园和香榭丽舍大街的咖啡馆人头攒动。俾斯麦前往奥赛码头礼节性地拜访了法国外交大臣德律安·德·吕。六十岁的德律安是一位职业外交官，他跟奥地利很友好，跟普鲁士没什么交情，有传言称，俾斯麦跟他说话的时候“咄咄逼人、趾高气扬”。

之后，俾斯麦又搭乘火车去往比亚里茨。得知凯茜·奥尔洛夫取消了行程，他十分懊恼。凯茜怕孩子们染病，最终决定改去英格兰的西德茅斯。此时俾斯麦并不知道从此以后他再也没能见到她。

由于凯茜不在，俾斯麦将自己的全部精力都投入到了改革事业之中。他去拜见了此时正在比亚里茨逗留的拿破仑三世。这一天天气大变，气压下降、海浪翻滚，东北风呼啸而来。俾斯麦驱车赶到欧仁妮别墅的时候，天色晦暗。秋季的暴风雨抽打着海岸，翻起雪白的浪花。两位当权者互道问候。

俾斯麦发现法国皇帝状态堪忧。拿破仑三世患有膀胱疾病，痛苦万分。他脸色灰白，行动困难。他的统治危机四伏，法国人民怨声载道，墨西哥也是一个泥潭。一向受他保护的奥地利大公马克西米利安在前一年刚乘船到维拉克鲁兹做了拿破仑的墨西哥帝国的皇帝，不过这位有着浅金色头发的亲王对政治家们身处困境时玩弄的阴谋手腕一窍不通。遇到与其意志相悖的事情，马克西米利安只会怒气冲冲地固执己见。1858 年，弗朗茨·约瑟夫有子嗣之前，马克西米利安是奥地利皇位的第一顺位继承人。然而，因为鲁道夫的降生，他成了第二顺位。在维也纳，人们都以为他接受拿破仑三世的邀请当上墨西哥皇帝之后，就会放弃奥地利的皇位继承权。然而，距离他离开的日子越来越近，很明显马克西米利安并没有拱手让出奥地利皇位的意思。在维也纳皇宫巴洛克风格的前厅中，事情以令人不悦的结局收场，大公国的统治者们失去了耐心，马克西米利安与内阁会议主席雷纳大公争执了一番，愤恨地离开了这座城市。直到弗罗萨尔将军捎来拿破仑三世亲自发出的严厉警告之后，马克西米利安才有所软化。

此时，这位任性固执的亲王正陷于另一场纠纷之中，这次与奥地利无关，而是关于墨西哥的皇位。马克西米利安异想天开地以为，戴上墨西哥的皇冠会对其成为查理五世的继承人更有裨益——查理五世是从哈布斯堡家族出来的一位皇帝，既是西班牙皇帝，又是神圣罗马皇帝。相反，拿破仑三世则坚持——或许更加没来由地坚持——马克西米利安的权威源于墨西哥人民的意志。拿破仑三世最终赢了这场争论，因为马克西米利安的花销离不开拿破仑给他的 2 500 万法郎，他不但要购买必需品，在装束服饰方面，他和妻子夏洛特大公妃也要在墨西哥城显示出皇家威仪。

马克西米利安抵达维拉克鲁兹后，前景一度十分光明，对这位哈布斯堡家族的冒险家来说，开始可谓诸事顺利。印第安人和麦斯迪索人对皇家的马车毕恭毕敬。马克西米利安的出现应验了印第安人长期以来非常看重的一个预言。这个预言说：某一天，一位金发的王子会将他们从农场主的奴役中解放出来。“一位有着浅金色头发和蓝色眼睛的白人，”印第安人对马克西米利安说，“你就是我们期盼已久的那个人。”不过，林肯的改革大获成功之后，马克西米利安的日子就不好过了。这样一个建立在墨西哥共和国废墟之上的外国专制政权令美国人忧虑不已。已经有一群百万富翁在纽约成立了一个委员会，致力于确保“这块大陆永远为自由政体和共和政府的事业而奋斗”。更不妙的是，格兰特将军将菲利普·谢里登派驻到格兰德河附近组建军队了。

拿破仑三世并不愿卷入与美国之间的较量。1865 年 10 月，他只想着怎样以最不丢脸的方式将自己的军队从墨西哥撤出。马克西米利安便只能自求多福了。这种背信弃义的行为，无疑会令法国皇帝付出惨痛的代价，也将玷污波拿巴王朝的声名，但他别无选择。而在最后一拨法国军队从维拉克鲁兹登船离去之后，那位不幸的傀儡将会发现，他真正陷入了一个连最长于计谋的政治家都会远避的境况。何况，无论在能力上还是在精神力量上，马克西米利安都只能算作平庸。在徒然无用的壮观华丽、毫无意义的观光游览，以及对宫廷礼仪吹毛求疵的要求中，日子一天天过去了。实际指导管理工作的不是墨西哥皇帝，而是一位法国军官——弗朗索瓦–阿希尔·巴赞，此人新近由拿破仑三世擢升为军队最高统帅。巴赞现今担任法国元帅，是为数不多的从普通士兵飞黄腾达至此高位的人之一。带着墨西哥共和国的残兵败将撤至山中的总统贝尼托·胡亚雷斯对身居帅位的巴赞尊敬有加，但对皇帝马克西米利安则不屑一顾。

在欧仁妮别墅中，因为墨西哥问题而心灰意冷的拿破仑三世强打精神接见了俾斯麦。没有人确切知道两人之间究竟交换了什么意见；

但他们肯定就普鲁士和奥地利之间不断恶化的关系进行了讨论。表面上，柏林和维也纳在他们共同侵占的丹麦公爵领地上是合作伙伴。最新的协议规定，普鲁士负责治理石勒苏益格，而奥地利则统治荷尔斯泰因。实际上，俾斯麦决定执行将奥地利从德意志北部驱逐出去的计划，而在公爵领地上故意引起争端可能会对计划的实现有所助益。

对这样的争端，法国的态度将起到决定性的作用。俾斯麦问拿破仑三世，当柏林和维也纳兵戈相向，“不是你死就是我亡”的时候，法国会采取什么行动？

有传言说，在欧仁妮别墅，两人达成了险恶的交易，整个欧洲都为此传言焦虑。有记者观察到，俾斯麦离开时心情愉悦，而这种情形只会令欧洲大陆的很多地方更加不安。实际情况是，他从拿破仑三世口中得到承诺，倘若德意志的两大势力之间爆发战争，法国将保持中立。

俾斯麦给了法国什么好处换取这一宝贵承诺呢？有人推测，拿破仑三世要求，如果普鲁士在与奥地利的争战中取胜，俾斯麦就要将莱茵河流域的一小块领土割让给法国，或者协助法国征服比利时。拿破仑三世本人对本次会谈的细节三缄其口，甚至对最亲密的顾问也没有透露，他后来说，俾斯麦确实允诺割让领土报偿法国。不过，这项协议根本没有落到纸面上。拿破仑三世觉得普鲁士肯定会吃败仗，等奥地利获胜之后，他再去帮助俾斯麦——然后，他便可以漫天要价了。

南卡罗来纳州切斯特，1865年4—6月

她不得不继续前进，向着西南偏南方向，那里还没有落入敌人手中。火车载着瓦里娜·戴维斯向着南方邦联越来越小的领土的纵深处一路疾驰。她在切斯特下了车。为躲避舍曼将军所部大军而逃到此处的玛丽·切斯纳特，在火车站遇到了她。她发现，这位南方的第一夫

人“镇定如常，脸上一如既往地挂着笑容”。

此时的切斯特，随处可见南方政权的精英分子。他们一个个就像地狱中的暗影，是往昔自我的苍白复制品。切斯特城就如离散犹太人的营地一样充满绝望。旅店价格居高不下，颇有社会地位的人只能睡在楼梯间或餐厅桌子底下。房间里摆满了水盆，逃亡者尽力让自己保持洁净。所有人都竖着耳朵，注意日益迫近的枪声。大家都害怕随着敌人的到来，他们所忧心的审判也会随之而来。他们心知肚明，大多数国内战争都是由失败者的血来封印的。

戴维斯夫人在切斯特的欢迎会尽显人性的奇妙。一些在她通达顺遂的时候跟她不和的人，当她遭遇困境时反而多有关照。而平素谄媚奉承她如何伟大荣耀的，如今却嘲笑她尊严尽失。她走进房间的时候，仍有几个人起身以示尊重，其他人则坐着不动。

她在城里待不了多长时间。她抱着很快会与丈夫会合的美好希望离开了。此时，杰弗逊·戴维斯正在弗吉尼亚的丹维尔。不过，该地也逐渐无法坚持，他正准备弃城离开。他不打算坐火车了，准备带上一队田纳西骑兵轻装上路，往西部去。他拒绝向内心的绝望屈服，还提到要对联邦政府发起非正规的进攻。不过这种由躲在深山中居无定所的政府指挥开展游击战的想法，不啻白日做梦。瓦里娜·戴维斯离开切斯特不久，玛丽·切斯纳特的一个朋友冲进了她的房间。

“李将军投降了。”

听到这个消息，有人哭了起来，还有人表示怀疑。

“说谎！”凯特·汉普顿喊道。

“我不信。”芭可·普雷斯顿说。

“现在，我们落到黑鬼和北方佬手里了！”芭可的姐姐玛丽尖声喊叫。

起初，大家坚决认为这是误传，或者是故意编造的谎言。据说，李将军绝不会允许自己被活捉。不过很快，证据越来越多，确凿得不容置疑。在弗吉尼亚一座叫作阿波马托克斯郡府的交通枢纽小镇，李将军向尤利西斯·S.格兰特投降了。

对“食火者”仅存的一点战斗精神来说，这一事件可谓一个巨大的打击。南方事业那些最具浪漫精神的信徒的力量已经崩溃。“食火者”的领袖埃德蒙·拉芬已经准备在弗吉尼亚自杀明志了。还有一些人去了墨西哥，希望能够得到马克西米利安皇庭的庇护。大部分人都心灰意懒。以前斗志昂扬、英勇抗争，如今只剩下“牢骚抱怨、惊慌沮丧、意志薄弱和犹豫不决”。

其中之一便是萨姆·胡德。当他名誉扫地、潦倒落拓地出现在玛丽·切斯纳特家门口时，一个朋友建议她不要开门。“就说你不在家好了。”

“不，”玛丽·切斯纳特回答道，“如果他抓住了舍曼，用战车拖到这里，我可能会说‘不在家’——但现在……”

她连忙跑下楼去迎接这个不幸的人，还递给他一杯切斯纳特家留存下来的葡萄酒。不过，他仍然眉头紧锁，忧心忡忡。胡德默默地坐着，愁眉苦脸地盯着火炉，回忆着“那些艰难的时刻”。他满头大汗，就像正在遭受“地狱的折磨”。不管他走到哪里，都会遭到辱骂，因为他没能挡住舍曼的进攻。据说，他本该在舍曼的军队穿过佐治亚的时候与其决一死战。他令军队撤到田纳西，以切断舍曼的通信，有人认为这一决定愚蠢而幼稚。他的才干智略好像确实印证了罗伯特·E.李的判断：这人有狮子的勇武，却无狐狸的智谋。1864 年 11 月，他与乔治·托马斯所部联邦军队在纳什维尔南部进行的那场殊死战斗令自己所部全军覆没。一个月后，他递交了辞呈。“胡德死了，”玛丽·切斯纳特的朋友路易斯·威格福尔对她说，“整天烂醉如泥，他再也不是从前的胡德了。”当然，胡德并不是真的死了：他生理学意义上的身体又活了十四年，如行尸走肉。

胡德的失败令芭可·普雷斯顿进退两难。在自家客厅里接待一位落败的英雄是一回事，一辈子跟他生活在一起，忍受他的悲惨衰颓又是另外一回事。当玛丽·切斯纳特告诉她胡德被免掉指挥职务后，芭可面如白纸，如今她不得不面对自己的未来了。然而她的目光并不软弱，姑娘在玛丽家的阳台上一坐就是几个小时。“她现在不怎么说话。”玛丽·切斯纳特说。她脸上“没有任何表情”，眼光却敏锐得近乎残忍。

最后，她开口表明了决定。

她的声音那么轻柔，又那么纯洁，简直就像在索吻，胡德说。还有她的双腿——他走进来时芭可正站在火炉旁，拉起衬裙烤火取暖，腿上穿着最好的丝袜，“美丽动人，完美贴合”。胡德简直难以自持。她的双腿是那样优美。维多利亚时代，不愿被别人认为“放荡”的年轻女士会穿高领裙衫，并将双腿藏在层层叠叠的裙子之下。然而，胡德看到了未婚妻拉起裙子的样子，这令他心醉神迷，激动不已。“我站在火炉旁，暖和双脚，”芭可告诉玛丽·切斯纳特，“他上来搂住我的腰，亲吻我的脖子——我吓坏了——看到我震惊的样子，他一瞬间也吓到了，马上低声下气地道歉……我后退几步，让他走，我觉得自己被冒犯了。有那么一会儿，他搂住我的腰，搂得那么紧，令我一动都动不了。他让我不要走，说除非我能原谅他鲁莽的放肆行为，他紧紧地抱着我。”

芭可告诉胡德，自己永远无法原谅这种行为。然而她对玛丽·切斯纳特承认，自己只是“假装怒不可遏”。这个无礼的吻给了她一个解除婚约的借口。后来，她又说，虽然发生了这件事，还有其他看似断然拒绝的举动，她却希望胡德能够坚持。如果他更加执着，那么就算有那个吻，就算他失去了地位，她也会嫁给他。如果不能在玛丽家举行婚礼，“那么，就算在人行道上、马路边也可以，只要能找到主持婚礼的牧师。我已经做好了为他抛下全世界的准备，已经整理好行装，准备像一名战士的妻子，与他浪迹天涯”。

玛丽·切斯纳特怀疑地听着。

“真是丢人，”芭可告诉自己的人生导师，“你能相信吗，如今，我的心中有种病态的、几近疯狂的渴望，只想再见他一面。但是我知道，我再也见不到他了。他一去不复返了。”

圣彼得堡，1866年4月

尼古拉死后，沙皇每天的生活仍然一如往常。在冬宫的卧室兼书房中，亚历山大每天8点起床，喝上一杯咖啡，绕皇宫快步走上一会儿，然后去看望皇后。进屋之后，他会给她一个吻，她仍然叫他萨沙，而他称呼她玛莎，他们仍然会共进早餐。他们的家庭生活看起来体面温馨，但很多人认为，他们的婚姻已经名存实亡了。确实，夫妻二人会因为对孩子的爱而生活在一起。秋天，有些愚笨的二儿子亚历山大大公就要跟尼古拉曾经的未婚妻、丹麦公主达格玛成婚了。不过，这样快乐的场合也染了一层惋惜怀念的色彩，皇后仍然因为长子的离世悲伤哀痛。她默祷，以求得到安慰。她在房间里摆满了圣像，痴迷于各种圣物。她身边有很多修士和先知——据说，这些圣人可以洞察整个人类的命运。沙皇不像妻子一样有如此虔诚的追求，他对神秘主义丝毫不感兴趣。也许，他根本就不想知道自己的宿命。自从两百年前他的先祖沙皇彼得坐上罗曼诺夫家族的皇位，每一任沙皇的命运都是黑暗的。*

---

* 彼得大帝（1682—1725年在位）杀死了儿子；彼得二世（1727—1730年在位）死于天花；伊凡五世（1740—1741年在位）幼年遭废黜，投入施吕瑟尔堡，后依叶卡捷琳娜大帝命令被处死；彼得三世（1761—1762年在位）被叶卡捷琳娜废黜，为妻子及其情人谋害；保罗一世（1796—1801年在位）在政变中被害；亚历山大一世（1801—1825年在位）在亚述海边小镇塔甘罗格神秘离世；尼古拉一世（1825—1855年在位）因克里米亚战争失败，落魄而亡。

早餐后，沙皇回到书房，坐在桌前处理国家大事。他在这里接见大臣，陆军大臣和第三处的负责人每天都来汇报工作，外交大臣则隔天一来。吃过午餐，沙皇会再散步一会儿。

1866 年春天的一个下午，他像惯常一样散步前往夏园，外甥女玛丽和外甥尼古拉陪在他身边，他们是他姐姐玛丽公主的孩子。他的爱犬米罗德跟在后面。这天，阳光明媚，积雪融化，但仍然有一丝寒意，沙皇穿着大衣。大约 3 点之后，他返回自己的马车。人群簇拥着，扬起白手套向沙皇致敬，一名警察侍立一旁。沙皇正披上大衣准备乘马车回宫，这时，枪声响了起来。

第二十四章

生不如死

柏林、维也纳，1866年1—5月

俾斯麦打开了《圣经》。《诗篇》9 章："我的仇敌转身退去的时候，他们一见你的面就跌倒灭亡。"俾斯麦写道："我们信心满满，但是务必铭记，全能的主也会反复无常。"

他已经做好了掷骰子的准备。他认为，只要出售普鲁士铁路权，就能支付与奥地利作战的费用（或部分费用）。他胜券在握，因为通过他的外交策略，他的侧翼可以确保不失。他在欧仁妮别墅里搞定了法国，得到了拿破仑三世中立的承诺。他现在考虑的是南方的战线。1866 年 4 月，他与意大利人签署了秘密协定，从而进一步护住普鲁士的软肋。意大利人对威尼斯垂涎三尺，而威尼斯此时仍在哈布斯堡王朝的掌握之中；意大利人承诺，如果普鲁士能在三个月之内对奥地利开战，意大利将会鼎力相助。弗朗茨·约瑟夫将不得不面临双线作战的窘况。

维也纳和柏林之间的敌意每时每刻都在增长。俾斯麦宣布，此时奥地利治下的荷尔斯泰因已经是"奥地利双头鹰保护下的民主主义者、阴谋家和革命分子的巢穴"。维也纳人看到了张贴的告示，做好了最坏的打算。他们担心普鲁士的铁蹄会践踏波西米亚，即现在的捷克共和国。奥地利军队迅速北上开赴前线。但是技术性问题却令奥地利军队陷入了不利的境地：他们无法在七个星期之内完成军队的调动。相比之下，普鲁士的军队调动只需要三个星期——毛奇将军的铁路操练带来了巨大的战略优势。

俾斯麦密切关注奥地利军队调动的情报，3 月底，他指责维也纳有“疑似战争行为”，这让普鲁士不得不采取对策。奥地利“无合理原因，自 3 月 13 日以来，调动大规模军队威胁普鲁士边境”。俾斯麦伪称维也纳是主动侵略的一方；柏林只不过是试图自卫而已。3 月底，一纸命令下达，普鲁士军队准备进行局部兵力调动。

维也纳立即否认了其有战争意图的说法。俾斯麦在一份具有挑衅意味的公报中重申了自己的指控。奥地利人激动地回应。他们说，一次又一次地重申已经做出的否认，对奥地利来说几乎是有失身份的行为。在这一事件中，普鲁士才是真正的侵略者，该国拥有的极大规模军备足以证明此点。奥地利外交大臣门斯多夫伯爵指出，长期以来，俾斯麦时常发表好战言论。曾经多次表示奥地利与普鲁士之间的战争不可避免的，难道不正是这位普鲁士的领导者吗？曾公开表示普鲁士对石勒苏益格和荷尔斯泰因的吞并野心的，难道不是他吗？“这一切一定都只是误会，”门斯多夫伯爵讽刺道，“只有那些威胁普鲁士边境的大批奥地利军队才是真实的！”他坚决要求柏林撤销调动令。

但是，在巴尔豪斯——奥地利外交部的所在地，外交官们却不像俾斯麦一样足智多谋、目光敏锐、肆无忌惮。在欧洲人眼中，普鲁士一直是个危险的角色，意识到这一点，首相认为，明智的做法是向对手伸出橄榄枝。他说，如果奥地利停止军事备战，普鲁士也愿意停止。维也纳立即接受了这个花言巧语的提议，完全没有意识到这种话是多么空洞无力。俾斯麦十分清楚，普鲁士的秘密盟友意大利正蠢蠢欲动，准备调集军队。很快，维也纳方面也得知了这些军备情报，奥地利人自然而然地开始采取措施，应对来自南部边境的威胁。4 月 21 日，维也纳下达了调动在意大利的奥地利军队的指令。

在俾斯麦的关照下，他的德意志媒体朋友们及时地了解到了奥地利的军备情况。一份素来对普鲁士政府颇有信心的报纸称，奥地利正在调动南部军队，不是为了抗击意大利人，而是为了攻击普鲁士。普鲁士的普通民众对维也纳的表里不一怒不可遏。俾斯麦收回了橄榄枝，并说服威廉国王召集民众入伍。

5 月初，普鲁士召集起六个军团，并调集了军需储备。

伦敦，1865年9月—1866年6月

俾斯麦在调兵遣将，人们对此忧心忡忡。不过，这些人依然心存希望，指望英国、法国和俄国能进行干预，维护欧洲大陆的和平局面。战争的传言纷飞，还有一种说法称可以仰赖欧洲协同体召开代表大会。传言不了了之。据一位外交官观察，英国和其他大国，“还企图通过道德宣扬和申诉来影响普鲁士”。

对日渐加剧的世界危机，英国似乎全然不觉。不列颠帝国正沉浸在商业繁荣的志得意满之中——此时的英国正处于贸易霸权的巅峰——英国人未能察觉，在普鲁士前进的队伍之中，一种哲学的先驱者有一天将威胁英国的自由与强大。俾斯麦发现，英国人“对中国和土耳其的了解比对普鲁士更多。洛夫特斯［英国驻柏林大使］给首相的信中废话一定比我想象的多得多”。

对于欧洲大陆上的事态发展，英国人是十分关注的。不过，令他们担忧的是，如果英格兰介入德意志问题，会让法国坐收渔利。在他们心目中，法国才是欧洲最危险的力量。很显然，英国人坚信法国

要比普鲁士危险得多。洛夫特斯勋爵在柏林写道："不要把普鲁士的崛起看作一种令人不快的状况，或者担心给英格兰带来危险。"普鲁士是"欧洲大陆上一个伟大的新教国家"。它代表着"日耳曼的智慧、进步与财富……我们全然无须对它心怀畏惧。它将会成为维护欧洲大陆和平稳定的重要力量。它将会逐步发展政府的宪政体制，它将会在欧洲扮演起仲裁者的角色"。而法国呢？法国不是仲裁者。它甚至不是一个新教国家。（英国民众认为）它十分强大。英国人惊叹于"法国强大的军力"，它"战略性的领土位置"和"天生的好战精神"。法国军队"处于完美的备战状态"。法国的威慑力量给人们留下如此深刻的印象，以至于在英国国内已经自发地形成了抵制法国的运动，出身良好的年轻人纷纷在温布尔登和斯克拉伯斯进行射击训练。

大人物帕默斯顿本人也曾经谈及法国令人忧虑的力量。跟许多政客一样，首相先生也清楚地记得上次战争的教训。他还记得，自己年轻时，整个欧洲大陆都在波拿巴的掌控之下深受折磨。他本人也参与了早期的自发抵制运动，这场运动的发起是为了抵御贼寇，当时他们在布洛涅集结船只，准备对英格兰发动袭击。帕默斯顿几乎拼尽最后一口气，提出了法国侵略的预言。1865 年，首相在给罗素勋爵的信中写道，普鲁士"此时还太弱"。他说："总的来说，希望德意志能强大起来，以压制其东西两侧两股野心勃勃、咄咄逼人的力量——法国和俄国。"

写完这封信之后不久，帕默斯顿出门到布罗克特兜风时受了些风寒。这位伟大的首相于 10 月 18 日去世，离八十一岁生日仅差两天。

在政府高层，唯有维多利亚女王认为英格兰必须干预并制止普鲁士的侵略。从丹麦战争起，她就改变了对俾斯麦的看法。她的女儿维姬王妃告诉了她俾斯麦的谋划，女王大为光火，她写信给威廉国王，恳请他不要因为"一个人的……错误和鲁莽"而开战。新任外交大臣克拉伦登伯爵写道："在德意志事件上，女王的处境十分糟糕。"帕默斯顿去世后，继任首相之位的罗素勋爵毫不客气地否定了女王的主张。罗素说："为了一场跟英格兰的荣誉、英格兰的利益毫无关系的纠纷投入兵力和财力，对英国人民来说实属不公。"

维也纳、柏林，1866年5—6月

凌晨4点，在哈布斯堡的巨大宫殿霍夫堡宫中，弗朗茨·约瑟夫从铁床上爬起来。他的贴身男仆等在皇帝的卧房外，侧耳凝神聆听着。听到房内的皇帝确实醒来了，男仆走进房间。"叩见陛下！"他喊道，"早上好！"男仆身后跟着伺候洗漱的仆人，仆人深鞠一躬，用海绵为皇帝擦洗。5点，6月的阳光照耀着首都巴洛克风格的广场，弗朗茨·约瑟夫已经洗漱、祈祷、更衣完毕，走进了书房。

皇帝坐到桌前开始工作。1866年6月，三十五岁的弗朗茨·约瑟夫对独裁统治的技巧几乎毫无洞见。他的步兵团装备的步枪质量低劣，官僚机构腐败堕落，国库亏空殆尽，大部分外交举措一无是处。但他也有长处。认识皇帝的人都觉得他愚钝无趣，但他们未曾注意到他编排的皇家舞蹈多么精妙动人。弗朗茨·约瑟夫最快乐的时光（除了狩猎羚羊和检阅军队之外）是在皇家剧院里度过的。在那里，他形成了对仪态的敏感。他的士兵装备的枪可能不是最好的，但他们穿的制服是最漂亮的。他的首都拥有最华丽的宫殿。他娶了那个时代的贵族中最美丽的女人。纤细敏感的伊丽莎白是维特尔斯巴赫家族最美妙的艺术品。1866年，她跟丈夫的关系已经十分疏远，她经常旅居国外，在马德拉岛、在西班牙、在科孚岛陶冶高雅的情操。她完全不是皇帝钟爱的类型；弗朗茨·约瑟夫的喜好十分平庸，毫无创造性——他喜欢粗短的大腿和丰满的臀部。不过，他的个人喜好并不重要。伊丽莎白，苗条纤细、注重精神、清心寡欲的伊丽莎白，能带给他比他喜欢的浓郁维也纳奶酪更重要的东西——她给他的政权带来了格调。

但是在这个6月的清晨，格调却无法拯救他。他的人民处在内战的边缘。他本人亲自签署的命令更是加速了内战的爆发。皇帝命令大臣将帝国在石勒苏益格和荷尔斯泰因的权利转移给德意志邦联（老梅特涅亲王的同盟）。让法兰克福的邦联议会解决这个棘手的问题吧。在将权利移交给同盟的同时，弗朗茨·约瑟夫正式撕毁了他与普鲁士的协议——协议规定，奥地利与普鲁士将排除外界干扰，共同解决关于公国处置的所有问题。通过将自己在公国的利益转交给邦联，皇帝希望能拉拢日耳曼人共谋大业。他认为，此时看来，战争是不可避免的。他深信，无论做什么——除非将荷尔斯泰因拱手让给普鲁士，并放弃奥地利在德意志的领导地位——都无法阻止暴行发生。他说："要是对方执意要战，战争怎么可能避免呢？"

皇帝的决定给俾斯麦执行下一阶段的改革计划提供了借口。他在"菩提树下"大街遭遇了枪击，但是这并未阻碍他走战争之路。一天傍晚，在他返回威廉大街的住所的路上，三声枪响划破夜空。在开着花的菩提树的阴影下，俾斯麦抓住了袭击他的枪手，他紧紧抓住那人的胳膊，锁住那人的咽喉，直到第二步兵队的卫兵赶到现场。枪手是一个名叫费迪南德·科恩的学生，他反对俾斯麦的战争政策。他被带到了警察局，在那里，他拿一把折叠小刀反复扎向自己的喉咙，最终一命呜呼。俾斯麦本人倒是伤得不重。只是其中一颗子弹穿透了他的衣服，稍微擦伤了肩膀；另一颗子弹爆炸造成的震荡伤了他一根肋骨。"我认为能将自己的生命献给吾王、吾国是一种荣幸，"俾斯麦后来说，"我向上帝祈祷，赐我如此之死亡。然而，此次上帝另有安排。"这次事件加强了他的铁血形象。

短命的和平运动并未阻止俾斯麦的改革之路。和平会议在德意志的多个城市举行，俾斯麦称自己毫不气馁。“公众的意见会被一些事件改变，”他在威廉大街对一群外交官说，“一场战争的胜利，甚至一场战争的失败，都会莫名地改变人们的想法。”英国外交官洛夫特斯勋爵认为普鲁士代表着欧洲进步的动因，他试图令俾斯麦接受温和派政治家的美德。俾斯麦将他撇到一边。“毕竟，”他说，“阿提拉要比你们的约翰·布莱特先生更伟大。他在史书上留下了更加煊赫的威名。”

6 月 12 日，普鲁士军队冲进了荷尔斯泰因。奥地利的一支军队不战而退。在法兰克福的邦联议会里，议员们纷纷起来指责普鲁士践踏法律，独断专行。他们决定坚决抵制普鲁士的暴政，决心调动同盟不堪一击的军队。普鲁士宣布邦联解散，并对邻近的德意志州县发动了闪电式入侵。俾斯麦坐在威廉大街的花园里，向冯·毛奇将军下达指令。* 总参谋长电讯全军。日落时分，俾斯麦坐在老榆树下，跟洛夫特斯勋爵谈天。午夜钟声响起，俾斯麦站起身来。“战争打响！”他宣布，“此时此刻，军队正进军汉诺威、萨克森王国和黑森选侯国——吾皇万岁！”

洛夫特斯勋爵一脸严肃地说，如果普鲁士仅仅因为其他主权国不赞同其国策，便企图征服这些国家，欧洲是绝对不会坐视不管的。

“欧洲是谁？”俾斯麦问。

从表面上看，他拥有钢铁般的坚定信心，内心深处却是波涛汹涌。“一旦发动战争，”俾斯麦说，“你只知道何时打响第一枪，却永远不知道最后一枪何时打响。”他谈及普鲁士战败的后果：“斗争将异常严酷……如果失败，我将不复归来。我将承担全部责任。人固有一死；一旦失败，生不如死。”

---

* 七十年后，威廉大街的花园被另一位德国领导人希特勒建成了一个地下工事网络。1945 年，希特勒死于其中一个地下工事。他的尸体在首相府花园被焚烧。

欧洲大陆再次响彻普鲁士军靴的铿锵之声；而普鲁士军队行动之迅捷令整个欧洲大陆措手不及。俾斯麦向洛夫特斯勋爵发布公告后几个小时之内，易北河的普鲁士军队就越过边境，进入了萨克森王国。三个步兵师（主要调自普鲁士第八军团）、二十六支骑兵中队和一百多门野战炮迅速开入了撒克逊人的首都德累斯顿。普鲁士军兵不血刃地攻入了该市。同一时刻，普鲁士军的另一部入侵并占领了黑森选侯国。选帝侯本人被俘。普鲁士军只在汉诺威王国遭遇了些许抵抗。普鲁士指挥官调动军队速度缓慢，汉诺威人在兰根萨尔察击退了入侵者。但是最终，面对大军压境，他们丧失了勇气，教宗派的后裔、国王乔治五世不得不逃离了自己的王国。

普鲁士的战争机器简直是所向披靡。

汉诺威、萨克森王国和黑森选侯国的臣服并没有令普鲁士大军停下脚步。美因河北岸普鲁士的对手们几乎都是在普鲁士刚开始进攻奥地利之时，便缴械投降。6 月 22 日，普鲁士先锋军的第一柄利刃——易北河军团，跨越奥地利边境进入了波西米亚地区（今捷克共和国）。率领大部队的是国王的轻骑兵第七兵团、有“莱茵猎手”之称的第八营，还有四个铳兵营。第二天，第二柄冲锋利刃普鲁士第一军团自北方而下突袭波西米亚。这支军队由普鲁士第二、第三和第四军抽调组建而成，领头的是威廉国王的侄子，腓特烈·卡尔亲王，人称“血亲王”。他麾下有埃罗斯·冯·博尔克，后者再次跨越大西洋，来到这场更有意义的浪漫冒险中挥剑厮杀。他现在是诺伊马克特龙骑兵第三团的一名少尉，他的肺上还有一个 0.58 英寸口径的弹孔，那是他在弗吉尼亚州当杰布·斯图尔特的副手时留下的。冯·博尔克在营房里挂了两幅画像，一幅是老司令的，另一幅是现任司令的。有一天，“血亲王”来拜访他，看到他本人的画像挂在斯图尔特将军的画像之上。“你一定要换一下位置，”“血亲王”说，“把我的挂到下面。”

普鲁士的第三柄利刃是第二军团，这支军队从驻地——普鲁士西里西亚的菲尔斯滕斯泰因越过边界，进入波西米亚。这支军队包括第五军和第六军，由威廉国王的儿子腓特烈王子率领。“弗里茨”接掌第二军时三十四岁。他和妻子维姬王储妃住在波茨坦的新宫里。他们七岁的儿子威廉是一个真正的普鲁士人。他是个任性的男孩，一只手臂萎缩残疾，他曾经称自己的外祖母维多利亚女王是“老巫婆”，一次发脾气的时候，他咬了自己的叔叔亚瑟亲王的腿。腓特烈和维姬是和平的自由主义者；他们不喜欢俾斯麦的军国主义，反对他发动与奥地利的战争。

但是，王储已经下定决心履行自己的使命。

第二十五章

血腥杀戮

圣彼得堡，1866年5—9月

彼得保罗要塞的大门打开了，一辆马车冲了出来。车上坐着在夏园枪击沙皇的革命分子，罪犯德米特里·卡拉科佐夫。他的枪法很差劲，亚历山大毫发无伤。

骑兵团的一位年轻军官护卫着马车下了堡垒崎岖难行的陡坡。一大群围观者聚集在这里，有人深深叹息，有人画着十字。“主啊，请赦免他的罪，拯救他的灵魂吧。”马车在石子路上颠簸，车子里的人像果冻一样随之颤动。这位军官心里琢磨，他们不会是要“把一个印度橡胶娃娃带去绞死吧”？他忽然闪过一个念头：卡拉科佐夫已经死了，为了示众，当局决定吊起他的尸体。

实际上，卡拉科佐夫并没有死，只是在第三处待了好多天。他的脑袋和双手伤痕累累，全身的关节都被打断了。这位骑兵军官说：“惨不忍睹，想想都觉得可怕。”

两名士兵将卡拉科佐夫架上绞刑台。对于这个马上就要死去的罪犯的精神状态，人们看法各异。有人说他之前精神就不正常，现在更是疯了。还有人说他就像《卡拉马佐夫兄弟》中佐西马长老的哥哥那样，已经得到了救赎，他生命的最后几个小时是在“双膝跪地，热切祷告”中度过的。

俄国的改革已接近尾声。紧随革命力量而来的觉醒因卡拉科佐夫的枪击事件及随后的反应期不断深化。过去，沙皇遭遇袭击时，其中的背叛和谋杀的黑暗事实是瞒着大众的。在民众眼中，君主继续保持着遥不可及、高高在上的完美形象。当卡拉科佐夫在光天化日之下对着亚历山大扣下扳机的时候，面纱被揭开了。

在经历了枪击案后，沙皇本人也变得战战兢兢，疑神疑鬼。也许确实有可怕的诅咒笼罩着罗曼诺夫皇朝。在恐惧中，沙皇将之前与自己意气相投的一个伙伴——彼得·舒瓦洛夫——擢升到政府最显要的职位上。这位年轻的臣子当上了第三处的负责人。他的家族在 18 世纪曾经煊赫一时，他本人天资聪颖，机敏善谈，让人想起那已逝时代的宫廷。舒瓦洛夫家族向往法国文化，曾促进法国启蒙运动理念进入俄国。如今，名人之后却成了警察和施虐者，这可能乍看上去很像一个历史的讽刺，但是审讯拷问的职业往往由那些信奉伏尔泰开明专制的优点的人从事。在卡拉科佐夫刺杀沙皇事件之后，舒瓦洛夫伯爵搞起了一场白色恐怖。改革者被驱逐出了司法部、教育部、内务部等部门，上百人被无故逮捕。

一句希腊格言说，没人比独裁者更不自由。他们长期生活在自己的恐惧之中，成了疑心病的牺牲品。执政前十年心智尚健全稳定的亚历山大最终被权力的折磨压垮。他谁都不信任——甚至对舒瓦洛夫他都进行了反监视。直面正面危险时英勇无比的亚历山大，在潜在的暗杀威胁之下崩溃了。他徒劳地开始了狩猎历险，带着一队猎手和舞女。他雇了一班法国演员，来表演萨德侯爵作品中的场景。不过就像猎熊一样，情欲的放纵只能让他从当政的压力中得到暂时的解脱。

亚历山大早期的政策，还可以说是在改革与保守之间颇具创意的游移不定，是一种为变革留有余地，但同时也保持了社会平衡的路径。十年间，他所做的远不止解放农奴、推行法治。他放宽了对媒体的限制，让大学自由化，解放了持异见的宗教派别，并让俄国人出境更加方便。他下令公布了以前保密管理的国家预算，还废除了包税这种有害无益的制度。在他的要求下，陆军大臣德米特里·米柳亭（尼古拉斯的兄弟）对军队进行了改革，废除了残忍的体罚，缩短了应征士兵的服役期。他以毛奇在普鲁士的做法为范本，创设了总参谋长这一新职位。亚历山大在1864年签署了一项法令，在帝国的部分地区建立了地方自治组织，这也许是他采取的最大胆的措施了。这些自治组织由各阶层的人民选举产生，在基本形式上，体现了立法机关的根本原则。

但是，如果说沙皇在某一刻践行了自由，那么在下一刻，他又表现得非常反动和保守。他解放了农奴，却对波兰人进行了镇压；他改善了教育，却关闭了主日学校；他放松了审查制度，却把新闻记者流放到西伯利亚劳动改造；他放宽了宗教限制，却对犹太人施行迫害；他提倡法治，却将令他不快的臣民关进精神病院；他批准地方自治组织，却不同意建立全国性立法机关。沙皇的长子在尼斯弥留之际，莫斯科的达官显贵请愿召开国民大会。他驳回了这一请求。他说，自己“在过去已经完成的，足以向所有忠诚的臣民交代”。没人有权利“预估他将采取何种行动实现造福俄国的连续目标”。“创制权……专属于我，这是上帝赋予我的专制皇权不可分割的一部分……”

亚历山大在统治中表现出来的明显的矛盾性，与他的政策的敏锐性不无关系。他说，那些批评他的人，根本不了解在俄国这样一个国家实行一项改革计划是多么困难。他认为，修改宪法的进程太快，会给政权带来致命的破坏，最终导致帝国的瓦解。他告诉俾斯麦，在俄国民众的眼中，君主就是“全能的主，上帝的使者。这种认知几乎具有宗教情感的力量……如果对于皇冠赋予我的权力，人民已经没有了这种认识，那么国家的灵气将不复存在”。俄国将支离破碎。

但在卡拉科佐夫枪击案之后的白色恐怖时期，亚历山大政权的形势发生了变化，他自己对此也有所察觉。他“经常陷入忧郁愁苦的情绪，用悲伤的语调讲述自己执政之初的辉煌，以及当时政权的保守反动性”。马志尼曾说，改革的气氛已不复存在，但是亚历山大没有做出任何努力，重现早期改革的氛围。

圣彼得堡总督特列波夫将军加重了沙皇的担忧。他汇报工作时只要晚来几分钟，亚历山大就会焦虑不安。“圣彼得堡一切还好吗？”特列波夫一进门，他就迫不及待地问。（特列波夫后来遭到马克思主义者维拉·扎苏利奇枪击，身负重伤。）反动保守的朝臣们利用了君王的恐惧，大肆掠夺土地。停滞不前的自由改革往往衍生出各种形式的裙带资本主义，暴君默许劫掠并不是因为他愿意被抢，而是因为他将这些窃贼看作“使自己免受革命之害的保护者”。

亚历山大只在一个领域保持着原有的精神活力。他不断开疆拓土，扩大帝国版图。俄国侵占了中国的阿穆尔河、乌苏里江和海参崴。高加索地区最终也被征服，土耳其斯坦和塔什干都成了俄罗斯帝国的大都市，亚历山大派考夫曼将军完成对中亚的征服之战。

20 世纪争夺世界领导权的三个大国，全部感受到了浪漫民族主义的诱惑；它们在 19 世纪中叶的几十年里，都扩张了本国的领土。普鲁士在俾斯麦的领导下，已经瓜分了丹麦，并做好了接管德意志以及法兰西部分领土的准备。陷入内战的美国仍继续推行其“命定扩张论”政策。1862 年的宅基地法案和太平洋铁路法案强化了美国对整个大陆的控制。1862 年的法定货币法案规定了美洲的通行货币。但是，虽然这一时代三大枢轴的领导人都与浪漫民族主义“关系暧昧不清”，他们采取的方式却各不相同。俾斯麦用它来镇压德意志的自由主义。

林肯深知民族主义理想能对“人人生而平等”原则造成的危害，但同时他也认为，正将整块大陆变成“自由国度”的美利坚合众国，在与专制主义做斗争的过程中，更有能力捍卫自由原则。而亚历山大——事实证明，他是最缺乏想象力的帝国缔造者——未能利用俄国传统的弥赛亚式帝国主义来激发爱国主义者的热情，进而挽救他的自由改革。

沙皇本人志不在此。

在叶卡捷琳娜·米哈伊洛芙娜·多尔戈鲁卡娅还是个小姑娘的时候，亚历山大就认识她了。人称卡佳的这位公主，其高贵血统无论古老程度还是显赫程度，在俄国都无人能出其右。可惜她的万贯家产早已被自己反复无常、愚蠢至极的父亲米哈伊尔亲王挥霍一空。1860 年亲王死后，沙皇开始亲自负责她的教养工作。亚历山大将她送入了斯莫尔尼宫的贵族女子学校，这是叶卡捷琳娜大帝模仿曼特农夫人的圣西尔学校，为贵族家的女孩子们创设的一所女子精修学校。一次，沙皇视察学校，发现卡佳已经长成一位窈窕淑女。她“肤如象牙”，长着一头秀美的栗色长发。人们说，她的双目活像一只受惊的小羚羊的眼睛。沙皇邀请她陪自己在圣彼得堡走一走，她顺从地答应了。亚历山大的热情一向来势汹汹，他很快就发现自己坠入了爱河。

维也纳、波西米亚，1866年6—7月

维也纳的环城大道上，民众三三两两地聚在一起，读着帝国发布的宣言。在上一年，弗朗兹·约瑟夫开放了环形大道的一部分，包括其中的公园和公共建筑，这是又一项扼杀光明的手段。他不停地粉饰着自己的帝国——用众多哈布斯堡皇室的画作。但是，从宣言发布起，这项粉饰活动便结束了。

一个因为美学镇静剂而昏昏欲睡的民族，从蛰伏中醒了过来，懵

懂地投身于世界危机之中。弗朗兹·约瑟夫宣称："普鲁士公然推行强权，无视正义。"他说，自己别无选择，只有命北方军开进柏林，以图阻止俾斯麦的改革。

6月的一天，天气炎热，遵照皇帝指令，北方军从位于波西米亚奥尔米茨的基地集结出发。至少可以说，这是一支帅气的队伍。一部分步兵身着粉色军裤和天蓝色军装外套，还有一部分穿蓝色军裤和雪白的外套。轻骑兵的军装是深红色的，提洛尔步枪兵则是一身绿。胸甲骑兵戴着羽饰头盔，施第里尔的金发步兵军装上装饰着松鸡羽毛。

军队呈三列队形，开向易北河上游的约瑟夫城要塞。路德维希·奥古斯特·冯·贝内德克一马当先。这位短小精悍的将军此时已经六十一岁高龄。他在经年累月的战争中赢得了赫赫声名，是一位英勇的将领。但是，此前他从未指挥过大规模的军队。诚如所言，他比自己的普鲁士对手冯·毛奇将军战斗经验丰富。然而，跟毛奇不同的是，他对更高水平的军事艺术并不熟悉。"我远非一个受过系统训练、技术过硬的战略家，"他曾经承认，"我只是根据一些简单的原则战斗，对复杂的战术组合不甚了了。"

贝内德克还有一个弱点。其职业生涯最辉煌的时刻——带领在意大利的奥地利军队作战的时刻——已经一去不返。他说，自己对"米兰每棵树的位置都了如指掌"。但他对奥地利北部边境的情况却知之甚少。"所以现在我得学习普鲁士地理！"当他知道自己要被任命为将军的时候，如此喊道。"我怎么可能像年轻时那样，掌握并记住这些东西呢？"他跟妻子说，"还不如来颗子弹打死我。"

而奥地利的命运就交到了这样一个人的手中。贝内德克知道，要想打败普鲁士，他必须迅速行动，除掉"血亲王"腓特烈·卡尔所部的第一军团。如果他未能及时消灭这支队伍，王储腓特烈带领的普鲁士第二军团，就会在他与"血亲王"一较高下的时候攻击他的右翼，这样，他就被普鲁士的王子们包围了。

一切都仰赖贝内德克的胆魄和迅捷，他看上去却像要推迟这命运攸关的战斗。“血亲王”步步逼近，贝内德克退至易北河上的克尼格雷茨要塞。他在那里召开了一次军事会议。围桌而坐的将领个个愁眉不展。会议结束后，贝内德克致电弗朗兹·约瑟夫：“我迫切恳求陛下不惜一切代价讲和。我军的惨败将不可避免。”皇帝驳回了他的建议：为了维护哈布斯堡家族的体面尊严，北方军必须冒险一战。贝内德克恢复了镇定，准备大战一场。他决定将据点设在比斯特里察河岸，该河位于克尼格雷茨西北方大约 8 英里处。这里，在果园和玉米田之中，有一座建有松木村舍和水车的波西米亚小村庄。

村庄的名字是萨多瓦。

奥地利军占据着有利地形，并通过挖沟壕、建胸墙，扩大了这种自然防御优势。

与此同时，普鲁士最高统帅乘火车抵达了波西米亚的赖兴贝格市（又称利贝雷茨）。俾斯麦甫一抵达国王和其随从下榻的城堡，就惊呆了，这里仅有几百名手持生锈卡宾枪的火车兵守卫。他知道，敌人的骑兵就在几里格*之外驻扎。他转向受命担任此战战略决策人的冯·毛奇将军，问他这样是不是有些危险。

“是，”毛奇答道，“战争中，一切都是危险的。”

俾斯麦发现，自己被军人们轻视了，他们以为他是个一吓就哆嗦的平民，一个从未在战争中以血染剑之人。确实，他从未做过军人。年轻时，他曾试图逃避兵役。“抬起右手就能令我痛苦不堪。”他说。（俾斯麦从来就不是一个愿意向别人行礼致敬的人。）他的从军经验仅限于曾被强制派到波茨坦执行驻防任务。虽然如此，这位铁汉子却因

---

* 传统长度单位，约为 3 英里。——译注

被说成胆小怯懦而倍感受伤。他离开城堡，住到了对敌人门户大开的镇上。他既忧虑又紧张，在一封写给妻子的信中，他求妻子为他寄些香烟过来，还有一本法国小说和一把大号左轮手枪。

战役迅速走向灾难性的结局。7 月 2 日夜晚，普鲁士最高统帅得知，奥地利士兵在比斯特里察河对岸大规模集结。刚歇下的毛奇被从床上叫了起来。“谢天谢地！”他说。关键时刻即将到来。他本来担心贝内德克会在这决定性的一战中退缩。不过现今看来，这场恶战注定会短暂而又激烈。普鲁士将领们一夜未睡，做出了最后的部署，凌晨 4 点，“血亲王”的第一军团出动了。

第三天拂晓，天气阴冷潮湿，薄雾笼罩着山谷。奥地利军帐中，贝内德克给自己的妻子写了最后一封信。他承认，他的神经高度紧张，不过他预感，等到炮声响起，一切都会好起来。之后，他走到士兵中，看着他们的眼睛，知道他们已经做好了准备。7 点，普鲁士方向响起了军号，枪骑兵在雨中挥舞着长矛和军旗，冲上前来。紧随其后的是身着灰绿色战地军装的步兵，有几个戴着尖顶盔，大部分戴着战地帽。俾斯麦身着长款灰色大衣，戴着胸甲骑兵的头盔，出现在战场上。

身患感冒的毛奇，收起自己的手帕，命“血亲王”向奥地利阵线发起攻击。一阵密集的炮轰之后，进攻开始了。在枪林弹雨中，很快，萨多瓦就成了一片火海。普鲁士的进攻英勇无比，却未能将敌军逐出阵地。军队伤亡惨重，多支普鲁士队伍几乎全体覆灭。

战斗持续到了中午，奥地利的防线看起来仍然坚固如初。在普鲁士总部，已经有人惊慌失措了。只有毛奇还是平静镇定。他向国王保证：“陛下今日不但可以赢得这场战役，还将赢得整场战争。”这位总参谋长一向享有“除非有把握兑现，否则决不承诺”之声誉，不过威廉并未全然相信。此时，俾斯麦正手里拿着望远镜观察战场上的情况。眼前的景象令他感到困惑不解，远处有一些犁沟，奇怪的是，这些犁沟好像在移动。“那不是犁沟，”最终他惊叫道，“它们间隔的距离不一样。”他将望远镜递给毛奇。被俾斯麦误认为犁沟的实际上是普鲁士第二军团的士兵。王储腓特烈赶到了。

“此战已成定局，”毛奇向国王汇报道，“正如陛下所愿！”威廉只看到眼前因打斗而扬起的尘雾，仍然将信将疑。“真的，”毛奇言之凿凿，“胜局已定。维也纳如今已是陛下您的囊中之物。”

王储腓特烈及其所部第二军团的抵达，决定了战斗的结局。近50万士兵迅速投入战斗。奥地利大军右翼崩溃，普鲁士大军如雷霆一般迅速占领了奥地利的防御工事，将敌人打得溃散奔逃。哈布斯堡的军队纪律在士兵们丢弃战旗的时候便荡然无存了。“哦，你们这群懦夫！”将官们大喊，“站住，你们这些胆小鬼！”刚听说自己的军队全线溃退之时，贝内德克还将信将疑。“别傻啦。”他说。他带上参谋，骑马飞奔，要亲自去战场视察一番。很快，他就发现枪声已经稀稀拉拉，他手下多名将领摔落马下，战死沙场。

此时，这位将军证明了自己的价值。萨多瓦一战中，在面临失利的时刻，贝内德克充分表现出了自己的能力。他在一瞬间找回了自己直到该场战役一直缺乏的那种敏捷精神。他将生死置之度外，身先士卒投入战斗，树立起了无所畏惧、力挽狂澜的典范。大军被他的勇气激励，英勇抵抗。步兵团吹响了号角，军乐队奏起了《天佑我皇》。奥地利大军挺起刺刀，阔步向前，丝毫没有退缩，即使他们的队伍在普鲁士的枪炮轰炸下不断缩小。

然而，这已经太迟了。奥地利军队无法继续抵抗下去。他们撤往克尼格雷茨方向。他们打开要塞的水闸，灌满了护城河，以阻止敌人的追击。很多人被洪水夺去了生命。而贝内德克自己，在一个中队的枪骑兵护卫下，带着仅剩的几个随员渡过了易北河。他一败涂地，除了万念俱灰地死去，已经别无选择。因好运和胜利而沾沾自喜的毛奇，也没有忘记对被自己征服的对手表示怜悯。“手下败将！”他高声说，“哦，这意味着什么，平民百姓可曾明白——哪怕只是一点点！……哦，设身处地地想一想，如果事情发生在我身上！”此时，这位总参谋长正因为疲劳、疾病以及胜利的狂喜而头脑发热。在士兵们高唱《如今我们感谢上帝》时，毛奇上床休息了。

巴黎、波西米亚，1866年7月

塞纳河边的城堡发出吱吱呀呀的异响，仿佛在闹鬼。在圣克卢新古典主义风格的长廊里，玛丽-安托瓦妮特曾消磨时光，拿破仑·波拿巴也曾图谋大计。据说，这座城堡是波拿巴最喜爱的住处。当然，他住这里的时候一切都顺风顺水：1799 年 11 月，他就是在这里发动政变，创建了一个新的王朝。六十七年后，也是在这里，他的侄子得知了那个意味着波拿巴王朝走向穷途末路的战斗结果。多年之后，老迈的欧仁妮还能回想起那毁灭性的一刻。“它仍在我内心战栗，”辉煌不再的皇后说，“就像一根敏感的神经。”

萨多瓦战役之后的日子就是“帝国的末日”。

人们说：“在萨多瓦一战中，一败涂地的其实是法国。”拿破仑三世心里知道这话是对的，战役结束后数天，甚至数星期，他都处于精神恍惚的状态，无力回天。外交大臣德律安·德·吕敦促皇帝采取强硬措施来挽回法国的颜面。德律安说，如果法国在奥地利和普鲁士之间进行武力调停，以中间人的身份促成双方和解，那么皇帝还能重新赢回被俾斯麦在萨多瓦一战中夺去的声望。这位君主带着冷淡的笑容点头称是，迅速给普鲁士发了一封电报。

第二天，城堡里召开了国务会议。皇帝主持。皇后列席。德律安再次力促实施强硬政策。法国还不具备调停人的资格，他们必须展示出本国的军事实力。皇后接着发言，她说一口出卖她西班牙血统的法语，对德律安的政策表示了支持。她说，法兰西必须强大起来。她转向陆军大臣兰登元帅，询问军队是否做好了在莱茵河上展示实力的准备。

“是的，”兰登回答，“我们可以即刻集结 8 万名士兵，二十天之内可以调集 25 万人。”

对此，皇帝未置一词。

内务大臣瓦莱特侯爵趁机插话，他全盘否定了德律安的政策。他说，如果法国要与普鲁士一战，那就必须与奥地利结盟。而奥地利与法国的盟友意大利是敌对关系。本着皇帝万分看重的民族主义原则，将意大利人从奥地利的残暴统治下解放出来是法兰西帝国的重大历史成就。如今他怎么能转身离去，抛弃意大利，放弃民族主义理想，跟民族的分裂者、死敌奥地利握手言和呢？

疲惫不堪的拿破仑三世似乎被瓦莱特侯爵说动了，至少皇后这么认为，不过他仍然没说什么。瓦莱特侯爵继续侃侃而谈。他说，与普鲁士开战并无必要，柏林必会乐于给保持中立，从而令其取得胜利的朋友一些补偿。无须开战，法兰西也能得到它想要的。

内务大臣的这番话，听得皇后越来越不耐烦。最后，她腾地一下站起身来，说道：“等普鲁士军队从波西米亚的乱局中脱身，将矛头转向我们的时候，对于我们的要求，俾斯麦只会嗤之以鼻！”

虽然绝望，拿破仑三世暂时还是倾向于支持德律安和皇后提出的开战建议。他令一支军队开赴莱茵河，并要求军事立法会议批准此次行动的军费开支。但是，皇帝的决心并不坚定。当天晚些时候，他就撤销了这一决定。

“我还没做好开战的准备。”他说。

维也纳，1866年7月

萨多瓦战火纷飞之时，霍夫堡却是一派宁静。皇家卫兵在黄白相间的岗哨上来回走动，佩戴银色穗带、穿着及膝马裤的男仆侍立在擦得铮亮的门前。帝国卫队的士兵们手持长戟，看守着皇帝的私人宅邸。如此一丝不苟，是遵循皇帝的要求。他在通告中要求，“不能破坏传统的宫廷规矩，无论多么微小，无一例外”，弗朗兹·约瑟夫的副官马尔古蒂将军说。“什么叫不按规定着装？”皇帝曾在一名中尉向他汇报值班情况的时候问道，“你袖子上没有扣子，你不知道吗？”

“是的，陛下，我确实不知道。”

“这么说，你根本就不懂规矩。这简直是骇人听闻。”

规矩。始于霍夫堡的规矩，一直传达到弗朗兹·约瑟夫的帝国的最偏远角落。错综复杂的规则、命令交织成网，由一群兢兢业业的警察和文官负责维持，其中最重要的是皇帝本人。最高统治者每天在桌旁签署的公文就如连续不断的溪流，确切地说是洪流。“相信我，”弗朗兹·约瑟夫说，“对于重要事项，书面沟通不仅是最安全，也是最快捷的方式。”皇帝每天坐在案前签署命令、指示、会议记录和备忘录。他对每一番军事评论和每一次正式接见都做了记录。习惯如此根深蒂固，以至于他将每天转瞬即逝的点滴印象都记录在纸上。在一个神秘的速记本上写着一些人名，有他喜欢的人，也有他不想见到的大臣。“韦克勒怎么又来了，哦，天哪！现在不见！不见！不见！”皇帝亲笔签署的文件在大臣、副官、内臣、武官们的桌子上堆积成山。更多的文件——哈布斯堡家族庞大官僚结构的生命线——从他们的桌上签发下达。

然而，这个夏天的夜晚，所有的文件上都是噩耗。

就像皇帝的其他日常安排一样，晚餐时间照例是固定的。餐桌刚布置好，弗朗兹·约瑟夫便带着审视的目光来到了桌边。他拿起一把餐刀，看自己映在刀上的影子够不够清晰。一封电报送了进来。克尼格雷茨要塞的指挥官报告说，逃到此处的奥地利军队残部要求进入防地。这一消息非常令人不安，但弗朗兹·约瑟夫并未因此绝望。接着又来了一封贝内德克将军本人发来的电报。

“全面溃败。”

弗朗兹·约瑟夫面色惨白如纸。

消息迅速传开了。皇宫之外，起先，震惊的情绪中混杂着微妙的漠然，甚至些许轻浮。在普拉特公园的一家餐厅里，人们对北方军遭遇的不幸无动于衷，照旧吃吃喝喝。施特劳斯的乐曲在这轻浮之所飘荡，花枝招展的妓女们搔首弄姿，招揽顾客。如斯冷漠令那些庄重严肃之人震惊非常。“这群渣滓会罪有应得，难道不是吗？”一位旁观者注视着普拉特公园中这慵懒淫靡的景象，问道。然而，即便最冷漠无情的人也无法长期保持这种饱食终日、无所用心的心态，满不在乎、无忧无虑逐渐被惶惶不可终日取代。一位外交家写道：“近乎绝望的忧愁笼罩了整座城市。”

惊恐的民众将愤怒发泄在了这一耻辱事件的制造者身上。皇帝乘车前往美泉宫——哈布斯堡家族的夏宫——的时候，事先就做好了警戒措施，这是他统治期间第一次出动皇家骑兵队护卫。“马克西米利安皇帝万岁”的呼声打破了人群的沉默。大家觉得，对皇帝身在墨西哥的兄弟的称颂，会令弗朗兹·约瑟夫恼羞成怒。

皇帝的文官为政府做了少许无力的辩护。他们在《维也纳晚邮报》上声称，皇帝是迫于民意任命贝内德克为将军的。这种说法谁也不信，只是加深了人们对政府无能的印象。皇帝已经觉察到了自己处境的危险，他只得屈尊接待了一个臣民代表团。维也纳市长泽林卡告诉皇帝，代表们担心这座城市会很快被普鲁士占领。“战场离这里还远着呢。”弗朗兹·约瑟夫回答。

然而，炮火却在渐渐逼近。普鲁士第二军团正向奥尔米茨推进。经过那座城市的铁路和电报线路已经被切断，维也纳与北方失去了联系。普鲁士第一军团不断深入，距离首都已不足60英里。城里满是绝望的难民。担心自己将性命不保的外国侨民纷纷拥进大使馆和公使馆的大堂。表面上，皇帝平静自信，但那些吓得直发抖的官员证明，他只不过是外强中干而已。多瑙河上的蒸汽船满载着历朝历代的古玩珍宝以及大量黄金，逃离这危险之地。

最终，普鲁士兵临城下。大军驻扎在首都东面的马克非大平原上。从维也纳的钟楼上，惊恐万分的居民可以看到一片营帐、军旗，绵延数英里。入侵军队的左翼几乎延伸到了普雷斯堡（即伯拉第斯拉瓦）。一位观察者说，人们普遍认为“前景可怖”，高奏凯歌的普鲁士军队不出几日就会攻进城市。

波西米亚，1866年7月

凝视着萨多瓦战场上的尸体，俾斯麦想到的不是改革，而是自己的儿子。“想到赫伯特某一天也会这样死去，”他说，“我就感到不舒服。”这位铁血战士被真正的鲜血吓到了，而在他复杂的头脑中，多愁善感与钢铁一般的意志正在发生激烈的碰撞。大战开始不久，他收到一封电报，说拿破仑三世想介入交战双方进行调停，他大为光火。这是法国皇帝对在比亚里茨所做的中立承诺的公然违背。“如果有机会的话，我将向高卢人报复。”他说。

俾斯麦强压怒火。毛奇向他保证，普鲁士已经强大到足以抵御法国在莱茵河发起的进攻，不过在摘取萨多瓦血腥果实的关键时刻，俾斯麦不想冒任何不必要的风险。普鲁士发出电报，表示接受法国的调停。

其实，俾斯麦已经做好了瞒骗法国的准备。他派自己的副官普鲁士驻巴黎大使罗伯特·冯·德·戈尔茨男爵前往圣克卢，威逼拿破仑三世接受普鲁士的条件。戈尔茨深得法国人信任，跟他们在一起如鱼得水，他的父亲是一位普鲁士外交官，他本人是在普鲁士驻巴黎大使馆诞生的。他以高超的政治手腕圆满完成了使命。他告诉拿破仑三世，普鲁士所要求的条件相对它本身所取得的压倒性胜利，已经相当温和了。戈尔茨进一步观察到，威廉国王希望向更远处开拓疆土，唯一的阻碍便是俾斯麦对他扩张欲望的控制。如果法国不赶紧同意这些建议条款，那么俾斯麦就有控制不住国王之虞了。

拿破仑三世深以为然。他自己也需要一份休战协议。战争持续的时间越长，法国作为调停者，声望损失就越大。于是他接受了俾斯麦的提议。

障碍清除了，但俾斯麦的工作远没有结束。如今，他得盯着自家国王。戈尔茨男爵以威廉的狂热威胁拿破仑三世，并非全是虚张声势。胜利冲昏了国王的头脑。他沉醉于萨多瓦战役胜利带来的美好前景。就如亚历山大对旁遮普虎视眈眈，他也渴望将征服的步伐迈得更远。他想将军队开进维也纳，他想将哈布斯堡家族最丰厚的财产据为己有。

对于国王和那些更加胆大冒进的将军们，俾斯麦嗤之以鼻，“你们怎么不打到君士坦丁堡，建立一个新的拜占庭帝国？让普鲁士听天由命得了。”他告诉妻子抵制这种浪漫主义的诱惑是多么困难，他写道：“失去自制力就如陷入绝望一样容易，我现在得做一份吃力不讨好的工作——将水倒进气泡酒，并让它不再冒泡。欧洲并不是只有我们一家独大，我们得与另外三个大国共存，而它们对我们又嫉妒又憎恶。”俾斯麦是一个既有强大意志，又很理智的人，他知道，过分的要求会激起反弹。其他大国对普鲁士重塑欧洲广袤领土的行为，不可能永远袖手旁观下去。

国王却一意孤行。他说，奥地利的罪恶行为必须受到惩罚。俾斯麦回答，审判哈布斯堡家族的道德问题并不是他们的事，他们的工作是将德意志邦联统一到普鲁士的领导下。伤害奥地利，只会激起它的复仇情绪，并很有可能将其逼到法国的怀抱中，这对他们本国的利益和安全没有任何好处。然而，国王听不进这些谏言，俾斯麦一直怀疑，他的所有成就都将因自己君主的刚愎自用而丧失殆尽。

他的精神承受不住了。他恳求国王解除他在内阁的职务，允许他回到自己的团队中。他离开会议室，走进自己的卧室，不禁潸然泪下。他想，从窗口跳下去会不会好一些。（他注意到，自己的房间在四楼。）就在这黑暗的时刻，他感到一只手搭上了自己的肩膀。是王储腓特烈。他说，虽然他曾反对过俾斯麦的对奥政策，但是现在，他准备向国王进言，支持他的和平计划。

半小时后，王储回来了，他说：虽然过程很不愉快，但父亲的态度软化了。

俾斯麦提出的条件都写进了在尼科尔斯堡（即米库洛夫）签订的休战协议中。其结果是革命性的，奥地利虽然没有割地*，但被赶出了德意志，普鲁士对德意志人民的宗主权自此确立。汉诺威国王以及黑森的选帝侯被剥夺了自古便有的继承权，他们的臣民也被迫服从柏林的领导。拿骚、荷尔斯泰因、劳恩堡、黑森–达姆施塔特的一小部分、巴伐利亚的一小部分以及石勒苏益格的大部分都成了普鲁士的领土。数百平方英里的土地划归柏林控制，超过 400 万德意志人成了普鲁士国王的臣民。萨克森维持了独立，但岌岌可危，法兰克福被迫放弃了自主权。归服后的法兰克福被大肆劫掠，绝望的市长不忍见此惨状，

* 依据弗朗茨·约瑟夫与拿破仑三世签订的协议，威尼西亚从奥地利割让给法国，随后又并入了意大利。梅特涅说：“邦联任何一股势力的衰弱都意味着对另一股势力的直接打击。”

上吊自尽。拿破仑三世问戈尔茨男爵，从这座城市掠夺的财物价值高达 3 000 万弗罗林，这个说法是否属实。“这太残酷了。”法国皇帝说。“不，没这回事，”男爵面带微笑答道，“陛下您忘了吗，法兰克福可是罗斯柴尔德家族*的地盘。”自此时起，法兰克福成了普鲁士的领土。

一支笔写写画画，终结了德意志北部的分裂状态。新建立的国家称为北德意志邦联。实际上，这是一个以普鲁士为核心的超级大国，由俾斯麦担任首相。老梅特涅亲王对德意志的愿景一丁点也没有存留。这位政治家所预言的能拯救欧洲的政治同盟无力地终结了。梅特涅认为，两个大国势均力敌，德意志人民的安全才能有保障。俾斯麦不以为然，于是德意志被重塑了。“1866 年，”威廉·勒普克写道，“德意志不复存在了。”普鲁士德意志取而代之。

法国得知普鲁士在欧陆北部取得霸权，还直接吞并了大片土地之后，非常震惊。拿破仑三世耸了耸肩，试图将之看作“细节问题”不予理会——尽管数百万人被强制保持中立几乎可以说是个外交错误。他在约定中要求俾斯麦对其（并非完全善意的）中立态度给出回报。就在马上要签署停战协议的当口，拿破仑三世派出的使者贝纳代蒂伯爵，一个瘦弱、秃顶的科西嘉人，来到普鲁士要求分一杯羹。俾斯麦对这种横插一杠的做法大为光火。“我要让路易付出代价。”据说他曾如此放言。不过这位精明的容克立刻恢复了自制。他假意同意法国的要求。当然，他准备恰当地处理这件事情。只不过，现在他不愿意做出任何危及停战协议的举动。要解决这些问题，将来有的是时间。法国勉强同意了这些似是而非的承诺。停战协议签署后，普鲁士结束了对维也纳的围攻。

美国内战结束甫一年，德意志内战也结束了，俾斯麦完成了改革

---

* 著名的犹太财阀。——译注

的第一阶段。美国各州之间的战争打了四年，而德意志各国之间的战争在六个星期之内就结束了。两场战争的结果都极具影响力；在战争的考验中，两位改革政治家给世界危机制造了新的拐点，铸就了注定要在历史舞台上大展拳脚的两个大国。毫无疑问，德意志改革中最有趣的一点是，其设计师大肆实践铁血哲学，又拒绝将之推向极致。俾斯麦没有重蹈过去那些征服者的覆辙。那些最纯粹的浪漫主义征服者——亚历山大、凯撒、波拿巴——不知道何为适可而止。俾斯麦跟他们不同，那条将胜利与狂妄区分开来的隐约可察的界线，他铭记在心。

巴黎、柏林、维希，1866年7—9月

法国皇帝与皇后在圣克卢的小树林中散步，他直面了死亡的形象。在这个夏天的夜晚，它就这样鲜明而无情地出现在他的面前——俾斯麦用萨多瓦的鲜血与烟尘写就的帝国墓志铭。他知道，自己难辞其咎。他向欧仁妮承认，自己犯了一个错误，可如今木已成舟。“时不再来。”拿破仑三世陷入了沉默。“他看上去完全崩溃了，”皇后说道，“我为我们的未来而担忧。”皇后无法“让他吐露一字”，她哭了起来：“我的灵魂在经受拷问……从这一刻起，我们如坠无底深渊，无可挽回。”

舆论的矛头直指她的丈夫。人们嘲笑他是“画出来的朱庇特”。报纸大肆报道帝国的此等奇耻大辱，政客们哀叹国家的困境——东边出现了一个新的霸权，执掌霸权的是那个皇帝的叔叔曾称之为“从加农炮中诞生”的国家，长期以来，这个国家一直战火不断。人们不禁要问，拿破仑三世为什么放弃了自黎塞留时代起法国政治家就奉行的政策：分裂德意志，制造内讧。为什么他要协助条顿各民族在普鲁士之下完成统一？

郁郁寡欢的皇帝退隐至维希。他的身体健康也是每况愈下。欧仁妮说："他所经受的精神打击严重影响了他的身体状况。"他既不能行走，也难以入眠，并且几乎无法进食。

也许还有些时间。如果能让德意志割让给法国一块领土，也许他还能挽回自己在人民心目中的形象。在维希，他和德律安共同草拟了一份给贝纳代蒂的指示。这个眼神忧郁的科西嘉人再一次面见了俾斯麦，他说，要是普鲁士能给出莱茵河的一块领土，比如美因茨要塞，必然会对君主大有裨益。

就在贝纳代蒂试图跟俾斯麦讨价还价的时候，拿破仑三世被迫中断治疗，拖着病体返回巴黎。马克西米利安的妻子夏洛特大公妃——如今被称为卡洛塔的墨西哥皇后——抵达巴黎，下榻在斯克里布街新落成的格兰酒店。她恳求拿破仑三世在圣克卢见自己一面，于是皇帝派出皇家马车和一队胸甲骑兵接她过来。他和欧仁妮在城堡的大门口迎接，引她经过罗马皇帝的半身像和奥林匹斯山众神画像，来到了皇后的私人房间。房间里，在曾为玛丽-安托瓦妮特所有的家具陈设之间，卡洛塔描述着自己的丈夫——那位统治查普特佩克高地的金发亲王——所处的惨淡境地。在西班牙总督们的夏宫之中，马克西米利安管理的帝国正在瓦解。卡洛塔恳求拿破仑三世重新考虑撤回法国驻墨西哥远征军的决定。但是正为自己国家的失败忧心忡忡的法国皇帝，只能建议她放弃幻想，并力劝她的丈夫回国。一杯橘子汁端到了这位苦苦哀求的皇后面前，她神情诡异地看着玻璃杯，尖叫了起来，整个世界都在与她为敌，敌人想要毒死她。卡洛塔逃到罗马，希望能够得到罗马教宗的庇护。她已"歇斯底里"，在欧洲皇室和外交官的会客室中，人们如此小声议论。

墨西哥的消息糟糕透顶，而柏林的消息更坏。贝纳代蒂的请求徒劳无功。停战协议既已签署，俾斯麦就不会分出德意志的一寸土地来滋养竞争对手。他说，如果当时法国在普鲁士征服奥地利的战争中积极协助，那就不同了，可惜皇帝在对交战双方进行调解的时候，表现得并不像一位朋友。之后，俾斯麦决定对拿破仑三世进行公开羞辱。他将贝纳代蒂的领土补偿要求及自己的拒绝之词全部登在法国的《世纪报》上。

这一决策不但体现了政策动机，也反映了报复情绪。当德意志南部各民族得知拿破仑三世对其领土感兴趣的时候，他们不再愿意恢复与法国历史悠久的盟友关系。相反，德意志南部各邦与俾斯麦达成了防御协定。

然而，事情并未就此结束。拿破仑三世的无能显而易见，这激起了法国人民的愤怒。贝纳代蒂再一次面见俾斯麦，他的主子需要点什么，什么都可以，来保住他江河日下的威望。两个男人考虑着可能性。如果德意志寸土不让，那……比利时呢？俾斯麦似乎接受了这一提议，他说，法兰西帝国没有理由不将领土扩张到所有说法语的地方。他暗示，普鲁士可能愿意就这一计划与拿破仑三世合作。伯爵能好心起草一份协议吗？只是，这可是一个敏感的问题，伯爵可得小心，这事不能委托给下属，应该亲自写这一草案。血与铁。贝纳代蒂满口答应，掏出了钢笔，俾斯麦马上递上纸。伯爵离开后，期待着收到一封电报，告知他文件的签署时间。电报迟迟未到。而俾斯麦小心翼翼地收起了这位可怜的伯爵亲笔写就的草案。

总有一天，它会派上用场的。

亚斯纳亚–博利尔纳，1867年1月

“俾斯麦自以为瞒骗了全欧洲。”托尔斯泰写信给一个朋友说。他断言，这位普鲁士政治家只是“使1866年德意志的流血事件必然发

生”的一千多个原因中的一个。托尔斯泰说，俾斯麦是又一匹拉政治“磨盘”的“老马”。政治是一场骗局。托尔斯泰将报纸扔到一边，将注意力转回到脏尿布和《战争与和平》的文稿上。如果他能预见此次世界危机更加深远的影响——如果他能知道，七十五年后，一支奉行铁血哲学的军队将开进亚斯纳亚-博利尔纳（领主的庄园将成为一位德国将军的总部）——那他可能就不会这么说了。

柏林，1866年9月

夏季结束时，普鲁士军队胜利归来，返回首都。选帝侯的护卫队的盔甲在9月的阳光下闪闪发光，他们是普鲁士骑兵团中最古老的一支。诺伊马克特龙骑兵第三兵团小跑而过，在他们身旁纵马的是杰布·斯图尔特的前副官冯·博尔克中尉。他佩戴着红鹰勋章，这是为了表彰他在萨多瓦战役中骑兵冲锋（很大程度上是无效的）时的英勇无畏。俾斯麦和毛奇与其他指挥官骑马走在队伍的前头，国王紧随其后。俾斯麦戴着带穗的头盔，穿着重装后备骑兵第七团主要将领的白色制服，他刚被任命为该部首长。他的胸前还斜佩着挂着尊贵的黑鹰勋章的橘色绶带。

当这位德意志改革的设计师经过菩提树小巷、走过缴获的奥地利枪械和军旗的时候，人群爆发出热烈的欢呼声。在勃兰登堡门，玫瑰花瓣如雨一般向他撒来。跨马而行的这位铁汉子的气势如同中流砥柱一般。但事实上他的身体很不舒服，连在马鞍上坐直都是件困难的事情。

“我大获全胜！”他高声喊道，“全胜！”萨多瓦战役后，自由国家的倡导者们对他的权威的抵抗几乎消失殆尽。一支力量微弱的自由党派仍继续反对俾斯麦，但其余的已经默认了他的统治，投票表决赦免或宽恕了他过去的所有违宪行为。内阁负责制以及议会控制军队的梦想渐渐消逝，俾斯麦接受了对手们的投降，他不像那些老派的守旧人士，想一举摧毁整个议会。他总结道，部分残留比全数毁灭更有用。立法机关失效，一度在政府的反对派心中闪耀过的自由之光，熄灭了。

胜利者发布的第一份公告令欧洲战栗。俾斯麦宣称，征服权是“神圣的”，能让德意志长存的征服活动更加神圣。他说，普鲁士的行动是出于“德意志的生存、喘息以及统一的权利，普鲁士为德意志的生存建立必要的基础，既是权利也是义务”。德意志生存和喘息的权利取代了个人权利和国际公法。

这将激进民族主义的诗意扩展到国家的法学体系之中。像其他浪漫派的政治家一样，俾斯麦相信，人民渴望神话，人民需要一个理想的刺激物。他知道诗意（用德国学者雅各布·布尔克哈特的话说）是“国家的力量和权力”。在他的谨慎外交理论中，没有什么比“活着的”德意志——一个具有生命力的德意志，可以征服民族、灭绝国家——这一迷思更具影响力。俾斯麦继续以这样一种方式治理他所建立的国家：他独享控制军事首领的权力，这些人本能地拥护他的德意志活力论。他的改革最持久的部分，不是其温和节制的外交策略，而是他对铁与血的崇拜，一种激发了无数德意志人“梦想、渴望血腥和死亡”的浪漫主义情怀。

华盛顿，1866年6月

在李将军投降、林肯遇刺之后的几个月里，沃尔特·惠特曼经常想起这场造成超过60万人死亡、解放了超过400万人的改革。他深信，关于改革的真实故事永远也不会被讲述。“后代子孙永远也不会知晓，当初战争中零星冲突（不是外表光鲜的将军们，也不是几场重要的战争）的悲惨情况；事实上，一无所知反而最好。真正的战争永远不会记在书里。”

只有“那对生活、对可怕的隐情的偶然一瞥”才可能“传递到未来”。林肯，“真实历史舞台上，这场狂风骤雨般的大戏的主角”，后世对他的认识将是不完整的。惠特曼认为，总统的去世成就了美国：他抛洒的鲜血凝结为“一个国家”。但是，甚至没有一个艺术家可以真实地描绘出林肯的外貌，他那“颜色特别”的脸以及“其上的皱纹、眼睛、嘴巴及表情”。如果说林肯的面容都将被遗忘，又怎能指望他的精神和诗意会被记住？“当下林肯的肖像画都是失败的作品，”惠特曼说，“其中大部分无异于漫画。”然而，他却情不自禁地想亲自尝试。1865 年秋天，他出版了战争诗集，《桴鼓集》的新版本。在该版诗集的附录中，诗人在《桴鼓集续编》中收了 18 首诗。第一首《当紫丁香开放于庭院之时》就是他为林肯所作的挽歌。

彼得霍夫，1866年7月

他们在彼得霍夫附近的一座建筑里见面了。二楼有一套包间，这里是沙皇和卡佳的定情之地。事后，他发了誓——卡佳后来透露给自己的朋友。“啊，如今，”亚历山大说，“我身不由己，但一有可能，我会尽快娶你。从现在直到永远，我将在上帝面前始终视你为我的妻子。”

吕根岛普特布斯，1866年9—12月

在柏林大获全胜之后，俾斯麦却倒了下来。他来到波罗的海吕根岛上的普特布斯休息静养。他发现自己连阅读都困难了，大部分时

间，他就坐着凝视某处。“当他一动不动地坐着，”俾斯麦的妻子说，“看着蓝色的天空、绿色的草地，或者翻翻手中的图画书的时候，状态还算差强人意。”

第三篇

自由与恐怖

第二十六章

走向深渊

南卡罗来纳州卡姆登，1865年4—12月

他们一路走来，经过烧毁的城镇、荒芜的种植园、黑魆魆的烟囱。“这是舍曼走过的路。”玛丽·切斯纳特想。她潸然泪下。

詹姆斯·切斯纳特想安慰安慰她。他指给她看春日里盛开的玫瑰花。他说：“大自然万象更新，妙不可言。”3月初就没有霜冻了，草木生发；但是对玛丽·切斯纳特来说，一切都了无生气。温暖的阳光，天鹅绒般的阴影——大自然无论是生机盎然，还是严酷无情，都像是在嘲讽她。

他们由切斯纳特家的渡口过河。船夫向他们索要船资，他们却无力支付。“我们一贫如洗。”玛丽·切斯纳特说。他们回到了马尔伯里。种植园已经成了一片废墟。棉花没有了，纺织厂和轧棉厂倒塌了，大宅被洗劫一空。门窗被砸碎，家具被砸烂。詹姆斯·切斯纳特的父亲，那位老上校依然在名义上拥有这栋宅子；但他只是一个没用的老瞎子。他已经九十三岁高龄，步履蹒跚，只能拄着手杖在废墟中摸索前进。

他们衣食无忧，还有很多仆人在身边伺候。种植园主尽管家园

毁坏，但他们的贫穷只是相对的。园丁卡夫承诺在“老主人”有生之年，他都会留下来伺候，菜园子也打理得生机盎然。老上校的男仆西庇阿答应留下来照顾旧主；莫莉也在继续照料女主人。但是家里没有现金了，只剩下莫莉在卡姆登四处售卖鸡蛋和黄油赚的一点点钱。

家财的损失令詹姆斯·切斯纳特痛苦煎熬。有些种植园主没等战争结束就回家抢救了一些财物。而他坚守岗位，回到家却只剩一片萧条。一开始，他胡乱迁怒于他人。“这是所有男人的通病，”玛丽·切斯纳特写道，“莫名其妙地把妻子当成罪魁祸首。”但是稍后，他就向妻子请求原谅；他的不幸要怪只能怪他自己。

生命还留有些许的尊严和骄傲。

这是他仅存的安慰。如今，他的悲剧已经到了尾声。一个潦倒的骑士，面容凄苦。逆境能考验人的品行，能分辨一个人是正人君子还是骗子。失去了华丽的羽翼，詹姆斯·切斯纳特这样一个不合时宜的人，不再是高高在上的贵族。失败带给他一个比政客更符合他本性的身份。在断壁残垣的阴影之下，他终于可以孤芳自赏地生活。

她的丈夫尚存“荣誉风骨”，依然怀有浪漫的残片。玛丽·切斯纳特自问，她又有什么呢？战争结束的时候，她四十二岁，但是“思想和心灵仿佛已经历尽百年沧桑”。她没有孩子。甚至连芭可也失去了。她呵护的这个女孩子跟萨姆·胡德解除婚约之后，有人看到她跟帅气的稻米种植园主罗林斯·朗兹一同骑马外出。但是芭可内心痛苦彷徨——就像一名献祭的处女，徒劳地寻觅着祭坛。据说她瘦了二十磅，“形销骨立”。她的家人带她离开了这里，去巴黎过冬。

革命来势汹汹，革命摧枯拉朽。“忧郁的情绪在我心中徘徊不去，夜以继日，难以言表。”玛丽·切斯纳特写道，“有月光的夜晚，清冷凄惶，夜鹰啼鸣，猫头鹰的尖叫划破宁静，而我撕扯着头发放声大哭，为已经逝去、不复存在的一切。”

巴黎、圣彼得堡、克里米亚，1867年5—12月

无论导致改革失败的是何可悲的缺陷，改革的领导者总归难辞其咎。1867 年春，沙皇亚历山大前往巴黎。一天夜里，钟即将敲响 12 点，沙皇离开爱丽舍宫的卧房，敲响了阿德勒伯格伯爵的房门。沙皇想出去走走。

惊醒的伯爵建议沙皇找个人陪同。

“但我不需要任何人陪同，”亚历山大说，“我一个人就行了。不过，亲爱的，能给我点钱吗？”

“陛下需要多少？”

“我不知道，10 万法郎怎么样？”

虽然这是一大笔钱，但还是很快就准备好了。沙皇走进了巴黎的夜色中。他其实并非孤身一人。法国和俄国的警探们小心地尾随着这位有 8 000 万子民的君主。亚历山大叫了一辆马车，驾车前往城根街。抵达那里之后，他下了车，掏出一张纸，就着灯光辨认。显然纸上写的是地址。他转身进入一个庭院，却发现找错了房子。这时，大门在他身后砰的关上了。沙皇打不开门。他站在那里，不知所措。跟着他的一名警探走上前，指给他看门边垂下来的一根绳子。亚历山大拽了拽那根绳子，门打开了。很快，他就找到了自己想找的地方。

卡佳已经在那里等候多时了。两人的恋情自 1866 年夏天就已开始，但世上没有不透风的墙，为了躲避流言蜚语，卡佳被安排离开俄国，侨居国外一段时间。卡佳听话地上了火车。然而，亚历山大发现离别是如此煎熬；他深深地爱上了这个姑娘。他的情书字里行间充满

了爱意。她是他灵魂的“守护天使”，“我的生命，我的一切”，“我最亲爱的”。他决定让她离开流放之地那不勒斯去巴黎，在那里，他可以趁世博会——路易-拿破仑为维持他摇摇欲坠的政权而举办——期间访问巴黎之机跟她见面。

沙皇的访问既有外交目的，也有感情原因。萨多瓦之后，世界危机的压力日益增大。俾斯麦改革的展开和普鲁士羽翼渐丰，令其东西邻国决定搁置争议，团结一致。沙皇的火车进站的时候，路易-拿破仑在巴黎火车北站的站台上翘首以盼。在驶向爱丽舍宫的路上，他精心安排，令他们的车队避开了塞瓦斯托波尔大道，因为这条大道是为了纪念英法两国在克里米亚战争中对俄国的胜利而修建的。

巴黎世风日下，堕落腐化。欧仁妮皇后喜爱的衬裙已经过时了，女性不再将自己的曼妙身材藏在重重衣裾之下，这是一个低胸装大行其道的时代；在杜伊勒里宫的舞会上，第二帝国的美人们洋洋得意地展露着胸脯。沙皇似乎过得乐不思蜀，在这段时间里，他不但在外交方面大获成功，在感情方面也大有斩获。但是，协议依然没能达成。在一次军事讨论会上，一名波兰爱国分子掏出左轮手枪，朝着沙皇开了两枪。亚历山大侥幸毫发未伤。但是，人生中遭遇的第二次刺杀暴露了改革的矛盾。这位独裁者解放了农奴，却继续压迫波兰人。亚历山大不觉得自己的政策有问题，却责怪法国人。当然，拿破仑三世的安保人员——他的宪兵和警卫队——也确实没能保护好客人。法俄修好的美梦破灭了。

访问期间，亚历山大曾经多次凝望天空，茫然若失，克鲁泡特金王子见到过一次这种若有所思的恍惚神情。人们回忆，当拿破仑大帝这样举目凝视之时，他的表情似乎在“注视着另一个世界”，他看到了权力与可能的愿景。然而，亚历山大的目光中透露出的不是霸气的专注，而是重重的忧虑。在他的余生之中，亚历山大始终未能完全摆脱暗杀的可怖阴影。“为什么，”他问，“为什么我要像野兽一般被追杀？”

他其实已经猜到了答案。赤色分子追杀他，正是因为他将自己的皇朝跟自由势力联合起来——无论多么微不可察，而这种联合对他们造成了威胁。这些空想家恨他入骨，这种恨意可谓前未及古人——他们从未如此憎恨过更保守反动的先代沙皇亚历山大一世和尼古拉一世，后未及来者——他们也不会如此仇恨更保守的后世沙皇亚历山大三世和尼古拉二世。他们决意要彻底推翻这个自由主义政权。

沙皇返回了俄国，而卡佳成了他的公开情人。反对她的人含沙射影地暗示，她事先知晓泛斯拉夫主义者的阴谋邪说，这群人曾经敦促沙皇以打击军国主义的名义进军君士坦丁堡，从而解决国内问题。不过还没有证据表明她参与了决策。亚历山大似乎不想让卡佳承受内政外交的重重压力。在圣彼得堡，他将她安置在“英国”码头的一间宅子里，仆从、马车一应俱全，他安排她定期来冬宫与他相会。冬宫墙上有一道小门，卡佳持有这道门的钥匙。进入冬宫之后，她会登上楼梯，来到三楼的一个房间。这里曾经是沙皇的父亲尼古拉的房间，自他去世后再无人入住。尼古拉的书房四壁挂着描绘战争的油画和著名先代沙皇的肖像画，此地便是这对恋人耳鬓厮磨的场所。

亚历山大巡幸沙皇村的时候，卡佳也伴随他左右，她住在附近的一所别墅里。在叶卡捷琳娜宫的侧宫中，卡佳跟沙皇在一间能观赏到整个玫瑰花园的小房间里幽会。但是这对恋人最钟爱的约会地点还是克里米亚。那里的乡间美景堪与希腊媲美。沙皇乘车出游时常会命人在拜答尔之门停驻，在那里登高望远，俯瞰黑海和以亚拉山的秀丽景色。在这里，军国大事的压力暂时被抛到了脑后，沙皇和他的情人得以在小酒馆的露台上惬意地享用晚餐。来到里瓦吉亚，这对恋人抛却了所有的束缚。沙皇骑马往来卡佳的住处，公开出入她的香闺。

亚历山大在温柔乡流连期间，舒瓦洛夫伯爵代为管理国事。他是一位得力的臣子，无可挑剔的贵族礼仪之下，有着卓越的天赋和非凡的才具。伯爵大人是一名十足的花花公子，无论在谁家的会客室里都能游刃有余，跟美女们相处起来更是左右逢源。花言巧语信手拈来，这种技巧要是掌握得不好，会被称为“阿谀奉迎”，但在精通此道的老手用来，却令人感到如沐春风。他是一个阅历丰富、老于世故的人，他懂得如何让放荡不羁变得优雅动人。“舒瓦洛夫伯爵乘车外出了。”若是有人在伯爵寻欢作乐的时候前来拜访，管家便会如此告知。他的政敌们对他大加斥责，暗地里却也对他数不胜数的风流韵事艳羡不已。虽然纵情声色犬马，但作为一名政治家，他也劳苦功高。迪斯雷利曾在柏林议会中跟舒瓦洛夫交锋，感受到了俄国人高超的谈判技巧。“‘舒’凭借自己卓越的才华和性情谈判，”在写给好友布拉德福德夫人的信中，迪斯雷利说，“他是个一等一的辩论家，他不需笔记，对答却从无疏漏。”

亚历山大本人并没有完全放弃处事的权力；在一片反对声中，他将阿拉斯加卖给了美国，希望能借此加强俄国与这个崛起的自由国家之间的关系。但此时执掌俄国大权的人已经变成了舒瓦洛夫。关于世界危机，他与亚历山大有着截然不同的观点。“他的反动政策一项接一项，”克鲁泡特金王子说，“亚历山大稍露犹疑，不愿签署，舒瓦洛夫就会诉说未来的革命和路易十六的命运，‘为了拯救国家’，恳求他签署新的镇压法令。”但是，这样的喋喋不休最终变得令人生厌，舒瓦洛夫也就省了这番功夫。他发现了操纵沙皇的更简单的方法。每当亚历山大要到诺夫哥罗德的森林里猎熊的时候，舒瓦洛夫就会带着一打法令文件跟从。“亚历山大总能猎到几头熊，”克鲁泡特金写道，“这时沙皇沉浸在捕猎的兴奋中。不管是镇压民众的法令，还是舒瓦洛夫炮制的剥削人民的方案，不管呈上什么文件，都能顺利得到签字。”

瑞士卢塞恩，1869年5月—1870年3月

1869 年一个春日的正午，一位年轻的语言学教授来到卢塞恩湖畔的一栋别墅。他一走进大门，耳畔便传来钢琴的旋律，还有一个声音，饱含痛苦地反复念诵着一组叠句——

那将我唤醒之人
予我如此之伤痛……

那将我唤醒之人
予我如此之伤痛……

这是一个宿命的时刻：年轻的教授被迷住了。从此之后，德意志再不相同。这位年轻的教授，正是弗里德里希·尼采，他被瓦格纳的天才深深打动了。

两人很快就成了挚友，他们共同创作了德意志改革的音乐。尼采此前刚刚被授予了巴塞尔大学语言学教授的教职，进入了特里布森（瓦格纳在卢塞恩湖畔的别墅）的社交圈子。毫无疑问，尽管年仅二十四岁，尼采却才华横溢，思想深邃。他在这个圈子里游刃有余，就连眼高于顶的女主人柯西玛都与他惺惺相惜。（柯西玛已经离开了丈夫汉斯·冯·比洛，此时正怀着瓦格纳的儿子，1869 年 6 月，她生下西格弗里德。）

瓦格纳向尼采展示了自己的艺术和革命理想。这位作曲家从未如此强烈地感受到，他的音乐与德意志民族的复兴息息相关。“我现在很清楚一件事情，”他说，“我的艺术理想将与德意志休戚与共。”没有德意志的强大，他的艺术就不过是一场幻梦；若要梦想成真，“德

意志必得，也必将实现其伟大复兴”。瓦格纳深信德意志必将成功，同样对此坚信不疑的还有他的赞助人路德维希国王，后者坚信：“总有一天，世上其他国家的人民将向我国人民俯首，并为我们的精神所慑服。”困难不在于德意志复兴，而在于艺术理想的实现。瓦格纳的《特里斯坦与伊索尔德》已经面世，并于1865年在慕尼黑进行了首场演出。但他依然任重而道远。他怎样才能建立起一个小小的艺术城邦，从而为德意志文化打造一种正确的模式呢？他很快就找到了答案。他要在巴伐利亚北部的拜罗伊特建起一座缪斯的殿堂。

他的新信徒似乎完全能够理解他的意图。尼采相信，瓦格纳已经发现了德意志精神中的“狄俄尼索斯之力”。瓦格纳的艺术有如“一场地震，将使得某些被压抑多年的原始力量喷涌而出”。他称瓦格纳为“阿西西的圣方济各”，就如《以赛亚书》中的天使一样，对世人心怀博大炽热的爱。

迪斯雷利提出的皇家美言的原则，在艺术家之间也同样适用：必须极尽恭维夸赞之能事。瓦格纳很快就喜欢上了这个对自己表现出极度崇拜的年轻人。尼采后来写道：“彼时，我们互敬互爱，对对方关怀备至，我们情谊深厚，全无一丝芥蒂。”只有在用餐时，有肉食端上桌的时候，瓦格纳会皱眉头。尼采是个素食者。瓦格纳对这一点曾经有过微词，他说：“物竞天择的斗争贯穿造物的始末，所以人类必须从食物中获取能量，从而取得伟大的成就。”尼采点头称是，却依然故我。一位知情人称，这种固执己见，“令先生大为光火”。显而易见，转而谈论艺术理想这种较安全的话题就变得十分有必要。

尽管如此，二人的友情依然蓬勃发展。尼采后来提到：“我可以轻易放弃其他所有泛泛之交，但无论如何也不愿从生命中割舍特里布森的那段岁月——那段充满信任与欢乐的岁月，那些追求高尚事业的日子，那段意义深远的时光。”但是，一种他所谓的本能“隐秘的工作与艺术”（“鸟儿的翅膀从不曾达到的高度”在呼召，“从无人到达过的”无底深渊在召唤）不允许他永远只做一个信徒。要是瓦格纳能更仔细地观察这位信徒的眼睛，他或许会发现一抹叛逆，那不仅仅是对肉食的反感。

或许，这位年轻的教授只是旧时欧洲人的一种回归；后来，跟瓦格纳和全世界决裂之后，在山区和地中海之间来回游历期间，尼采以巫师的方式探寻存在的奥秘。他信仰僧侣式的自我禁欲主义。他不仅是个素食者，似乎还是一个独身主义者，他回避女性的肉体有如躲避毒蛇猛兽；他对梦想的追求极其严苛自持，近乎守贞。他是一个近视眼、一个为偏头痛所苦的梦想家，“一个天生的哲学家和隐士”，在阿尔卑斯山和里维埃拉之间寻找生命的灵丹妙药。

尼采的所为仅仅出于个人精神层面的兴趣，在他追寻生命的过程中，或许还形成了一种诗意，在世界遭遇危机时发挥了作用。怀着对瓦格纳和德意志浪漫主义梦想的敌意，尼采陷入了迷思——不过正如他所见，瓦格纳并不明白自己在做什么。

第二十七章

时机未到

柏林、马德里，1870年7月

贝纳代蒂伯爵在柏林登上了火车，他终于可以离开了。他要去德意志南部的维尔德巴德，来一场度假旅行。对于这位在地中海的星光下长大的法国外交官来说，普鲁士的首都真是一个可怕的工作地点。对他来说，就此逃离威廉国王的宫廷，无疑是一种解脱。令他懊恼的是，欧洲各国还在对四年前萨多瓦战役后俾斯麦愚弄他的事情津津乐道。威廉大街的这位老对手，也没有帮他可怜的法国主子从那些低地国家获得割地赔偿。在贝纳代蒂看来，这样的失误简直莫名其妙，特别是当他回忆起四年前，俾斯麦是多么热切地请他撰写一份镇压比利时的协议草案——而且最好还是由他亲自写，以免泄密。逝者难追，无论如何，如今，贝纳代蒂终于可以松一口气了；那个狡猾的普鲁士人已经远在天边，他此时正在波美拉尼亚的森林里，针对他那不太听话的消化道进行疗养。法国大使坐在南下的火车上，在维尔德巴德，等待他的将是世外桃源般的平和宁静，在那黑森林的深处，他要好好享受这段期盼已久的休憩。

在整个欧洲，大使和领事不务正业，他们出没于舞会、疗养院、赌桌旁，四处寻欢作乐。整个欧洲似乎从没像1870年7月初那样安宁祥和，身着便服的外交人员塞满了欧陆各处的休闲中心和度假胜地，想要好好歇上一段时间。日光浴和疗养让人提不起精神，所以1870年7月5日，在昏昏欲睡地阅读晨报时，大部分人肯定都没有意识到当天报纸上的一小则新闻的重要意义。马德里宣布，西班牙内阁将在瓜达拉马山脚下的拉格兰哈宫召开会议，讨论西班牙国王的候选人，即霍亨索伦-锡格马林根的利奥波德王子的继位问题，他时年三十五岁，是一名普鲁士上校，还是柏林王室的远亲。

两年之前，西班牙爆发了革命。勇敢而随和的女王伊莎贝拉被从王位上赶了下来。那些获胜的反叛者并未认真考虑共和国的方案。最终，他们在唐胡安·普里姆、雷乌斯伯爵和卡斯蒂列霍斯侯爵的领导之下，企图决定王冠的归属。有人提议，霍亨索伦-锡格马林根的利奥波德王子是王位的合适人选。各方面都认为，王子殿下尽管没有过人的才智和特别高雅的举止，但是他身着制服的样子颇有气派，他那种贵族式的迟钝木讷在那些沉闷的仪式场合，简直可称得上一种美德。利奥波德冬天在柏林的阅兵场上检阅军队，夏天则在莱茵河畔的本拉特宫消磨时光；在他成功地打破欧洲的宁静之前，他人生中最杰出的成就便是跟葡萄牙公主的婚姻，（据说）她既美丽动人，又多才多艺。但是也存在困难。一位普鲁士王子统治马德里，会在法国引起群情激奋；王子本人也并非十分情愿将自己的命运跟前途未卜的西班牙绑在一起。这位霍亨索伦王位候选人继位的希望十分渺茫。

事情本来已经可以告一段落，利奥波德的名字如今可能早已在故纸堆中湮没。但是有一个人一直在密切关注着马德里的事态变化，这个人机警、狡诈、富有耐心，他决意不让利奥波德王子就此出局。

俾斯麦决定，在暗中支持这位霍亨索伦的王子。

他派军事参事西奥多·冯·伯恩哈迪作为密使前往西班牙，并交给他5万英镑作为“活动经费”，用来为利奥波德扫清障碍。还有最后一步。1870年6月末，一度反对这一计划的威廉国王终于首肯了俾斯麦的战略。

陷阱已经布好，只等着拿破仑三世主动入瓮了。

波士顿、华盛顿、犹他领地，1868年7月—1869年5月

在一个炎热的7月夜晚，亨利·亚当斯在七年欧洲之旅后，回到了美国。他和父母在波士顿港的入口处下了“丘纳德号”轮船，登上一艘政府的拖船，去往北河码头。从踏上岸的那一刻起，眼前的一切便告诉他们，这里发生过一场革命。亚当斯写道：“就算是公元前1000年，乘坐来自直布罗陀的帆船上岸的提尔商人们，对岸上这个世界的陌生程度也不会比我们更甚，跟十年前比起来，这里的变化实在是太大了。”

归来的亨利·亚当斯渴望能在林肯改革重建的共和国里执掌权力，但身处美国，他又无计可施，困惑迷惘。传统的晋升途径——就像旧时代的贵族社会那样，靠荣誉和头衔谋得高位——已经行不通了。在美利坚合众国，每个人都必须努力开拓自己的道路。亚当斯学习不列颠先辈们的经验，总算找到了一条路。他以麦考利勋爵和罗伯特·塞西尔勋爵为榜样，希望能成为一名文字记者。他以报纸记者的身份来到了华盛顿，希望能通过揭露腐败现象功成名就。林肯时代之后，便是强盗资本家的时代；亚当斯打算揭露那些暴利的交易，这些交易令杰伊·古尔德和吉姆·菲斯克这种人建立起优势。一旦有了名气，他就会谋取权力。

他的梦想很快就幻灭了。从旁观者的角度来看，政治确实引人

入胜，但作为一种人生道路，却不免湿滑难行。亚当斯开始相信，在美国，那种高雅睿智的欧洲政治人物没有容身之地，他们要么在气质上，要么在血统上，或多或少带有贵族气息。还有一个更深层的问题。要是亚当斯有坚定的信念，认为应该为了一个理想而奋力拼搏——哪怕要自降身份，他早就那样做了。为了建立共和国，他的祖辈在山上建立起了一座城市；他的曾祖父约翰·亚当斯，通过服务国家来服务他的上帝。但对亨利·亚当斯来说，上帝已死。没有一种伟大的理念驱使他加入权力的角逐——他所拥护的改革主张都微不足道（尽管他仍在很大程度上保有传统的新英格兰精神）；他认为与理想分离的权力是毒药。在写给好友亨利·卡伯特·洛奇的信中，他说："在我看来，每个参与政治的人的道德都会因政治而败坏，这种腐化堕落令所有旁观者深感震惊。这种堕落比我所知道的任何一种消遣都严重，除了赛马、投机和赌博……政客这个阶层一定像赌棍、赛马客，或者华尔街操盘手一样卑鄙。世上没有任何一种值得尊敬的行业不比该行业的道德水平更高。"

到底是哪里出了问题？这种半清教徒、半普鲁塔克的理念曾经激励着约翰·亚当斯撑过各种各样的政治困境，为何却无法再激励他的重孙了呢？新教的"内心之光"不再是全然墨守古道，它已经经历过这个国家最新一次革命的洗礼。但是，这团火焰尽管在内战期间燃烧得如此光芒耀眼，却只是熄灭前的回光返照。清教徒的子孙击败了骑士的后裔，他们自己的精神却也消散殆尽了。亨利·亚当斯时代最杰出、最优秀的美国人在阿波马托克斯战役之后，发现自己身处青春岁月的余烬之上，面对林肯的改革所创造的世界，心灰意冷。

亚当斯的一些朋友试图强压内心的理想，在商界或者专业领域有所建树。亚当斯本人差点相信自己有当银行家的天分。他设想自己将去波士顿的道富银行进行一场赎罪的朝圣之旅，去寻求外祖父布鲁克斯的照拂。（他的外祖父彼得·沙尔东·布鲁克斯去世时留给他一处房产，价值200万美元。）但他办不到；他不是在萨福克银行当职员的料。

亚当斯撰文揭露杰伊·古尔德囤积黄金的阴谋，得罪了格兰特总统。此后，亚当斯回到了马萨诸塞州，接受了哈佛的教授职位，开始教授历史。几年后，他再次回到华盛顿，这次他不是为了追名逐利，而是作为一名历史学家而来。他把自己的业余时间都用来建设特定的朋友圈，每个朋友都精挑细选，各有特色，都是他私人图书馆中精心挑选的卷册。他开始像浪子一样生活，像很多同类一样，他成了一名精神旅行者。他前往沙特尔，在玫瑰和教堂中寻到慰藉。他来到罗马，在异教无声的神谕中端坐冥想。

在朝圣途中，亚当斯这一代人中最天才的人物发现了新的启示；但只有一小部分人，如狂热奉行法律至上观点的温德尔·霍姆斯，发现了些许在公共事业中对他们有用的事物。大部分人对公民道德视而不见，或者无法将其付诸行动。还有一部分人一同离开了这个国家。亨利·詹姆斯漂洋过海，去探寻“欧洲人口更密集、经济更发达、气候更温暖的地方”。他在那里留了下来，他对好友威廉·迪恩·豪威尔斯说，因为“他在欧洲不像在美国那样痛苦”。豪威尔斯本人没有逃离美国；他待在国内，发誓要“坦率地讲述美国人过着怎样的生活”。但是他也变得失望消沉了，后来他向詹姆斯承认，尽管身处纽约，但他也是一个“遭美国放逐的人”。

1869年5月10日，两条铁路线在犹他领地的岬角峰交会了。中太平洋铁路公司的火车头“朱庇特”和联合太平洋公司的火车头“119号”碰头了。美国实现了大陆的统一。中太平洋铁路公司的总裁利兰·斯坦福带来了一枚金道钉，这是为这个场合专门准备的纪念品之一。（这种观赏道钉是用来展示的；普通的钢道钉则是用来保障道路安全的。）斯坦福的道钉上刻着一句话：“愿上帝保佑我们国家团结统一，一如铁路将世界上的两个大洋连结为一体。”

此时，美国已经成了它的缔造者们梦想的样子，一个横贯大陆的“自由之邦”。列车在铁路上驰骋轰鸣，咆哮隆隆，浓烟滚滚，火光闪闪；沃尔特·惠特曼数着沿哈得孙河一路而来的货车，说“每天肯定不止一百趟”。但是，亨利·亚当斯却在摇头嗟叹。他说，这个国家正在快速成为一个纯粹的“机械化力量统一体”，它会将他这样的人，会将所有有文化、有理想抱负的人淘汰出局，付之一炬。

圣克卢、巴黎，1870年7月

在圣克卢，法国皇帝站在更衣室外的阳台上，他懒洋洋地抽着烟，沐浴着塞纳河上的阳光。命运又为他编织了一张困境之网。三天前，他得知俾斯麦试图扶助霍亨索伦–锡格马林根的利奥波德王子登上西班牙国王的宝座。

在法国皇帝看来，让一个普鲁士出身的国王统治马德里，就像在法国人的心上扎了一刀。当然，他必须打起精神来，迎接对帝国的挑战，但是，唉，这可真不是件容易的事。对他来说，俾斯麦在此时行动，实在是糟透了。拿破仑三世的膀胱炎恶化了，在痛苦折磨中，他时常要依靠鸦片制剂来麻醉自己，而这些药物令他头脑迟钝，虚弱无力，难以做出决策。他发现如果没人搀扶，自己已经很难行走，在深宫之中，他只能时时依靠侍从的搀扶。有人听见他说：“酒已入樽，不饮何待？”

拿破仑三世的皇位和他的泌尿系统一样，情况也不乐观。波拿巴家族的王朝精神向来原始落后，但是似乎从来没像1870年夏天这样显得如此陈腐过时。第二帝国已经丧失了斗志，甚至连自尊都已消失殆尽。严肃的社会名流震惊于皇帝宅邸的富丽堂皇，在镀金壁饰和镶花地板之间，喝得醉醺醺的男人们四处晃荡，女人们则跳着康康舞，纵情声色。皇帝本人也不再相信浪漫主义。他知道，他的统治已经不合时宜了，为了挽救他的帝国、平息民众日益高涨的不满，前一年冬天，他最终放弃，或者说被迫放弃了独裁统治。他召来政敌之一，请他来组建政府。此人便是埃米尔·奥利维耶，一名致力于建设自由国度的理想主义律师，他被任命为“宪政大臣”，负责制定法令。

但是，就在奥利维耶接受皇帝召见之后六个月，法国的情况却不容乐观。某些地区粮食歉收，当局很快就将不得不从美国进口粮食。金融市场确实在蓬勃发展，但是工人却怨气冲天。在这个紧要关头，拿破仑三世根本无法通过外交上的成功来偿付国内债务。最近一次在墨西哥的冒险仍以惨败告终。三年前，巴赞元帅带着法军仅存的残兵败将返回土伦，傀儡皇帝马克西米利安落入叛军手中，在克雷塔罗一个破旧的小院子里被拖出去枪毙。此时，在拿破仑三世的前方又笼罩着一片阴影：他的人民此时正怨声沸腾、躁动不安，他只要稍微行差踏错，他的王朝就可能走上穷途末路。

接近正午时，奥利维耶抵达了圣克卢。他被引领着穿过罗马风格的宅邸，来到皇帝面前。这位瘦削、戴着眼镜的首相并不像是黎塞留和马萨林的接班人，倒更像拉丁区的一名学生领袖。1870 年夏天，四十五岁的奥利维耶是一名成功的律师，但他在内心却是一位哲学家。熟悉他的人都知道，他明显更适合追寻内在的、幻想的心灵生活，而非在巴黎的殿宇中玩弄权术。

在圣克卢会面的，除了皇帝和首相，还有第三个人。奥利维耶似乎在政府中大权在握，但实际上，拿破仑三世内阁的中流砥柱另有其人。这位不管在能力方面，还是在影响力方面都非同凡响的大人物，便是外交大臣安托万-阿尔弗雷德·阿热诺尔，人称格拉蒙公爵。格拉蒙是古代法兰西贵族的后裔，他继承了家族特有的高傲。对这位理论上掌管内阁的庶民，他嗤之以鼻，他认为奥利维耶的太平洋自由主义危险而幼稚。格拉蒙认为，普鲁士正日趋强大。它的人口、工业、武器装备都在飞速发展。毫无疑问，崛起的普鲁士很快就会打破现有的力量平衡：普鲁士王国的统治将会在欧洲扩张，它很可能还有统治世界的野心，这并非毫无根据的猜测。外交大臣主张，法国最明智的做法，就是此时就与普鲁士兵戎相见，在普鲁士发展到无可匹敌的程度之前阻止它。

这样的建议与拿破仑三世的观点并不相悖。此时，皇帝的计划之一就是与奥地利缔结军事同盟。他和弗朗茨·约瑟夫将共同出兵攻打普鲁士。但直到 1870 年夏天，这个计划中的协约还只停留在计划阶段，拿破仑三世还没有下定决心诉诸武力。即使在年轻气盛的时候，他的性格也更倾向于优柔寡断；何况此时他年事已高，且疾病缠身。然而他也认为外交大臣的提议确有几分道理。如果跟普鲁士之间的战争不可避免，或许确实晚打不如早打吧？

至于奥利维耶，虽然没有正面反对，却也并不十分信服他们的智慧。他最终还是压抑住心中的顾虑，认同了格拉蒙的政策。第二天，格拉蒙公爵去了立法机关的所在地波旁宫。他在立法团跟前宣读了他跟皇帝和奥利维耶共同起草的宣言。他告诉立法者们，法国绝不会接受任何外国势力扶植一名王子登上西班牙的王位。这种行为会破坏欧洲的平衡，“危及法国的利益和尊严”。他说，他希望能通过德意志人民的智慧和西班牙人民的友谊，避免此种灾难发生；但是，如若事态当真恶化，他告诉听众：“有你们的支持，有整个国家的支持，我们会懂得该如何履行我们的职责，毫不犹豫、毫不怯懦。”

格拉蒙坐了下来，欢呼声震耳欲聋，整个欧洲为之颤抖。向立法团做的演讲明确表明，一旦霍亨索伦的王子继承王位，法国将会为此开战。

战争似乎一触即发。

圣彼得堡、莫斯科，1867年6月—1871年5月

当人们注重修辞时，革命便成功了。然而，沙皇亚历山大连语言艺术的基本知识都欠缺。那些向往诗歌和改革的俄国人，比如克鲁泡特金王子，开始从别处寻找灵感。王子为了追求理想，甚至到了遥远的中国，但是他发现满洲这片灰蒙蒙的大平原，恰如圣彼得堡的王宫一样缺乏诗意。他必须回去并重新开始。

1867 年初，王子回到了俄国的欧洲部分。他加入了皇家地理学会，投身于科学事业。但是，杂念困扰着他。“这种情况时常发生，”他说，“人们致力于政治、社会，或是类似的领域，仅仅是因为他们从来没时间问自己：自身的立场或自己所做的工作是不是对的；职业是否符合自己内心的愿望或者能力，能否给予他们满足感——人人都有权从工作中获得满足感。”王子决心逃离无数同时代人的命运。在这场世界危机中，他要表明自己的立场。

莫斯科之行令他的决心愈发坚定，他要打破传统的模式。他的父亲奄奄一息地躺在老马厩区的宅邸中。王子来到了他的病榻前。王子已经多年没回过家乡了，眼前的情景令他大吃一惊。亨利·亚当斯回到林肯改革后的波士顿之时，也不曾像他这般迷惘困惑。不论沙皇的改革在某些方面如何不彻底，它都改变了老马厩区的面貌。曾经主宰这片土地的豪门贵族已经几乎荡然无存。有些人沉迷于纸醉金迷的贵族生活，迷失于赌博和花天酒地之中。更多的人则毁于自由法令。新兴阶层占据了没落贵族的宅邸。克鲁泡特金的父亲称他们为“入侵

者”——商人、银行家、靠修铁路或从事新兴行业一夜暴富的人们。破败的优雅从来不是暴发户中意的风格。新兴阶层扩建了旧贵族的房舍，或者将它们推倒，在原地重建起华丽煊赫的豪宅。它们的浮华靡丽比之纽约第五大道也未有不及。

余者寥寥，克鲁泡特金说，他还记得此地旧时的样子。对他来说，这些街巷仍旧鲜活，其中飘荡着他人看不见的鬼魂。他还记得，他孩提时代，尼古拉一世在这里庆祝登基二十五周年时的情景。高大的沙皇十分喜爱七岁的小克鲁泡特金；沙皇抱起他，举到自己的儿媳——年轻美貌、风华正茂的玛丽王储妃跟前。她正身怀六甲，尚不知道等待自己的是怎样的命运：晚年的她是一位孤独的皇后，她的丈夫，也就是尼古拉的儿子亚历山大，为了一个女学生将她抛弃。克鲁泡特金依然记得，当尼古拉指着他说“你也要生一个这样的孩子”的时候，玛丽脸上泛起红晕。

这一切早就一去不复返了。“几位退役的将军咒骂着新时代，他们预言，俄国在新秩序下必将迅速崩坏，似乎那能让他们好过一点。还有几个偶尔上门的亲戚，这就是我父亲现在所有的伙伴了。”克鲁泡特金说。垂死的老人哀叹旧秩序的逝去，然而克鲁泡特金本人却并未为此流下一滴眼泪。他相信，曾经主宰这片土地的贵族是一个残酷而专制的阶级——他们是真的罪有应得。然而，他也不喜欢取代了穷途末路的贵族阶级的新阶层；他们强硬有力，野心勃勃，靠蛮横的力量登上顶峰。但他们身上带有机械时代的印记。他们的性格机械古板、枯燥乏味，他们缺乏格调和内涵；他们的文化庸俗，品位二流。

克鲁泡特金探望病床上的父亲后没多久，老人家就去世了。人们抬着他的棺椁，穿过老马厩区狭窄的街巷。他被安葬在圣约翰教堂的地下墓室里。这座小小的红色教堂正是多年之前他接受洗礼的地方。现在，克鲁泡特金可以随心所欲了，不用再担心自己的选择会令父亲不快。他所做的选择无疑会令那位老人家骇然，但同时也符合他的贵族教养所产生的最高理想。在老马厩区的街上，他家隔壁，他从小就见过的一所房子里，一群革命者正在集会。王子跨过门槛，加入了会议。

维尔德巴德，1870年7月

贝纳代蒂大使抵达维尔德巴德的酒店后，收到一封自奥赛码头发来的电报。“西班牙来的重大消息。”又一封电报接踵而至，命他立即赶往莱茵兰的埃姆斯，威廉国王正在该地疗养。他的假期泡汤了，不幸的贝纳代蒂登上火车。德意志的乡村风光飞驰而过，他思索着这件令人绝望的差事，在心里盘算着每一种可能的说辞，试图说服国王阻止利奥波德王子接受西班牙的王位。在埃姆斯车站，他遇到了国王的助手之一拉齐维尔亲王。在这个夏夜里，两人一同赶往贝纳代蒂下榻的酒店。

瓦尔金、柏林，1870年7月

当贝纳代蒂伯爵抵达埃姆斯之时，俾斯麦正身在瓦尔金，波美拉尼亚的这所庄园是普鲁士议会为了奖励他在对奥战争中的贡献赠予他的。他已经在这里幽居了一段时间，在这段远离俗务喧嚣的日子里，他希望能恢复身体健康，他的健康在一定程度上是被繁忙的工作给毁掉的。然而他的乡居生活还有另一重目的——为了麻痹法国人，令其骄傲自满，当他在马德里的阴谋即将瓜熟蒂落之时，骗他们放松警惕。

外交风暴山雨欲来，将他紧急召回了首都。俾斯麦在勃兰登堡门附近的一个车站下了火车，他立即赶往位于威廉大街的家。这座宅邸曾经属于芭贝里诺小姐，她是腓特烈大帝时代叱咤柏林的交际花。这是一栋奇怪的房子。俾斯麦从来没有花心思装修它；如今，他搬进来八年了，墙边靠着没挂上去的油画，房间里到处都是办公的痕迹，文件、列车时刻表、他国政府的礼物。对家居的这种懈怠，俾斯麦自我解嘲说："喜欢家居装饰的人往往对食物不感兴趣，重要的是吃得好。"

他情绪高涨。就跟许多伟大人物一样，俾斯麦需要灾难的刺激。他使尽招数、用尽心血——尽管或许并未运用真正的智慧——追求的结局几乎已经在他的掌握之中。有的时候，人们会看到他在住处的花园里，"沿着常青的大道来来回回地走"，"沉思冥想，挥舞着手杖"。还有的时候，他会待在办公室里，躺在酒红色的沙发上，吸着哈瓦那雪茄，身边堆满报纸。旁边是他的写字台，铺着绿色的粗呢桌布，两根蜡烛光影摇曳。精致的笔筒里放着四五支大铅笔，这是首相常用的书写工具，还有半打削短了的羽毛笔。每当想到一个主意，他就会按铃叫他的助手进来。有没有监视法国铁路？必须有人负责这件事。总参谋部有没有了解最新的进展？一定要给毛奇将军最新的情报。公众意见也不容忽视。正如在"霍亨索伦事件"中的表现，俾斯麦极其热衷于鼓动人心，通过私下贿赂媒体，他煽动起了德意志的爱国热情。他利用"活动经费"挑起报纸编辑的热情，他安排自己的手下（"文艺处"）撰写发表文章。

在改革的最后阶段，再微小的事情也能吸引首相的注意。俾斯麦亲自向莫里茨·布施——他的一名秘书——口述了一篇匿名评论文章，论述法国人的礼仪举止已经严重败坏。"实际上，"俾斯麦说，"法国曾经是优雅礼仪的故乡和摇篮，而今，这种礼仪只能在外国、小说，还有最偏远地区的老人那里看到……曾经到过法国、在法国长期待过的游客们一致认为，彬彬有礼的交流方式，甚至法语长期以来视为典范的传统表达方式，都在稳步衰落，以至于遭到淘汰……法国人表现出，他们是一个衰落的国家，至少在礼仪方面。”

俾斯麦认为，法国是一个正在衰落的民族。一个不再掌控历史的民族必将随时被人利用：法国的堕落将会确保德意志的统一。但是……整件事会不会有点操之过急？有那么一瞬间，俾斯麦似乎已经打算退却了。“德意志的统一将通过政策结合武力加强，我想这是不言而喻的，”他在 1869 年写道，“但是还有另外一个重要的问题，这个问题关乎暴力灾难的降临，以及为灾难的降临选择正确的时机。在纯粹的客观因素的基础上，随意干预历史的进程，其结果就跟摇下未成熟的果实一般无二。”他声称：“在我看来，很显然，如今德意志的统一就跟一个未成熟的果实一样。”他说，那些硬要统一的人都是政坛上的毛头小子。他们不明白，在历史缓慢而无法预知的进程中，政治家既不能操纵时间，也无法玩弄花样。“我们可以拨动手表，”俾斯麦说，“但是时间的进程却不会加快。”

一时间，他似乎在他本人释放出的力量面前战栗了。

第二十八章

原形毕露

巴黎，1870年7月

3点不到，埃米尔·奥利维耶动身前往杜伊勒里宫。首相发现，皇帝正坐在宫殿前厅，一群军官簇拥在他身边。拿破仑三世情绪高涨，他手中拿着利奥波德王子的父亲夏尔-安托万亲王——霍亨索伦-锡格马林根的族长——寄来的一封信。这位父亲担心，家族对王位的渴求终将引发一场战争。他认为，霍亨索伦-锡格马林根家族的子孙在血腥和非难中登上西班牙王位，并非一件体面的事情，因此，他的儿子将退出王位之争。“夏尔-安托万亲王的这封信意味着和平，”拿破仑三世说，“此事让我大松一口气，战争总是有极大风险的。”

危机得以和平解决，筋疲力尽的奥利维耶如释重负，回家休息了；毕竟还是侥幸脱险了。

他刚离开杜伊勒里宫，格拉蒙公爵就到了。这位贵族显得焦虑万分，他说，霍亨索伦家族退出王位之争一事并不保险，要是儿子拒不履行父亲的承诺，该当如何？众所周知，此时此刻，利奥波德王子正在前往马德里宣告其王位所有权的路上。虽然普鲁士人说王子在阿尔卑斯山区徒步旅行，但是谁又能知道，这不是俾斯麦让法国解除防备的计策呢？

疲惫不堪的皇帝叹了一口气。显而易见，格拉蒙是对的。法国人民——法国的立法者——绝不可能相信夏尔-安托万所说的他的儿子退出王位之争这种口说无凭、不足采信的话。法国必须得到威廉国王的亲口承诺。在去圣克卢之前，拿破仑三世委托他的外交大臣向继续留在埃姆斯的贝纳代蒂重新传达了一条指示。

皇家马车开出杜伊勒里宫大门，经过锃光瓦亮的鹰雕，驶入协和广场。45 分钟后，就在格拉蒙向贝纳代蒂发电报传达新指示的时候，拿破仑三世抵达了圣克卢。他发现朝臣对突如其来的变故感到失望。见到布尔巴基将军——出身克里特岛的一位勇猛战士，皇帝放低声音说：“你无须厉兵秣马准备开战了，冲突的理由已经不存在了。”

布尔巴基将拔出来的剑又收入了鞘中。

陆军大臣勒博夫将军非常不快，他说，必须马上进行战斗动员，否则法国将在这场必将发生的、你死我活的较量中失去优势。皇后——更不用说——也十分不满。皇帝为何要玩弄外交手段呢？难道他忘记了自己是波拿巴家族的子孙吗？

拿破仑三世低着头，给格拉蒙发电报。他说，最重要的是让威廉意识到，法国在得到保证之前会继续备战。皇帝的此番话意味着他提高了赌注：他事实上公开宣布了自己正在调集军队。勒博夫将军向他保证，军队已做好了战斗准备。“从未准备得如此充分，”将军说，“以后也不会了……连一条绑腿带都不缺。”

此时，奥利维耶已从睡梦中醒来。他鬼使神差地去了外交部。时间已经很晚了，格拉蒙还在办公室里忙碌。这位外交大臣正在向在埃姆斯的贝纳代蒂下达皇帝的最新指示。

奥利维耶大吃一惊，他本以为危机已经过去了。主要的问题已经解决，再没有任何正当理由来打破欧洲的和平现状。那一瞬间，他震惊地瞪大了眼睛。在如此重大的事件中——关乎战争与和平——皇帝没有跟他商量，就采取了行动。首相感受到了失去权力时的那种虚脱恶心。他被隔离在了秘密之外。关于法国该采取什么行动，没人征询他的意见，甚至都没人出于礼貌问上一句。

对此，首相的第一反应是，冲到圣克卢请求皇帝收回成命。可惜，他没有勇气这么做，他只好回到自己位于旺多姆广场的办公室，在那里，他一夜未眠，思考自己该如何行动。

首相心里挣扎不已。从理论上说，他赞同罗马的崇高公德，但在现实中，他却无法抵御光鲜、奢靡生活的诱惑。可惜他决心从中争取机会的宫廷，如今已经败落。与皇帝促膝恳谈，给他讲自由主义政治理论最微妙难懂之处；与皇后情谊匪浅，常被邀参加杜伊勒里宫的小型晚宴——比奥利维耶心智更坚定的人都会屈服于这样的诱惑。

要是他更大气一些，就会立刻放弃职务，向皇帝递交辞呈。但他已经习惯了享受宫廷之中人们对他景仰爱戴的那种感觉，他知道，沦落到无能为力、默默无闻的地步将痛苦万分。那个时候，垮了台的法国政治家可不是那么令人羡慕。“我的孩子，”在巴尔扎克的小说中，一位母亲如是说，“一天在政府工作，就有人崇拜他，但要是他没了地位，人们就会落井下石。他手握大权的时候，还像一个小神灵，但当他失去权力、败落了，那么他将比马拉还要悲惨，因为他还活着，而马拉已经死了。”奥利维耶的怒火终将平息，因为他知道自己无路可走。在反对派共和党内，他的老战友们视他为叛徒，一旦失去权位，他们将对他毫不留情。他说，他“意识到自己正被各方错待、羞辱和背叛”。虽然如此，他仍然留下了。

柏林，1870年7月

俾斯麦也有了辞职的念头。他正在位于威廉大街的宅邸中与冯·罗恩将军和冯·毛奇将军共进晚餐，此时他非常生气。他被激怒的时候，就会“目露凶光”，如同“夏季傍晚划破天际的闪电”。利奥波德王子退出王位之争，将他的全盘计划都打乱了。他的主子威廉国王在埃姆斯与贝纳代蒂讨价还价的时候，表现得就像是他自己的外交大臣——或者说，俾斯麦认为，就像奥古斯塔王后的外交大臣一样。这两位大人物感情用事的外交策略不但玷污了普鲁士的声望，还会阻碍德意志改革。“我的第一个念头就是辞职，”他后来写道，“因为在［法国］作出如此无礼挑衅之后，我认为［国王］被强求做出承诺对德意志来说是一种耻辱，我不想站在官方立场对此负责……鉴于法国的态度，在我看来，国家荣誉感要求我们战斗，如果我们不回应这种情感的召唤，将会失去国家发展的全部动力……”

就在俾斯麦闷闷不乐地和将军们用餐的时候，国王的电报送了上来。在电报中，威廉描述了当天早些时候在埃姆斯疗养院偶遇贝纳代蒂的情景。国王在疗养所喝过水，正坐在公园的长凳上读报，贝纳代蒂托国王的侍从参谋拉齐维尔亲王传话过来，称自己希望拜谒国王。国王的回应是，派拉齐维尔给贝纳代蒂送去了一份他刚刚读过的报纸，报纸上刊登着夏尔-安托万撤回他儿子王位继承人资格的消息。国王反问，贝纳代蒂还有什么其他需要知道的呢？过了一会儿，威廉从长凳上起身，返回自己的住所。他正走着，贝纳代蒂出现在眼前。见到他，国王亲切地向他打招呼，就在副官们约束围观人群的时候，他对贝纳代蒂表示，很高兴事情都结束了。“因为，”他说，“考虑到法国看待此事的态度，王位继承问题很可能会让我们两国卷入纠纷。”

对这样的答复贝纳代蒂并不满意，他有来自巴黎的指示。他问国王，法国政府如何确定王位继承人放弃权利一事确凿无疑呢？国王明言，这点毋庸置疑。贝纳代蒂向威廉传达了法国的要求，希望国王亲自做出保证，威廉一口回绝。贝纳代蒂反复要求。“那么，陛下，这么说我可以写信回复我国政府，就讲陛下已经同意声明您永远不会允许利奥波德王子重提王位继承人的身份问题了，是吗？”

国王后退一步，说：“在我看来，大使先生，我已经清楚明白地表达了我的意思，我绝不可能做出这样的声明，没有什么可说的了。”他摘下帽子，继续往前走去。

贝纳代蒂在当天晚些时候再一次要求面见国王，但被威廉拒绝了。“好好跟伯爵说，”国王告诉一名副官，“我不会给出回复，也不会再见他了。”

在威廉大街自家的餐厅里，俾斯麦沮丧地看着这份电报。不错，国王拒绝了法国提出的新要求，但是霍亨索伦家族退出王位之争一事并无变化。他的耻辱感并未减轻，此事对改革的威胁也未见减小。“外交大臣一职，”俾斯麦说，“就算在情况最好的时候，也像是在绳上跳舞，危险得很。”如今他就站在最高的绳上，并且必须保持平衡。他又读了一遍电报，突然灵光一现。

他转向毛奇：“军队都准备好了吗？”

毛奇答道：“准备好了。”

俾斯麦走到一张边桌旁，此前他可能还认为，对于实现他的改革设想，德意志的条件还未成熟。但是现在，在一时激动之下，他和林肯、亚历山大一样，做好采取行动的准备了。“苦战终归要来，”林肯在 19 世纪 60 年代初曾说，“与其将来，不如现在。”这正是俾斯麦心中所想，1870 年 7 月的一个夜晚，他拿起笔，着手写下将被后世称作“埃姆斯电文”的一份电报。

这项工作很快就做完了。老国王与法国大使在疗养院的会面场景被巧妙地改写了。从新的版本看，它的作者是一位相当有灵感的剧作家。在他的电报中，威廉传达出了某种情绪，对贝纳代蒂在他散步的时候对他“纠缠不休”有些许愠怒。然而，国王颇具老派绅士的骑士精神，他知道自己“后来说话的语气也有些严厉了”。无论是他还是贝纳代蒂似乎都没有意识到自己对对方的冒犯，并且确实有人证实，国王在大使面前表现非常温和、宽容。俾斯麦不满足于此，在重写“埃姆斯电文”的时候，他的遣词用句看起来就像国王冷淡傲慢地拒绝了与贝纳代蒂交谈。原版电报暗含了可以继续协商谈判的意思。而在俾斯麦的修改版中，威廉似乎明白无误地对大使进行了责难。

埃姆斯，7 月 13 日

> 此前法国政府收到正式消息——霍亨索伦家族的利奥波德王子已撤回其（对西班牙王位的）主张，法国大使请求普鲁士国王允准他电告巴黎，称他（国王）在将来任何时间都不会同意霍亨索伦家的利奥波德王子再次提名继承人。国王拒绝再次接见大使，遣副官传话，无甚可进一步沟通的了。

“如果我马上将此文登报，”俾斯麦对毛奇和罗恩说，“并且分发给我们的所有大使馆，那么午夜前，巴黎就会得知此事……那效果就如拿红布挑衅一头高卢牛一样。”

华盛顿、罗得岛，1865年9月—1871年12月

跟那些倡导自由的对手比起来，俾斯麦这样的浪漫主义改革家有一个优势：他的目标就是制造幻想，而对手们的领导者却要指导一个因剥离了浪漫主义鼓舞人心的假象，而注定会令幻想破灭的改革进程。在自由改革中，过去的常理土崩瓦解，男人迷失了方向，女人也是一样。

威廉·斯普拉格的小家庭刚组建起来的时候，对清教徒节约勤

勉的精神恪守不渝。蔡斯家体现着清教徒的理想抱负，而斯普拉格家则是清教徒勤劳节约的典型。可惜这种纯良美德很快就被腐化了。大婚前夜，斯普拉格曾向自己的新娘承诺改掉酗酒的恶习，但他很快就故态复萌。他经常喝得大醉，调戏女仆，甚至半夜跑到妓院去寻花问柳。1866年，凯特带着小儿子威利去欧洲旅行，斯普拉格留在家中，他连那层美德的伪饰也丢掉了。“你知道我喜欢美人，”凯特离开后，他写信给她，“你不能怪我沉迷于这种喜好……你走后，我又开始酗酒了……我想，我必须找几个年轻的女人跟我同住……你不在的这段时间，如果允许我跟谁发生点爱情，那么等你回来的时候，我对你的感情只会更深。”

凯特的父亲劝她忍耐一下。“做妻子的快乐，”大法官萨蒙·P. 蔡斯告诉女儿，“毫无疑问，大多是由顺服和机巧保证的。”凯特必须牢记，丈夫才是一家之主，而婚礼誓约也要求她“心甘情愿、饱含深情”地默许他的作为，即使他做得不对。这个从容顺服自己命运的建议，说来奇妙，竟是由一个因在白宫争夺战中失利而痛苦不堪的人给出的。不过凯特还是记在了心里。她默默地顺从了，并且一开始，她的这种顺从好像并非徒劳无功。斯普拉格知道自己的头脑“可悲地没什么条理”，他也知道，除非改掉坏习惯，否则就会“迅速地走上下坡路，比之前堕落得更快”。他的儿子小威利让他重新燃起了痛改前非的希望。斯普拉格曾说到凯特怎样带威利上床，怎样把孩子放到他的臂弯上，而他“被一种神圣感攫住了”。

可惜这种神圣感稍纵即逝。在白宫举行的一场国宴上，斯普拉格明显又喝多了。“如果我是你，就不会再喝了，”一位同僚劝他，“一双雪亮的眼睛正看着你呢。”

“去他妈的，”斯普拉格说，“它们根本看不到我！”

“不，它们能看到你，”凯特说，“并且，它们为你感到羞耻。”

凯特为自家的声誉担忧，斯普拉格也有所警觉。“我不会让你看到我的花边新闻的，”他写信给凯特，“我已经给岳父看过了……他不理解我的这种软弱。”在华盛顿，斯普拉格参议员如今饱受人们的怜悯和鄙视，然而斯普拉格夫人自己的社交地位却未被撼动，仍然非常耀眼。人们总会原谅一个富有而又殷勤热情的可爱女子，虽然她的丈夫粗鄙不堪。凯特在首都举办的舞会盛大无比，下午宴也是高朋满座。她与夏季聚集在纽波特——她的丈夫在纳拉干西特为她建造了一座有复折式屋顶、式样新颖的奇特建筑——的那些要人名士更是关系紧密。参议员无精打采、畏畏缩缩，一看就是恶习缠身，不过凯特自己依然光彩照人，凯特在巴黎的裁缝沃思先生坦言，即便在生育之后，她的身材仍然保持得非常完美。

然而，在其他一些方面，她与成为妻子和母亲之前的自己又大有不同。凯特以前喜欢鲜花，而不是工艺考究的宝石，穿衣风格也极为简单朴素。如今她的礼服都精美繁复，一如她那洛可可风格的房间。她浑身珠光宝气。她在金箔装饰的宴会厅里翩翩起舞，看起来比镀金时代的金粉画还要亮眼。她和自己的父亲曾像他们的祖辈反对皇权和教权一样反对奴隶制。但如今凯特周身散发着情场失意的不耐烦以及对金钱、权力和享乐的渴望。原形毕露。丈夫已然堕落，她又怎会幸免？

在结婚五周年纪念日前夜，满腔怨怒令她饱受煎熬。“我有时几乎恨透了这个自称我丈夫，却有名无实的男人……”她在日记中写道，“外面暴风雨肆虐，我的内心也是同样，混乱不安、暴躁非常。”

亨利·亚当斯准备担起华盛顿富人的“大祭司长”的责任，他登上社交布道坛，对凯特的所作所为发起责难。他援引了《旧约·士师记》11 章的经文，强烈谴责“耶弗他的女儿”——他对凯特的称呼——和她野心勃勃的父亲，大法官蔡斯。耶弗他是一位以色列士师，他曾将自己的女儿献祭给上帝，以求上帝将亚扪人交到他的手中。亚当斯说，蔡斯一家的交易更令人痛苦。大法官将自己的女儿当作燔祭，献到了斯普拉格家数百万美元的祭坛上，但是与确实制服了亚扪人的以色列士师不同，蔡斯未能入主白宫。

蔡斯和斯普拉格两家的衰落是改革剧变之后国家分崩离析的又一征兆，而改革的本意是让国家获得新生。这样的家族所拥有的各种美德缔造了美国这一自由国度，但改革有着道德上的腐蚀性。他们因不断挥霍这些滋养他们的品性道德而走向了终结。

巴黎，1870年7月

夜幕降临，城市的穹顶和宫殿在仲夏傍晚渐渐暗淡的夕照中闪着亮光。此时，巴黎最晚的一份报纸开始在报亭售卖，标题用血色的大字写着：

> 公然侮辱我国大使！

标题下面刊载着经俾斯麦篡改的那篇“埃姆斯电文”。人们争相购阅，报纸很快就被抢购一空。

整整一天，城市都笼罩在紧张的气氛中。人们预感到要发生大事，又惊又喜。皇帝早上离开圣克卢，于 12 点 15 分抵达杜伊勒里宫。在很多人看来，炎炎夏日，统治者在首都现身，这件事情本身就是凶兆。然而在塞纳河对岸的波旁宫中，拿破仑三世的首席大臣仍然满怀和平的希望。埃米尔·奥利维耶正在对一篇演说词做最后的润色，他在其中表示自己对夏尔–安托万信件中所说撤回他儿子的王位继承权一事感到满意。格拉蒙公爵走了进来，将“埃姆斯电文”拿给奥利维耶看，说道，这不是“打了法国一记耳光”吗？

奥利维耶点头表示同意，说：“如今这场战争已经不是人力可以阻止的了。”

皇帝对是否走出最后一步仍犹豫不决。当天下午，杜伊勒里宫中召开了一次国务会议。君主走进会议厅，在椭圆形议事桌旁就座。厅里挂着红色的丝绸，正中放着欧仁妮的一张穿礼服、戴后冠的画像。皇帝看起来像是受到了药物的影响，脸色苍白，眼睛半闭。他含糊其词地提出召集一次欧洲代表大会来解决法国和普鲁士之间的问题。后来，国务会议无果而终，拿破仑三世回到了圣克卢。晚餐后，法兰西帝国的高官显贵聚到城堡中，长谈到深夜。如今，他们明显倾向于诉诸武力。一位观察者说：“要么陷入战争危险，要么面对革命危机，拿破仑已经没有其他选择了。”另一位观察者说：“在这一问题上，法国人民的内心感受是，‘如果政府不开战，就算国家没有灭亡，也将危险至极’。”

第二天，皇帝又回到巴黎，法国对普鲁士正式宣战。

协和广场上，拿破仑三世被巨大的人群簇拥着，人们欢呼称颂。人人口喊“决战”，整座城市沸腾了，人们几乎无法成眠。到了晚上，除了老人和小孩，所有人都跑到家门外。街头巷尾谈论的也都是战争的片断。

“首战之后……”

“普鲁士人好像……”

“他带着军队离开了……”

士兵们喝得烂醉，女人则尖声大叫，当玛丽·萨斯——1861年，在瓦格纳的《唐怀瑟》中出演伊丽莎白的女高音歌唱家——手中挥舞着三色旗爬到高处，用亮如银号的嗓音高唱《马赛曲》的时候，巴黎人的狂热达到了一个新的高度。

不是所有的法国人都能分享这份狂热。宣战后的第二天，指挥过一年巴黎帝国卫队的巴赞元帅，向在他远征墨西哥期间与他成婚的新婚妻子约瑟芬·德·拉·佩娜告别。之后，他去往巴黎东站，带着象征帅权的元帅杖——蓝色天鹅绒面，镶嵌着金色雄鹰，朱红色的小圆顶上刻着“战时之威慑，和平之装饰”字样。走进车站，巴赞的目光锐利非常。他登上火车，前往指挥部的所在地，位于摩泽尔河畔的警备城市梅茨。他承认自己预感不妙。

“我们正在走向灾难。”元帅说。

第二十九章

不成功，便成仁

德意志，1870年7月

专列载着威廉国王和德意志的最高统帅开往前线。俾斯麦乘坐着从被流放的汉诺威国王乔治五世处收缴来的豪华铁路客车。随员们观察到，首相此时一脸“轻松愉悦”。他即将为历史上最值得纪念的改革之一画上圆满的句号，却举重若轻，怡然自得。他的助手们惊叹于长官“不可思议的打盹本领”，在去往战场的路上，他们发现这位大人物经常昏昏睡去，叫醒他颇费力气。

威廉国王则又是另一番光景了。大部分时间，他都一个人闷闷不乐地待在车厢里。相比装饰华美的归尔甫豪华列车，他更偏爱简单朴素的火车。与俾斯麦不同，威廉正被一些阴郁的想法困扰着，他辗转难眠。虽然他不情不愿地接受了俾斯麦那套马基雅维利式治国方略，但他的良心很是不安。“想到我们的前景，就觉得一片灰暗，”国王说，“我得做出最终的决断，没有人比我更清楚整个德意志将要做出何等牺牲。”

王家专列经过德意志西部一些古老城镇的时候，庞大的人群向它欢呼致敬。这里的街道狭窄弯曲，散发着中世纪的气息。通常，贵族地主很少关注城里人，但俾斯麦却知道这些小资产阶级的力量。他是为数不多的几位费心学习平民语言的容克之一。他的宣传机器是那个时代最有效率的，正如毛奇看到了电报线和铁路在调动军队方面的革命性潜力一样，俾斯麦也早已察觉到了电报和报纸在调动公众情绪方面的革命性潜力。

火车经过那些城镇时人们的热烈反应说明他的努力并没有白费。他已经听到人群中最热心的爱国者向皇帝致敬，不称其为国王，而是称其为皇帝。俾斯麦肯定十分自得于自己的工作成果，因为他没花什么时间，就让民众做好了准备，接受了他在普鲁士胜利之后建立一个全新帝国的计划。经他授意的宣传活动，针对的是那些精力旺盛而面目可憎之人。帝国祭坛上牺牲的第一人便是贝纳代蒂。德意志各家报纸荒唐地歪曲了这位法国大使在埃姆斯步行道上的行为。报纸将这个小个子科西嘉人的行为举止，描写得就像一个不怀好意的街头艺人，在可怜的老国王回住所的路上，不断对其威逼恐吓。受到这种精心设计的恶言的影响，“4 000 万德意志人团结到了一起”，一位外交官报告说。各地的人们都对俾斯麦和毛奇满怀“绝对信任”。

这份信任并未所托非人。随着最高指挥官火速奔赴前线，错综复杂的调兵遣将工作也高效而精准地展开了，毛奇卓越的组织能力显露无遗。在总参谋部供职的 60 位才华横溢的军官将事情处理得有条不紊，据说，他们的长官十分乐观，军队动员令下达之后，他就若无其事地读起了法国小说打发时间。令人们吃惊的是，军队按着各自的时间表，一个军团接一个军团，井然有序地开赴前线，“既不混乱，也不仓促、急迫”。并且，普鲁士和它的结盟同胞调动起的不仅是德意志人民，巴伐利亚、巴登、符腾堡等地的人们也无不听从俾斯麦的号令。

8 月初，有超过 100 万德意志人厉兵秣马。

圣彼得堡，1870年6月—1874年5月

如果说俾斯麦的改革正在奔向成功，那么沙皇的改革则因为疲惫与恐惧而走上了末路。迪斯雷利见到了精力不济的沙皇。“他态度亲切、举止优雅，”这位英国政治家说，“但是近距离观察，我发现他表情十分悲伤。我不知道那是出于厌腻，还是独裁的孤独，或是对自己将死于非命的恐惧，但我觉得，那是一副积久渐成的悲哀面容。”迪斯雷利观察到，有些人将权力体悟为最崇高尊贵的圣礼，“一种内在的、精神上的道义力量”。但是亚历山大却从未体察到权力的这种神秘趣味，俾斯麦（还有迪斯雷利本人）在其中感受到的微妙陶醉，亚历山大并无体会。

从前，他曾经宽大为怀。曾有一个告密者向他报告：“当君主身处危境之时，圣彼得堡的象棋俱乐部里有人口出妄言。”亚历山大将报告扔进了废纸篓，他召来告密者，给了他 25 卢布，然后解了他的职。但是权力和恐惧渐渐摧毁了他。任何人只要对他的统治提出一点反对意见，他便恨之入骨。曾经宽宏大量的人开始残忍地虐待那些最卑微的反对者。一个年轻人因为拥有一本爱默生的《自立》而被逮捕；一名花季少女把一本社会主义宣传册塞给一个工人，被判在西伯利亚服劳役九年；一个十几岁的男孩因为在火车站张贴革命宣传单而被绞死。他的恢恢大网捕到的最邪恶的恐怖分子是谢尔盖·涅查耶夫，沙皇能容他不死，可能是因为无法决定是直接杀了他好呢，还是在彼得保罗要塞将他活埋了更好。*

---

* 涅查耶夫曾是巴枯宁的学生，关押在要塞最阴森的地牢之一，阿列克谢半月堡。19 世纪 70 年代，托尔斯泰到过要塞，那时涅查耶夫日渐衰弱；他正在研究他那终未完成的关于“十二月党人”同谋者的小说。指挥官——在克里米亚时，托尔斯泰曾是他手下——带托尔斯泰看了要塞的大部分地方，只是不许他去阿列克谢地牢。指挥官告诉托尔斯泰，每个人都可以进地牢，但只有三个人“进入后，又出来了”，就是沙皇、指挥官和第三处负责人。

有时候，亚历山大清楚地意识到自己成了怎样一个人，为此他痛哭流涕，自责不已。更多时候，他会从令他痛苦的事件中转身抽离。朝臣们被明令禁止说起让沙皇烦恼的话题。他不愿意别人提醒他自己的妻子——玛丽皇后还活着的事实，他不公正地对待玛丽，如今她的生活几乎与他完全隔绝了。“不要跟我提皇后的事情，”沙皇命令道，“这会令我痛苦难耐。”在皇宫里，卡佳的名字只能悄声提及，但是流言八卦——就如政治一样——可以另辟蹊径迂回传播。名流显贵常在宫廷中彼此询问：听说托尔斯泰正在写一部小说，主题是奸夫最终落得悲剧下场，真的有这回事吗？

在以前，亚历山大喝酒仅是怡情小酌；如今却已失去节制——至少传言是这么说的。一有机会，他就消失在他为自己和卡佳创建的二人世界中。卡佳在尼古拉一世的书房中为他生下儿子之后，两人之间爱的联合更加牢固，他们为儿子起名格奥尔基。亚历山大将母子二人安置在冬宫的一套房间里，就在他自己房间的正上方，为了两个套间之间沟通方便，他还安装了一部升降梯。沙皇非常疼爱这个私生子，因为他比合法子嗣更像自己。亚历山大说：“戈高（人们这样称呼这孩子）是一个真正的俄国人。”罗曼诺夫家族的其他人却当不起这种说法，因为他们大多具有德意志血统。1868 年，罗曼诺夫皇朝首位新一代的合法继承人诞生了：玛丽女大公，也就是之前丹麦的达格玛公主，为丈夫诞下了一名男婴。他们给他起名尼古拉，以纪念其曾祖父和已故的伯伯。但是这个注定要成为末代沙皇的孩子却几乎没怎么见过自己的祖父亚历山大，也没有受到他的任何影响。

对于沙皇与卡佳之间的关系，舒瓦洛夫伯爵并不赞同，他认为，卡佳是泛斯拉夫主义者的一个工具。（舒瓦洛夫尽管反动，但对俄国浪漫民族主义者乌托邦式的愿景，丝毫不能容忍。）大臣素爱嫉妒后宫妻妾，伯爵感受到了沙皇的情妇对其超然地位的威胁。他继续摆出一副高高在上的贵族姿态，四处寻欢作乐，对各种多愁善感嗤之以鼻，不过很快，这种玩世不恭的姿态就撑不住了，他笑不出来了，几乎可谓脆弱，他表现出被弃臣子的各种悲怆痛苦。他向沙皇直言进谏，喝醉的时候对卡佳出言不逊。他说，亚历山大“完全被她控制了，他无法从她的眼中看到救赎，只能用最愚蠢的方式证明自己对她的爱”。

舒瓦洛夫插手罗曼诺夫家族事务的举动并不明智。这种行为不仅触怒了沙皇，也激怒了其他皇室成员。这位伯爵有时似乎抱着这样的希望，认为只要激化罗曼诺夫家族的矛盾，他就能让这一家族更加依赖自己的建议。可惜，亚历山大可不这么容易被左右。通过反情报组织，他对舒瓦洛夫的所作所为了如指掌，他决定剥夺其第三处负责人的权力。

“恭喜你，彼得。”一天早上，舒瓦洛夫前来汇报工作时，沙皇说道。

“恕我冒昧一问，陛下，臣何以克当陛下您的祝贺？”

“我刚任命你为驻伦敦大使。”

然而，舒瓦洛夫的陨落并未让俄国复归早期的统治政策。之前的精神和理想主义已一去不复返，俄国的主动权已经落入了他人之手。

伦敦、巴黎，1870年7月

有一些政治家，他们对破坏、推翻的艺术颇为擅长。还有一些，则将精力花费在救过补阙之上。然而，格拉德斯通先生却是双面手：他既渴望成为一个破坏者，又渴望成为一个修复者。在他职业生涯的早期阶段，他梦想重建神圣英格兰；而步入政治成熟期之后，他则破旧革新，试图打破传统英格兰旧的观念习俗。格拉德斯通先生的特别爱好反映了他性格中的双重性。他会在霍瓦登堡伐木砍树，也会在伦敦街头追求流莺，试图劝她们从良。

1870 年夏天，格拉德斯通先生陷入了颇具破坏性的狂热状态，他就像一个在牛津接受过教育的苦行僧一样，思绪纷乱，对原动力异想天开，他狂热地想打破行政部门、军队、学校以及爱尔兰的陈规陋习。始终保持警惕的俾斯麦一直留心关注这个疯子。这样一股力量，一旦理解了俾斯麦的改革目的意味着什么，就有可能彻底破坏它们。俾斯麦嘲笑格拉德斯通先生“满口胡言乱语乌托邦”，称呼他“格洛斯特”，这是莎士比亚的《理查三世》中亲王的名字。“英格兰，要当心格洛斯特。”俾斯麦喜欢这么说。

很显然，对俾斯麦政治才能之高超，格拉德斯通先生并未深刻理解。他的预见能力如今也不过尔尔，就跟八年前一样——那时，林肯的改革正进行得如火如荼，他宣称杰弗逊·戴维斯将建立一个国家。在俾斯麦胜利前夕，格拉德斯通先生没能意识到，如果法国失败，普鲁士建立起一个德意志帝国，英国将遭受怎样的损失。

有些资料本可以令他对人对事有更准确的判断，它们赫然可见。19 世纪 60 年代，法兰西帝国走上了下坡路。它曾经为世界提供通往现代化的路径，而那样的日子已经一去不复返了。政府的新罗马形态，政治家竖立起来、知识分子称颂赞美的权力丰碑，在官僚机构中勤勉工作的官吏建立起来的庞大监管结构——这一切都曾令世界发出艳羡的惊叹。毫无疑问，这是国家强大的公式。但是随着 18 世纪到 19 世纪英国着手干预政治经济秩序，法国的这种中央集权的理想渐渐丧失——法兰西共和国的拥护者对其珍视的程度，几乎不亚于波旁家族和波拿巴家族的人。英格兰的自由、法律、贸易范围、资本覆盖面——它的金本位制度和海上霸主地位——给世界树立了一个新的典范，提供了一个国家强大的新公式。

如今，德意志正在崛起，并打算用自己的改革来对抗英国革命。

德意志哲学家认为，中国、印度、希腊、罗马、法国、英国这几个国家都曾经向世界展示过自己是天命所归，展示过各具特色的人类社会的可能性，每一个都曾是“世界历史性的民族”，是不断进步的“世界精神”的化身。但历史已经与这些国家擦肩而过，黑格尔教授最后证明，如今到了“德意志精神”统治世界的时候了。

德意志哲学家的结论预示着一个大国即将崛起，在格拉德斯通的孙辈那一代，这个大国给英国的自由带来了自西班牙无敌舰队之后最大的威胁。可惜，格拉德斯通先生并未预见到这一点。俾斯麦迫切希望避开英国对他的计划的干涉，他决定对此视而不见。他跟女王派驻到柏林的大使洛夫特斯勋爵说：“如果德意志取胜……欧洲各大势力之间的平衡将得以保持，但是如果不幸让法国占了上风，它将成为欧洲霸主，并会将本国的规矩强加给其他国家。”这番言论与事实恰恰相反，格拉德斯通先生却深以为然，他相信在普鲁士领导之下的德意志，将建立起一个温和而自由的政府。

他只要求交战的双方尊重比利时的领土完整。在英国，这一点是非常敏感的，因为比利时一直被视为“伦敦的外垒”。三十年之前的1839年，帕默斯顿勋爵保护着佛兰德和布拉班特一带的平原，未使其落入虎视眈眈的大陆强国之手：他促成了一个国际条约，保证比利时神圣不可侵犯。从那时起，“比利时是不可碰触的防波堤”这一原则，便成了英国政策的基本内容。

俾斯麦迅速向格拉德斯通先生做出保证，普鲁士无意破坏1839年签订的条约。之后，他狡诈地向世界公布了贝纳代蒂伯爵在四年前萨多瓦战役之后亲笔写就的协议草案的影印件。这份文件公然蔑视1839年条约，赤裸裸地表现出法国对比利时领土的企图。俾斯麦在威廉大街召见了外交使团，将可怜的伯爵亲笔写就的协议草案拿给他们看。英国的大使们曾对此感到怀疑，因为长期以来，尽管人们一直认为拿破仑三世对这一宝贵的“防波堤”垂涎不已，但从未有证据证明他的企图。然而，随着贝纳代蒂手写协议草案的泄露，法国想要夺取英国防御屏障的欲望暴露无遗；由于法国的背信弃义，英国对普鲁士的扩张可能持有的保留意见，都在这股怒火中烟消云散。

在法国外交部，格拉蒙公爵对此只能摇头长叹。俾斯麦，欧洲大陆最好战的政治家，已经成功地将法国刻画成此场危机中唯一的侵略者。曾渴望成为“法国俾斯麦”的格拉蒙眼睁睁地看着自己效仿的对象用欺诈、暴力和才智毁掉了自己的事业。他惊恐地发现自己的国家陷入了没有同盟、没有朋友的战争。格拉蒙曾经指望奥地利和意大利能对法国施以援手，但这两个国家此时也表示，要等首战结果出来之后再决定是否参战。俄国似乎与俾斯麦达成了某种神秘共识，而英国正因为比利时的事情哗然。虽然没什么说服力，但格拉蒙还是大胆地发布公报，宣称“法国不需要联盟，宁可单打独斗”。

南卡罗来纳、路易斯安那、马萨诸塞、华盛顿，1867年1月—1877年7月

芭可·普雷斯顿和罗林斯·朗兹的婚礼是在普雷斯顿家位于哥伦比亚的一处宅邸举行的，婚姻的结局不尽如人意。仪式结束后，这对新婚夫妇回到了奥克兰，定居在康贝河畔朗兹家的种植园。芭可给丈夫生下三个孩子之后，迅速红颜老去。

芭可的婚礼举行之后一个月，萨姆·胡德在新奥尔良娶了一名年轻女子，他在那里做起了生意。“一位伤痕累累的可怜英雄，一名爱国者。”玛丽·切斯纳特如此评价。芭可本应该嫁给他的，他是她平生所见的“唯一一位真男人”。

玛丽·切斯纳特本人的境遇十分凄苦，如今，她生活在悔恨与恐

惧之中。她将余留的才情全部倾注到了她在战争期间所写的日志中。如果说，她在奔流不息的时间长河中保留了什么，那就只有眼泪。

对奴隶制度的消亡，她并不感到惋惜，但她仍怀着贵族的理想。她与迪克西派作家，如托马斯·尼尔森·佩奇和玛丽·约翰斯顿（乔·约翰斯顿的侄女），一起开创了描写老南方的传奇体。“人们见到绅士，便能认出，”她引用拜伦的话说，“却无人可以言表。”尽管如此，她还是做了尝试。虽然她批判内战前的贵族高压体制，却一如既往地倾心于这种种植园主式的高贵。

她和迪克西派的其他作家赋予种植园主的家长式统治以怀旧的感染力，这在贵族制度的全盛时期也从未有过。在权力的巅峰时期，南方的大地主激起了穷苦白人的仇恨，因为他们压制了这些人的民主冲动。然而种植园主阶层已经衰落，无论处于何种境况的南方白人，如今都能带着一份怀旧的满足感，怀想那个已经不复威胁、控制他人的阶层。与此同时，很多南方人——和为数众多的北方人——在种植园主的哲学中找到了正当理由，并不是真的为奴隶制，而是为新的种姓制度找到了正当理由，根据这一制度，每个（白）人都是贵族，通过肤色所体现的神秘美德与贱民区分开来。

林肯击败了南方党人的威压，却没能改变他们的心志。像“冒失本”韦德这样的激进共和党人，对南方白人战后强加给前奴隶的“黑人法典”震惊不已，试图强迫南方人接受平等观念。1867 年上半年，美国参众两院通过立法，将前邦联各州划为军事辖区，受美利坚合众国军队管辖。林肯的继任者安德鲁·约翰逊总统否决了这一立法，他说，该立法议案的意图是“保护黑鬼”。国会无视了其反对意见，众议院甚至弹劾了这位总统。按重建法的规定，南方被军队控制，黑人获得了投票权。

这种激进的重建并没有持续太久。1877 年，在一次颇具争议的选举后，拉瑟福德·B. 海斯就任总统。对南方的“放任”政策占了上风。最后一批联邦军队从路易斯安那和南卡罗来纳两州的州议会撤出了，南方的“救世主”开始建立一个白人至上的新体系。

林肯的改革成果并没有被全部抹杀。在一定程度上，黑人可以自由地在重建的南方迁移，这在奴隶制下是从未有过的。一些人进了学校念书，而另外一些人则开始经商。新近签署生效的宪法第十四修正案——任何一州，不经正当法律程序，不得剥夺任何人的生命、自由或财产——让人们看到了未来的希望。但重建的南方达不到——远远达不到——林肯所预见的“自由之新生”的标准。在哈佛接受过教育的黑人学者 W.E.B. 杜波伊斯写道，在很短的一段时间里，曾经的奴隶站到了“太阳底下”，但是很快“又恢复了奴隶身份”。就如俄国被解放了的农奴一样，南方那些曾经为奴之人，在获得自由二十年后，发现自己的景况并没有比被奴役时好很多。“辔头已经解下了，”一个被解放的奴隶说，“但缰绳仍套在我们的脖子上。”

家长式统治的神话盛行。在《在老弗吉尼亚》(1887) 一书中，为了给种族主义辩护，托马斯·尼尔森·佩奇为种植园主的统治秩序涂抹了一层温情脉脉的色彩：之前的体制将黑人看成了没有能力行使自由的孩子。佩奇还用种植园时代奴隶的口吻表达了对旧日时光的赞美。

在北方，林肯的改革同样有遭遇背叛的危险。对很多人来说，新的金钱强权对自由的威胁似乎并不亚于以前的奴隶制度。那个时候，美国还没有解决经济垄断问题的法律。内战后，少数实业家和金融家在关键市场上占据了极大的份额。19 世纪末，J.P. 摩根公司控制的企业资本总额超过了 220 亿美元。大财阀威胁竞争对手，向消费者索要虚价，剥削员工，收买议员，无所不为。1877 年夏天，巴尔的摩-俄亥俄铁路工人发起罢工，在不到一年的时间里，他们两度降薪。罢工迅速蔓延。芝加哥和圣路易斯两座城市停摆。在费城，民兵向抗议者开火，造成 20 人死亡。愤怒的工人点燃了铁路调车场，100 辆机车和 2 000 多节车厢被烧毁。1886 年春天，在芝加哥秣市广场的工人集会上，一颗炸弹扔向警察，1 名警察当场死亡，7 名受伤。警察向罢工人群开火，打死了 11 人。在四年之后的 1890 年，《舍曼反托拉斯法》正式生效，但直到 20 世纪，美国才建立起了一个真正有效的反垄断制度。

南方的种族沙文主义和北方的财阀垄断令一些美国人心灰意冷。他们怀疑，林肯的政治哲学根本没有能力去应对一个他从未见过的时代的挑战。林肯所知的美国，绝大多数地区还是农村，1860 年，只有 16% 的美国人居住在人口 8 000 以上的城市中。但国家日新月异。伴随城市发展和工业经济崛起，一些问题出现了。为了找到解决办法，一些人，比如 W.E.B. 杜波伊斯，将目光投向了拉萨尔和马克思希望用以替换中世纪封建制度陈腐结构的新家长式治理形式。杜波伊斯起初认为，林肯的政策为黑人提供了通往更好未来的道路，但随着自由浪潮的消退，他对自由国家的解决方案不再抱有任何幻想。

跟杜波伊斯一样，亨利·亚当斯也想知道家长式治理体制是否就是问题的答案。他说，林肯所维护的体制已经“崩塌”。美国的统治机器是“全世界最低劣、最粗陋、最无效的”。对自己所处年代的市场进行研究之后，亚当斯得出结论，这种体制需要改进，应给予政府更大的权力控制经济。18 世纪的制度机器，亚当斯说，“不该在 2 000 万马力的社会中工作”。

亚当斯并未清楚地阐明他的愿景，但他预见了现代行政国家的胜利。一个新的父权知识阶层将会出现，但是不像在中世纪时那样占据统治地位。新的父权阶层更像是技术专家，而不是神职人员。像许多其他对内战所催生的世界感到心惊胆战的北方人一样，亚当斯对父权统治的理想暗生情愫。并且，像许多其他对现状不满的名门望族一样，他的白日梦与落败南方人的幻想同样具有启发性。南方人沉湎在沃尔特·司各特的世界中，而迷失了方向的北方人放弃了与生俱来的理想，直接回到了中世纪。因身边得势者的粗鄙行为而战兢的北方上流阶层将自己封闭在特权的罗马式小宫殿中。（亚当斯在哈佛的朋友亨利·霍布森·理查森满心欢喜地设计了这些“宫殿”。）为了更有效地过滤掉粗陋的民主之光，他们用亚当斯的朋友约翰·拉法奇自学制作的有色玻璃替换了窗户。他们将孩子送到仿效中世纪伊顿和温彻斯特的原则建立的学校接受教育，尽管他们内心深处推崇的可能是不可知论，却乐于见到自己的孩子每天早上聚集在由亨利·沃恩设计的哥特式教堂中。

当玛丽·切斯纳特在南方为失落的种植园主谱写颂歌的时候，亨利·亚当斯在北方向封建制度的典范躬身致敬。

巴黎，1870年7月

多年以后，马蒂尔德公主仍能记起在圣克卢的书房见到堂兄时是多么震惊。拿破仑三世脸色“灰白，眼泡浮肿，双目无神，两股战战，身形佝偻”。他的一头棕发如今古怪地变成了黑色，是理发师染的。

“你真的要去指挥军队吗？”马蒂尔德问堂兄。

“没错。”

“但你现在的状态并不适合！”她抗议道，“你无法骑马！甚至受不了马车的颠簸！打起仗来可怎么办？”

“你言过其实了，亲爱的，”皇帝低声说，“你言过其实了。”

“才没有，”公主说道，“我没有言过其实，你自己去照照镜子！”

“哦，确实，”他回答道，“我确实不算英俊迷人，甚至都算不上干净整洁。”

公主一力坚持说他不适合做大元帅，但拿破仑三世以一副顺从天命的姿态无视了她的反对意见。他知道自己别无选择，只能亲自上阵指挥军队。作为拿破仑大帝的侄子，他必须这么做。若是一个波旁皇族，正统的受膏者，或许还可以在将领们浴血奋战的时候留守凡尔赛宫，或待在距离战场几里格之外的豪华营帐中观战；而他是波拿巴家族的后代，如果要证明自己名副其实，就必须上战场。

出发的日子到了。皇室成员做弥撒时，气氛异常凝重。在巴黎大主教教堂，蒙席*达尔博伊，一位圣洁的大主教，高举圣饼；按照圣餐礼的献祭精神，皇后静静地将儿子的生命作为祭物奉献给了上帝。“我将之作为燔祭献给上帝。”她这样说。

这位小王子将与父亲同赴前线。“我毫不怀疑他的勇气，我亲爱的儿子！”王子悲剧地死去很久之后，欧仁妮还时常想起他，“但是他终归只有十四岁！我不能不害怕，不能不担心，他可能一听到子弹的嗖嗖声，就会昏倒过去……”

“会众散去。”大主教达尔博伊吟唱着。皇帝一家站了起来，回到了城堡的客厅。在那里，拿破仑三世辞行而去。在他和仆从们握手时，有人从他的眼睛里看到了忧伤。他温和地跟每个人告别。

“两个星期之后，陛下您应该就打进柏林了吧？”一位侍臣大胆地问。

“不会，”皇帝说，“就算我们最终能取胜，也不要作此奢望。”他嘴里抽着雪茄，这在一些人看来很奇怪，因为他惯常抽的是香烟。

皇帝一家一直送行到铁路旁。当天早些时候还因为要跟母亲分离而哭哭啼啼的小王子此时兴奋不已，他不停地向自己的副官拉梅少校和迪佩雷上尉问这问那。这个被称为“鲁鲁”的小男孩一直生活在庇

---

* 天主教会神职人员因着对教会杰出的贡献，从罗马教宗领受的荣誉称号。——译注

护之下，几乎从未出过父亲的宫殿，极少的几次，他从皇家的高墙大院中冒险跑出来，身边也总是跟着警惕的守卫——一名管家、一名看护、一名侍从和一队卫兵。如今，他被硬生生地扯离这个梦幻世界，投身到战争之中。皇后亲自为王子打包了他要带到前线的行李，并且，尽管十分喜欢儿子的鬈发，她还是依照军队规章，同意将它剪掉了。

离别总是悲伤的。皇后伤心地亲吻了丈夫，她像他一样清楚，归来之时，两条道路只能选择一条——不成功，便成仁。欧仁妮又抱了抱儿子，在他的额头上画了十字。

哨声吹响，火车开动了。从宫中前来送行的人们摘下帽子，高呼“皇帝万岁”。拿破仑三世和小王子从车窗里向人们挥手告别，皇后难以控制地抽泣起来。

阿尔萨斯，1870年8月

延伸至莱茵河的阿尔萨斯平原是欧洲最为肥沃的土地之一。1870年8月初，这块富饶的土地上布满了法军的白色战地帐篷。士兵们在里面堆放武器，也在里面就餐。他们因为吃不上热饭而骂骂咧咧。军需补给车迷了路，军营中大部分士兵只能就着白兰地啃硬面包——在炎炎夏日行军一天，这样的伙食严重营养不足。一些士兵愤愤不平地盯着军官们的营房，在那里，精致的餐车上，禽肉、野味和陈年葡萄酒随时都有。

熄灯号吹响后，那些在人挤人的帐篷中无法入眠的士兵躺在外面，在薄暮中看着东方天际一点点暗下去。

他们在哪里？

军营中早已流言四起，据说德意志的百万大军在东方集结，正斗志昂扬地向莱茵河奔袭而来。而此时在他们的营帐中，士兵们还是一片混乱。勒博夫将军说大军一条绑腿带都不缺，这话可能没错。可是少了很多其他东西啊。

比如说，指挥官。拿破仑三世首次在梅茨露面并未起到振奋士气的作用。他坐着敞篷马车，在一群警卫的守护下巡视军营。一名年轻人看着皇帝从身边经过——半个世纪后，这位年轻人将带领法国军队跟德军展开另一场大战——这位未来的福煦元帅说，皇帝看上去“已经筋疲力尽了”。士兵们开始暗地里称他为“老太婆”。他似乎成了慢慢渗透进军队的腐朽的一个象征。相较于普鲁士军队——因为普鲁士实行义务兵役制，所以军队成了年轻人的天下——法国军队里的职业兵全像皇帝这样上了年纪。理论上，他们似乎有经验优势，但实际上，很多本应该起带头、领导作用的人已经在营房中变质，他们对下一场胜利毫不期待，却对下一场酒局心思目盼。

这支满是白发人和痛风症患者的队伍，可能不缺绑腿带，却缺少一个作战计划。连续好几天，他们一直在炙热的阳光下饿着肚子往前走走，往后退退，到最后也没能走到德意志边境。皇帝含混地提到要打到德意志领土上去，但是能令军队实现皇帝设想的人员配置工作还没有着手进行。军队没有合理的时间表和精确的军事地图，也无法为情报工作做好铁路协调安排，甚至都没有相关机构。

最糟糕的是，发动进攻的兵力严重不足。军队调动令下达两个星期后，只有20万左右的兵力在前线集结，不足勒博夫将军承诺的一半。成功调动的军团也没有得到足够的物资供应，检查发现，一些关键的仓库和军火库都空空如也，这可是一件非常危险的事情。很多地方都出现了运输中断。装满军需物资的列车不分昼夜、每隔一小时发出一趟，然而等它们抵达目的地的时候，却找不到人手来卸载这些宝贵的物资。列车就停在铁轨上，挡着其他列车行进的道路。

很多士兵因为恐惧和挫败而狂喝滥饮。还有一些在暴怒下摔了自己的武器和装备。甚至有几个人，脑袋都被自己打爆了。但是大部分士兵都静静地等待着，不时看一眼东方的地平线，心里想着，那边又会有什么呢？

第三十章

下台！下台！

巴黎，1870年8月

欧仁妮皇后突然泪如雨下。拿破仑三世启程前往前线之前，任命她为摄政皇后，此时，她正在圣克卢跟大臣共进午餐。大臣们不自在地环顾左右；头发敷粉、身着拿破仑式绿色外衣的侍从站在椅子背后，面无表情地目视前方。皇后被一个可怕的念头攫住了。欧仁妮回忆道："我似乎看到身边的一切都带着死亡的印记，我惊恐地等待着那宿命的消息，我能感觉到，它已经相距不远。"

一天晚上，她正准备上床休息，女仆送上一封电报。她一直惧怕的消息终于到来了。

德意志已经发动了对法国的入侵。成千上万德军的铁蹄踏上了法国的土地。8 月 6 日，德意志侵略者进攻了洛林的福尔巴克森林附近，将法国人赶下了斯皮舍朗高地。皇子的军事导师弗罗萨尔将军所率军队被德军包围，全军覆没。与此同时，10 万德意志士兵向麦克马洪元帅的驻地发起了猛攻，该地位于沃尔特和弗罗斯克维莱，是阿尔萨斯平原与孚日山脉山麓地带的交接处。

欧仁妮一边读电报，一边强忍住泪水。她说："那一瞬间，我眼前仿佛天崩地裂，我觉得自己要晕过去了。”但是皇后很快恢复了理智。在上车离开之前，她命令大臣们当天晚上在巴黎开会。“凌晨1点，抵达杜伊勒里宫的时候，我已经换了一个人。”她说，“我不再痛苦，不再激动，不再软弱。我平静而坚强，清醒而坚定。”她整个人似乎焕发了一种奇异的光彩。她说：“我感觉，我似乎超越了自我。”

属于她的时刻来临了。“我们的帝国看上去已经在劫难逃，阁下，”她对皮耶纳侯爵说，“我们现在必须抛除杂念，一心为国。”她这样说只是做做样子；她本人的行动将会证明，她压根儿不认为拿破仑帝国会失败。她丈夫的星光已经暗淡；但是欧仁妮一如既往地坚信，波拿巴家族的传奇将会延续。她还可以让她的儿子继任皇位。她内心深处铭记着变容的难忘经历，那是十四年前，她跟皇帝乘坐皇家马车来到巴黎圣母院。皇子将在巴黎圣母院的洗礼堂行受洗礼。欧仁妮身着一袭浅蓝色的丝绸礼服；她冠冕上的摄政王钻熠熠生辉。“日头刚刚开始西沉，”她说，“里沃利街泛着紫色的光辉；我们沐浴着余晖，一路前进。皇帝坐在我身边一言不发，只偶尔回应他人的致礼。我也没有说话，因为我的内心洋溢着一种难以言表的喜悦，我在心里不断对自己说：‘这孩子，我的儿子，将令拿破仑帝国在法兰西的土地上扎下根来，正如八百年前，卡佩家族在这里生根发芽一样；他会把他父亲的伟业继承下去。’”

她的一生都在准备迎接这个时刻、这场考验。她对权力的魅力早已深谙于心。“从少女时代起，我就对政治颇有兴趣，”她说，“这一点遗传自我的母亲，在我的娘家，从早到晚都能听到政治家、外交官、将军、政论人员高谈阔论。”“那些攸关国家利益、国家荣誉的问题讨论令我心潮澎湃。在认识未来的丈夫之前，我就被他深深吸引，其实也是缘于此因。他的侠肝义胆、他的英雄气概、他的豪言壮语、他的高贵爱国情怀——这一切都令我心动神驰。”她整个人都因为对大权在握的渴望而战栗，这种欲望在某种程度上与爱欲同样炽烈，且神秘莫测，既有肉体上的渴求，又有精神上的向往。她记得有一次，她乘坐游艇游览安纳西湖，船上装饰着紫色的帷幔，二十名桨手划着船。“漫天群星闪耀……孟加拉焰火、盛放的烟花、冲天的火炮时不时地划过天际，照亮整个夜空。美得不可思议……我身着低胸礼服，头戴后冠，佩戴着最华丽的珠宝首饰。那是个温暖的夜晚，但我还是披了一件金色流苏的红斗篷，有那么一阵子，为了更充分地欣赏这动人的美景，我站到了甲板上。立刻，每艘船上都响起了‘皇后万岁！’的欢呼。喜悦盈溢我胸，我笑了。”

那种喜悦早已经消逝无踪。来到杜伊勒里宫，摄政皇后立即赶到会议室。她仪态高贵端庄，昂首挺胸，身板笔直，坐在位子上时，她的双肩甚至不碰椅背。尽管是个柔弱女子，但是她拥有一种“近乎男子汉的气概”——一位旁观者如是说。她丈夫的蓬勃朝气已经消失无存了，而欧仁妮却在美貌之外透出凛凛威严。有人认为妇人不该干政，欧仁妮对此嗤之以鼻。她说：“我最厌恶听说有人只因我是女人，就否定我的政治头脑。我会毫不客气地反驳他：‘果真如此。女人便没有政治头脑？那对伊丽莎白女王、玛丽亚·特雷莎，还有叶卡捷琳娜二世又作何解释？’”

她绷紧每一根神经，令那些软弱畏惧的大臣鼓起勇气。埃米尔·奥利维耶想到法国政府一旦败亡他将面临的可怕命运，不禁不寒而栗，他语无伦次地提议逮捕反动分子。皇后命他闭嘴。绝不可轻举妄动。政府的首要任务是让巴黎人民做好思想准备，接受法国战败的消息。这个灾难性的消息必须彻底公之于众，但不应操之过急，而是该渐次公布。皇后下达了一些必要的命令，然后便着手安排巴黎进入防御状态。她的助手格拉维埃上将对这名纤弱女子在国家危亡时刻表现出的精力和果敢大为钦佩。他说：“皇后，此时您有如高乃依笔下的女英雄。”

她的命运有可能会以悲剧收尾；然而，欧仁妮宁愿做个悲剧的英雄，也不愿可悲地屈从。她会继续前行，就像英格兰的“九日女王”珍·格雷一样不屈不挠，或者像奥菲莉娅一样，带着些许疯狂。她会像战士一样继续前行。她会如圣女贞德一般激励法国人民的精神——如果勇敢能得到回报，她或许还可以目睹儿子登上法国的皇位。她作为摄政皇后的第一份公报便在这个战败后的深夜里拟就。其中体现了她为自己构设的英雄角色的气质：

杜伊勒里宫

法国人民！战争的开局对我们很不利。我军遭遇了阻遏。值此困局，让我们精诚团结，重振旗鼓。我们只有一个立场，那便是法兰西的人民；我们只有一面旗帜，那便是法兰西的国家尊严。

我与你们同在。我将忠于我的使命、我的职责。凡有艰难险阻，我必身先士卒，捍卫法兰西的旗帜。

欧仁妮

莫斯科、苏黎世、圣彼得堡，1871年9月—1872年3月

克鲁泡特金王子所在的那个社交圈子，是那一时期俄国涌现的众多小团体之一。这个小团体颇为知名，因为其中有一位杰出的革命家——尼古拉斯·柴可夫斯基。与当时俄国的诸多团体一样，它从各式各样互相关联的浪漫主义精神中汲取灵感——虚无主义、无政府主义、恐怖主义。如果说柴可夫斯基的小圈子与其他革命小团体稍有不

同，那便是它在道德和智慧方面更鲜明出众。其成员致力于追求崇高的道德理想；克鲁泡特金王子称他们为“梦想家”，将他们的哲学比作一种“宗教”，其信徒“对纯洁及彻底的牺牲满心渴望”，而“该宗教给出了一种较为朴素的象征形式”。

加入这个社交圈子，并没有什么正式的要求。一颗诚恳的心是要求成员出示的唯一证书；而虚伪或自负则被禁止入内。王子将这个小团体称为“一群亲密无间的朋友”。圈子里弥漫着一种近乎修道院的氛围，成员热切地投身其中，渴望净化自己的灵魂。克鲁泡特金说：“第一次认识柴可夫斯基团体的几十人，我便深深感到，从未在别处见过这样一群道德高尚之人。”

柴可夫斯基团体的宗旨，不仅是克服卑劣的欲望，还包括对普通民众进行扶助。他们认为，一个人要引领国家进行变革，必须首先净化自己的灵魂，然后懂得爱人如己。唯一的问题是，如何才能最好地做到这一切。该团体花费大量时间，致力于研究大众问题的谜团。他们提出疑问，如何才能对农民和工人起到最大的作用？“渐渐地，”克鲁泡特金说，“这个团体意识到，唯一的方式便是置身于人民群众之中，与人民同甘共苦。”与当时俄国众多满腔热忱的革命者一样，柴可夫斯基分子决意“与人民打成一片”。俄国各地，身家不菲、教养良好的小伙子——还有姑娘纷纷走进乡村。他们“担任医生、医生助理、教师、乡村书记员，甚至干起了农活，成为铁匠、伐木工和农民。姑娘们通过了教师考试，学会了助产或护理，大批年轻人拥入乡村，全心全意地为最穷困的人群做贡献”。

纯粹一旦到了极致，就会接近邪恶。陀思妥耶夫斯基在弥留之际谈及自己曾经想续写《卡拉马佐夫兄弟》。“我要让阿辽沙走出神圣的修道院，”他说，“我要让他成为一名虚无主义者。我的纯洁的阿辽沙应该杀掉沙皇！”就像陀思妥耶夫斯基的阿辽沙一样，克鲁泡特金的柴可夫斯基分子也是温良之人，却在不知不觉中走到了面临地狱的悬崖边。浪漫主义的革命开始了，并非出于人民大众的怨愤，而是出于愤愤不平的上层阶级含糊不明的痛苦。发起这种革命的有俾斯麦，旧日容克之子；有列宁，俄国贵族的后裔；有马克思，希伯来人的子孙。浪漫的革命者在精神层面都是贵族，他们读过太多大仲马和沃尔特·司各特的著作，如俾斯麦，或者像众多俄国革命家一样，将欧仁·苏和尼古拉斯·车尔尼雪夫斯基的传奇故事过于深刻地铭记在心，立志为某个阶级或某个人主持正义。

这种新宗教的信徒自称无神论者，但是在追逐农民和无产阶级的圣杯的过程中，他们却遵循老派的东正教教义。他们就像俄国的游方修士一样四处流浪，也像他们一样一生致力于行善与苦修。他们潜心研读福音书，不是出于宗教信仰，而是为了说服农民，他们的学说与上帝的教旨一脉相承。柴可夫斯基分子不仅忠实于自己的信仰，而且笃信教育、哲学和西方传统的诗意文化的作用。克鲁泡特金也对这种智识教育满怀热忱，他将完善灵魂的渴望与拓展视野的愿望紧密联结。就像圈子里的其他人一样，他阅读传承自黑格尔的浪漫主义哲学家的著作，其中包括马克思与拉萨尔。（俾斯麦最钟爱的社会主义者，此时已经不在人世；数年前，在争夺一位姑娘的决斗中，早已因梅毒而躁狂发作的拉萨尔死于非命。）

然而，柴可夫斯基分子发现，自我启智的道路上依然障碍重重。尽管沙皇已经放宽了审查制度，但很多书籍依然被禁。克鲁泡特金也已经远赴国外。他游历瑞士时，收集了一批革命小册子、书籍和报刊。在苏黎世奥博斯特拉斯的一个小房间里，他经历了一场知识和道德的双重洗礼。他发现了思想和行动的新途径，他的内心备受鼓舞；得知人们愿意为了共同的事业受苦，甚至不惜献出生命，他的灵魂深受触动。然而，他并不满足于纸上谈兵，也小心使自己不被某本书所蛊惑，他来到苏黎世和纳沙泰尔，跟工人们亲密接触。他加入了“国际工人”组织的一个分部，会后，他与成员们把酒畅谈——葡萄酒有些酸涩，他写道，风味与他在冬宫中喝惯的精致葡萄酒迥然不同。如果说王子的利他主义带着几分东正教的虔诚意味，那他的慈善之心更有一层贵族阶层“位高任重”的色彩。

回到俄国的克鲁泡特金，已经是一名公开的革命分子；这位往日的皇室成员在赤色团体中找到了自己的使命。

洛林，1870年8月

战场上，俾斯麦穿着重装后备骑兵第七团的军便服，脚上一双大军靴，这军靴如此硕大，让人想起了“三十年战争”的雕塑。早晨，他用过早餐——一杯茶和一两个鸡蛋——之后，便进入战地指挥部开始工作。他的助手莫里茨·布施说，在战争的隆隆炮火中，他仍能够潜心工作，“近乎超人”。“有些地方，我们只会待上一个晚上，就连在这种地方，他也会时刻保持精力充沛，并让协从人员每时每刻全身心投入工作，直至深夜。传信兵不停地来来往往，传递电报和信件。指战员拟定说明、命令，并根据司令的指示下达指令……汇报、问题、报刊文章等从四面八方奔涌而至，其中大部分都需要立即处理。”

对夜间于何处就寝，俾斯麦并不在意。只是，不管在哪张床上睡觉，他在睡下前，一定会记得将左轮手枪放在身边。而吃饭则是又一回事。他厌恶威廉国王过于俭省的战地餐食，决心不予效仿。“几乎看不到香槟，”俾斯麦在跟国王同桌就餐之后抱怨道，“食物也常常短缺。看看肉饼的数量，我只能拿一块，要不然恐怕就有人没得吃了。”他自己的餐桌要比国王的丰盛多了，被他霸占了房屋、厨房、酒窖和鸡鸭的法国人民，对此愤愤不平。他表示不能理解这些房主表现出来的怨愤；他似乎觉得，他们应该对他心存感恩才对。难道他们宁愿自己的房子成为德意志佬的战地医院吗？要是那样的话，俾斯麦说，“主妇们精美的亚麻内衣”就会“被撕碎用作纱布和绷带”。他抱怨人们不公正地谴责他搜刮民脂民膏，并不后悔自己的所作所为。他格外期盼抵达费里耶尔——罗斯柴尔德家族的地盘，他渴望到罗斯柴尔德家的酒窖一游。

俾斯麦史称“铁血首相”，是一位勇悍粗壮、雄心勃勃的政治家。“让咱也扮一回狮子吧，”他喜欢引用《仲夏夜之梦》中的台词，“咱会怒吼，叫每个人听见了都欢喜……”然而，如果说首相是狮子，那他也是一头敏感而忧郁的狮子。“我生性喜好幻想，多愁善感，”他曾说，“那些给我画肖像的人，都犯了一个错误，他们将我画得凶猛粗犷。”为了完成他的改革，他已经准备好发动对法国的战争。但是他发现，自己很难承受必将随之而来的血腥暴力。赤裸的尸体变成了深灰色，因为炎热的天气而胀大，横在路边无人掩埋。某些地方的恶臭令人难以忍受；俾斯麦打马穿过血迹斑斑的战场，他不得不大口大口地吞白兰地，来让自己振作精神。卡托说，凯撒是唯一清醒地进行改革的政治家；而俾斯麦则相反——不仅与凯撒相反，也与林肯不同，他采取了更加常见的改革方式，以葡萄酒和白兰地排遣工作中难以承受的压力。

战况激烈，令首相都为之却步。部分原因是法国步兵的后膛步枪要比普鲁士人的撞针枪更具破坏力。法军的武器射程更远，子弹能击碎骨头，穿透肌肉，造成更重大的伤亡。为了扭转这一不利局面，德意志人投入大量士兵攻击法军的阵线。对这样血流成河的景象，俾斯麦痛心疾首，他谴责将军们滥用“士兵的英勇”，“挥霍战士们的鲜血”。指挥官们在“浪费全欧洲最好的士兵”。他对德意志最高指挥官们的谴责，不逊于美国人对格兰特将军的谩骂，他们称格兰特为“屠夫”。但是指挥官们纷纷辩称，为了阻遏敌人节节逼近的火力，士兵的伤亡不可避免。一旦将克虏伯先生的新制钢炮运到敌人的阵地前，法军也就没了锐气，旷日持久的战争迅速以德军取得胜利告终。

俾斯麦给人的印象是，他不仅在与法国战斗，还在跟自己的多愁善感斗争。与其相反，冯·毛奇的眼里则只有一个敌人。随着革命最后也是最血腥的一幕渐次展开，首相深感不安，而毛奇将军却依然泰然自若。俾斯麦的一名助手感叹，政治家俾斯麦没有将军那样的钢铁意志。巡视战场的时候，面对那些其他人要转过身去强忍着不呕吐的场景，毛奇精心打理、刮得干干净净的脸上安详宁静，似乎透露出一种“心满意足”。子弹的呼啸全然无法干扰他，“反而令他目光更加清明”。一位外交官说：“这令他更加强大，令他成为敌人所能遭遇到的最可怕的对手。”确实，战争不可思议地令这位年逾古稀的老战士重焕青春。毛奇如此地“热爱战争，享受战场上的欢愉”，俾斯麦说，一闻到硝烟的气息，他就像变了一个人。平时“木讷乏味”的家伙变成了“幽默活泼，甚至欢快的人”。

俾斯麦在私下里跟毛奇走得并不算近。他有时也试图体会这位战士的谜样镇静。而他本人，哪怕用尽全部的意志力，也无法克服诗人济慈所谓的“消极情绪，即面对不确定之事、神秘莫测之事和疑虑之事时的表现……”相比之下，毛奇似乎已经用意志净化了自己的消极情绪，俾斯麦将此归因于他高度的克己能力。他指出，将军“终其一生，在各个方面都稳健非常，我则始终殚精竭虑……”闲适、安详、清心寡欲的总参谋长甚至从不心生怀疑。他全身心地投入了这场战争。

巴黎，1870年8月

骤然听闻法军在阿尔萨斯和洛林战败的消息，人们发现，很难描述此时的心情。自从八十年前的大革命以来，这个城市还从来没有过这样的日子。第一批公告发布出去之后，一场大雨倾盆而下，有人为此感谢上帝，仿佛这鬼天气能浇熄人们不断烧旺的怒火似的。巴黎人三五成群地站在路边，读着报纸，议论着前线传来的消息。

雨过天晴，整座城市炸开了锅。所有被压抑的愤恨和民众的不满，一下子爆发了出来。一支大军被派往波旁宫镇压群众，议会的立法议员则召开会议质询政府。会议室里，不幸的奥利维耶登上讲台，试图为政府申辩。他念着稿上的字句，虚弱无力，战战兢兢。他刚一开口，愤怒的议员们就打断了他的话。

“国家被出卖了！”一位议员喊道。

朱尔·法夫尔，政府最有名的反对者跳起来喊道：“没错！被昏聩无能的首脑出卖了！”他指手画脚，透出内心的阴郁与暴戾。论谩骂攻击之能事，同僚之中无人可出其右。他转过肥硕的脑袋冲着奥利维耶严词斥责：“滚下讲台！你这败类！”

一天不到，奥利维耶被赶下了讲台，内阁倒台了，摄政皇后召集了新的幕僚。奥利维耶兴也勃焉，亡也忽焉。他担心自己性命不保，匆忙收拾行装，准备逃往意大利。

弗吉尼亚，1865年9月—1870年5月

炎炎酷暑中，一位老人独自骑马穿过飞扬的尘埃向西行进。他的马是灰色的，军装也是灰扑扑的，看不出军衔，因为按照联邦的法令，所有的饰扣和徽章都被摘掉了。这个老人其实是一名战俘，但是他获得了联邦军官批准的假释，可以自由地四处游荡。

夕阳西下，横亘在他面前的是蓝岭山脊。最终，他登上了山顶。弗吉尼亚山谷在他面前展开，西方更远处，蓝灰色的阿勒格尼山脉连

绵起伏。他在几座农舍前停了下来，翻身下马，询问他是否可以借宿一夜。然而，他接连遭到拒绝。对这些满面风霜的山民来说，生活已经够艰辛了；收留客人是他们无力承担的奢侈行为。老人上马，继续前行。不过，很快，他还是幸运地遇到了一位好心的农妇，愿意收留他。

第二天，他骑马沿山谷一路而下。一进列克星敦，立即有人认出了他。他走近旅馆时，市民纷纷向他致礼。罗伯特·李将军在马上脱帽躬身回礼。街上有几名往日里他麾下的老兵，沐浴着夏末的阳光，他们扶他从战马"行者"上下来。

李是到列克星敦就任华盛顿学院院长一职的。该机构于 1749 年成立于格林威尔（时称奥古斯塔学院），在原址遭大火焚毁后，于 1802 年迁到了列克星敦。（1870 年，学院的名称变更，此后便被称为"华盛顿与李学院"。）这位北弗吉尼亚的前任指挥官本可以选择一份截然不同的工作。据说，罗马尼亚曾邀请李前去指挥他们的军队。一家保险公司开出一万美元的年薪。但是对这些邀请，他都拒绝了。他已经不再是一名战士了，也不会成为商人。他成了一名教师。他写道："我认为，为年轻人提供适当的教育是目前的重中之重，从中可以获得至为可观的益处。"他说，没有什么比这一事业更能"为我们的道德与知识文明"树立标准。

在华盛顿学院任职期间，李试图保留老弗吉尼亚优良的光荣传统，而这也是他的家族、他的阶级一以贯之的传统。当一名新学员想要一份校规的时候，李告诉他："我们没有印好的校规。在这里，我们只有一条规矩——那便是每名学员都必须做一位绅士。"然而，不同于其他那些殚精竭虑试图挽救老弗吉尼亚的理想的人，李不是回顾以往，而是面向未来，他建立起了华盛顿学院的荣誉体系。他很少谈及战争，或者提到旧时的南方，他不抱怨其家族因战争而衰落的命运，也不为已经成为一片坟冢的阿灵顿庄园嗟叹。他更愿意讨论的是人们必须建设的新南方。“我给自己规定了一项必须完成的任务，”他写道，“我曾经率领南方的小伙子征战；我曾经目睹麾下的众多战士战死沙场。而今，我要用我的一生培养年轻人，令他们担起自己应尽的责任。”在为“毕生的伟业”做准备的过程中，这些小伙子必须开拓一个新的荣誉领域——一种有异于昔日南方理想的荣誉。李保留了学院传统的古典音乐和文学鉴赏课程，他认为这两门课意义重大；同时，除了锻炼口才、提高民智的学科，他还新增了其他知识领域的课程。他的学生不但要学习希腊文和拉丁文，还必须学习商学、自然科学和工程学。

他的心脏日渐衰弱，他的头发也日渐花白。然而，他将全副身心投入到了工作之中。他记住了每个孩子的名字，他密切关注着他们的成长进步——这是一项艰巨的任务，因为学院的学生很快就达到了400名。他的工作也带有些许宗教色彩；正如林肯曾经坚信的一样，他也认为，持久的改革必然会与民众的精神感知紧密联系。李希望他的学院不仅教化学生的头脑，更能教化他们的灵魂。然而，他天性内向，不爱说教，与其劝诫他人，他更愿以身作则。他写道：“我发现，要让一个可悲的罪人的灵魂走上正道如此艰难，以至于让他人行正道一事竟似有些专横武断。”

他早早地吃完晚饭，之后骑着“行者”外出兜风，观赏夕阳的余晖。他并非全无缺点。囿于时代的偏见，他的慈悲心是有局限性的，谈及黑人，他语带轻视，这一点与他的伟人身份颇不相称。然而，通过点滴渗透，言传身教，他赋予了南方新的理想。跟玛丽·切斯纳特一样，他也觉得，坚持传统的贵族骑士精神已经是一种奢侈。有人发现，在与附近的弗吉尼亚军事学院一同演习时，他不会参与其中。有一位母亲将自己的孩子带到他面前，请他为孩子祝福。李说：“教他学会自我否定。”活在对过去的缅怀之中毫无益处，不停地自怜身世更是徒劳无益；人必须克制享乐；人必须忘却仇恨。一位教士曾经在他面前激烈地谴责联邦的罪孽，但是李说：“博士，我曾读过一本好书，那本书也正是您布道的来由，书中说‘要爱你们的仇敌，为那逼迫你们的祷告’。”我们记得旧日的伤痕，是因为它们跟其他所有的苦难一样，包含着创造性的潜能，能够带来更好的未来。“我们失败了，”李说，“但是上帝自有深意，明明是失败，却常常成为祝福。”他引用斯多葛派皇帝马可·奥勒留的名言：“高贵的不幸堪为幸运。”

道格拉斯·索撒尔·弗里曼写道，不管从事怎样的工作，李都能够“抓住根本问题，一切问题仿佛自有其解决范式，在他面前一目了然”。他轻而易举地在想象中构建出了一幅南方重建后的图景，恰如他曾在塞勒维尔和马纳萨斯两场战役中预见到北方军侧翼的转向一样。

他知道，有生之年，他看不到这一蓝图成真了。对此，他似乎并不感到遗憾；他认为，一个人在有生之年发现的这种美好和秩序，只是一种理想模式的摹本。在弥留之际，他写道：“时光和世间万物于我而言已日渐索然无味；我正设法将目光和思想定于那飞快迫近的永恒之彼岸。”

洛林，1870年8—9月

拿破仑三世斜靠在垫子上，试图减轻马车颠簸摇晃带来的不舒适感。他从前线逃跑，一路向西，匆匆奔向凡尔登。法国人目送骑兵队仓皇而去，无不灰心丧气。莱茵河与他们的目的地方向相反，但病痛缠身的皇帝只想趁着道路还能通行，溜之大吉，他可不想被德意志人生擒活捉。听了关于普鲁士骑兵的战报后，他安排重兵掩护自己逃离。除了宪兵护卫队，皇帝的贴身保镖，以及身着醒目的天蓝色制服、披挂着亮闪闪的胸甲的皇家警卫队之外，护送皇帝的还有骑兵、枪骑兵以及一队炮兵。然而，事实证明，重骑兵太过笨重迟缓，而皇帝急于快速行动，于是，他下令将其换成更灵活迅速的轻骑兵。

一长队装备马车紧随在皇帝车后，沿着白色的道路前进。车上载着拿破仑三世的随员扈从，以及他们的行李。除了皇帝的参谋人员和侍从、御医、特务以及神父之外，陪同皇帝的还有七十多名皇家仆役，包括男仆、主厨、宫廷大臣、服务人员、炊事人员、助厨和马夫等。皇家车队的奢华威仪不禁令路人想起了路易十四。皇帝的行事与“太阳王”如出一辙，行营富丽堂皇有如宫殿，在战场上一遇危险便逃之夭夭。这种既软弱无能又傲慢浮夸的行为引得民怨沸腾。波拿巴家族的子孙本该勇于追寻最炽烈的火焰，而这位皇帝却可耻地逃离了战场。

前往凡尔登之前，拿破仑三世将莱茵军团的指挥权交给了巴赞元帅。巴赞立即决定采取谨慎的行动，将军队从洛林的血腥屠场中撤离出来。他告诉皇帝，他会跟随皇帝的脚步，尽快西去，从而令莱茵军团与在沙隆的麦克马洪元帅所部会合。一旦会师，两军就有望抵挡德意志的大军，联军还有希望成功拒敌于巴黎之外。*

然而，两支军队的会师计划却根本没能成功实施。经过马尔拉图和格拉维洛特的血战之后，巴赞在洛林被敌军包围了；不久，他被迫撤回了在梅茨的防御工事。

巴赞未能逃出德军的包围圈这件事，引得无数阴谋论甚嚣尘上。有人说，他不愿跟拿破仑三世合作，是因为从墨西哥回国之后，他在宫廷中遭了冷遇。还有人臆想，普法战争爆发之初，只给了巴赞一个

* 这一策略类似1914年的策略，那一次，法军在马恩河取胜。

军团供其指挥调度，这想必会令巴赞大为光火。还有一些人更加无稽地声称，巴赞元帅已经跟普鲁士人达成了交易：他背叛了祖国，帝国给予了他崇高的荣誉，他却意图颠覆国家，换得普鲁士人的钱财好处，或者希图得到普鲁士人的帮助，在法国建立以他本人为首的新政权。

真相并非如此。巴赞对皇帝或许暗怀怨怼，这一点不无可能，却不足为信。他是一名久经考验的战士，对失望挫折习以为常，已经身为一军统帅的他，不可能放任自己以个人好恶影响军事判断。在与死亡的较量中，在关乎民族危亡的战争中，往日的区区恩怨、个人生涯中的些许失意，都变得不值一提。危急关头，自私自利之心自然会让道于其他要务。何况，即使巴赞依然对帝国政权耿耿于怀，意图报复，在军队最初遭受重创之后，随着德意志大军兵临城下，他也一定会很快发现，复仇之路与责任之路殊途同归。在帝国失败的地方取得成功——赢得皇帝未能取得的胜利——对巴赞元帅来说，这无疑将是他对拿破仑三世最辉煌有力的复仇。

巴赞元帅的失败事出有因，不是由于个人恩怨或者叛国的野心，而是由于目光短浅，以及他的现实主义和悲观主义。他很容易高估对手，战争开始没多久，他就发现，德军的人数更多，德军的火炮更强，德军的军事组织更加严密，德军士气更高涨、更有革命的激情。他们在1870年8月对法军的打击“全然出人意料，严酷猛烈”。巴赞很快就形成了判断：这场战争不可能打赢；一产生这种念头，他就陷入了消极软弱的宿命论。七十年后，当法国再次遭到德军袭击的时候，那些法国军队的高级将领竟然也产生了同样的想法。在这种情况下，预见到即将面临败亡，斗志自然便土崩瓦解了。一位像罗伯特·李一样的名将或许能挽狂澜于既倒，克服惰性，重振斗志，但巴赞虽是一名好士兵，却是个平庸的将领。

莱茵军团的总司令在梅茨身陷重围，心情愈发悲观消沉。皇帝抵达了马恩河畔沙隆的军营，他亦无力鼓舞巴赞元帅重建信心，因为他自己心中也充满了绝望。此时他只是一个傀儡皇帝。他将军事指挥权交予了巴赞元帅，行政大权则由欧仁妮皇后总揽。人们谈论他，就像谈论一个死人一样；军营中，士兵们可以肆意对他进行言语冒犯。有人听到他说："我似乎已经退位了。"身体上的苦痛加上精神上的创伤，令他愈发阴沉抑郁，他丧失了最后一丝行动的动力，最终只能眼睁睁地看着自己走向悲剧的结局。

有一段短暂的时间，皇帝曾经表现出了些许重振威风的神气。虽然丧失了早期"不成功，便成仁"的决心，但他的确考虑返回巴黎，指挥城防。纯粹从军事角度看，这是最明智的选择。这样一来，法国剩下的军队就可以在首都附近阻击德军，德军的补给线太长，因而十分不稳固，法军尚有取胜的可能。但是从政治角度看，这种做法又是不可行的。皇后立即发来电报，打消了皇帝的念头，他不可能受到巴黎人民的欢迎。看到他败退的军旗，巴黎人民必定会怒不可遏。他定会人头不保。暴民会把他撕成碎片。他"不可能活着到达杜伊勒里宫"，欧仁妮说。

皇帝的些许热情就这样熄灭了。皇后和她的幕僚开始实施他们的行动计划。若还想小鲁鲁继承父亲的皇位，统治法兰西，那拿破仑三世必须以英雄果敢的行动来补偿他的失败。他和麦克马洪元帅必须立即驰援梅茨，解救巴赞。这是个孤注一掷的计划，因为麦克马洪所部只有 1.3 万人，远少于驻扎在默兹河谷的德军的人数，麦克马洪必须穿过此地，才能进入洛林。

意志崩溃的皇帝随着麦克马洪的军队向兰斯方向北上，然后东进前往梅济耶尔。一位君主竟然如此落魄、如此不堪，这真是非常罕见的事情。拿破仑三世在脸上化了妆，试图掩盖自己死人一般的苍白脸色。残酷的命运将这位穷途末路的波拿巴家族的子孙，打扮成了一名涂脂抹粉的妇人。皇帝身后依然跟着大批皇家随扈，然而，奢华的排场此刻更像是在讽刺他江河日下的威望。在一户乡下人家，他一个人孤独地用餐，餐食依然丰盛，但冷冷清清、索然无味。有一次，他坐在桌前，突然猛地颤抖起来；一名随从见他泪如雨下。

一天晚上，他正在用餐的时候，一名部下打断了他，请他立即登上火车。他依照安排被带到了北方的比利时边境。拿破仑三世走下火车，步入夜色之中，他发现自己来到了默兹河畔一个戒备森严的小镇上。

这个小镇名叫色当。

梅茨附近，1870年9月

尼采躺在货车的黑暗角落里，他负责照料德意志伤兵。

不久之前，他请了假，暂时离开了巴塞尔大学。他是日耳曼人，他认为，为德意志而战是他应尽的义务。但他不能扛枪作战；因为就在一年前，他为了谋得教席，成了一名瑞士公民，因此他不能参军打仗。于是他主动请缨，做了一名护理员。德军在沃尔特击败麦克马洪元帅之后，他被派去收治伤兵、收埋亡者。接下来，他随德意志军队在梅茨围困巴赞元帅，这是一段相对平静的日子。就这样，他在货车里待了三天三夜。哭泣呻吟“似乎没完没了”。在发高烧的尼采眼中，此时愈发荒诞了，因为他自己也患了痢疾和白喉。

在颠簸的车厢里，在高热的迷乱中，他竟也有一刻清明。他告诉理查德·瓦格纳，“大地在战神阿瑞斯的铁蹄下颤抖”，“即使身处水深火热的战争之中”，他也能“不为所动，全心投入；事实上，我清楚地记得，在那个孤独的夜晚，我跟伤员一起躺在货车车厢里，尽管我负责照料他们，我的思绪却陷入了三大悲剧的深渊：它们的名字是

‘幻想、意志和悲哀’”。

那天夜里尼采守夜时经历的顿悟，他在战争结束一年之后出版的一本书中进行了详述。这就是他的第一部著作《悲剧的诞生》，这是一部散文诗集，写了关于生命中的厌憎和古希腊悲剧起源的一系列冥想哲思。尼采问，当一个人“所见皆为恐惧与荒谬之存在”，他该如何生存，如何行动？体验生活就是感受厌憎，“而厌憎抑制行动”。在他看来，悲剧诗歌令希腊人克服了这种厌憎；它令他们生存，令他们行动，尽管“伤痕”依然存在。

尼采认为，尽管战争令他的肉体流血受伤，却令他的精神力量更加强大、更加纯净。他写道，人们“想象不到”，《悲剧的诞生》是在“沃尔特之战的纷飞炮火中开始写作的”。炮火预告了反叛。《悲剧的诞生》则预告了尼采在精神崩溃、辞去巴塞尔大学语言学教职之后漂泊的几年中，将要追寻的主题。他带着一个大箱子、两套西装、三件衬衫，还有许多书籍、手稿和药品；他整日混迹于旅社和咖啡馆，他的足迹遍及热那亚和拉帕洛、罗马和尼斯、墨西拿和门托尼、索伦托和锡尔斯玛利亚。生活表面的简朴清苦，掩盖了他内心的华丽丰满——其中有文化的永恒飨宴，还有高谈阔论的欢畅。他将揭开古希腊文化之谜，并用其中的秘密来摧毁浪漫主义者的妄想：在他看来，他们的信条就是这个时代的祸乱之源。而要解浪漫主义之毒，就要恢复古希腊勃勃的生命力，复兴其“神一般的自我人格”，他认为，这是一种源自“狄俄尼索斯”的品格。

尼采用他的狄俄尼索斯反击叔本华“带有死气的香氛”，以及民族主义者“颓废”的幻想——反对所有那些不曾满怀最纯粹的热忱对生活说“是”的人。他是自卢梭以来，浪漫主义最出色的研究者；然而，他的思想并未逃脱自己所谴责的观点的藩篱，他将这些观点以一种全新的、更激烈或许也更诱人的形式投射出来。回想起来，尼采高举狄俄尼索斯的意志，似乎只是一个最讽刺、最陈腐，同时也最浪漫的虚伪把戏。一个疾病缠身的人赤裸身体在出租屋里手舞足蹈，幻想同身手矫捷的希腊人一起投掷长矛，此时他何曾拥抱生活——毋宁说他是创造了一种新的迷思。

“查拉图斯特拉是一名舞者。”

他的“权力意志”是带有自负的欺骗。尼采歌颂力量，责难同情，然而 1889 年 1 月在都灵精神崩溃后，他在查理·阿尔贝特广场上看到一名车夫抽打马匹，他当即泪流满面。* 这位崇尚力量的哲学家扑上去抱住马脖子，试图保护它。尼采的作品是在病痛和含糊的嘲讽中构思创作的；但是他的同胞未能领略其中的微妙。他们从字面上将他的呼吁解释为“毫不留情地毁灭”一切“堕落的和寄生的”，解释为湮灭道德、隔离病患，以及摧毁一切不美好的事物。

有些德意志人在尼采的狄俄尼索斯和俾斯麦的铁血政策之间发现了相似之处。尼采愤慨地拒绝这种比较；他煞费苦心，将自己浪漫主义的夸夸其谈与俾斯麦的主张区分开来，他指责后者幼稚得就像一个兄弟会老男孩的观点†。在他彻底崩溃之前写的最后几封信里，他说，德意志的“独角兽”与他“迥然相异”。“为了思考德意志的命运，为了感受德意志的脉搏——我愿意付出一切，唯独不与他们相干。”

他的文字和观点尚未被注意。德意志人视他为天生的强权先知。“我自知我的命运，”他在自己的回忆录《瞧，这个人》的结尾写道，

---

* 鞭马也给陀思妥耶夫斯基和托尔斯泰留下了深刻的印象。在《罪与罚》中，陀思妥耶夫斯基描写了拉斯柯尔尼科夫梦见自己回到童年，看到酒馆外几个醉汉打死一匹小母马。马主人喊着说：“打它的脸，打它的眼睛，打它的眼睛。”小拉斯柯尔尼科夫被眼前一幕吓坏了，“尖叫着穿过人群，来到那匹栗色马旁边，抱住它流血的头，亲吻它，亲吻它的眼睛和嘴唇”。托尔斯泰写小普隆卡，他的农奴学生，一天早晨上学时遇见了村民贾夫鲁卡。普隆卡说：“他从酒馆出来，喝醉了。”贾夫鲁卡开始打马。马不一会儿就口吐白沫，但“他还是不停地抽它的眼睛”。普隆卡问托尔斯泰：“他为什么打马？他一出来就打起马来。”

† 尼采说，俾斯麦的话“令人厌恶和恶心……”“但德意志人忍受了它”，因为他们“语言正变得军事化”。

"有一天，我的名字将会与惊天动地的大事相联系——那将是史无前例的危机，是良知最激烈的碰撞，是与曾被信奉、被希求、被尊崇的一切决裂的定见。我不是一个人，我是毁灭的力量。"

他心中的魔鬼并没有欺骗他。

巴黎，1870年8—9月

"皇后驾到！"衣饰华丽的卫兵们一边用手杖敲击地面，一边高呼。欧仁妮出现在众人面前。跟巴黎的其他贵妇一样，她通身黑色衣饰，连后冠都是黑玉制成的。她正在为法兰西哀悼。她会见了美国特使伊莱休·沃什伯恩，此人在此十年之初曾迎接林肯进入华盛顿。皇后向他打听美利坚合众国的最新消息。

沃什伯恩告诉她，诸事顺遂。

"不幸的是，"欧仁妮说，"我们这里并非如此。一切糟糕透顶。收到的尽是坏消息。我们遭受了重创。"

沃什伯恩说，胜败乃兵家常事。九年前，身为伊利诺伊州议员的他安排尤利西斯·S. 格兰特返回了军队。他指出，在美国经历的那场革命中，北军最初也屡遭重创。

"确实，"皇后说，"是奔牛河战役吗？"

"是的。"沃什伯恩说。

"但是，"皇后继续说，"不幸的是，我国人民与贵国不同。贵国人民更有耐心，更刚毅不屈，而法国人民却一早就放弃了抵抗，他们变得怨天尤人，无理取闹。然而，我并未绝望，我会保持高昂的斗志，以身作则，振奋国民。我相信，我们一定能够战胜所有灾难。"

1870 年 8 月的最后几天，人民的不满几乎每时每刻都萦绕在欧仁妮的脑海中。她与警察局长随时保持着密切联系，任意调用皇帝的情报部门，其中包括邮政局，在那里，私人信件被秘密拆启誊抄。然而，尽管身边有侍卫和警探层层保护，她依然如惊弓之鸟一般。早晨，她要喝咖啡提神；傍晚，她要服镇静剂安神。夜晚最为难熬。欧仁妮似乎害怕有人趁夜幕取她性命。

尽管时刻关注着巴黎民众的不满情绪，但皇后依然对前线的消息所知甚少。临近月末，军队传来的消息少得如同涓滴细流，后来便干脆断绝了消息。接连三四天杳无音讯。“漫长的沉寂令我惶惶不可终日，”欧仁妮说，“我食不下咽，睡难安枕；我不住流泪，泣不成声。”

接着，9 月 3 日，内政大臣谢弗罗带来一封电报。皇后站在杜伊勒里宫里连接一层皇帝房间和二层皇后房间的楼梯的最高一级，读完了电报。她得知，自己的丈夫在色当遭遇了德军包围。波拿巴家族最后的帝王率部向普鲁士国王缴械投降，之后被押解去了德意志。

一声惨呼响彻皇宫。“不！”欧仁妮尖叫道，“皇帝没有投降！拿破仑的子孙绝不会投降！他死了！你们听到我的话了吗？我告诉你们，他死了！他们想骗我！”

一片死寂。终于，她不得不承认这可耻的事实，她大发雷霆。“他为何不自杀？”她尖叫道，“他为何不葬身色当城下？难道他就不觉得羞耻吗？他会给儿子留下何等骂名！”她儿子的父亲曾经渴望成为第二位凯撒。但在世人眼中，他更像那个昏聩无能的瓦莱里安——唯一被敌人生擒活捉的罗马皇帝。

暴怒过后，皇后又痛悔自己出言不妥，她跪倒在地，呼唤着丈夫的名字，祈求他原谅她的不敬。

第二天，9 月 4 日，天光破晓。皇后一夜未眠，晨起去做祷告。听闻色当战败的消息，大群义愤填膺的巴黎民众已经堵在了宫殿门口。他们呼喊着“下台！下台！”午膳 11 点半开始，但几乎没人有享用美食的胃口。时间一分一秒地过去，暴民的怒火越来越炽烈，仍留在杜伊勒里宫中的侍从们清晰地听见“共和国万岁！”的呼声。

帝国政权摇摇欲坠。政府的日常工作都暂停了，因为帝国的官员预见到恐怖的惩罚随时可能到来，他们担心自己性命不保，匆匆逃出了这座城市。噩耗如潮水般袭来，由城外，由贝尔维尔和巴黎的其他“赤色”地区而来。警局传来的消息同样糟糕。一些幕僚建议皇后采取强硬措施镇压叛乱的巴黎市民；但是她明智地驳回了这条建议。“无论如何都不可引发内战。”她说。镇压的指令倘使下达，未必会得到遵从，暴力命令非但不可能扭转灾难的局面，还会永远令波拿巴家族蒙羞。

帝国轰然垮塌，化作一片废墟。愤怒的民众冲进了波旁宫，闯入了立法院。一位自信睿智、慷慨激昂的年轻议员登上了讲台，宣告拿破仑王朝灭亡。此人名叫莱昂·甘贝塔，他的激情和天赋很快在全法国街知巷闻。这位反对派领袖夹在人流中，在巴黎民众的簇拥下，来到市政大厦，宣告共和国成立。一个自称“国防政府”的临时政权就此成立，法兰西——至少是巴黎——的新主人们向人群慷慨陈词，承诺会捍卫国家的自由和尊严。在种种可疑的迹象之中，第三共和国诞生了。

装饰在杜伊勒里宫门口的鎏金鹰雕被人群砸碎。宫内一片愁云惨雾。幕僚参谋们手握左轮手枪——军队的忠诚已经不堪信任——侍立在旁保护皇后，皇后与女眷们告别。“走吧，走啊，求你们了！”她说。女眷们流着泪离去。欧仁妮走向客厅的尽头，转身鞠了一躬。宫廷大臣对还未离去的侍女们说：“皇后陛下感谢诸位。她希望你们速速离去。”

几名心腹伴随皇后回到了她的寝殿，其中包括梅特涅亲王和王妃；面对革命的民众，这是熟谙逃命之道的一家人。在场的还有欧仁妮的闺中密友，勒布雷顿夫人，她是布尔巴基将军的妹妹，领着皇后伴读的虚衔。欧仁妮在各个房间中搜寻珠宝首饰和其他贵重物品，托付给梅特涅王妃。皇后向她的寝殿投以忧伤的最后一瞥，这里留下了她积年的富贵繁华，也见证了她最后的悲哀绝望。这是一处令人陶醉的所在，尽管也有人抱怨这里有点缺乏岁月积淀，略过金碧辉煌。客厅表现出欧仁妮的个人风格和她独有的女性柔美：窗上垂挂着白缎窗帘，门上的装饰镜板绘着当代仕女图。（就像另一位美丽动人的皇后——奥地利的伊丽莎白皇后一样，欧仁妮也醉心于欣赏其他美人的风姿；她从中得到一个标准，以判断自己的美貌程度。）她的闺房同样独具一格。四壁饰以绿色的绸缎，窗帘和衬垫都是紫色的丝绸。她和丈夫每天午餐后都会在此小憩；皇帝会点一根烟，她自己则会信手涂抹几笔水彩画，两人会讨论当天的活动——这是在残酷不息的政治与权力斗争中偷得的片刻温存。

决定命运的时刻越来越近了。宫外传来了不祥的声音，那是靴子踏上楼梯的声响。欧仁妮和她的仆人们偷偷溜进一条通往卢浮宫的秘密通道。他们匆匆穿过空荡荡的宫殿过道，从东头出来，到了圣日耳曼奥塞尔教堂边的街上。逃亡中的皇后蒙着厚厚的面纱，登上一辆出租马车。她四处找寻藏身之地，以度过这个可怕的夜晚。几个小时之后，她终于得以在她的牙医，美国人托马斯·埃文斯医生家暂时落脚。第二天，欧仁妮皇后躲在一辆关得严严实实的四轮马车里，由埃文斯医生驾车送出了城。

在惶惶不安之中，他们向着巴黎北郊逃去。他们会被拦截下来吗？她会被人认出来吗？她是否也会落得试图逃离革命洪流的玛丽-安托瓦妮特那样的下场？那位不幸的皇后和她的丈夫路易十六远逃至瓦雷纳，但还是被发现了，他们遭人出卖，被交到了愤怒的巴黎人民手中。此时，欧仁妮感到了那曾经攫住路易十六和玛丽的冰冷恐惧。

然而，最终，马车还是驶上了大路。巴黎渐行渐远，同样渐行渐远的还有帝国的残影，七十年前，拿破仑大帝建立了法兰西第一帝国，他的侄子及其妻子曾试图将帝国延续万世，却终究徒劳无功。

第三十一章

恶魔之酒

亚斯纳亚–博利尔纳，1869年6月—1878年3月

每个人都会在某一时间感受到某种说不清道不明的恐惧。有什么事情就要发生了。但是什么事情呢？也许是曾经做出的许诺要兑现，但拖延了；也许是有账单必须支付，但过期了。然而有的时候，一个人感受到这种恐惧，却再三思考也找不出原因。他在脑海中搜索，焦虑地找寻令他不安之事的线索。账单都支付了，责任也履行了，但还是恐惧。

这种恐惧，托尔斯泰说，是对死亡的恐惧。

他的精神本该处在最好的状态，从外在各方面来看，他都该心满意足。他完成了《战争与和平》，在生活中，也对其中的观点深信不疑：真理和幸福不是从空洞无物、反复无常的政治中，而是从日常的喜怒哀乐中寻到的。对家庭如此付出，他得到的回报是一个庞大的、充满爱和安宁的家。并且，他还有有趣的工作可以做。他又开始教导农民，为俄国学校改革制订了很多计划。他的思想和文字也非常活跃，学习了希腊语，并开始写作《安娜·卡列尼娜》。

然而，他仍然无法摆脱恐惧的感觉。“我不知所措，”他说道，

“灰心不已。”情绪过去了，他又像以前一样生活，但很快这种感觉又会回来。问题变得严重起来。“我的生命停滞了。虽然我还在呼吸、进食、喝水、睡觉……我不由自主地做这些事情，却如行尸走肉一般……”他说，自己的存在“就是某人对我开的一个愚蠢并充满恶意的玩笑”。

他翻开叔本华的书，似乎从中找到了问题的答案。“生命，”叔本华写道，“不应该是一种恶，通往虚无是生命的唯一善。”显而易见，问题出在生命本身。存在就是一个错误——宇宙的错误，一个需要躲避的错误。托尔斯泰在书房里发现了一根横木，他想到了上吊。

但是叔本华对生命的弃绝——他浪漫主义的梦想便是逃进虚无和极乐世界——并未令他完全信服。托尔斯泰后来说，要是他全盘接受了叔本华的观念，就会毫不犹豫地自杀。但他选择活下去。“我恐惧生活，”他说道，“渴望逃离，却仍旧有所期待。”

碰巧，托尔斯泰聘用了一个名叫瓦西里·阿列克谢耶夫的年轻人，来做自己孩子的数学老师。阿列克谢耶夫曾和克鲁泡特金王子同为柴可夫斯基群体的人，如今却过着乞丐般的革命家生活。“毫不夸张地说，我已经饿得不行了，”阿列克谢耶夫回忆，“通过一些熟人，我得到了为托尔斯泰伯爵家的孩子做家庭教师的工作。伯爵的名头把我吓坏了，一开始我是拒绝的。”但后来他还是去了亚斯纳亚-博利尔纳，并和托尔斯泰成了好朋友。阿列克谢耶夫向雇主坦白了自己投身民众、希望通过建立一个新形式的共同体来逃避生活之恶的梦想。托尔斯泰对阿列克谢耶夫的雄心壮志深表支持，但是对他的某些同志在革命中采用暴力手段却持不赞同态度。反叛者痛恨沙皇，对他的改革不屑一顾，托尔斯泰却认为亚历山大“做了很多好事”，他认为赤色团体用“目无神明、惨无人道的手段，纵火、抢劫、谋杀”，“毒害”了君主的性命，扭曲了他的性格。阿列克谢耶夫跟托尔斯泰说了柴可夫斯基本人对这一成就的疑问，他说到对俄国不再抱有幻想的革命领袖们如何带领一群信徒在“堪萨斯大草原”（俄国人的说法）上建立新信仰。

一个新的信仰——托尔斯泰想，这可能是一条让他走出困惑和绝望的途径。阿列克谢耶夫“让我相信了一直隐约扰动我灵魂的东西”。甚至在结识这位年轻的社会主义者之前，托尔斯泰就开始重新审视信仰这一问题了。在他人生的早期阶段，他曾经背离了东正教，但他从未停止在礼拜仪式中寻求来自永恒的回声。在克里姆林宫举办婚礼的时候，他感受到了教会的神秘力量。在他的哥哥痛失爱子的时候，他体会到了教会仪式给予的安慰。“神父在那里，”托尔斯泰写道，“还有一个小小的粉红色棺材，一切都恰如其分。”他的哥哥还能如何“从房间里移走小孩子的腐烂尸体呢？……没有比唱着安魂曲、焚着圣香更好的方式了（至少，我想不出来）……对我来说，那些斯拉夫语的悼词至少激起了一种想起涅槃时感到的超自然迷醉。”

托尔斯泰开始每个星期日去做弥撒，与前来教自己孩子神学的神父畅谈到深夜。他禁食、祷告、拜访奥普蒂那·普斯滕修道院和圣塞尔吉乌斯三一修道院。“信仰对我来说仍像以前一样不合逻辑，”他说道，“但我不得不承认，信仰本身给了人类关于生命问题的一个答复，并因此让生命有了可能。”他将目光转回自己，发现只有在信仰上帝的时候，他才生活过。“只有感受到上帝，我才活着，忘记他，或者不再信仰他，我就会死去……认识上帝和活着是一回事，上帝就是生命。活着寻求上帝，你就不会离开上帝而活。以前从未有过，我的内里和周遭全部被点亮了，并且这光再也不会离我而去。”他如今已经做好了活下去的准备，也做好了死去的准备。

然而，他并没有成为一名东正教徒，或者说，他并没有保持一名东正教徒的身份。他说，教会只不过是“掌握在某些人手中的权力而己”。他认为，基督教中宝贵的东西并不在教会的等级制度中，而在耶稣的教导和人们的信心中。他仔细读福音书，投入了大量精力阐释耶稣话语的含义。他还对农民做了细致的研究，越看越确信“他们有真正的信仰，这对他们来说是必需的，赋予他们生命以意义，使他们有活下去的可能……我们认为必须受苦、死去是非常可怕的一件事，而这些人就这么活着，遭受苦难，平静地，大多数时候愉悦地走向死亡”。为了弄明白农民内心平安的秘密，他开始模仿他们外在的穿衣风格。他穿上土布衬衫、树皮或麻编的鞋子，因为这副乡下人的扮相，他的朋友们有时候会把他误认为一个农民。

在平静地面对自己之后，托尔斯泰又被别人的痛苦折磨。农民是非常悲惨的。在某些方面，他们的境况比解放法令颁布之前还要糟糕。这些以前的农奴现在又被沉重的债务所累。一位历史学家写道，有必要制定一部“更自由、更灵活”的土地法律，但亚历山大政府正处在保守阶段，不愿改革。沙皇设立的地方委员会试图采取补救措施，但在这种万马齐喑的氛围中，政府不允许地方自治组织主动采取措施解决人民的问题。

“那么我们该做些什么呢？”托尔斯泰自问。他可以在自由制度中寻求解决方案，亚历山大在其统治早期也是这么做的，至少在美国，这一制度似乎给了普罗大众一个逃离贫困和压迫的机会。但托尔斯泰抵制这种自由国家理想，他认为这会导致灵魂的腐坏。虽然俄国贫穷悲惨，但是它的民众与那些体制毫无活力、有着众多权利法案的所谓更加发达的西方国家的民众相比，多么虔诚，在精神上多么优雅啊！

林肯曾试图赋予自由国家一种新的优雅，托尔斯泰则完全抵制整个自由体制，尽管他认为林肯是那个时代最伟大的人。托尔斯泰说，林肯“是基督的一个缩影，是一个圣徒，他的名字将流芳百世”。他认为："我们距离他太近，所以很难欣赏他这种非凡的力量，但几百年后，我们的子孙后代将更清楚地看到他比我们伟大之处。他的才能对普通人来说，仍然过于杰出了，就如阳光直射在我们身上太过炙热一样……拿破仑、凯撒和华盛顿在林肯面前只能算皎皎白月之于烈烈艳阳。"托尔斯泰对已故总统的评价包含了各种溢美之词，但他并不了解林肯。他历数林肯人格中的高贵品质，他的质朴、宽容以及对敌人的爱心，但无视了林肯一生中至关重要的一点——他改善自由制度的努力。

只有在当局的阴影遮蔽了他前进道路的时候，他才开始谈到对自由改革的渴望。一次，他的一头公牛把饲养员撞死了，调查官员要求他做出承诺，在调查期间不会离开亚斯纳亚-博利尔纳。托尔斯泰怒不可遏，再一次提到要去一个实行自由制度的国家定居。"简直荒谬，这些先生竟独断专行至此，"他说道，"我要变卖在俄国的一切，迁往英国，那里每一个人都是被尊重的。而在这里，每一个警察，如果有人不匍匐在他脚下求告，都会使出最肮脏的手段。"

不过这种情绪已经过去了。

凡尔赛，1870年10月

俾斯麦抵达凡尔赛的时候，太阳已经沉沉西下。他的改革之路走到了终点。"我是上帝的战士，"他说道，"无论上帝往何处派遣我，我都会欣然赴任……"在法国历代帝王的"圣殿"之中，这位战士将完成德意志革命的最后一战。抵达之后，俾斯麦希望能在几星期之内速战速决，但他很快遇到了对遭遇这种剧变的人来说非常熟悉的一些困难。在某些方面改革精神缺乏，而在其他方面又太多；经过了漫长的五个月，他才得遂所愿住进位于普罗旺斯街的他所征用的房子里。

他最大的野心，就是令德意志南方诸公国加入他的联邦，以完成德意志统一。在德意志南方，俾斯麦可以通过报纸媒体来影响民意，但他发现世袭王公们更难驾驭。南方最大的公国巴伐利亚是最值得争取的，然而，路德维希却唯恐大权旁落，他觉得自己有堂堂的维特尔斯巴赫家族的血统，竟要居于小小的霍亨索伦家族之下，简直无法忍受。

和法国进行和平谈判是一项非常艰巨的任务。法国国防政府——拿破仑帝国败落之后的新建政府——外交部长朱尔·法夫尔前来与俾斯麦共进晚餐，摆明了法国的态度：寸土不让。这一立场与德意志舆论的呼声、总参谋部的要求可不好协调。很多德意志人认为法国应该割让阿尔萨斯和洛林——连接两个帝国的门廊——作为求得和平的必要条件，并且普鲁士颇具影响的总参谋部里的60位杰出的军官也是这么认为的。

这便是俾斯麦面临的困境。事实上，法国可能屈服于厉色恫吓，被德意志大军围得水泄不通的巴黎会因饥饿困顿而屈服；巴伐利亚可以被利诱。但是冯·毛奇将军是一个棘手的问题。首相与总参谋长长时间不和，如今更是撕破了脸。

毛奇决心维护自己作为威廉国王首席军事顾问——最高军事领袖的特权。他认为自己不仅是军队的统帅，也是军队正统的最高祭司，古老武士传统的守护者。他坚决要求战时享有“向国王进谏的特别权利”。他将俾斯麦排除在军事委员会之外，首相只能通过报纸推断总参谋部的战略策划。

争端的核心是战后和解问题。毛奇主张，和解问题纯粹是军事性质的，不在政治家的能力范围之内。俾斯麦认为，军人专精一门，过于狭隘，不能胜任缔结长久和约这一任务，战后秩序必须由一个能够全面统筹的人来建立。

毛奇支持迦太基式的和解*。要保证德意志的安全，不仅需要打败法国，还需要征服它，只有彻底击垮法兰西民族的意志，德意志才能“压住这座以战争和革命令欧洲动荡了一个世纪的火山”。必须占领巴黎，并将其改造成实施下一步行动的基地。到那时，将会发起一系列新的战斗，德意志军队可以深入法国腹地。对此俾斯麦笑而不语。好像有谁能拔掉一个拥有 4 000 万人口的民族这颗“毒牙”一样。据他观察，摧毁法国的企图不但行不通，还会引发其他欧洲强权对德意志的震怒。在改革期间推动德意志转型的那种粗暴好战的活力，在国家事实上建立起来之后只会使之陷入麻烦。德意志改革之后的安全，俾斯麦主张，在于节制，在于民众说服邻国自己国家的强大国力不会对欧洲大陆的文明造成威胁的能力。

不过对于毛奇和参谋部诸位的错误，俾斯麦也难辞其咎。为了给他改革早期的行动辩护，俾斯麦抛出了德意志活力论，主张一个国家生存、呼吸、用邻国之残骸滋养自身的权利。总参谋部拥护这一理念并将之奉为信条。毫无疑问，这便是俾斯麦改革的矛盾之处。为了发起改革，他不得不释放某种力量，而这种力量如果没有被恰当控制，将最终毁掉他的改革。

正如法国大革命一样，德意志改革最终也将吞噬掉自身的成果。俾斯麦未能说服总参谋部，谨慎是英勇更宝贵的一部分，他扔掉了福斯塔夫†的面具，开始像李尔王一样采取雷霆手段。俾斯麦行事暴力，咆哮、痛骂，打开了其黑暗力量的闸门。他将毛奇描绘成一只享用权力之内脏的秃鹰，将军的形象“一天比一天更像一只贪婪的秃鹰”，他如此说道。他还嘲笑参谋部的诸位是一群爱摆架子的“半神”，色当一战后竟然搞砸了整场战争。

---

* 与战败一方签订条件苛刻的和平条约。——译注

† 莎士比亚作品《亨利四世》中的喜剧人物。——译注

毛奇不为所动，萨多瓦战役结束后他就研究了俾斯麦的策略，已经做好了兵来将挡、水来土掩的准备。对于首相的怒火，总参谋长冷眼旁观，不置一词。甚至俾斯麦最尖利的飞镖都未能刺穿将军自我控制的甲胄。“来日，决定一个男人生命价值的，”毛奇说道，“并不是胜利的荣光，而是目的的纯粹和对职责的忠诚。”他知道自己的职责所在。

梅茨，1870年8—10月

据说在革命中，人们的生活节奏是很快的。声誉、职业、财富——日积月累几十年的东西——旦夕之间尽数毁坏。有人说，巴赞元帅在他所处年代的所有法国军人中成绩是最优秀的。他在四十年前入伍，从普通士兵升至高位，在非洲、克里米亚、意大利和墨西哥各大战场上表现出不凡的勇气和能力。然而，1870 年 8 月，他遭遇了一支从未见识过的敌军队伍。于是他害怕了，龟缩在梅茨城里。

该城的状况迅速恶化。供应受限，军队口粮不足。很快，他们就不得不以战马充饥，可是没有盐，肉也难以下咽。引水渠已经被敌军破坏，被困军民只能从摩泽尔河打脏水用。疾病肆虐，空气中弥漫着死亡的气息和公厕的臭味。军队一片漠然，纪律崩坏。下雨的时候，军营就会变成一片沼泽，瘟疫横行，身强力壮的人也不能幸免。巴赞退至邦圣马尔坦的一座郊区小镇，据说他意志消沉，靠玩台球来放松。

还有一线希望存在。新的法国政府的不妥协态度，让俾斯麦感到挫败，并且他也不确定值不值得浪费羊皮纸与这么一个风雨飘摇的政权签署和平条约，于是他和巴赞之间开启了一个古怪的谈判。首相的想法是借助普鲁士的武力协助法国重建波拿巴政权。被押去德意志，关在某座宫殿中的路易-拿破仑，将再次坐上宝座，他能否保住性命，取决于能否与普鲁士签署一个令俾斯麦满意的和约。作为该计划的一部分，德军将解除对梅茨的包围，保证要保卫重建后的政权的巴赞元帅，将用自己的军队来支撑这一重生的王朝。巴赞这边，似乎可以接受所有提议，只要德意志承诺恢复杜伊勒里宫里他宣誓永远效忠的主子的皇位。但是他接受也是徒然，因为这一计划只不过是俾斯麦的臆想，最后完全落空。巴赞回到台球桌旁，陷入了绝望。

他隐约看见了以后忍饥挨饿的日子，在这黑暗的时刻，元帅最终决定向德军投降。“让我们心存感激吧，”一位历史学家在记述另一位法国战士之陨落的时候写道，“我们不必面对将他击垮的那些磨难。”10 月底，17 万名士兵，法国剩下的最大规模的军队，缴械就俘。

凡尔赛，1870年10—11月

经常有人看到俾斯麦就着法国秋季明亮的月光，在位于普罗旺斯街的私家花园中踱步。他非常焦虑。法国、巴伐利亚和总参谋部抵制他意愿的时间越长，欧洲其他国家意识到他改革的意图、干涉并毁掉他努力成果的可能性就越大。

法国尤其让他火大。莱昂·甘贝塔令他嫌恶。俾斯麦说，“从长相看”，这位年轻的律师“几乎一定”是个犹太人。甘贝塔是法国国防政府的灵魂人物。看一眼作战地图，他就能发现德军——如所有军事占领的军队一样——的薄弱之处。这位法国指挥官手中几乎没有任何常规军可以用来对抗毛奇庞大的队伍，但他很好地利用了这支职业军队的弱点，组织了一支游击队，并将这场战争转变成了人民的反抗斗争。被人们称作“法兰西神枪手”的一群狙击手四处伏击德军巡逻兵，让入侵者感到了前所未有的恐惧。

甘贝塔对大规模军队的作为令俾斯麦感到不安。他正想按照传统外交规则与战败的敌人签署停战协议。而他的对手拒绝配合。甘贝塔完全不顾惯例和规约，四处制造混乱和骚动，他打算击垮德军的战斗意志。他才三十三岁，蓄着长长的黑发，一撮胡子遮不住他丰满而性感的下嘴唇。在他激情澎湃的演讲中，法国反抗军，特别是巴黎的那些，对那经典的嘴唇留下了深刻的印象。被围的首都食品供应有限，但民众的爱国主义热情高涨。甘贝塔深信他可以在不接受德军条件的情况下驱逐他们，法国政府中那些认为他的想法是天方夜谭的人，丝毫不敢违抗他。因为甘贝塔得到了“红色”行政区的支持，在那里，狂热的革命者渴望对一切想要背叛他们浪漫主义梦想的人施以惩罚。

10 月，甘贝塔乘坐热气球逃离了巴黎，企图重振法兰西民族。他组织的游击队仍然让德军苦不堪言。之前走在法国大街上，高唱着路德的赞美诗或《保卫莱茵河》的普鲁士年轻人，如今身后留下一串酒瓶碎片。他们耀武扬威地走进小村庄，吼道：“小姐，要不要亲一个？”俾斯麦也通过狂喝滥饮和满口粗话来发泄心中的愤怒。他对自己的酒力颇为骄傲，还在凡尔赛宫吹嘘自己曾“一口气”喝下四分之三瓶香槟。“所有人，”俾斯麦说，“都惊呆了，但我说‘再来一瓶’。”然而他并不是苏格拉底，酒对他还是有影响的。有人推测，他最令人反感的一番话就是喝了酒以后说的。“那些奸诈的狙击手，”有一天，他大声嚷道，“这一刻还穿着宽松上衣、两手插兜，下一刻，当我们的士兵经过的时候，便从沟里拿出枪来向我们射击。最后会走到这一步，那就是，我们将射杀所有男性居民。”

维姬写信给自己的母亲维多利亚女王，说道：“俾斯麦伯爵可能说得很疯狂，但他从没有真正乱来过。”俾斯麦不会因为狂热而牺牲自己的实际利益，但在 1870 年秋季，他发现有时候狂热可能会增大一个人的实际利益。他相信，激情推动了革命，燃料必须加热到足够高的温度才能引发必要的爆炸。格兰特将军的骑兵指挥官菲利普·谢里登给出的建议让他印象深刻。谢里登以观察员的身份前来普鲁士军营。他敦促德意志发动全面战争，林肯和格兰特在美国内战中也被迫这么做。在兰斯与俾斯麦共进晚餐的时候，谢里登提议："适当的策略是，首先给予敌方军队有力攻击，然后，民众会因为遭受了太多痛苦而渴望和平，并迫使他们的政府求和。除了为战争而哭泣的眼睛，什么也不用给民众留下……""你比其他军队领导者更清楚怎样打击敌人，却不了解如何彻底摧毁他。必须让他看到更多村庄冒出浓烟，否则法国这摊子你是收拾不了的。"

俾斯麦一开始拒绝了炮击巴黎的建议。现在他改变主意了。要击垮法国的意志，他认为，必须对平民采取恐怖策略。"法国人遭受的战争苦难越多，"他说，"渴望和平的人就越多，无论我们提出什么条件都可以。"俾斯麦从未接受毛奇提出的征服、摧毁法国的观点，但是现在他确信革命的必要性需要德意志采取更残酷的行动。他们必须喝下恶魔之酒。他们不需要喝干，那样将招致欧洲的报复。但是如果他们想要取得革命成功，就不得不喝上一口。

首相按照一贯的做法，发起媒体运动为其下一步计划制造舆论。结果非常成功，很快，德意志上下开始强烈要求炮轰巴黎。让火焰吞噬敌人的修道院和宫殿、剧院和博物馆、科学院的众院士、万神殿被玷污的圣坛吧。俾斯麦的妻子约翰娜也陷入虔诚的愤怒，催促将所有法国人"射杀、刺死，连婴儿也不要放过"。瓦格纳被报纸专栏报道唤醒了两个最强烈的本能：对焚尸柴火的热爱和对复仇的渴望。他说，巴黎就是世界的情妇，应当被扔进瓦砾堆。柯西玛记得他是多么渴望"写信给俾斯麦，乞求他炮轰"这座城市，不过没有任何证据表明，这位作曲家希望俾斯麦特别针对歌剧院发动炮轰。

大炮很快就准备好了。

巴伐利亚，1867年5月—1870年12月

巴伐利亚投降德意志改革的故事始于一个英俊潇洒的年轻人在贝格城堡——维特尔斯巴赫家族建于巴伐利亚阿尔卑斯山麓的一座城堡——露面。这位身材匀称、一头金色鬈发的年轻人是路德维希家的马夫，名叫里夏德·赫尼希。国王见到他时，他穿着天蓝色的伊顿夹克，正牵着一匹马。

路德维希神魂颠倒了。尽管身份差距悬殊，但两个人的关系迅速亲密起来，他们一同前往法国，有点度蜜月的意思。在那里，路德维希化名贝格伯爵，开启了前往凡尔赛——他王权崇拜的麦加城——的朝圣之旅。返回巴伐利亚之后，他与自己的未婚妻，巴伐利亚的马克斯公爵的女儿苏菲解除了婚约。几个月前，路德维希曾满腔热情地筹备两人的婚礼，他研究了凡尔赛宫的先例，下令制造一辆特别的马车，比“太阳王”乘坐的还要豪华。但是再多艳俗的装饰也无法掩饰他不是新娘的事实，如果接受一个女人，他将不得不抛弃自己的新郎。“摆脱了苏菲，”解除婚约后，他在日记中写道，“令人绝望的画面消逝了，我渴望自由。痛苦的噩梦过后，如今我可以重新活。”“感谢上帝，”在原定的婚礼当天，他写道，“恐怖的事情并未发生。”

最后，路德维希知道了什么是爱。但他的爱是一分为二、自相矛盾的。他的灵魂渴望纯洁的、柏拉图式的爱情；而他的本能需要肉体的满足。国王的日记见证了他内心激烈的斗争。“只有精神上的爱是被允许的，”路德维希写道，“肉欲是可憎的。我祈求上帝诅咒它。”他希望洗掉“全身的污秽”，成为“里夏德的爱情和友谊的洁净

容器”。他的纯洁誓言更加热诚，他指着“纯净、圣洁的王室百合起誓，抵制所有的诱惑，无论是行为、语言，还是思想上的，都绝不屈服”。他和赫尼希用一个吻封印了两人要保持克制的承诺，“圣洁而纯净……只此一次。我是国王，一言九鼎……”

“如果我再次跌倒，就让我和我的理想受到诅咒吧。”路德维希说。然而，他确实又一次跌倒了。

当他的战士们在法国战场上为德意志抛头颅洒热血的时候，路德维希留在了巴伐利亚。他吸食的精神鸦片变得愈发奇特。他崇拜月亮，召唤百合花的魔法力量，为山峦具有的瓦格纳式情调而赞叹。“群山之上有自由，”他在色当战役前一晚写道，“在那里，人们永远不会痛苦。”

浪漫主义是一种病，歌德在临终前如此断言。路德维希染上了此病最致命的一种。他就如巴伐利亚的爱玛·包法利，他华丽的离弃为他的国家惨遭蹂躏铺平了道路。他梦想自己能够飞翔，他将逃到遥远的山中要塞，在童话城堡中复兴中世纪最后的魔法。他将彻底离开巴伐利亚，在某个充满魔力的地方，塞浦路斯或克里特岛，度过余生。他只需要钱。有一次，他向赫尼希吐露了他要卖掉巴伐利亚来实现其浪漫梦想的想法。如今他看到了机会。虽然俾斯麦的改革与维特尔斯巴赫家子孙的事业格格不入，但也是有价值的——可以让他填满自己的金库。

交易达成了，巴伐利亚国王几近温顺地屈服于魔法师的权杖之下。俾斯麦在与巴伐利亚的谈判中做了很多让步，也达成了一个协约，将路德维希的国家并入了德意志邦联。* 不久以后，另一个更加隐秘的交易也达成了，每年支付给路德维希一笔可观的补偿金，其他一些转款也做了安排或承诺。之后，俾斯麦口述了一封信。维特尔斯巴赫家族固有的骄傲令路德维希很难接受这个普鲁士政治家所写的东

---

* 至于其他南方公国，巴登和黑森在巴伐利亚之前就与普鲁士签订了并入协约；不久后，符腾堡也并入了德意志邦联。

西，可是他需要钱，所以还是按照要求做了。他向普鲁士的威廉国王递交了一份请求，不是请求威廉做德意志邦联的总统，而是新的德意志帝国的皇帝。

第三十二章

新的世界已到来

美国，1870年4月

在美国，亚伯拉罕·林肯遇刺五周年纪念日几乎悄无声息地过去了。引起国人关注的是那些更加新鲜生动的罪案。在纽约，发生了一件耸人听闻的谋杀案。一个名叫丹尼尔·麦克法兰的人被指控谋杀妻子的情人阿尔伯特·迪恩·理查森，他是《纽约论坛报》的知名记者，还是成功逃离联邦监狱的英雄人物。在宾夕法尼亚的雷丁，一名怒火中烧的丈夫枪杀了妻子和她的情人。在波士顿北部，一名男子被亡命徒刀刺、殴打致死。人称“老板”的威廉·马西·特维德和坦慕尼派控制了整个纽约。伊利公司的股东一纸诉状将“臭名昭著分子”——吉姆·菲斯克和杰伊·古尔德——告上了法庭。按照他们的说法，这些人侵吞了数百万的资财。

一味谴责这个时期——林肯去世后的灰暗时代——的罪恶和污秽似乎有失公允。其他年代亦如“镀金时代”一般糟糕。论奢靡放纵，波吉亚家族和维斯康提家族比菲斯克和特威德有过之而无不及，尽管他们的格调似乎要高雅些。要不是品位过于糟糕，杰伊·古尔德简直堪比美第奇家族的王子。1870年春，就在总统遭约翰·威尔克斯刺杀祭日的前夕，戏剧世家布斯家族竟于自家在纽约经营的一家剧院里，胆大妄为地上演了一出谋杀一位高尚的政治领袖的戏剧。1870 年 4 月 13 日，埃德温 · 布斯出演了《麦克白》，含沙射影地嘲讽了那些为林肯之死哀恸伤感的人。被杀的邓肯 * 们匆匆来去，唯有巴比伦是永恒的。

这灰暗时代，即便不至于在道德方面比平常年代荒诞非常，却也更令人灰心失望。整个国家的神经曾经绷得紧张至极，而今又忽地松弛下来。尚无灵丹妙药能医治自由国家改革后留下的道德伤痛。这类改革的首例——1688 年英国的光荣革命，在斯威夫特和蒲柏看来，并不尽如人意，正如亨利 · 亚当斯和亨利 · 詹姆斯对林肯的改革不甚满意一样。

为了开启民智，林肯试图带给美国一种理解问题的新方式，或者不如说是复兴一种传统的方式。根据当时众多自由派人士所抱持的历史理论（有人称之为“辉格党对历史的阐释”），人类的历史不过是自由进程恰逢其会的一出剧。林肯在世时，认为这种理论幼稚可笑，且过于乐观。他认为，在道德层面，自由的进程复杂难辨；它与救赎的进程紧密联系，并与灵魂的净化直接相关。罪恶必须以苦难偿赎，罪必当罚。唯其如此，才可能进步。

林肯以敏锐的目光洞察了罪恶的真相及仁慈的可能，这令他比起这十年中的其他领袖人物，显得卓尔不凡。在德意志，俾斯麦将道德从政治中剥离；他提出了无关道德的现实政治理论。在俄国，人们对新耶路撒冷的道德追求与对现世自由的世俗追求之间的鸿沟，没有政治家能够弥合：在陀思妥耶夫斯基和亚历山大之间存在着一条互不理解的鸿沟。然而恰恰相反的是，在美国，林肯将道德进步和物质进步这两个明显对立的概念联结到了一起。每个人的灵魂之中，善与恶都

---

* 《麦克白》中被暗害的苏格兰老国王。——译注

在进行着永不止息的斗争，基于此，林肯绘制了自由国家的蓝图，他将这种斗争与（他声称的）一种天意设计联系起来，根据天意，经过一段时间的艰苦磨砺，人心之中的良善将占据上风。他以此给美国人带来了一种道德理想，一个雏形已具的幻想，在那段艰难贫瘠的岁月里，保全了美国人民的信念。*

凡尔赛、巴黎，1871年1—3月

镜厅中，俾斯麦大声宣告，一个崭新的德意志帝国诞生了。欢呼声有如山呼海啸，古老的镜子都为之颤抖，在场的亲王和将军们高呼“感谢全能的上帝”。普鲁士的威廉国王，宣告成为德意志帝国的威廉皇帝。

这等盛况令一部分观者心潮澎湃。还有一部分人则不以为然。一个巴伐利亚人摇着头说：“如此冷酷，如此狂妄，如此浮夸、自负、冷漠无情、空虚乏味！”

登基当日，威廉本人悒悒不乐。他说，这是他一生中最不愉快的一天。对他来说，“普鲁士国王”的名头再称心如意不过；所谓帝王尊严对他来说不值一提。在他看来，这纯属首相玩弄的又一个手段。如果一定要当皇帝的话，他要当“德意志的一个皇帝”。然而俾斯麦坚决不接受这种领主称号：威廉作为整个国家的统治者，必须是“德意志皇帝”，而不是国内某片领土的统治者，他是所有人民的皇帝。国王以为可以自行其是。然而，那历史性的时刻到来之时，在“太阳王”的宫殿里，他听到的却是众人向他高呼“德意志皇帝威廉”。威廉怒火中烧，他走下台时，首相想与他握手，他拒绝了。

---

* 林肯的政治思想具有持久的魅力。富兰克林·罗斯福、马丁·路德·金、罗纳德·里根等人都以不同方式实践了林肯的美国命定统一的观念。

就在仪式结束十天之后，俾斯麦与法国人达成了停战协议。战败的法国历经战乱，已经满目疮痍，元气大伤。自 7 月以来，超过 10 万名法国人在战火中殒命。法国境内还有 50 万名德军士兵。甘贝塔已经溜之大吉，巴黎惨遭轰炸。巴黎先贤祠损毁，医院遭炮轰，市民丧生于战火——其中相当一部分是儿童。然而，摧毁了巴黎人民意志的不是枪炮，而是饥饿；巴黎人民为了活下去，不得不吃掉自己饲养的猫狗、动物园里的动物，甚至下水道里的老鼠。

停战协议生效的那个午夜，法国首席谈判代表法尔夫站在奥赛码头的露台上，十五岁的女儿在他身边。他泪流满面。法国为和平付出的代价极其高昂。停战协议的条款后来写进了《法兰克福条约》，其中规定法国要支付巨额赔款，并允许德国军队驻扎在法国领土上，直至赔款付清。法国还要割让阿尔萨斯和洛林，这对法国人民来说是更加惨重，也更加屈辱的损失。法国可以继续保有阿尔萨斯的贝尔福；但是，作为对这一让步的交换，法国必须允许德国军队肆意横行巴黎街头。然而，跟毛奇期望的结果相比，这样的条款已经远称不上苛刻了。俾斯麦压制住了总参谋长。威廉授意颁布了两条内阁法令：确认限制毛奇的权力，肯定首相至高无上的权力。这与其说是宪政的胜利，不如说是个人的胜利。俾斯麦打响了革命的最后一战，不是为了确立军队必须听从行政领导人指挥的原则，而是为了自己的荣誉和名望。林肯的革命确立了军队必须服从宪法的准则；而俾斯麦的革命确立的原则是，军队必须听命于他本人。

总参谋长一度愤恨不已；他说，国王对他“无情无义”。但是毛奇很快就控制住了自己的怨恨之情。在停战谈判中，他心平气和，表现得就像是俾斯麦的下属，而非平起平坐的同僚；这也是职责所在。俾斯麦的惩戒报复一向温和，除非政策另有要求，他对手下败将表现得慷慨大度，并未恃胜而骄，漫天要价。尽管他对以梅茨为战利品这个主意是否明智，尚且心存疑虑——“我不喜欢有这么多法国人心不甘情不愿地待在我们国家”——但他还是要求法国将梅茨割让给德国。这是他对毛奇的让步。

停战协议缔结之后不久，三名普鲁士骑兵骑马穿过马约门，进入了巴黎。他们一路小跑，从香榭丽舍大街到凯旋门。大群德国军人紧随其后——巴伐利亚步兵，普鲁士枪骑兵，还有身着白色大衣、翎羽招摇的“俾斯麦铁骑兵”。几名吵闹的年轻人愤慨地咒骂侵略者。德军士兵停下脚步，不慌不忙地拉枪上膛。这群年轻人吓得逃之夭夭。

最后到来的是普鲁士皇家卫队。军乐团奏起音乐，响彻云霄。在巴黎民众敬畏和仇恨的目光中，俾斯麦本人进入了巴黎。胜利游行后，他来到了协和广场，一群敌意满满的法国人围住了他。他沉着冷静，夷然不惧。他取出一根雪茄，走向满面怒容的民众中的一位，向他借了个火。

巴黎深受震动。

伦敦，1870年12月—1871年2月

法国的失败，惊醒了格拉德斯通先生的改革梦。支离破碎的法国令他惊怒交加，灰心沮丧。他说，阿尔萨斯和洛林的割让意味着“那种对待文明的欧洲国家如同宰割牛羊的古老残酷行径重现于世”。

“格拉德斯通教授”（俾斯麦如此称呼他）渐渐领会到了德意志革命的性质。“我有一种忧虑，”格拉德斯通先生说，“我担心，这种暴力分裂和割占的行径将会令我们一步步堕入深渊，带来一系列新的欧洲问题。”早先，首相先生曾将新兴的美国看作英格兰繁荣昌盛的最大威胁，他曾经不遗余力地破坏林肯的革命事业。但如今，他预

见到，在未来的几十年，英国自由事业最真切的威胁不是美国，而是德国。

格拉德斯通先生的强敌也同样意识到了俾斯麦主政带来的危险。“普鲁士的胜利集中反映了德意志的革命，”本杰明·迪斯雷利说，“这场革命是比上世纪的法国大革命更重大的政治事件……新的世界已到来……力量平衡已经彻底打破了。”

布鲁克林，1870年8月

惠特曼情绪低落。他正准备出版一本书——《民主远景》，他希望能通过此书驳斥欧洲自由政治的批评者。马修·阿诺德大放厥词，声称美国是个没有诗的国家。英国预言家托马斯·卡莱尔更是信口雌黄，声称任何一个自由国家都没有，并且永远不会有诗存在。

惠特曼援引自己发现的美国人民中的美，进行辩驳。他说，他们都是“自由的健儿”。但是，他越是审视四周，就越是开始怀疑自己观点的前提。“美国真有配得上这一称号的人吗？”在《民主远景》中，他问道，“真的有自由的健儿吗？真的有完美的女性，配得上这丰盛的物质繁荣吗？优雅的气氛是否正在弥漫开来？杰出的青年和可敬的长者是否正在涌现？……以苛刻的目光审视这些问题，用道德的显微镜检视人性，干燥而平坦的撒哈拉沙漠赫然出现，城市中充斥着琐碎的荒诞不经、畸形病态、幻影迷思……无论何处，青年人皆孱弱、鲁莽、浮夸、早熟——处处皆是淫乱病态、奇形怪状，男人、女人，涂脂抹粉、染发戴髻，气息污浊，嫌隙重重，母亲不能善加教养子女，仪态举止浅薄无礼……”

诗人陷入了沉思，林肯改革的成功留给世人的可有非毁灭性的东西吗？

巴黎、里昂，1870年9月—1871年5月

德意志人高举浪漫民族主义的旗帜班师回朝，而巴黎人民则举起了另一面浪漫主义的大旗。

最后一批普鲁士龙骑兵离开巴黎不久，法国的克劳德-马丁·勒孔特将军听从法兰西共和国的新任领导人路易-阿道夫·梯也尔的指示，率领一队士兵骑马来到蒙马特。梯也尔命令勒孔特将军取回国民自卫军手中的大炮零件。人们用敌意的目光注视着这支军队开进巴黎。巴黎人民对前线军队漠然无感；但是他们同情国民自卫军，这支军队具有强烈的革命精神。

争执随之而来；国民自卫军的一名士兵受伤了。一名女子扎着红腰带，端着来复枪，呼喊着"叛国"跑过街头。她名叫露易丝·米歇尔。她是一名法国贵族的女儿，在激进分子的圈子里被称为"红女"。民众躁动起来。他们将勒孔特将军拖下马，一顿痛殴。之后，他被带到附近的一栋房子里，屋后有一座小花园，里面长满了醋栗和铁线莲。副官克莱门·托马也被擒获带了过来。年轻的蒙马特市长乔治斯·克列孟梭闻讯赶来。他央求市民宽宏大量。"不要流血，朋友们，不要流血。"他恳求道。但为时已晚。蒙马特再添英灵。军官们死在了花园里。

乔治斯·克列孟梭泪流满面。

巴黎各地很快都发生了动乱。梯也尔跟第三共和国幸存的政要一同逃往凡尔赛。市政厅上方挂起了一面红旗。巴黎公社创立。

根据一名外交官的记述，随着巴黎公社社员将理论付诸行动，严重的恐慌在城中蔓延开来。在私有财产的没收和毁弃方面，巴黎的新统治者无法达成一致；但是在取人性命方面，他们是一致的。市民聚集起来，抗议公社统治。公共安全委员会成立；残暴淫逸的拉乌

尔·里戈成了警察总长。被指控为公社敌人的民众遭到杀害，其中有许多天主教的神父，他们身挂“窃国贼”的标牌游街。截至1871年5月中旬，新政府逮捕了三千余人。巴黎公社社员处决了其中一部分人，将剩下的扣作人质。当中包括巴黎大主教达尔博伊，他在主教宅邸被捕，被投入了深牢大狱。

巴黎公社控制了巴黎；法国却在阿道夫·梯也尔手中。这位七十四岁的共和国总统在智慧和判断力方面，堪称当时政治家中的翘楚。他的头脑就像他的文字一样，大胆辛辣、底蕴深厚、鞭辟入里；经过长期的学习和研究，他更是积累了丰富的知识。但是，梯也尔的优秀品质被他的想象力掩盖了，这想象力尽管异常丰富，却也格外暴戾专横、残酷无情。光明与黑暗在他复杂的头脑之中碰撞厮杀；尽管很难说这两股针锋相对的势力哪个占据了上风，但两者的摩擦赋予了梯也尔非凡的统治力量，不仅令他表现出坚定的决心和意志，还令他在对竖起反旗的同胞刀剑加身的时候，表现出一种诡异的兴奋。凡尔赛集结了一支军队。刚被德军释放的麦克马洪元帅被任命为指挥官。

5月的第三个星期，凡尔赛的军队穿过城西的拂晓门，进入了巴黎。出于一种浪漫主义的荒诞放肆，巴黎公社分子决心毁掉这座城市，而非将其征服。旺多姆广场上的胜利雕像被推翻在地。他们在杜伊勒里宫里引爆了火药桶。火舌蹿出了皇宫和司法宫的窗户。没多久，卢浮宫侧翼的市政厅也起了大火。一名英国侨民写道：“巴黎一片火海。”

公社分子的下一步措施，是确保公社的反对者无法逃出。巴黎血流成河。关于非法处决的命令，美国特使沃什伯恩先生感触良多。他获得公社允准，探访了被囚者中最著名的人物达尔博伊大主教，他被监禁于马扎斯。沃什伯恩是当时还留在巴黎的几名外交官之一；他决心效仿前任古弗尼尔·莫里斯。八十年前，在罗伯斯庇尔暴政之下的那段最黑暗恐怖的岁月里，莫里斯是唯一留在巴黎的外国公使。沃什伯恩见到达尔博伊大主教身处一间狭小阴暗的囚室。这名外交官说："看到这位可敬的人的样子，我深受触动……他身子单薄，肩背微驼，胡子拉碴，显然从被捕以来就没有刮过脸，面容憔悴不堪。"但是，大主教尽管身体饱受摧残，精神却仍不屈不挠。他的开朗乐观令沃什伯恩深深着迷。大主教已经做好了最坏的准备，但是"对迫害他的人们，依然不肯口出恶言"。恰恰相反，大主教说，世人对他们的评判"有失偏颇"。离开牢房前，沃什伯恩给了大主教一瓶马德拉葡萄酒。没过多久，达尔博伊就被带上马车，从马扎斯送到了拉罗屈埃特堡。一个 5 月的黄昏，他被带进一条小巷，惨遭射杀。

凡尔赛，1871年10月—1873年12月

无法向德国人报仇雪恨的法国人，将仇恨的矛头指向了自己人，他们认为正是这些人导致了法国的失败。然而，拿破仑三世和欧仁妮皇后尽管已经被赶下了皇位，遭人唾弃，但对于他们曾经的臣民来说，他们仍是鞭长莫及的对象。欧仁妮已经逃往了诺曼底海岸，在那里乘坐快艇，安然抵达了英格兰。拿破仑三世从黑森-卡塞尔监狱被释放之后，也赶到了英国与她会合。在维多利亚女王的庇护之下，拿破仑帝国最后的皇帝和他的妻子很快就舒舒服服地定居在了肯特郡的奇斯尔赫斯特。

无力报复波拿巴家族的法国人民在失望之余，将愤怒的目光转向了巴赞元帅。他被德军俘虏又释放后返回了法国，他心中一定相当忧惧。治安长官拉乌尔因为曾允许自己被敌人生擒活捉，已经被处死。六百年后，法国人民对战俘的惩罚依然如此原始粗暴。然而，巴赞元帅决心维护自己的荣誉。

第三共和国的高官们陷入了“巴赞事件”的难题。审判一定要举行：审判的过程必须满足公众血腥报复的渴望。毫无疑问，巴赞一定要被判罪，这是必然的。官员们纠结的问题不是审判本身，而是审判的形式。他们喋喋不休地讨论，审判的最佳地点是哪里？贡比涅城堡？枫丹白露？布卢瓦？需要几名书记员？新闻记者的座席安排在哪里？最后，他们在凡尔赛的大特里亚农宫设立了一个名叫战争常设理事会的机构。

判决宣布了。根据法国的军事传统，宣判之前，元帅就要离开自己的家；于是，巴赞同家人一起住进了宫中。他的副官维莱特上校跟律师拉绍走进他的房间时，他谈笑自若，似乎全然不觉自己面临生命危险。巴赞转过身，维莱特犹豫不决，难以启齿。巴赞走向拉绍，后者告诉了他判决的内容。

“是死刑。”律师说。

巴赞抓住拉绍的手。

“多少人同意？”他问。

“一致通过。”

“啊。”元帅说。

巴赞继续刚刚中断的谈话，但他的家人已经泣不成声。维莱特上校试图握住将军的手，却崩溃得伸不出手；将军走进另一个房间以掩饰自己的情绪。

巴赞被判处死刑及剥夺军衔，因为他未作任何出于义务与荣誉而当作的抗争，便与敌人媾和，缴械投降。他辩称，他在梅茨投降是因为他的战士们正在挨饿，而且更多的流血牺牲也不能改变战争的结果，然而他的辩护未被采纳。根据军事法庭的规定，他在死刑之前被摘除了所有肩章，解除了武装。人们当着他的面折断了他的佩剑，他被荣誉军团除名，当年在墨西哥因勇气和战功而被授予的军事学院勋章也被摘除了。

巴赞走下楼梯，他看到十二名士兵身佩步枪站成一排，身后跟着他们的长官。他表现出一种斯多葛派的克制和自持，而不像是一名法兰西的元帅。我该站在什么地方？他问。他站好，说自己已经准备好了。

圣彼得堡、莫斯科，1871年12月—1874年3月

克鲁泡特金王子化名博罗金，他穿着农民的靴子和羊皮袄。（在这身衣装之下是丝绸内衣。）他过着苦行僧式的生活，以黑麦面包、黄瓜和清茶度日。除勉强维持生计的开支之外，他将自己的收入全部奉献给了人民的事业。他印制小册子，帮助朋友躲避警察的追捕，为解放受苦受难的人民大众不懈奋斗。

他的努力很快就戛然而止。克鲁泡特金被第三处特工逮捕。经过长时间询问之后，他被送往彼得保罗要塞。他穿过一扇又一扇铁门，走下一条过道，进入了牢房。一扇厚重的橡木门在他身后砰的关闭，钥匙在锁眼里一转，他孤身一人了。

尾声

得之不易的自由

1861年到1871年间的几场大革命达到高潮六年后，两届总统任期内工作始终乏善可陈的尤利西斯·S. 格兰特卸任，开始了周游世界的旅程。他经过了几国首都，却只在柏林停留，并拜访了住在威廉大街的俾斯麦首相。

在他们会面时，俾斯麦跟格兰特说道："在你打的上一场大仗中，同胞相残这一点一直令我感到悲哀。这在战争中是非常残忍、非常艰难的。"

"可是必须如此。"格兰特回答。

"是的，"俾斯麦说，"你得拯救联邦，正如我要拯救德意志一样。"

"不仅仅是拯救联邦，"格兰特说，"还要摧毁奴隶制度。"

"不过，我倒觉得，"俾斯麦接着说道，"联邦才是你真正的情之所系，是主导原因。"

"一开始确实是这样，"格兰特说，"但当奴隶奋起反抗时，我们——甚至那些不反对奴隶制的人——都觉得，奴隶制必须废除，我们觉得人可以像牲口一样买卖，这是美利坚合众国的污点。"

俾斯麦转移了话题。林肯完成了一种革命，而他则完成了另外一种。首相和总统谈话尴尬的中断，是1861年到1871年的世界危机所导致的分歧的一个迹象。这段时间开始的斗争将一直持续一百二十年，牵涉整个世界。20世纪，德国对自由国家的挑战引发了两次世界战争，俄国赤色团体燃起的火焰直到20世纪90年代冷战结束之后才熄灭。

亚历山大的自由主义改革失败之后，俄国以前所未有的速度滑向灾难的深渊。沙皇默许了浪漫民族主义政策，并在1877年对奥斯曼帝国开战。俄国人团结在皇权周围，热切希望征服那群“戴头巾的土耳其人”。军队在经历数次挫折后，终于抵达君士坦丁堡郊区。但奥斯曼政权的传统庇护者大英帝国决心捍卫自己在近东的利益——自从苏伊士运河开通后，奥斯曼便成了英国通往其印度殖民地的主要通道。迪斯雷利加强攻势后，亚历山大撤了回去。虽然最后得到了小亚细亚和比萨拉比亚，但俄国并未餍足。沙皇重新燃起了夺回拜占庭的古老梦想，但令其臣民震惊的是，他的愿景并未实现。

赤色团体增加了帝国内部的麻烦。一系列针对官员的袭击事件发生了。第三处的负责人在圣彼得堡街头遇刺。总督特列波夫被马克思主义者维拉·扎苏利奇枪击，伤势严重。1879年4月，一名革命者在冬宫外向亚历山大开了五枪，不过沙皇幸运地躲开了子弹。9月，民粹组织民意党在亚历山大缺席的情况下进行了所谓的审判，判处亚历山大死刑。后来，1879年12月，革命者注意到了皇家专列的行程安排，将专列行李车厢炸毁，沙皇又惊险地逃过一劫。两个月后，1880年2月，在冬宫餐室下面的酒窖里，一颗强力炸弹被引爆，造成了数十人死亡。爆炸时尚未前来就餐的亚历山大，再次躲过了一劫。

现在，他简直成了囚犯。他外出由哥萨克骑士护卫，乘坐的是法国工匠用钢板特制的马车。坐火车的时候，上千士兵持刺刀沿铁路一字排开。他谁都不信任。早晨为他递上长袍的贴身男仆、倒咖啡的管家、打扫房间的女佣、守护门庭的哨兵——所有人都有可能受雇于虚无主义者。他的心愈发坚硬，态度更加愤世嫉俗。他认为，自己越想多做些好事，人们就越恨他。当听到有人对他出言不逊的时候，沙皇说道："奇怪，我不记得对他做过什么，为什么他会恨我？"

1880 年，被忽视的玛丽皇后在孤独中死去。之后的日子里，沙皇表现得异常轻浮。一天，他穿着警卫轻骑兵的蓝色制服去叶卡捷琳娜宫接卡佳——如今她被称作尤里耶夫斯卡娅皇妃——并于当天在宫殿的大厅中举行了婚礼。

沙皇坚持要求皇室成员给予这位并非高门大族出身的妻子与已故皇后同等的尊重。亚历山大和年轻的妻子一同走进房间的时候，典礼官会击杖三下，高呼："皇帝陛下，尤里耶夫斯卡娅皇妃。"沙皇笑容满面地看着皇妃坐上了之前玛丽皇后的宝座。"六十四岁的亚历山大二世表现得像一个十八岁的小伙子，"沙皇的侄子，大公亚历山大说，"他在她耳边低语鼓励她；他想知道她是否喜欢席上的葡萄酒；不管她说什么，他都点头称是；他友善地对她的亲人微笑并邀请他们分享他田园诗般的幸福。""我现在太幸福了，"某天晚上，沙皇携卡佳共赴晚宴的时候说道，"这令我感到恐惧。"

仍有细微迹象表明希望尚存。亚历山大沉浸在自己的白日梦中时，洛里斯-梅利科夫将军管理着帝国政府。与舒瓦洛夫伯爵不同的是，这位新的辅佐者是一位改革家，他提议成立顾问委员会，委员会中那些脆弱的蛛丝最终有可能成为议会和宪法的坚实纤维。洛里斯-梅利科夫告诉亚历山大，这样的改革会使俄国向着沙皇渴望已久的方向迈出一步——将卡佳加冕为后。亚历山大暂时认可了这一想法。然后，就像二十年前解放法令颁布的那天一样，他去主持骑兵学院的警卫换岗仪式。仪式结束后，他登上马车。“去冬宫，”他吩咐车夫，“走原路。”护卫队伍走向叶卡捷琳娜街的时候，一个学生扔出了一枚炸弹。它炸死了护卫队的一名哥萨克，还伤到了一个小男孩。毫发无伤的沙皇从马车上下来，画了个十字，走向遇害者。人群围了上来，有人问沙皇是否受了伤。

“感谢上帝，没有受伤。”沙皇说道。

“感谢上帝？”一个声音喊道。另一名恐怖分子向沙皇脚下扔了一颗炸弹。

被炸得血肉模糊的沙皇被带回了冬宫。被抬到二楼的书房兼卧室的时候，黑色的血滴落在大理石台阶上。医生和大公们团团围住沙发，沙皇如破布一般躺在上面。此时，亚历山大已神志不清，一只眼睛闭着，另外一只呆滞不动。

卡佳顾不得梳洗打扮，穿着一件粉白相间的长睡衣冲了进来，扑倒在丈夫身上。“萨沙，萨沙！”她一边吻着他，一边喊道。御医握着沙皇的手腕感受脉搏。最后，他放下了沙皇的手。

“皇帝驾崩了。”

沙皇的侄子亚历山大大公看到卡佳“尖叫一声，瘫倒在地，就像一棵倒下的树，粉白相间的长睡衣沾满鲜血”。

亚历山大死后，他的继任者亚历山大三世和尼古拉二世继续贯彻反动保守的路线。他们严酷镇压反叛之火的举动，导致整个国家发生剧变，1917 年 3 月，罗曼诺夫皇朝摇摇欲坠，很快便彻底倾覆了。尼古拉和他的家人被囚禁，1918 年 7 月，他们于叶卡捷琳堡的西伯利亚城被枪决。赤色团体取得了全面胜利。

卡佳在罗曼诺夫皇朝覆灭后活了下来，于 1922 年死于尼斯，享年七十四岁。她和沙皇幸存于世的三个孩子中最小的一个也叫卡佳，活到赫鲁晓夫主席和艾森豪威尔总统时代。她曾在舞厅做过演员，靠微薄的收入艰难度日，后来，她当掉了最后一件首饰，换了 40 英镑和一瓶杜松子酒。降生于宫殿之中、亚历山大最小的孩子，竟在英国的一间平房里度过了人生的最后几年。1959 年圣诞节前，贫困的她在孤独中离开了人世。

克鲁泡特金王子从彼得保罗要塞城堡的牢房中，被转移到了帝国监狱医院。不过他逃出了医院，去了英国。多年来，他一直活跃在无政府主义者的圈子里，虽然在 1900 年之后，他已经不那么激进了。他对俄国的自由主义者表达了同情，说俄国必须有一部宪法和一个立法机关。1917 年革命爆发时，流亡了四十多年的这位前沙皇侍从回到了自己的祖国。他支持尼古拉退位后成立的临时政府，新政府的领袖人物亚历山大·科伦斯基给他安排了一个职位。（克鲁泡特金拒绝了。）1917 年秋天，布尔什维克夺取了政权，对此他感到非常沮丧，说道："这是在葬送革命。"1921 年 2 月，克鲁泡特金王子在莫斯科郊外的德米特罗夫小镇去世了。

在人生的最后时光倡导基督教无政府主义的托尔斯泰伯爵，则被全世界认为是俄国仍健在的最伟大的先知。1910 年 8 月，家人给他庆祝了八十二岁生日。尽管他颇有神名，但仍然是行走在天地之间的一介凡人。他的妻子在日记中写道，有时候他过着"精神上崇高"的生活，摒弃一切奢侈享受，努力追求"良善、诚实、开明和心灵的纯洁"。有时候，"他又会放纵自己，喜欢美食、骏马、纸牌、音乐、象棋和欢声笑语的陪伴"。在他生日那天，托尔斯泰夫人说自己希望他"能尽快完全达致内心的平和"，因为他"正走向生命的尽头"。"一听到这个，他就拉长了脸。"她说道。1910 年两人的生活与 1862 年那时候并没有太大的变化，依旧充满着争吵、眼泪、愤怒和妥协。

1910 年 10 月的一天，"我亲爱的丈夫两次注意到我……后来他吃了一个美味的梨子，还给了我一个，让我与他共享美味”，托尔斯泰夫人高兴极了。10月底的一天，托尔斯泰在凌晨5点溜出了自己的家——据他说，这是因为妻子乱翻了他的文件。在一封信中，他说自己想放弃整个世界，独自静静地生活。“感谢你四十八年来一直陪伴在我身边，”他写道，“我希望你能原谅我的所有过错。”他和朋友马科维茨基医生一起去了车站，登上了一列火车。“你要做的，神父，”在车厢里，一个农民对托尔斯泰说，“是离开这个世界的繁杂琐事，去修道院苦修，救赎自己的灵魂。”托尔斯泰笑了。他在科泽利斯克给女儿亚历山德拉发了一封电报，让她给自己寄蒙田的《随笔》、《卡拉马佐夫兄弟》的第二部分和莫泊桑的《一生》。他和马科维茨基雇了一辆马车，住进了奥普蒂那·普斯滕修道院附近的一个客栈。第二天，他们一起拜访了托尔斯泰的姐姐玛丽，她是沙玛蒂诺修道院的一名修女。亚历山德拉在这里追上了他们。托尔斯泰说要在奥普蒂那，或者沙玛蒂诺附近定居，有时候又说要去高加索，或保加利亚和土耳其。实际上，他的旅行只有一个目标，那就是逃离那条通往坟墓的道路。

在亚历山德拉和马科维茨基的陪伴下，不安的托尔斯泰又回到了科泽利斯克，登上了一列火车。这位先知的逃家行为成了新闻头条。“这个老顽童对他妻子开了个有趣的玩笑！”火车上一个衣着华丽的年轻人说道，“索菲娅·安德烈耶芙娜看到他这般离家出走，肯定很不高兴……”不过后来，他知道托尔斯泰本人也在这列火车上，就闭了嘴。

这个时候，托尔斯泰发热起来。三个人在阿斯塔波沃下了火车，托尔斯泰被安置在火车站站长家中休息。“人类意识到自己只是有限的部分，而上帝是这一有限部分的无限整体。”他说道。他在胡话中还提到了农民。“那些农夫怎么样了？”他问道，“他们是怎么死的？”他感染了肺炎，经过几天的看护，他离开了人世。托尔斯泰被葬在亚斯纳亚–博利尔纳。

托尔斯泰夫人比丈夫活得久些。1917 年革命之后，沙皇政府颁发给她的抚恤金断了，亚斯纳亚–博利尔纳也收归国有。不过，年老的伯爵夫人被允许继续住在这里，他们为她留出了几间房子。后来，布尔什维克战士占领了房子，并在上面竖起了红旗。托尔斯泰夫人于 1919 年 11 月去世。

亚历山大的改革从未达致托尔斯泰沉醉其中的俄国精神的深处。而相比之下，俾斯麦则巧妙地碰触到了德意志精神。1871 年之后，首相的主要任务就是阻止陷入暴力狂热的同胞毁掉自己的国家。

总参谋部磨刀霍霍，渴望能够投身战斗。毛奇刚一回到德国，便开始筹划调兵遣将去打下一场仗。他预感俄法两国可能结盟，德国需要两线作战。1877 年，他完善了计划，新的策略是：在战争早期阶段跟法国打一场“伟大的、具有决定性的仗”，然后德国便能腾出手来全力对付俄国。这正是 1914 年的预兆。

俾斯麦绝没有忽视令总参谋部忧心的这些外部威胁。他知道，法国正满腔怨恨。路易–拿破仑躲过了臣民的报复，1873 年 1 月在奇斯尔赫斯特死于膀胱手术。巴赞也逃过一死，梯也尔的继任者，法兰西共和国总统麦克马洪元帅，将他的死刑减为二十年劳役。德国总参谋部的一干官员想通过军事行动打压法国的复仇渴望，俾斯麦则更希望通过巧妙的外交手段阻止法俄军事联盟达成这一目的。这一点俾斯麦做得非常成功，他退出政坛后，法国和俄国才达成协约。

毛奇默许了俾斯麦和他沟通过的外交方案。这位陆军元帅（他现在的职衔）放弃了“在西线发动决定性一战”的计划，放弃了借口打击奥地利、先发制人进攻俄国的主张。俾斯麦说服毛奇，如果维也纳和圣彼得堡关系破裂，再加上他们在巴尔干问题上的利益冲突，德国会面临灭顶之灾。但总参谋部的其他人对首相的和平政策并未达成一致意见。毛奇的副手阿尔弗雷德·冯·瓦德西伯爵——1888年接任毛奇成为总参谋长——是一个主战论者，阿尔弗雷德·冯·施利芬伯爵也一样，他是瓦德西的继任者。施利芬想实施一个军事计划，该计划是基于毛奇已经放弃的战略——对法发动大规模进攻——制订的。俾斯麦大权在握的时候，他巨大的威望还可以震慑这些将军，但是等到他下台之后，总参谋部的时代便到来了。

在国内，俾斯麦的政策融合了专制民族主义和家长制社会主义的特点。他自己威望很高，虽然他的宪法赋予了成年人选举的权利，但他本人——帝国首相，却不需要对通过选举成立的立法机构负责。德意志帝国表面上是一个君主立宪制国家，实际上却是一个高压的极权主义大国，只不过因为首相的审慎和节制表现得不那么明显罢了。遇到反对意见，他便将其粉碎，或者说试图将其粉碎。他镇压社会主义政党，并巧妙地将其政府理论挪为己用。“只要工人身体健康，就要给他们就业的权利。”他说道，“生病的时候照料，年老的时候赡养，这样社会主义者所鼓吹的东西就没有任何价值了。”

这样的改革，如果在另一种指导精神下实施，可能大有裨益，但现在改革的本意并不是帮助民众，而是要消磨他们的意志。历史学家A.J.P. 泰勒写道，俾斯麦的目标不是改善工人的境遇，而是让他们顺从这个国家。“有退休金的老人，”俾斯麦在1881年曾说，“比那些没有这样待遇的人满足得多，也容易控制得多。”

德意志帝国既是俾斯麦天才成就的顶点，也是坟墓。历史学家西奥多·莫姆森曾说，通过这些政策，“黑王子”折断了国家的脊梁。他解放了一个民族，却未给他们自由，这是令马基雅维利感到绝望的一个问题：强大到足以缔造国家的领袖，却不能给国家带来自由。在某些心境下，俾斯麦也对自己治国方略造成的影响感到悔恨。“如果不是因为我，”他曾说，“就不会有三大战争，8万名将士就不会牺牲，他们的父母、兄弟姐妹也就不会痛失亲人。但这是我要在上帝面前交代的。”不过，首相可能深信他与神明之间的谈判，结果会有利于自己。

1888年，老迈的威廉皇帝去世了。维多利亚女王的女婿，王储腓特烈继位。新皇患有癌症，登基三个月便撒手人寰。他的儿子威利继位，史称威廉二世。年轻的统治者对俾斯麦的管束很不耐烦，他强迫俾斯麦退休了。这位前首相晚年成了一位庄园主，对国家愚蠢的统治和危险的政策痛骂不已，而这些政策都是他自己的阴谋手腕和诡计结下的恶果，因为他的国家从未摆脱那些手腕和诡计所引致的欺诈和暴力。这个老人主要的安慰不在于对自己从政生涯的回忆，而在于对家庭的奉献。他的婚姻仍然幸福，与三个孩子也很亲近。并且，他还珍藏着关于凯茜·奥尔洛夫的那段回忆。凯茜死于1875年，死的时候还很年轻。1898年，俾斯麦在弗里德里希斯鲁庄园去世，享年八十三岁。

陆军元帅冯·毛奇于1891年4月于自己在柏林总参谋部的公寓中去世，享尽天年和荣耀。他没有留下子嗣，与他同名的侄子，小赫尔穆特·冯·毛奇继承了家族的军事传统，并于1905年接替施利芬成为总参谋长。小毛奇调整了施利芬的对法战争动员计划。“战争定会到来，”据说，施利芬临终前大声说道，“要加强军队右翼的力量。”但是小毛奇削弱了右翼，1914年夏天那场大战，德军是按照他修订过的计划行军布阵的。

1914年9月马恩河战役中，德军先头部队驻扎在巴黎以外20英里处，毛奇的这位吃不得苦又神经紧张的侄子终于崩溃了。巴黎军政府首长约瑟夫·加利埃尼将军的天才和沙皇尼古拉二世的英勇拯救了法兰西。冯·克鲁克将军所部军队行至埃菲尔铁塔的可视范围之内后，加利埃尼向其暴露的侧翼发起了攻击。沙皇派出大军杀向德军，迫使他们将两个步兵团和一个骑兵分队从西线战场调往东线战场。32趟德国军用列车向东方奔驰，迎战威猛的俄军。这是沙皇政权最后一次伟大的捍卫自由行动，足以证明尼古拉并未辜负自己的祖父亚历山大。“陛下，”据说，小毛奇在马恩河战役后向德皇汇报道，“我们已经输了这场战争。”被皇帝解除职务以后，小毛奇于1916年6月去世，那时候，凡尔登战役战火正酣。两年后，德军被击溃，1918年9月，德国事实上的军事独裁者鲁登道夫将军发起的最后攻势也失败了。绝望的皇帝宣布德国将成为实行英国模式内阁责任制的自由政体。但是这一让步来得太晚，最后，皇帝逃往荷兰。

霍亨索伦王朝走到了尽头，但总参谋部——尽管行动受到《凡尔赛条约》的限制——仍然继续发挥着作用，而且是主导作用。老毛奇在总参谋部反复灌输纪律和服从的禁欲主义理念，以至于这些传统在德意志帝国覆亡之后仍得以保留。“在共和政府和民主制度的伪饰下，被得胜者利用，被失败玷污，”温斯顿·丘吉尔写道，“德国真正的政治力量和持久的国家结构”都由总参谋部的官员把控。在汉斯·冯·塞克特将军的领导下，总参谋部的各位秘密筹划重振军威，并且确保他们所下命令的核心主旨不会因他们的死去而消亡。

至于理查德·瓦格纳，他最终成功地建起了自己的艺术殿堂。首届拜罗伊特音乐节于1876年举办，皇帝亲自出席，很多名人显贵也前来参加。凭借巴伐利亚的路德维希的慷慨资助，这位作曲家在拜罗伊特为自己建造了一座富丽堂皇的别墅，称为“旺佛雷德”，就是“幻想和平之屋”的意思。1883年2月，瓦格纳在威尼斯大运河上的文德拉明-卡拉基宫死于心脏病发作，享年六十九岁。

路德维希比他的这位朋友死得晚一些，1886年6月，他离奇死亡，时年四十岁。瓦格纳的遗孀柯西玛活到很大年纪。1923 年，她仍然住在旺佛雷德，那一年，她的儿子西格弗里德·瓦格纳在父亲的别墅里迎候一位年轻说客，德国战败后，此人声名日隆。这位客人名叫阿道夫·希特勒。年轻的纳粹领袖静静地站在瓦格纳的墓前。西格弗里德娶来掩护其同性恋身份的妻子威妮弗雷德·瓦格纳，后来成了希特勒的密友，她和她的孩子们可以直呼元首的昵称——沃尔夫，可以这样称呼他的人可是寥寥无几。“瓦格纳夫人将拜罗伊特与国家社会主义联系在了一起，这是她的历史贡献。”希特勒说。瓦格纳的艺术殿堂成了元首的宫廷剧院，希特勒说：“正是在拜罗伊特，大师……锻造出了我们今天用以战斗的精神利剑。”希特勒非常喜欢旺佛雷德的氛围——他称之为“活力四射的生活”——和瓦格纳一家的陪伴。他曾感叹：“我爱这些人，也爱旺佛雷德。”

尼采在希特勒出生前十年就与瓦格纳断绝了关系。当他在瓦格纳的晚期作品《帕西法尔》中看到基督教主题时，两人的隔阂更加深了。“难以置信！”当收到瓦格纳寄来的歌剧文本时，尼采脱口惊叫。他的朋友变成了“虔信者”。尼采也许可以原谅瓦格纳的《帕西法尔》——他第一次听到这部作品的序曲时感动得泪流满面——但是他无法原谅瓦格纳变成一个帝国的沙文主义者。在尼采看来，拜罗伊特只是德意志帝国的一个道具。在都灵精神崩溃之后，1889 年 1 月，这位哲学家被送往巴塞尔的一家疗养院，他坚持将负责看管他的护理人员称为“俾斯麦”。1900 年 8 月，他在魏玛疯疯癫癫地死去，享年五十五岁。

1873 年 5 月，大法官萨蒙·P. 蔡斯也入土为安了。六个月后，他的女儿凯特·蔡斯·斯普拉格见证了丈夫事业的失败。威廉·斯普拉格已经堕落到经常喝得不省人事。凯特成了英俊的纽约政客罗斯科·康克林的情人。亨利·亚当斯认为康克林是个典型的喜欢自吹自擂的傲慢参议员，自负得矫揉造作，“很有莎士比亚戏剧”的效果。与这一风流韵事有关的流言四起，1879 年夏天，报纸报道了斯普拉格持枪威胁康克林的事件。凯特要求离婚，两人的婚姻就这样结束了。1890 年，她的儿子威利在尝试各种工作受挫后，去西部谋职，后来自杀于西雅图。凯特财富与容颜尽失，头发变白，脸也肿胀起来。1899 年 7 月，她在华盛顿去世。享年五十八岁。十五年后，威廉·斯普拉格在巴黎去世。

亨利·亚当斯辞去了哈佛大学的教职，成了一名作家，从事历史著作和小说的创作。1885 年 12 月，他的妻子玛丽安·“克洛弗”·胡珀自杀。1904 年，亚当斯自费出版了自己对中世纪的赞美诗《圣米歇尔山与沙特尔》，三年后，他写成了个人回忆录《亨利·亚当斯的教育》，其中追溯了他对美国民主渐渐失去幻想的过程。他于 1912 年中风，六年后，也就是 1918 年 3 月，他在华盛顿去世。1919 年，他因《亨利·亚当斯的教育》一书被追授普利策奖。

尽管在《民主远景》一书中表达了一些疑虑，沃尔特·惠特曼仍坚持认为，美国的自由制度是世界最后，也是最好的希望。对于如何出版这个国家流落民间的诗歌，他有很多想法，但都不是很清晰。他想象会有一帮“游吟诗人”崛起，重塑国家的民主信念。1873 年 1 月中风之后，他搬到了新泽西州的卡姆登市。在生命的最后几年，他成了名人——“卓越的白发诗人”。他那首关于林肯的诗更是令他名噪一时，奥斯卡·王尔德远道来访，托马斯·埃金斯为他画像。沃尔特·惠特曼于 1892 年 3 月逝世，享年七十二岁。

詹姆斯和玛丽在 1873 年搬到了位于南卡罗来纳州卡姆登市的新家。由于生活窘迫，这对夫妇不得不卖掉吉尔伯特·斯图尔特所作的华盛顿总统肖像。詹姆斯·切斯纳特还在政界打拼，但无甚建树，玛丽·切斯纳特仍然从事写作，结果也是一样。她从未将自己在战时所记的日记出版，她的文学才华在生前没有得到认可。1885年初，詹姆斯·切斯纳特因癫痫去世。玛丽·切斯纳特于次年，即1886年11月去世。她享年六十三岁。在她死后二十年，她的一部分作品出版，书名为《迪克西日记》。还有一些分别出版于1949年和1981年。在《爱国者之血》一书中，埃德蒙·威尔逊对“玛丽·切斯纳特才华横溢的日记”大加赞扬，“比大多数灵感来源于战争的小说更富想象力和启迪性”。他将她的日记称为“一部非凡的非正式文献，杰出的作品……一件艺术品”。

萨姆·胡德的保险事业在1879年归于失败。同年夏天，他在新奥尔良死于黄热病。他的前未婚妻芭可·普雷斯顿·罗林斯次年去世，年仅三十八岁。芭可被葬在了查尔斯顿的马格诺利亚公墓中。

林肯的遗体被葬在斯普林菲尔德橡树岭公墓的墓室之中。玛丽·托德·林肯一直未能从丈夫去世的打击中恢复过来。1882年7月，她在斯普林菲尔德去世，享年六十三岁。他们的四个孩子，只有一个死在她之后。小儿子塔德在父亲死后第六年，也就是1871年去世。长子罗伯特·托德·林肯娶了艾奥瓦州参议员詹姆斯·哈伦——此人因为解除了沃尔特·惠特曼在内政部（印第安事务局）的职务而被H.L.门肯骂作美国“最该死的蠢货”——的女儿玛丽·尤妮斯·哈伦。罗伯特·托德·林肯曾是一名成功的铁路高管，后来又先后担任加菲尔德总统的作战部长和哈里森总统的驻伦敦公使。1926年7月，他在佛蒙特州去世。

林肯去世后，美国又面临着新的问题。北方受困于商业寡头的垄断，南方黑人种族主义盛行。前邦联与杰伊·古德尔和吉姆·菲斯克两大金融巨头操纵的领地一样，并未得到救赎——或者说，以一种林肯几乎不可能认可的方式得到了救赎。

然而，美国并没有成为奴隶帝国。如果林肯没有在1861年被迫发起改革，奴隶制可能会以更缓和的形式和更好听的名目存续到20世纪。这一制度将会从强权“军火库”的新式武器——“科学”种族主义、社会达尔文主义、沙文帝国主义和表面温和的家长制统治学说——中获取新的力量。精神尚存的美国强权势力将实现其建立加勒比帝国的梦想。古巴和菲律宾在被美利坚合众国征服后，将会成为永久的奴隶殖民地。在激进民族主义政策的强化之下，强权势力将会在20世纪阻止美国在对抗德意志第二帝国和希特勒的第三帝国方面发挥作用。

如果林肯在发起改革后，未能维护美国的统一和自由，那么历史的可能性同样严酷。几乎可以肯定，获得独立的南方共和政权会跟像它一样建基于强权主义哲学的政权结盟。杰弗逊·戴维斯的继任者与奥托·冯·俾斯麦的接班人，会自然而然地联起手来。继承了埃罗斯·冯·博尔克传统的年轻德国军官将会前往位于斯汤顿的军事学院传授最新的军事艺术，而年轻的南方贵族也会漂洋过海，前往柏林的学校完成学业。

这些历史可能性都没有能够成真。林肯保住了美国的自由，在随后的几十年中，在全世界范围内，他所拯救的这个国家在维护各民族人民自由的事业中发挥了重要的作用。

> 八十七年前，我们的先辈在这片大陆上创建了一个新的国家，她孕育于自由之中，奉行人人生而平等的主张。
>
> 如今，我们正在进行一场伟大的内战，以考验这个国家，或者任何一个孕育于自由并奉行平等主张的国家能否长久存在下去。我们在这场战争的一个伟大战场上聚集。我们要将这个战场

上的一小块土地，奉献给那些为国家生存而献出自己生命的人，作为他们最后的安息之所。我们这样做是完全恰当的，也是理所应当的。

但是，从更广泛的意义上说，我们不能够奉献、不能够圣化、不能够神化这片土地。那些在这里战斗过的勇士们——活着的和死去的——已经将这片土地圣化了，这远不是我们的微薄之力所能增减的。我们今天在这里所说的，世界不会太注意，也不会长久地记住，但战士们在这里所做的，永远都不会被忘记。毋宁说，战士们已经崇高地推进了事业，此时此地，我们生者该为他们未竟的事业献身。毋宁说，此时此地，我们生者该为仍然留给我们的伟大事业献身——我们要从这些光荣的逝者身上汲取更多献身精神，来完成他们已经完全为之献身的事业；我们要在这里下定决心，不能让他们白白牺牲；这个国家，要在上帝的福佑下获得自由的新生；这个民有、民治、民享的政府一定会永世长存。

宾夕法尼亚，葛底斯堡

1863 年 11 月 19 日

译名对照表

A

Abolitionism 废奴主义

Absolutism 专制主义

Adams, Charles Francis 查尔斯·弗朗西斯·亚当斯

Adams, Henry 亨利·亚当斯

Adams, John 约翰·亚当斯

Adams, John Quincy 约翰·昆西·亚当斯

Adlerberg, Count 阿德勒伯格，伯爵

Aeschylus 埃斯库罗斯

Agoult, Countess d' (Marie-Catherine-Sophie de Flavigny) 阿古伯爵夫人（玛丽-卡特琳-索菲·德·弗拉维尼）

Alaska 阿拉斯加

Albany Evening Journal《奥尔巴尼晚报》

Albert, Prince 阿尔伯特，亲王

Alexander, Grand Duke 亚历山大，大公

Alexander I, Tsar 亚历山大一世，沙皇

Alexander II, Tsar 亚历山大二世，沙皇

Alexander III, Tsar 亚历山大三世，沙皇

Alexander Nevsky (frigate) "亚历山大·涅夫斯基号"（护卫舰）

Alexander the Great 亚历山大大帝

Alexandra, Empress-Dowager 亚历山德拉，皇太后

Alexandra, Princess of Denmark 亚历山德拉，丹麦公主

Alexandra, Tsaritsa 亚历山德拉，皇后

Alexandra (daughter of Alexander II) 亚历山德拉（亚历山大二世之女）

Alexiev, Vasily 瓦西里·阿列克谢耶夫

Alsace 阿尔萨斯

Alsen Island 阿尔森岛

American Civil War 美国内战

American Revolution 美国独立战争

Amur region 阿穆尔地区

Anderson, Joseph R. 约瑟夫·R. 安德森

Anna Karenina (Tolstoy)《安娜·卡列尼娜》（托尔斯泰）

Antietam Creek, Maryland 安蒂特姆河，马里兰州

Appomattox Court House, Virginia 阿波马托克斯郡府，弗吉尼亚州

Appomattox River 阿波马托克斯河

Apponyi, Count 阿波尼，伯爵

Apraxin Dvor, fire in 阿普拉新-德沃大火

Arlington, Virginia 阿灵顿，弗吉尼亚州

Army of Northern Virginia 北弗吉尼亚军团

Army of the Elbe 易北河军团

Army of the James 詹姆斯军团

B

尼古拉·费迪南·赫伯特·冯·俾斯麦
Bismarck, Otto von 奥托·冯·俾斯麦
Bismarck, Wilhelmine von 威廉明妮·冯·俾斯麦
Bismarck, William Otto Albert von ("Bill") 威廉·奥托·阿尔伯特·冯·俾斯麦("比尔")
Bistritz River 比斯特里察河
Black Codes "黑人法典"
Black Eagles 黑鹰
Black Hawk War 黑鹰战争
Black Sea 黑海
Bloody Angle "血腥角"
Boatswain's Swamp, Virginia "船夫"沼泽,弗吉尼亚州
Bohemia 波西米亚
Bolsheviks 布尔什维克
Booth, Edwin 埃德温·布斯
Booth, John Wilkes 约翰·威尔克斯·布斯
Borcke, Heros von 埃罗斯·冯·博尔克
Boston Daily Advertiser《波士顿每日广告报》
Bourbaki, Charles 夏尔·布尔巴基
Boykin, James William 詹姆斯·威廉·博伊金
Bradford, Lady (Selina, Countess of Bradford) 布拉德福夫人(塞丽娜,布拉德福伯爵夫人)
Bragg, Braxton 布拉克斯顿·布拉格
Breckinridge, John Cabell 约翰·卡贝尔·布雷肯里奇
Breech-loading guns 后膛枪
Brewster, Henry Percy 亨利·珀西·布鲁斯特
Bright, John 约翰·布莱特
Briullov, Alexander 亚历山大·布里诺夫
Brooks, Noah 诺亚·布鲁克斯
Brooks, Peter Chardon 彼得·沙尔东·布鲁克斯
Brooks, Preston 普雷斯顿·布鲁克斯
Brothers Karamazov, The (Dostoevsky)《卡拉马佐夫兄弟》(陀思妥耶夫斯基)
Brown, John 约翰·布朗
Brown Decades 灰暗时代
Buchanan, James 詹姆斯·布坎南
Bull Run, Virginia 奔牛河,弗吉尼亚州
Bülow, Cosima von 柯西玛·冯·比洛,参见 Wagner, Cosima
Bülow, Hans von 汉斯·冯·比洛
Burckhardt, Jacob 雅各布·布尔克哈特
Burden, Henry 亨利·波顿
Burke, Edmund 埃德蒙·伯克
Burnside, Ambrose 安布罗斯·伯恩赛德
Busch, Moritz 莫里茨·布施
Butler, Benjamin F. 本杰明·F. 巴特勒
Byron, Lord 拜伦,勋爵
Byzantium 拜占庭

C

Cabanel, Alexandre 亚历山大·卡巴内尔
Caesar, Julius 尤利乌斯·凯撒
Cameron, James 詹姆斯·卡梅伦
Camillo Benso, Count di Cavour 卡米洛·本索,加富尔伯爵
Carlsbad Decrees《卡尔斯巴德协议》
Carlyle, Thomas 托马斯·卡莱尔
Carter, Anne Hill 安妮·希尔·卡特
Carter, Charles Shirley 查尔斯·谢利·卡特
Carter family 卡特家族
Cass, Lewis 刘易斯·凯斯
Castilians 卡斯蒂利亚人
Catherine Palace 叶卡捷琳娜宫
Catherine the Great 叶卡捷琳娜大帝
Cato the Younger 小卡托

Compromise of 1850 1850 年妥协案
Concert of Europe 欧洲协同体
Confederate Army 邦联军队
Confessions (Rousseau)《忏悔录》(卢梭)
Congress of Berlin 柏林议会
Congress of Princes 亲王大会
Conkling, Roscoe 罗斯科·康克林
Constantine, Grand Duke 康斯坦丁，大公
Constantine's Eagles 康斯坦丁鹰派
Constitution of the United States 美国宪法
Copperheads "铜头蛇"
Corcoran, Michael 迈克尔·科科伦
Corneille, Pierre 皮埃尔·高乃依
Corps of Pages, Russia 青年兵团，俄国
Cotton, John 约翰·科顿
Crime and Punishment (Dostoevsky)《罪与罚》(陀思妥耶夫斯基)
Crimea 克里米亚
Crimean War 克里米亚战争
Crittenden, John 约翰·克里滕登
Crittenden Committee 克里滕登委员会
Cromwell, Oliver 奥利弗·克伦威尔

D

Dagmar, Princess of Denmark 达格玛，丹麦公主，参见 Mary, Grand Duchess
Dana, Charles Anderson 查尔斯·安德森·达纳
Danish War 丹麦战争
Darboy, Georges, Archbishop of Paris 乔治斯·达尔博伊，巴黎大主教
Darby, John 约翰·达尔比
Darwin, Charles 查尔斯·达尔文
Davis, Jefferson 杰弗逊·戴维斯
Davis, Joseph Evans 约瑟夫·埃文斯·戴维斯
Davis, Varina 瓦里娜·戴维斯
Dawes, Rufus 鲁夫斯·道斯
Death's-Heads 骷髅
Decembrists 十二月党人
Declaration of Independence《独立宣言》
Decline and Fall of the Roman Empire (Gibbon)《罗马帝国衰亡史》(吉本)
Déjeuner sur l'herbe (*Le Bain*) (Manet)《草地上的午餐》(马奈)
Delane, John 约翰·德莱恩
Democratic Vistas (Whitman)《民主远景》(惠特曼)
Devil's Den, Gettysburg 魔窟，葛底斯堡
Diary from Dixie, A (Chesnut)《迪克西日记》(切斯纳特)
Dickens, Charles 查尔斯·狄更斯
Disraeli, Benjamin 本杰明·迪斯雷利
Dixie School writers 迪克西派作家
Dolgorukaya , Princess Ekaterina Mikhailovna ("Katya", Princess Yurievskaya) 叶卡捷琳娜·米哈伊洛芙娜·多尔戈鲁卡娅，公主("卡佳"，后为尤里耶夫斯卡娅皇妃)
Dolgorukov, Prince 多尔戈鲁科夫，亲王
Dolgoruky, Prince Michael 米哈伊尔·多尔戈鲁科伊，亲王
Döllinger, Ignatz von 伊格纳齐·冯·多林格
Doolittle, James Rood 詹姆斯·鲁德·杜立特
Dostoevsky, Fyodor 费奥多尔·陀思妥耶夫斯基
Douglas, Stephen A. 斯蒂芬·A. 道格拉斯
Dred Scott v. Sandford (1857) 德雷德·斯科特诉桑德福案(1857 年)
Drewry's Bluff, Virginia 德鲁里山崖，弗吉尼亚州
Drum-Taps (Whitman)《桴鼓集》(惠特曼)
Du Bois, W. E. B. W. E. B. 杜波伊斯
Dumas, Alexandre 大仲马

E

F

G

H

I

J

K

M

N

Northern Democrats 北方民主党人

O

Odyssey (Homer)《奥德赛》(荷马)

Old Believers (*raskolniki*) 旧礼仪派

Old Equerries Quarter, Moscow 老马厩区，莫斯科市

Olga (daughter of Alexander II and Katya) 奥尔佳(亚历山大二世与卡佳之女)

Ollivier, Emile 埃米尔·奥利维耶

Olmütz, Austria 奥尔米茨，奥地利

On War (Clausewitz)《战争论》(克劳塞维茨)

Operation Crusher "粉碎行动"

Origin of Species, The (Darwin)《物种起源》(达尔文)

Orlov, Alexis Fyodorovich 阿列克西斯·费奥多罗维奇·奥尔洛夫

Orlov, Ekaterina ("Kathi") 叶卡捷琳娜·奥尔洛夫("凯茜")

Orlov, Gregory 格里高利·奥尔洛夫

Orlov, Nicholas 尼古拉·奥尔洛夫

Ottoman Empire 奥斯曼帝国

P

Pachcmi, Father 帕其米，神父

Pacific Railway Act of 1862 1862 年太平洋铁路法案

Page, Thomas Nelson 托马斯·尼尔森·佩奇

Palmerston, Lord (Henry John Temple) 帕默斯顿，勋爵(亨利·约翰·坦普尔)

Panin, Count 帕宁，伯爵

Paris Opéra 巴黎歌剧院

Parrott guns 帕罗特来复炮

Parsifal (Wagner)《帕西法尔》(瓦格纳)

Paternalism 家长制

Patriotic Gore (Wilson)《爱国者之血》(威尔逊)

Patrol, the 巡逻队

Patton, George S. 乔治·S. 巴顿

Paul, Saint 圣保罗

Paul I, Tsar 保罗一世，沙皇

Peach Orchard, Gettysburg 桃园，葛底斯堡

Peña, Josefa de la 约瑟芬·德·拉·佩娜

Pender, William Dorsey 威廉·多尔西·彭德

Peninsular Campaign 半岛战役

People's Will 民意党

Peter the Great, Tsar 彼得大帝，沙皇

Peter II, Tsar 彼得二世，沙皇

Peter III, Tsar 彼得三世，沙皇

Peterhof, Russia 彼得霍夫宫，俄国

Petersburg, Virginia 彼得斯堡，弗吉尼亚州

Petrov, Anton 安东·彼得罗夫

Pettigrew, James Johnson 詹姆斯·约翰逊·佩蒂格鲁

Pfistermeister, Franz von 弗朗茨·冯·普菲斯特迈斯特

Philadelphia Inquirer《费城问讯报》

Philaret, Metropolitan of Moscow 菲拉列特·莫斯科大主教

Pickens, Francis Wilkinson 弗朗西斯·威尔金森·皮肯斯

Pickett, George 乔治·皮克特

Piennes, Marquis de 皮耶纳侯爵

Pietism 虔信派

Pinkerton, Allan 艾伦·平克顿

Pius IX, Pope 庇护九世，教宗

Plato 柏拉图

Plutarch 普鲁塔克

Pocahontas 波卡洪塔斯

Pocasset River 波卡塞特河

Pole Star, The (Herzen)《北极星》(赫尔岑)

Pomerania 波美拉尼亚

Pope, Alexander 亚历山大·蒲柏

Pope, John 约翰·波普

Q

R

T

Tolstoy, Alexandra 亚历山大·托尔斯泰
Tolstoy, Count Leo Nicholaievich 列夫·尼古拉耶维奇·托尔斯泰，伯爵
Tolstoy, Countess Mary 玛丽·托尔斯泰，伯爵夫人
Tolstoy, Countess Sofya Andreyevna 索菲娅·安德烈耶芙娜·托尔斯泰，伯爵夫人
Tolstoy, Ilya 伊利娅·托尔斯泰
Tolstoy, Sergei 谢尔盖·托尔斯泰
Tolstoy, Tatyana 塔季扬娜·托尔斯泰
Toombs, Robert 罗伯特·图姆斯
Tory Democracy 托利民主
Toryism 托利主义
Trajan, Emperor 图拉真，皇帝
Transcontinental railroad 太平洋铁路
Traveller (Lee's horse) 行者（李的战马）
Treaty of 1839 1839 年条约
Treaty of 1852 1852 年条约
Trent (royal mail steamer) “特伦特号”（皇家邮轮）
Trepov, Fyodor Fyodorovich 费奥多尔·费奥多罗维奇·特列波夫
Tristan und Isolde (Wagner)《特里斯坦与伊索尔德》（瓦格纳）
Trollope, Anthony 安东尼·特罗洛普
Tsarskoe Selo 沙皇村
Tuileries, Paris 杜伊勒里宫，巴黎
Turgenev, Ivan 伊万·屠格涅夫
Turkestan 土耳其斯坦
Turkey Island, Virginia 火鸡岛，弗吉尼亚州
Turner, Nat 纳特·特纳
Twain, Mark 马克·吐温
Tweed, William Marcy (“Boss”) 威廉·马西·特维德（“老板”）
20th South Carolina Regiment 南卡罗来纳第二十兵团
26th North Carolina Regimental Band 北卡罗来纳第二十六兵团
27th Indiana Regiment 印第安纳第二十七团
Twesten, Karl 卡尔·特威斯腾
II Corps, Army of Northern Virginia 第二军，北弗吉尼亚军团
Tyler, Daniel 丹尼尔·泰勒

U

Uncle Tom's Cabin (Stowe)《汤姆叔叔的小屋》（斯托）
Une Vie (Maupaussant)《一生》（莫泊桑）
Union Army 联邦军队
Universal suffrage 普选权
Ussuri region 乌苏里地区

V

Valerian, Emperor 瓦莱里安，皇帝
Van Quaade, Chamberlain 张伯伦·范·夸德
Vane-Tempest, Lord 文-坦皮斯特，勋爵
Varennes, France 瓦雷纳，法国
Varina, Virginia 瓦里纳，弗吉尼亚州
Varzin estate, Pomerania 瓦尔金庄园，波美拉尼亚
Vaughan, Henry 亨利·沃恩
Venable, Charles Scott 查尔斯·斯科特·维纳布尔
Venetia 威尼西亚
Vera Cruz, Mexico 维拉克鲁兹，墨西哥
Verdun, France 凡尔登，法国
Versailles, Treaty of《凡尔赛条约》
Versailles Palace 凡尔赛宫
Vicksburg, Mississippi 维克斯堡，密西西比州
Vicky, Crown Princess 维姬，王储妃
Victor Emmanuel II, King of Italy 维克托·伊曼纽尔二世，意大利国王
Victoria, Queen of England 维多利亚，英国女王

W

X

Y

Z

“方尖碑”书系

第三帝国的兴亡：纳粹德国史

［美国］威廉·夏伊勒

柏林日记：二战驻德记者见闻，1934—1941

［美国］威廉·夏伊勒

第三共和国的崩溃：一九四〇年法国沦陷之研究

［美国］威廉·夏伊勒

新月与蔷薇：波斯五千年

［伊朗］霍马·卡图赞

海德里希传：从音乐家之子到希特勒的刽子手

［德国］罗伯特·格瓦特

威尼斯史：向海而生的城市共和国

［英国］约翰·朱利叶斯·诺里奇

巴黎传：法兰西的缩影

［英国］科林·琼斯

末代沙皇：尼古拉二世的最后 503 天

［英国］罗伯特·瑟维斯

巴巴罗萨行动：1941，绝对战争

［法国］让·洛佩　［格鲁吉亚］拉沙·奥特赫梅祖里

帝国的铸就：1861—1871：改革三巨人与他们塑造的世界

［美国］迈克尔·贝兰

极北之地：西伯利亚史诗（即出）

［瑞士］埃里克·厄斯利

1914：世界结束的那一年（即出）

［澳大利亚］保罗·哈姆

（更多资讯请关注新浪微博@译林方尖碑，

微信公众号“方尖碑书系”）